高等院校公共基础课系列教材

战略策划与战略管理概论

李小东　韩　玮　编　著

清华大学出版社
北　京

内 容 简 介

从世界范围来看，我们目前所处的国际环境具有复杂性和不可预测性；从我国现状来看，国家正不断加快对新质生产力的部署，不断构建国内国际双循环新发展格局。为了适应新的环境，我们需要在战略策划和战略管理两个方面进行创新与突破。

本书重点把握创新与发展两大主题，内容涉及战略导论、战略策划思维与定位、战略环境分析、战略策划实践、战略的选择与制定、战略实施。本书的编写突出了理论与实践相结合的特色，不仅有理论上的创新，体现了教材的学术性，而且内容丰富，每一章都有开篇案例、热点教学、经典案例，增添了教材的可读性。

本书主要作为高等院校特色公共课规划教材供本科生使用，同时可供高校经管类专业研究生、MBA与 MPA 的教学使用，也可供企业管理人员培训以及管理者自学参考使用。

图书在版编目 (CIP) 数据

战略策划与战略管理概论 / 李小东，韩玮编著. 北京 : 清华大学出版社，2025. 9.
(高等院校公共基础课系列教材). -- ISBN 978-7-302-69963-7

Ⅰ. F272

中国国家版本馆 CIP 数据核字第 2025LX5094 号

责任编辑：石　伟
封面设计：刘孝琼
责任校对：周剑云
责任印制：宋　林
出版发行：清华大学出版社
　　　　　网　　　址：https://www.tup.com.cn, https://www.wqxuetang.com
　　　　　地　　　址：北京清华大学学研大厦 A 座　　　　邮　　编：100084
　　　　　社 总 机：010-83470000　　　　　　　　　　邮　　购：010-62786544
　　　　　投稿与读者服务：010-62776969, c-service@tup.tsinghua.edu.cn
　　　　　质量反馈：010-62772015, zhiliang@tup.tsinghua.edu.cn
　　　　　课件下载：https://www.tup.com.cn, 010-62791865
印 装 者：北京同文印刷有限责任公司
经　　销：全国新华书店
开　　本：185mm×260mm　　　　印　张：18.75　　　字　数：456 千字
版　　次：2025 年 9 月第 1 版　　　印　次：2025 年 9 月第 1 次印刷
定　　价：59.00 元

产品编号：109566-01

前　言

本书率先把战略理论细分为战略策划与战略管理两部分，并开创性地提出：战略首先需要策划，其次才是战略的管理实施。

战略问题涉及面广，战略策划与战略管理的概念已成为我国各类企事业单位主管、各级政府官员及专家学者最为关注的话题。然而，并不是所有人都能够清楚地认识到战略对一个组织长远发展的重要意义。学习西方战略理论固然有助于提高我们对企业发展和变革规律的认知，但这些理论深奥，分析工具复杂，以致一些企事业单位陷入无战略经营的危险境地。对于广大的中国企事业单位领导人来说，他们不仅需要系统地了解先进的战略策划与战略管理理论，而且迫切地需要提高战略意识，时时刻刻从战略策划思维的角度思考问题，并从战略管理的角度去解决问题。"战略策划与战略管理概论"是一门具有高度综合性的高阶管理学课程，它着眼于培养人们的战略性思维，开发人们的战略管理能力，这种思维和能力在现代企业运营中处于核心地位，是决定企业经营成败的关键。类似的战略课程已被许多国外的商学院作为一门最重要、最核心的专业必修课程开设，因此本书具有较高的商业价值。

编写本书的首要目的是，为高校各专业出版一本高质量的教材；其次是希望本书能在战略谋划与战略实施管理方面助中国企事业单位领导人，特别是广大的中小企业领导人一臂之力。

本书在出版之前作为校内讲义已使用 16 个学期，其间作者不断修订完善，增加最新的研究成果和案例，目前成书理论体系完整，内容新颖。

本书特别注重战略思维能力的培养，具有"知识新、结构全、重应用"的特点，概括起来就是 "精""新""广""用"。"精"是指教材内容均为相关学科领域最基本的理论、方法及典型应用；"新"是指教学案例均为本学科最新的前沿进展和有关的技术进步新成果、新应用；"广"是指在保持本学科基本体系的前提下，处理好与相邻以及交叉学科的关系；"用"是指注重理论与实际融会贯通，特别是注入战略策划思维意识，包括战略策划思维对经济、质量、环境等诸多方面的影响。

本书与其他教材相比具有如下亮点。

(1) 系统地梳理并区分了"战略管理"与"战略策划"理论体系，填补了国内外同类教材的空白。

(2) 结合时代特点与本课程教学理念，历史性地提出了"战略策划与战略管理+专业课"的思维组合，这必将推动大学生对其他课程，特别是对专业课的学习。

目前，全国各高校都很注重提高学生解决复杂工程问题的能力，而好的思维方法有助于提高解决问题的能力。战略策划与战略管理概论课程已如高等数学、英语一样，成为一些高校的必修课。希望在不久的将来，该课程能在全国各高校普及开来。

本书从中国企业战略策划与战略管理的现实需要出发，借鉴吸收了国外先进的战略策划与管理理念、理论模型和国内红色管理思想，融入了作者多年从事企业管理理论研究的深刻体会与认识，以及近10年的高校战略策划与战略管理课程的教学经验。同时，参考了大量的文献资料，引用了有代表性的论文、著作和教材，可谓集各家精华于一书。在此向相关文献的作者表示衷心的感谢！阅读本书，不仅有助于您事业上的成功，而且对您的生活乃至人生也会产生积极的影响。相信本书的出版，必将对我国高质量人才的培养起到积极的作用。

鉴于作者水平有限，书中难免有疏漏之处，敬请读者批评指正。

作　者

目　　录

第一章

导　论

【学习要点及目标】

- 了解战略策划的演变过程、理解战略策划的含义。
- 了解战略策划各组成要素及内涵。
- 掌握战略预见性的重要性。
- 掌握战略目标的制定过程与技术设定。
- 理解管理与战略管理的概念。
- 理解战略控制程序与方式。

谋先事则昌，事先谋则亡。

——西汉·刘向

凡事预则立，不预则废。

——《礼记·中庸》

孙子曰：知可以战与不可战者胜，识众寡之用者胜，上下同欲者胜，以虞待不虞者胜，将能而君不御者胜。此五者，知胜之道也。

——《孙子兵法·谋攻》

从战略规划到战略管理(From strategic planning to strategic management)。

——安索夫(H. Igor Ansoff)

经之以五事，校之以计，而索其情：一曰道，二曰天，三曰地，四曰将，五曰法。

——《孙子兵法·计篇》

管理就是确切地知道你要别人干什么，并使他用最好的方法去干。

——弗雷德里克·泰勒(Frederick Taylor)

(资料来源：本书作者整理编写。)

开篇案例

避实击虚——"农村包围城市"战略的企业应用

"农村包围城市"战略在战争年代促成了中国革命的成功，在和平年代同样有着深刻的现实意义。这一战略起源于中国古代兵书中的"避实击虚"。不过，"农村包围城市"战略原则的意义却远远超出了避实击虚的范畴，它还包含了保存有生力量、以面制点、战略转移和地缘经济等战略意义，对我国今天的经济建设也有一定的指导意义。"农村包围城市"战略在商业活动中的运用主要有三点：第一，让处于劣势地位的竞争者保持有生力量。处于弱势地位的竞争者如果只会跟强势企业进行不自量力的对抗，结果就是覆灭。第二，改变敌我力量对比。市场竞争的实质是企业之间力量对比的改变，这是主导企业竞争的根本力量。第三，战略性转移。战略性转移既可以转移到具有发展潜力的成长型市场，也可以转移到竞争相对不激烈的市场，当然也可以开创尚未开发的具有消费潜力和购买力的新兴市场，这一切都取决于具体的消费环境和消费能力。

"农村包围城市"战略是一种先易后难的市场拓展战略，即首先蚕食较易占领的周边市场，积蓄力量，然后对重点市场形成包围之势，同时也对中心城市形成一种无形的影响。等到时机成熟时，再一举夺取中心市场。

华为的海外发展战略正是借鉴了"农村包围城市"战略。虽然华为的战略思路很清晰，但真走起来也非易事。华为的可贵之处在于坚持，在于能够承受"屡战屡败、屡败屡战"的折磨。从1995年起，到2001年，华为经历了6年的漫长拼搏，才在国际市场上真正有了一席之地。这一年，华为的产品已经进入非洲、亚洲等十几个国家，年销售额超过3亿美元。在随后的二十几年里，华为以第三世界国家市场为跳板，逐步在欧美等发达国家站稳脚跟，华为的品牌也开始在欧美等发达国家逐步叫响。如今，华为虽然遭到西方国家的无端打压，但华为的5G与6G技术已在全世界占有重要地位。

地域的选择对连锁经营企业来说是战略性的选择，它意味着连锁经营企业进入什么样的地域市场，在什么样的地域与什么样的对手进行竞争。

德克士在 1996—1998 年间，曾一腔热血地与麦当劳、肯德基在一线城市进行正面对抗，短短两年时间就在 13 个大城市建立了 54 家直营店。但由于品牌影响力太小、运营成本居高不下，德克士持续亏损。在这种情况下，德克士不得不忍痛断腕，关闭北京、上海、广州等地区的分店。

随后德克士吸取教训，采取"农村包围城市"战略，向麦当劳、肯德基非重点布局的国内二、三线城市进军，主攻西北市场。在进入城市的选择上，德克士只选择那些非农业人口在 15 万人以上、居民年收入在 4500 元以上的地级市和那些非农业人口在 10 万人以上、年人均收入在 6000 元以上的县级市；在商圈选择上，除了秉承"在城市内最繁华地段或人流量最大的大型超市或商场"这一基本选址原则外，德克士主要选择在主商圈、社区以及学校周围开设不同规格的店铺。

德克士的选址也应用了"避实击虚"战略，避免了和肯德基、麦当劳的正面对抗，使德克士在几乎是西式快餐空白的市场得到快速发展。在很多城市，由于先入为主，德克士成为该城市的西式快餐第一品牌，即便后来肯德基或麦当劳也进入了该市场，德克士不论是在品牌影响力还是在单店营业额上都处于领先地位。

德克士在深耕二、三线城市多年之后，已经积累了一定的运营经验，便重返一线城市。德克士此次重回一线城市，并不把自己作为"另外一个西式快餐品牌"，而是更加聚焦在自己的产品上，不仅让消费者认可德克士的脆皮炸鸡，也让加盟商看到德克士的生存能力。

德克士之所以能够快速发展，最为重要的一点就是德克士选择了适当的战略，集中优势资源，避开与主要对手的竞争，在条件相对良好的二、三线城市精心选址开店，以"农村包围城市"之势，最终取得了极大的成功。

中国革命之所以选择"农村包围城市"战略，是基于当时各种因素的制约。今天我们面临的环境与因素同样在变化，我们依然要深入理解这一战略思想的内涵，将其灵活地应用于今天的社会活动之中。

(资料来源：本书作者整理编写。)

战略，通常被认为是在对抗条件下克敌制胜的智慧、艺术和实施过程。在中国，战略一词的一部分意思起源于兵法，指将帅的智谋；在西方，英文中"strategy"一词起源于希腊语"strategos"，其原意是"将军"，后来演变为"指挥军队的艺术和科学"。毛泽东在《论持久战》中将"战略"一词精辟地概括为两样东西：一个是方向，一个是主动权。

自 20 世纪 60 年代以来，管理学界掀起了战略研究的热潮。钱德勒于 1962 年出版了《战略与结构：工业企业史的考证》一书。战略设计派的代表人物是哈佛商学院教授肯尼斯·安德鲁斯及其同事，他们在 1965 年出版的《经营策略内容与案例》一书中，首次推出SWOT(Strengths，Weaknesses，Opportunities，Threats，优势、劣势、机会、威胁)模型分析框架，他们主张在使组织自身条件和外部机会相适应的基础上，将战略形成分为"战略制定"与"战略实施"。随后安索夫在 1976 年出版了《从战略规划到战略管理》一书。以上几位作者直接将战略中的"谋略"与企业"战略规划"和"战略管理"活动结合在了一起。

至此，学者们纷纷为"战略"的概念赋予了"战略策划"与"战略管理"的丰富内涵。

战略在形成与实施过程中，要经历战略策划与战略管理两个阶段。战略首先需要经过策划形成方案，即战略策划阶段；其次才是根据方案实施，即战略管理阶段。

面对世界范围内经济、政治、技术及社会等方面的重大变革，如今已没有哪个国家或企业能完全置身事外。当前，国际政治经济环境的快速变化、不确定性及复杂性使企业面临前所未有的机遇与挑战。同时，随着我国新质生产力战略的深入部署，人工智能等高新技术的发展一日千里，多年来的传统经营方式与经营理念正受到巨大的冲击。经济转型和发展方式的转变，已成为当前我国经济发展的一个重要任务，企业进入转型期后的一个最大变化就是要从机会导向转为战略导向。

我们有时把市场竞争称为"商战"，这是相对于"兵战"而言的。虽然市场竞争与军事抗争两者性质不同，进行的场地不同，但用兵之道与经营之道都是为了超越或战胜对方。其求胜的要求与途径也有极多类似之处，要讲求环境的适应能力与对自身条件的充分认识与运用，同时还必须借助正确的战略、战术才能取得胜利。这里需要强调的是，兵战的最终目的是消灭对手，结束战争；而商战的最终目的不一定要消灭对手，可以在竞争中实现"双赢"。

上述"农村包围城市"战略的案例表明，企业在决策中首先要进行战略策划，要用战略的思维模式去赢得胜利，占据制高点。企业战略决策者依靠战略上的理性分析与感性洞察，再进行适当的战略管理，可以带领企业走出困局，获得成功。

第一节　战略策划

战略策划是企业取胜的第一要务。对战略策划的高度重视，是企业提高核心竞争力、培养和保持可持续竞争优势必不可少的条件。

随着我国双循环市场进程的不断加快，以及新质生产力战略影响力的不断扩大，策划成为一门影响各行各业的应用学科。其理论和方法已经成为影响全社会的最实用、最灵活、最前卫的科学和技术。策划理论是在实践的基础上总结、提炼出来并反过来指导策划实践活动的。

战略需要策划，战略策划是战略实施与管理的前提，战略策划是为企业的未来而做的现在的决策。

一、战略策划的产生和应用背景

战略策划活动在春秋战国时期已经十分兴盛。自数千年前的《尚书·大禹谟》始，战略策划活动就出现在诸子百家、三教九流的各种典籍、著述、记载之中，而又以兵家、纵横家最为兴盛。

中国古代战略策划活动的内涵极其丰富且形式多样。虽然有学者认为，战略策划活动在古代表现为一种谋略思想，但这只是大略而言，并不精确。首先，"谋略"这两个字并不是一开始就被合并在一起使用的，"谋"比"略"早出现千余年，"谋略"作为一个完整概念，最早见于公元 3 世纪的《三国志·魏书·明帝纪》。其次，策划在古代除了体现为"谋""略"及"谋略"等含义外，还有更为丰富的意指。在《司马法》《吴子》《六韬》《虎铃经》等典籍中，策划又被称为"计""智""权""策""虑""韬""图""决""筹"等。比如刘邦称赞张良"运筹于帷幄之中，决胜于千里之外"，这里的"运筹"就是策划行为。

在春秋战国时期，我国著名的军事学家孙武根据战争经验创作了《孙子兵法》。《孙子兵法》是我国最早的一部兵书，它从政治、军事、人才等多个方面深刻阐述了战争规律。这部被国外学者奉为经典的，用以指导军事、政治及商业各个方面的兵法著作，共13篇，约6000字，然其蕴含的丰富的战略策划思想与哲理，今日仍具有蓬勃的生命力和非常重要的指导意义。

19世纪由卡尔·冯·克劳塞维茨所著的《战争论》一书成为西方最具代表性的军事理论著作。在这部著作中，克劳塞维茨对于军事实践做了全面的理论总结，提出了在军事科学领域独执牛耳的战争理论。克劳塞维茨也因此被视为西方近代军事理论的鼻祖，对近代西方军事思想的形成和发展起了重大作用。

战略策划源于劳动，源于战争，源于思维。为了生存，人们会运用计谋来获取更多发展空间，也因此，人类的智慧不断被开发，于是有了分工合作，有了组织活动等。人类的发展史，就是人类求生存的策划史。

中国从20世纪80年代开始，出现了策划公司、策划协会等专业机构和团体，越来越多的企业建立了独立的策划部门。

二、战略策划的含义与特征

现在，企业面临越来越激烈的竞争格局，消费者也越来越挑剔，即使是曾经非常出色的产品或品牌，也有可能在今天这个变化越来越快的时代面临诸多困境。比如手机业，从模拟时代摩托罗拉称雄，到2G时代诺基亚独尊，3G时代苹果的超越，4G时代华为的异军突起，5G时代华为的独领风骚，全球手机业一浪高过一浪。手机业城头变幻大王旗，未来谁主沉浮谁都无法判断。当人们认为摩托罗拉手机不可战胜时，诺基亚超越了摩托罗拉；当诺基亚手机被认为不可战胜时，苹果手机超越了诺基亚。在这样快速变换的市场格局下，战略策划成为企业竞争成败的关键，具备战略策划思维和战略策划能力的企业将在竞争中胜出。

如果战略策划是一个人，那么这个人将是一位高明的"医生"，或者是一位聪明的"问题先生"。这是因为策划关注的是如何创造性地解决各种各样的问题以及疑难杂症。策划人的战略策划过程，恰如医生的诊断与开药方的过程。在这个过程中，令人感兴趣的问题有以下这些。

- 为什么一个前景看起来很好的产品会失败？
- 大家好像都讨厌脑白金的广告，可是脑白金当初为什么大获成功？
- 微软的Surface RT为什么会失败？
- 在市场中，企业必须不断地推出新产品，如果仅仅靠着旧产品一路走下去，那就只有死路一条。但根据相关数据统计，新产品上市的成功率非常低。对于不同的企业、不同的产品，实行的营销策略都是不同的，那么新产品上市失败的原因有哪些呢？

- 在 2005 年之前的创可贴市场，邦迪是当之无愧的老大，市场份额将近 90%。到了 2008 年，云南白药取代强生公司，拿下中国创可贴市场第一大市场份额(云南白药创可贴占 40%，强生公司邦迪占 30%，其余份额为其他品牌所有)。云南白药为什么能够反超？

- 相关数据显示，一款可以拍短视频的音乐创意短视频社交软件"抖音"成为 2025 年全球下载量最多的 App，"抖音"为什么在短时间上线后就变得异常火爆？

- 资讯软件"今日头条"的本质是什么？

- 在 2019 年电视行业疲软之际，华为为什么要提出进军电视行业？

- 《中华人民共和国广告法》对广告宣传中的"第一"等用词有着明确的规定。在卡塔尔举办的 2022 年世界杯赛场上，中国海信电视的广告用语"中国第一，世界第二"是如何策划的？

- 2023 年 8 月 29 日，就在美国商务部部长雷蒙多访问中国的第二天，在事先没有任何预告的情况下，华为手机 Mate 60 Pro 悄然上线开售，并迅速售罄。而这一天是美国及其盟友在 5G 芯片等方面制裁华为的第 1500 天。华为公司为什么会选择在美国商务部部长雷蒙多访华期间上架销售自己的 5G 手机？

- 2024 年 2 月 28 日，苹果公司首席运营官杰夫·威廉姆斯突然宣布苹果公司将停止制造汽车。在小米等公司纷纷步入造车赛道时，苹果公司为什么反而放弃已经花费巨额科研经费的汽车制造行业呢？

(一)战略策划的含义

安索夫在 1965 年推出的《公司战略》一书中首次提出了"战略规划"概念之后，又在 1976 年出版的《从战略规划到战略管理》一书中提到"战略规划"。需要特别指出的是，安索夫在其著作中所说的"战略规划"即是本书所论述的"战略策划"概念的雏形。安索夫致力于从战略规划到战略管理的开创性研究，推出了一系列的开山之作，奠定了战略策划与战略管理的基本理论与方法。安索夫是管理学科公认的一代宗师，被管理学界尊称为"战略规划与战略管理的鼻祖"，著名管理学评论家海勒尔把安索夫誉为"战略规划与战略管理之父"。安索夫指出，战略规划是企业高层管理者为保证企业的持续生存和发展，通过对企业外部环境与内部条件的分析，对企业全部经营活动所进行的根本性和长远性的规划与指导。他认为，战略规划到战略管理是面向未来，动态地、连续地完成从决策到实现的过程。

在安索夫提出的战略规划的基础上，战略策划强调的是一种战略意识，或者说战略性思维的运用，一种分析问题、解决问题的思路。战略策划思想是一种系统思维方式，是站在长远与全局的视角去认识事物发展规律的，而非"头痛医头，脚痛医脚"的"就事论事"式的片面思维。

综上所述，战略策划是针对企业或组织未来发展的方向和范围做出决策的活动，即战略制定。战略在制定形成过程中又可以进一步分解为"战略分析"与"战略选择"。战略策划着眼于如何"做正确的事"。

(二)战略策划的特征

《孙子兵法·谋攻篇》中的"五胜"——"知可以战与不可以战者胜,识众寡之用者胜,上下同欲者胜,以虞待不虞者胜,将能而君不御者胜。"道出了战略策划所蕴含的特点。概括起来,战略策划具有四个特征,即注重取舍、聚焦效能、强调重大与关注长远。

1. 注重取舍

取舍,简而言之,意味着加重某事物的比重,同时必须牺牲另一事物的分量。什么是可做、该做、能做、想做、敢做与可选择的?什么是不可做、不该做、不能做、不想做、不敢做与别无选择的?美国有一句俗语:"你可以干任何事情,但不能任何事情都干。"正如《孙子兵法·谋攻篇》中所言的"知可以战与不可以战者胜",对商战中的企业来说,什么是"可以战"和"不可以战"?比如,在是否扩展经营范围这个问题上,必须考虑企业本身的状况(优势、劣势)加以取舍。如果只看到资金雄厚便以为可以进军任何行业,而不问自己对新行业的业务与发展前景究竟能把握到什么程度,那么这种决策本身就已埋下了失败的种子。

2. 聚焦效能

关注"效能"即是关注"做正确的事"。"做正确的事"与"正确地做事"大相径庭,彼得·德鲁克对二者用"效能"(effectiveness)与"效率"(efficiency)进行了区分。战略策划关注的是"做正确的事",强调的是"效能"而非"效率",做对事情比把事情做得有效率更为重要。麦当劳早在成立之初便发现人们将来在就餐方面的一种需求:在保证基本营养的前提下节省就餐时间。为此,麦当劳确立了"以快取胜"的战略取向,从而取得了今天的成功。在卖方市场的情况下,从某种程度上说,效率越高效能越高,但在买方市场情况下,如果效率很高的企业选择了错误的方向,效率越高可能越容易加速其失败甚至毁灭的过程。战略策划因其投入资源大和不可逆转的特性决定了一旦企业犯了战略性的错误,要纠正它可能需要花上十几年甚至更长的时间。

3. 强调重大

通常企业因受制于各职能部门的角色与利益而各自为政,因本位主义而牺牲企业整体利益。而战略策划则是企业最高管理者的首要职能,全局与整体是决策的出发点。由于各部门间的战略息息相关且环环相扣,企业战略正是贯穿并指导各部门职能战略的最高决策。在企业经营活动中,必然会存在各种各样的问题,作为战略制定的最高管理者,不应该也不可能做到事无巨细、事必躬亲,作为企业的战略决策者,解决影响企业经营与发展全局的关键性问题,才是其本分。

4. 关注长远

战略策划着眼于对企业长期生存和长远发展的思考,通过确立愿景目标,谋求企业的长远利益而不是眼前利益。在经济全球化的影响下,已有越来越多的中国产品进入了国际市场,据统计,全世界过半的玩具、鞋类、纺织品以及生活家电等产品都是中国制造的。实际上,这些产品中的大多数是因为价格低廉才得以大量进入国际市场,从长远来看,这种优势是不可持续的。

人们通常认为，战略策划是在深入分析环境，进行严密的逻辑推理，制订科学的长期计划，并按计划严格地组织实施的前提下形成的。但如今面临信息不对称及环境的不确定性与动态性的挑战，企业很难遵循严格的计划来制定一个科学而完美的战略。例如，中国华为技术有限公司在当初制定企业战略时，无法预测美国后期会对其5G等业务进行全球打压，否则华为会在计算机芯片等方面提前进行战略布局。由于战略策划的核心是处理未知的未来业务，不确定因素多，且人的认知有限，因而通常战略策划是从较大范围的意图、目标，逐步转向具体的方案。战略的形成是思想与行动、控制与学习、稳定与改变的结合，战略的选择与实施是一个基于理性层面与感性层面而不断调适、修正与学习的过程。

战略决策者对待机遇的态度以及对机遇的把握显然是非常重要的。面对机遇，人们通常有不同的认知与理解：有的人开创机遇，有的人把握机遇，有的人等待机遇，有的人错失机遇。在事事以"十倍速"变动的今天，以过去的事实和数据来推算未来，是很难做到精确的。企业需要善于挖掘潜在的市场需求，拓展非竞争性的生存空间，开创新的行业，制定游戏规则，掌握先机与主动权，竞争大未来，才能取得未来的成功，获取持续的竞争优势。

(三)战略策划的逻辑

战略策划连接着企业的商业目标和内外部环境，战略策划逻辑隐含着企业管理者对内部资源与能力的认知，以及对外界环境假设背后所依据的想法与因果关系的推理。战略策划的基本逻辑包含以下三个观念。

1. 匹配观念

没有最好的战略策划，只有适合或不适合的战略策划。一个企业并非一定要追求完美的战略指导，即使战略指导非常完美，没有企业自身所处环境、相应资源和能力的支撑，也只能是空中楼阁。因此，企业应该根据自己的独特长处和所处的环境、制度，寻求多种约束条件下的最优化战略或次优化战略。

2. 价值导向观念

从战略关联角度看，战略策划是有战略导向的。一般情况下，任何战略的制定与实施都会影响到关联者，如顾客、股东、董事会、管理层、社区、团队成员、员工、工会、政府、供应商等。战略策划是希望通过创造价值，带给关联者一定的利益，从而达到企业目标。在当今的实践活动中，企业越来越意识到关联者中最重要的是顾客，所以，制定战略是为了产生更高的顾客价值。

全世界的高层管理者不断地意识到"完整的客户"这种观点的重要性。事实上，在未来，企业的价值越来越依赖于客户价值的不断提高，我们也逐渐明了以客户为基础的价值应该由"个体客户的价值""总体客户的规模"这两大关键因素决定。

3. 战略领域的观念

战略策划往往有宏伟蓝图的愿景与雄心壮志的支持，但绝对不是"急突冒进"的行为。战略管理者最需要明白自己的能力范围，所以应具有强烈的战略领域观念。在战略领域的观念里，包括了抉择、分配和权衡的理念，决定"不要做什么"和决定"要做什么"是同等重要的。

教学热点

策划的本质是点子吗？

有人认为策划就是出点子，这种说法是不正确的。所谓点子，就是人们通常说的出主意。点子毕竟只是一个"点"，而策划是一个"面"或"体"；点子只是策划中的一个环节，策划应是一个整体的、系统的实施过程，而不是一个片面的环节。

一个好点子从产生到获得成功，这中间需要系统地、全面地策划。好的点子是策划必不可少的基础与核心，一个杰出的策划至少包含一个好点子。围绕点子进行系统的、完整的、全面的策划，运用各种手段、方式、方法、计谋，点子才得以实施成功。比如围绕新质生产力进行的各种策划，是在各种点子下围绕"高科技、高效能、高质量"这个话题，进行系统的运作，最后才获得了成功。

有的点子从表面上、理论上看是好的点子，而在系统策划、具体实施时，因为诸方面的因素，却难以运行操作。闭门造车或只从理论上进行不切实际的空想，而没有从实际的细微之处去考虑点子能否实施，是很多点子实施失败的原因。一个好点子要具体实施应有一个全面的、系统的实施过程，必须要考虑实施过程的诸多因素，每一个细小因素都可能影响整个点子的成功。

就一个单位来说，一个点子从产生到策划实施，需要单位各部门综合协调、系统实施，并不是说只要有了好点子就一定能获得成功。好的点子能否成功实施，还要看单位管理、实力、人才等诸多因素。

一个点子并非对所有同行企业都是"灵丹妙药"，最好能根据每个企业的实际情况来想出好的点子，然后经过系统策划并加以实施。当然在各方面都相差不多的情况下，也许有的点子对每个企业都是"灵丹妙药"。比如一个能使白酒行业销售领先的点子，对五粮液、剑南春、茅台等都比较适用。特别是对那些管理层对来自各方面的好的建议都能采纳的企业来说，一个关键的点子也许就能让企业超过对手。

面对今天激烈竞争的市场，发动每个员工想出好的点子或广泛采纳来自社会各界的点子，对每个单位都非常重要。

三、战略策划的战略预见性

卓越的战略指导者要具有过人的胆识与魄力，但是这种胆识与魄力不是盲目的，而是建立在战略指导者对客观战略环境的发展趋势进行合理的、符合规律的预判这一重要的前提之上的。是否具备科学的预见能力是衡量一个战略指导者把握全局、正确决策能力的重要标尺之一，没有战略预见就没有战略策划。

(一)什么是战略预见

战略预见，即战略指导者在进行战略策划前预先看到事物发展的趋势。战略指导者要在把握事物发展的规律性的基础上，指出事物发展的必然趋势，同时还要指出在此过程中在各种偶然性因素的作用下，会存在哪些可能性。战略预见就是必然性与可能性的有机统一。

首先，超前认识是科学预见的本质属性。但是，超前认识并非战略指导者对未来可能性的空想，而是其见微知著能力的具体体现。战略预见必须立足现实，在现实中去寻找和发现事物发展趋势的蛛丝马迹，并加以科学分析与判断，使战略预见建立在坚实的客观性基础上。科学的战略预见的可能性具有客观现实性特质，在现阶段或不远的将来，当条件具备时可以转化为现实的可能性。

其次，科学的战略预见是战略指导者透过事物发展过程中出现的纷繁的表象，直击其本质的一种思维活动。战略预见就是要求战略指导者要不为表象所迷惑，要具备透过表象抓住事物本质的能力，要能够预见事物发展的趋向。事物的本质是关于事物整体性质的判断，这就要求战略指导者具有"必须经过思考作用，将丰富的材料加以去粗取精、去伪存真、由此及彼、由表及里的改造制作功夫"，从而从整体上把握事物的本质和内在规律性。

最后，战略预见是战略指导者在对事物的发展历史和现状进行科学分析的前提下，就事物未来可能的发展走势做出的合乎事物发展规律的预判。事物发展的过去、现在和未来共同构成了一种整体性的历史链条，事物发展的这种连续性和渐进性特征为战略指导者认识事物，准确预见事物的发展趋势，提供了现实可能性。

(二)战略预见的重要性

科学的战略预见对于战略策划具有极端重要性。

1. 没有预见就没有一切

战略预见能力是战略领导者必须具备的素质之一。战略指导者是否具备领导能力，关键要看其是否具有一定的战略预见能力。

在进行战略策划的过程中，如果眼光仅局限于眼前已经出现的东西，缺乏对事物未来走向和发展趋势的科学预见，就无法准确制定战略目标和战略任务，更不要说为实现这些目标和任务提出有效的路线、方针、政策和策略了。从这个意义上讲，科学的战略预见是防止战略指导者在领导工作中出现盲目性，是增强其战略决策的目标感和方向性的有效武器。战略指导需要对事物发展趋势进行准确判断，否则就好像"盲人骑瞎马，夜半临深池"，盲目前行，其结果必然是"不但碰破了自己的脑壳，并引导一群人也碰破了脑壳"，后果不堪设想。

2. 战略预见是激发群众信心和创造力的良方

科学的预见准确把握住了事物将要出现的发展前途和必然趋势。人民群众是战略过程的基本参与者，其参与程度直接关系到战略决策的成败和战略目标的实现程度。战略预见一经被广大人民群众所理解和掌握，必将极大地激发他们克服困难的坚强信心和勇气，以及解决困难的无穷创造力。这对于确保整个战略策划方案的顺利实施和战略任务的圆满完成无疑具有重大的实践价值。

(三)战略预见的特征

1. 可以预见事物发展的大趋势

事物的发展变化是有规律可循的，更重要的是，这种规律是可以被战略指导者所认识和掌握的。这不仅为人们科学地预见事物运动发展变化的大体走势和大致方向提供了可能，而且在客观上，战略指导者所肩负的重大使命也要求其努力地在科学分析各方面实际情况的基础上，对事物发展的基本趋势做出预判。

2. 难以预见事物发展的全部细节

事物运动发展变化的绝对性和实践主体自身在自然环境、社会历史条件、认知能力、认识工具等诸方面受到的限制，都会对战略预见的准确性，特别是在具体细节上的准确程度上产生持续的影响和制约作用。

一方面，事物内部的矛盾性决定了事物发展的绝对性。事物发展的基本原因是其内部、外部各种矛盾或元素之间相互作用，这种相互作用是终极性的、永不间断的。这也就决定了事物发展变化的相对性和不确定性，我们不可能将某一事物未来发展的全部图景的所有细节都准确地描绘出来。

另一方面，战略指导者作为实践主体的一分子，同样受到各种条件和因素的束缚和制约，"我们只能在我们时代的条件下进行认识，而且这些条件达到什么程度，我们便认识到什么程度"。这就是战略预见所必须承受的代价——不确定性。客观事物的本质及其必然性在充分暴露之前，我们很难认识这些东西。在这种情况下，战略指导者根据事物发展的实际进程和不断涌现的各种新情况，及时地"部分地改变思想、理论、计划、方案的事是常有的，全部地改变的事也是有的"。这个不断更正、校准的过程也是提高战略指导者战略预见能力，以及增强信心的过程。

那么，我们在这种局限性面前是否只能表现得无能为力，是否只能被动地顺应上述战略预见局限性给我们的实际工作带来的不良影响和重重障碍呢？答案是否定的。虽然物质决定意识，但人的能动性可以反作用于客观事物及其发展的客观规律，努力使之朝着有利于我们的方向发展和变化。

四、战略策划的过程及任务

(一)战略策划的过程

战略策划过程由战略分析与战略选择两部分构成。战略策划过程模型如图 1-1 所示。

1. 战略分析

战略分析包括企业确立愿景或使命与目标、分析外部环境及评估内部资源与能力。

(1) 确立愿景或使命与目标。使命或愿景的确立是战略策划过程的起点，使命或愿景是企业存在的理由及为之奋斗的目标，也是战略制定的基础。愿景或使命阐述了企业所遵循的核心价值理念及所追求的宗旨，以及企业在中长期希望实现的愿景目标和规划期战略目标。

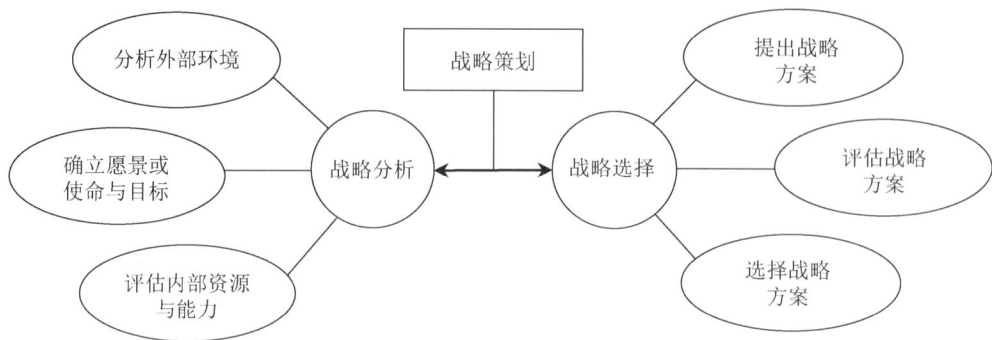

图 1-1　战略策划过程模型

(2)　分析外部环境。分析外部环境包括宏观环境分析、行业与竞争环境分析，其目的在于审视企业的外部环境状况，寻找可能会影响企业愿景和目标实现的潜在战略机会与挑战。

(3)　评估内部资源与能力。评估内部资源与能力包括评价企业资源和能力的数量与质量，以帮助企业明确自己在行业中的地位，明确自身的优劣势，以便在制定战略时扬长避短。

2. 战略选择

战略选择包括提出、评估与选择战略方案三方面。

(1)　提出战略方案。在战略分析的基础上，企业要拟定达成战略目标的多种备选方案，供评估选择。在这一过程中，企业领导者应鼓励方案制定者尽可能发挥自己的创造性，提出尽可能多的备选方案。

(2)　评估战略方案。企业拥有的资源是有限的，在可供选择的战略方案中，企业战略制定者应了解每一种战略方案的长处和局限性，然后根据参与制定者的综合判断来对这些战略方案进行排序，比如战略方案是否充分利用了环境中的机会并且规避了威胁，能否使企业在竞争中获得优势地位。

(3)　选择战略方案。在对战略方案进行客观与充分评估的基础上，根据所要达成的战略目标进行优选决策，最终选取一个最适合企业的战略方案。

(二)战略策划的任务

战略在其形成过程中必须考虑企业的愿景或使命与目标、外部环境、自身的资源与能力、个人的价值以及社会期望等若干因素。其中，愿景或使命与目标的取向，代表了企业的一种偏好，表明了企业"想做什么"；对外部环境分析中企业机遇的认知，提供了战略选择的必要性依据，表明了企业"可做什么"；企业自身的资源与能力，显示了企业的实力，提供了战略实现的可能性，表明了企业"能做什么"；社会的期望及制度的约束，则代表了企业"该做什么"；个人和组织价值的设定及企业抱负追求，体现了企业的"敢做什么"。战略策划的任务，就是企业存在的理由，即在保持战略的动态性、灵活性和整体性的前提下，确定企业下一步"拟做什么"(见图 1-2)。把"拟做什么"作为战略策划的核心任务，实际上是对企业内外部环境中的"可做什么""该做什么""能做什么""想做什么""敢做什么"的一种综合权衡选择的结果。

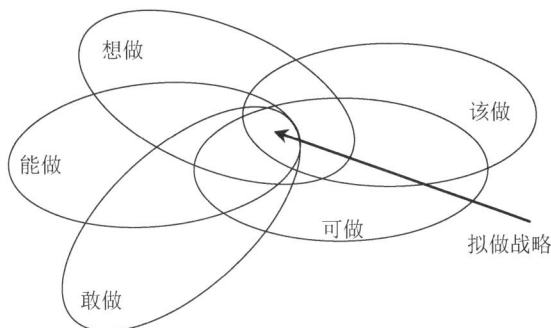

图 1-2 战略策划任务

值得注意的是，在界定"可做什么""该做什么""能做什么""想做什么""敢做什么"时，企业常常陷入什么是"不可做""不该做""不能做""不想做""不敢做"的困惑。只有真正地搞清楚了这些问题，企业才有可能更加明确战略上的别无选择。在此基础上，企业通过愿景协同、内外互动的整合效应，还有可能扩大图中的交集，即"拟做战略"的范围，就此增加可供企业选择的战略覆盖面。

需要强调的是，战略策划的任务并不是独立存在的，它贯穿战略策划与战略管理的整个过程。图 1-3 让我们从另一个角度看待战略策划的任务与战略管理过程的关系。

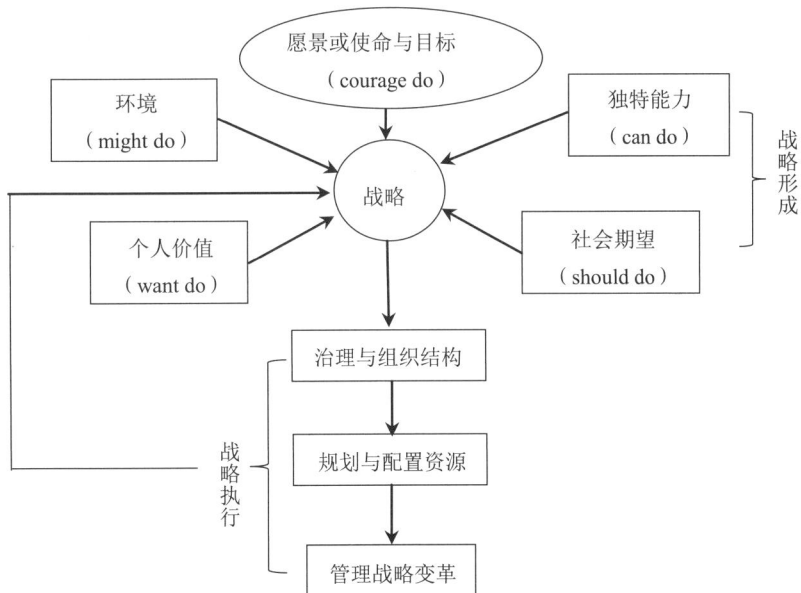

图 1-3 战略策划与战略管理过程模型

既然战略策划的任务贯穿战略的整个形成过程，那么实际经营中就会遇到这样一个难题：是先有战略指导还是先有实践探索？或是两者之间进行不断的适应和调整，最终形成战略？对这个问题并没有统一的答案，每个企业都要根据所处的环境和自身条件的限制来加以具体分析。有些企业是先有目标再做大，即"先立志、再创业"发展型；有些企业是在做大的过程中逐步明确目标，即"先创业、再立志"发展型；还有些企业的目标呈动态变化，属于"在干中学、在学中干"发展型。在稳定的环境中，企业的战略可能更多地是从解决问题的角度出发来寻求进步；而在动态的环境下，企业的战略则可能更多地体现为抓住机遇，谋求发展。这也说明了企业除了需要确定"拟做"战略之外，还要不断通过自身的主观努力，整合内外环境中的各个要素，从而扩大"拟做"战略的选择范围。

教学案例

真实案例：一个大学毕业生的战略选择之路

小王即将大学毕业，看到师兄师姐们的就业情况，他心中不免感到阵阵凄凉。究竟自己应该选择什么样的人生道路呢？这一问题困扰了小王很久。

这天，在"战略策划与战略管理概论"课上，老师讲到了利用该做、可做、能做、想做和敢做这五个因素来制定战略的任务。小王突然灵机一动：我的人生也需要进行战略的策划和管理，为什么不用这种方法来选择一条最适合自己的战略之路呢？于是小王便有了以下思考。

该做：自己家庭条件不是很好，所以出国深造不大现实。而自己又没有什么耐心和能力继续学习，所以考研也不太合适。加上父母年事已高，身体不好，自己现在最应该做的就是赚钱来回报父母。

可做：可做是外部环境当中的机会，依他看，现在最大的机会就是互联网的迅猛发展，尤其是移动互联网。周围的同学，几乎每人都有一台电脑和一部手机。同学们平时一有时间，不是看电脑就是看手机。因此可以从互联网当中寻找可做之事。

能做：自己是营销专业的毕业生，平时在学校参加过很多活动的策划和推广，所以表现力和说服力都比较强。小王对自己的策划能力很自信，自己能够做的就是从事一些策划推广方面的工作。

想做：小王对服装情有独钟，每次看到流行的时尚服装杂志便兴奋不已，反复翻阅，仔细研究。如果能做服装行业就太好了！

敢做：小王认为自己是一个敢想敢做的人，也敢于承担风险，敢于自己创业，敢于磨炼自己。

经过这些思考，小王得出了他的战略选择。

拟做：利用信息网络平台创办一个网上商店，利用自己的专业和掌握的知识来从事一些服装买卖的商业活动。

准确地做出战略选择的关键在于充分掌握战略决策的相关信息。相关信息的搜集固然重要，然而在如今信息如海洋的时代，如何从现有信息中快速挖掘出最有价值的信息，并做出最佳战略方案才是最重要的事。三国时期，曹操利用"天时"建立了魏国，孙权利用"地利"创立了吴国，刘备则利用"人和"创建了蜀国，他们开创了三国鼎立的全盛局面。在当今社会，一个懂得顺天时、用地利、创人和的战略决策者才会使企业做强、做大、做久。为此，企业首先要善于从众多的环境信息中找到对自身有利的发展时机，做到"顺天时"；其次要从企业的产品、市场信息中挖掘出自身的关键定位点，做到"用地利"；最后还要营造有益于企业发展的组织气候与企业文化，使整个团队更有效率地工作，做到"创人和"。

第二节 战略策划的使命、愿景与目标

著名的管理学大师德鲁克曾说，一个企业不是由它的名字、章程和公司条例来定义，而是由它的任务来定义，企业只有具备了明确的任务和目的，才可能制定明确和现实的企业目标。因此，企业在制定战略策划方针之前，首先要明确：企业从事什么业务？其价值观与行为规范为何？所追求的宗旨是什么？愿景目标如何？规划期的战略目标是什么？

一、企业使命

德鲁克指出，明确企业的使命应成为战略家的首要责任。那么，什么是企业使命？确立企业使命的意义何在？

(一)企业使命的内涵

企业使命，是指企业之所以存在的理由与所追求的价值，它揭示了企业形成和存在的根本目的、发展的基本任务，以及完成任务的基本行为规范和原则。企业使命还揭示了企业区别于其他类型企业而存在的原因或目的，即企业应满足何种需要，它从根本上回答了"我们的业务是什么"这一问题。企业使命代表了企业存在的根本价值，没有使命企业可能丧失存在的意义。

企业使命的确定是战略策划的起点，是一种企业定位的抉择，它需要回答的问题是：谁是我们的顾客？他们需要什么？我们能为他们做什么？我们的业务应是什么？

企业使命的内涵主要体现在两个方面。第一，企业形成和存在的根本目的与企业生存和发展的基本任务；第二，企业达成目的与完成任务的基本行为规范和原则。前者体现了企业设定的宗旨，后者体现了为了实现宗旨企业所奉行的哲学与价值观。

为了将企业的内涵清楚明确地传达给组织内外的相关人士，企业使命往往会形成为企业的使命陈述，作为企业存在理由和态度的宣言而公之于世。

(二)确立企业使命的意义

1. 企业使命为企业的发展指明方向

企业使命的确定首先会从总体上指引企业的经营方向和发展道路，使企业知道自己在干什么；其次，企业使命的确定也为企业构筑了一个目标。一方面，为企业成员理解企业的活动提供依据，确保企业内部对企业目标达成共识；另一方面，为企业外部公众树立良好的企业形象，以使企业获得发展的信心和必要的支持。

2. 企业使命是制定企业战略策划方案的前提和依据

首先，企业使命是制定企业战略策划方案的前提；其次，企业使命是制定企业战略策划方案的依据。企业在制定战略过程中，要根据企业使命来确定自己的基本方针、战略活动的关键领域，以及行动顺序等。

3. 企业使命是企业战略的行动基础

企业使命是企业战略的行动基础，它是有效分配和使用企业资源的基础，能为企业战略的实施提供激励。首先，企业使命是有效分配和使用企业资源的基础。有了明确的企业使命，企业才能正确合理地把有限的资源分配在能保证实现企业使命的活动上。其次，企业使命通过企业存在的目的、经营哲学、企业形象三方面的定位为企业明确经营方向、树立企业形象、营造企业文化，从而为企业战略的实施提供激励。企业使命一旦形成文字，对战略策划与战略管理会起指导作用。

(三)确立企业使命的方法

1. 使命陈述的要求

使命陈述要体现企业特色，例如：企业目前是怎样的组织？希望成为怎样的组织？如何体现不同于其他组织的特征？

- 使命陈述反映了企业的特性，它是企业品格及价值观的折射。因此，在做使命表述的时候需要量体定做，否则容易成为虚浮的东西，不被人重视和理解。
- 使命陈述不能仅靠外部策划。这是一个长期动态过程，不可能一蹴而就，需要不断探索调整。
- 使命陈述需体现企业深层价值。如提升员工及企业家个人生命存在意义，以及使企业获得长期发展动力等。
- 使命陈述应该从直觉上升为理性思考，并不断自我发展，让员工对其进行充实和完善。

绝大多数企业的使命陈述以高度抽象的形式进行表达。使命陈述不是为了表达具体的结局，而是为了指导企业，提供激励，树立方向、形象、基调和宗旨。过分细致会产生消极的效果，因为具体的细节容易招致反对。

2. 使命陈述的构成

不同企业的使命陈述在长度、内容和形式等方面常常不同，即使在同一企业的不同发展阶段，也会因内部资源状况和外部环境的变化而改变。在使命陈述中，应当回答如下问题。

- 用户：公司的用户是谁？
- 产品或服务：公司的主要产品或服务项目是什么？
- 市场：公司在哪些地域竞争？
- 技术：公司的技术是否最新？
- 对生存、增长和盈利的关切：公司是否努力实现业务的增长和良好的财务状况？
- 观念(又称企业哲学)：公司的基本信念、价值观、志向和道德倾向是什么？
- 自我认知：公司最独特的能力或最主要的竞争优势是什么？
- 对公众形象的关切：公司是否对社会、社区和环境负责？
- 对雇员的关心：公司是否视雇员为宝贵的资产？

企业使命陈述的主要目的是表达目前企业做什么，因此，企业使命不一定是越长越好，只要能清晰地表述企业的"有所为，有所不为"便算是一个好的使命陈述。不同企业的企业使命会有一定的差异，但大部分的企业使命都应该涵盖以上 9 方面内容。使命陈述是确定经营重点、制订战略计划和分配工作的基础，它是设计管理工作岗位及设计管理组织结构的起点。

3. 使命陈述的范围

企业在成长初期，其宗旨或使命比较简单，大致局限在经营范围的陈述上。但是，随着企业进一步地发展和壮大，企业使命或宗旨就会逐步完善和成熟起来。使命陈述的范围，实际是指宗旨设定的范围大小，主要应考虑以下几方面：

- 对企业进行定义并表明企业的追求。
- 内容要窄到足以排除某些风险，宽到足以使企业有创造性地增长。
- 将本企业与其他企业进行区分。
- 可作为评价现时及将来活动的基准体系。
- 叙述足够清楚，以便在组织内被广泛理解。

例如：华为公司的企业使命是"聚焦客户关注的挑战和压力，提供有竞争力的通信解决方案和服务，持续为客户创造最大价值"，主要是针对"通信"方面问题的解决和服务，而不是其他方面；沃尔玛的企业使命是"让普通人享受到富人一样的购物感觉"，而不是像华为那样为客户提供通信方面的服务。当一个企业不断发展壮大以后，可能致力于多元化发展，就应该及时更改企业使命，考虑多元化战略发展的空间。

在界定使命陈述的宽窄时，一方面，应该注意给使命陈述赋予足够的宽泛性。这能为今后的战略制定提供足够大的选择余地，更好地适应多变的外部环境。如果陈述过于狭窄，往往会太着重于企业所提供的产品和服务，而忽略了企业所企图去服务的市场和所要满足的需求，使得高层管理者无法做出灵活的战略变革决策，也会错过很多难得的机会。同时，宽泛的使命陈述更有利于调和各种利益相关者之间的矛盾。另一方面，范围界定过宽，也可能使企业分散资源，步入盲目多元化的陷阱。

一个精心制定的使命陈述不需要进行经常性的重大修改。企业通常每年对使命陈述进行一次审查，有效的使命陈述应经得起时间的考验。凡是成功的企业，必定有一个有效的企业使命。

二、企业愿景

20 世纪 90 年代的战略理论更加强调核心价值观与宏大愿景目标对企业变革与长期发展的激励作用，更加注重战略的未来导向和长期效果，这被视作 20 世纪 90 年代以后企业战略理论发展的一个主流趋势。企业的核心价值观主导着企业的文化，从而成为支撑企业成功的核心能力的重要内涵。如今人们越来越认识到，愿景可以成为企业成功的重要推动力量和持续竞争优势的重要支撑，同时也是企业战略变革重要的内生变量。

(一)企业愿景概述

1. 企业愿景的内涵

企业愿景是指企业战略家对企业前景和发展方向进行的一个高度概括的描述，其由企业核心理念(核心价值观、核心目的)、对未来的展望(愿景目标)和对愿景目标的生动描述构成。愿景目标,是一个10～30年间企业欲实现的大胆目标。企业在制定愿景规划时,高层领导人往往会有一些大胆而创新的目标和尝试。愿景目标又称为 BHAG (宏伟(big)、惊险(hairy)、大胆(audacious)、目标(goal))。

愿景形成后,组织负责人应对内部成员做简明扼要的陈述,以激发士气,并应落实为组织目标和行动方案。一些管理者不太习惯用情感来表达他们的梦想,但这却是能够激励人的东西。1940年,当英国首相丘吉尔面对民众描述其 BHAG 时,他不是仅仅高喊"打倒希特勒",取而代之的是:"希特勒知道他不得不在英伦岛上攻击我们,否则就会在这场战争中失败。如果我们能顽强地抵抗他的话,整个欧洲将会自由,全世界人民的生活将迈向阳光普照的辽阔高地。但如果我们输了,整个世界,包括美国,包括我们知道和关心的每一个地方,都将陷入新的'中世纪'的黑暗深渊。由于真理受到曲解,可能会制造更多的灾难,而且这种不幸的时间会更长。因此,让我们勇敢地承担我们的职责,经受严峻的考验。"丘吉尔通过慷慨激昂的演讲,激发了士气,使人们有了使命感与责任感。

企业愿景大都具有前瞻性的计划或开创性的目标,作为企业发展的指引方针。在西方的管理论著中,许多杰出的企业具有一个特点,就是强调企业愿景的重要性。因为唯有借重愿景,才能有效地鼓舞组织内部所有人,激发个人潜能,增加组织生产力。

企业的愿景不专属于企业负责人,企业内部每位成员都应参与制定愿景,通过制定愿景的过程,可使得愿景更有价值,企业更有竞争力。

2. 企业愿景的层次

企业愿景可以划分为三个层次:上层是企业针对社会或世界的;中层是企业的经营领域和目的;下层是员工的行动准则或实务指南。

3. 企业愿景的内容

企业愿景包括两部分:核心信仰、未来前景。

核心信仰包括核心价值观和核心使命。它用以规定企业的基本价值观和存在的原因,是企业长期不变的信条,如同把组织聚合起来的黏合剂。核心信仰必须被组织成员共享,它的形成是企业自我认识的过程。核心价值观是一个企业最基本和持久的信仰,是组织内成员的共识。

未来前景是企业未来10～30年欲实现的宏大愿景目标及对它的鲜活描述。企业愿景通常包含以下四个方面的内容。

- 使整个人类社会受益。
- 实现企业的繁荣昌盛。
- 员工能够敬业乐业。
- 使客户心满意足。客户满意是最基本的愿景,因为客户是企业成功最重要的因素,如果客户不认同企业的愿景,那么愿景也就失去了意义。

企业不仅是企业领导者的企业,也是员工、合作伙伴和社会的企业,随着企业不断发展和壮大,企业必须经历社会化的过程。

(二)企业愿景的本质和作用

1. 企业愿景的本质

企业愿景的本质就是将企业的存在价值提升到极限。传统观念认为，企业的存在价值是企业作为实现幸福的人类社会的手段和工具，在促进社会幸福和寻找新的财富来源的过程中创造出来的。近年在此基础上对企业的活动增加了与全球自然环境共生(如 ISO 14000 环境管理体系)和对国际社会的责任及贡献(如国际性的标准 SA：8000)等内容，使企业存在价值这一概念更加完整。在价值观经历全球化变革的时代，企业愿景及其概念范围也有必要扩大。

在先进企业的经营活动中，很容易发现优秀企业愿景的例子。例如："重视实际和价值"是通用电气公司的理念，"强调人类健康信条"是强生公司的理念，"构建万物互联的智能世界"是华为公司的理念等。

2. 企业愿景的作用

企业愿景的作用是促使组织的所有部门拥有同一目标并给予鼓励。同时，它也是员工日常工作中的价值判断基准。

企业愿景不是在企业创立之初就能明确其内容及标准答案的。就是说，企业愿景不是由其内容，而是由其理念的明确性和理念下的整合性的经营活动来规定和强化的。例如许多企业都可以规定将"利用尖端技术生产出电子产品来贡献社会和人类"作为自己的企业愿景，关键是这种愿景有多么深远并且是否能够坚持下去。

如果没有共同愿景，将无法想象华为、小米、AT&T、福特、苹果等公司怎样取得它们骄人的业绩和成就。同样，日本的公司若不是一直被一种纵横世界的愿景所引导，当初也无法如此快速崛起。例如：佳能从一无所有，到 20 世纪 90 年代即赶上施乐复印机的全球市场占有率；本田公司也在全球市场获得了成功。

三、企业战略目标

企业在确定了使命或愿景之后就要着手考虑规划期内的战略目标。企业目标的建立是选择战略策划方案的基础，在制定战略之前，首先要明确组织的战略目标，在此基础上才能更大程度实现其目标，最终达到实现企业使命和最大程度实现企业愿景的目的。

(一)企业目标

企业目标就是企业在一定时期内综合内外部环境和资源，设定的一个预期要达到的成果，是组织愿景的具体化和明确化。企业目标是一个富有弹性的体系，它的基本构成不是固定不变的。企业目标可分为战略性目标和一般性目标。

企业目标对战略策划有何重要性呢？一般而言，企业目标的制定在充分考虑了平衡性、可行性、定量化以及权变的原则后，最终起到了"三力"的作用，即推动力、向心力和激励力。

(1) 推动力作用。企业目标的建立为企业今后的道路指明了前进方向，让员工们看到了希望的曙光，因此，干劲更足，从而推动了企业向目标前进的速度，起到了推动力的作用。

(2) 向心力作用。目标体系一旦建立，企业的总体目标、中间目标以及具体目标都会朝着一个方向，各方面的资源都充分调动起来，并起到协同效果，整个企业的向心力也就随之增强，也就更容易实现企业的总体目标。

(3) 激励力作用。激励是无处不在的，既可以是物质上的，也可以是精神上的。如果企业建立了完整的、合适的目标体系，那将减少很多管理者的工作，它可以在每个阶段起到调动员工积极性和创造性的作用，从而让员工为完成企业的使命和目标而努力。

(二)企业战略目标体系

1. 战略目标体系的内容

战略目标体系是由不同的战略目标组成的，战略目标是企业使命和愿景的具体体现(见图 1-4)。一方面，不同的企业会根据各自的使命制定不同的战略目标；另一方面，企业内各部门的子目标也从不同的侧面反映了企业的自我定位和发展方向。因此，企业的战略目标是多元化的，既包括经济性目标，也包括非经济性目标；既包括定量目标，也包括定性目标。

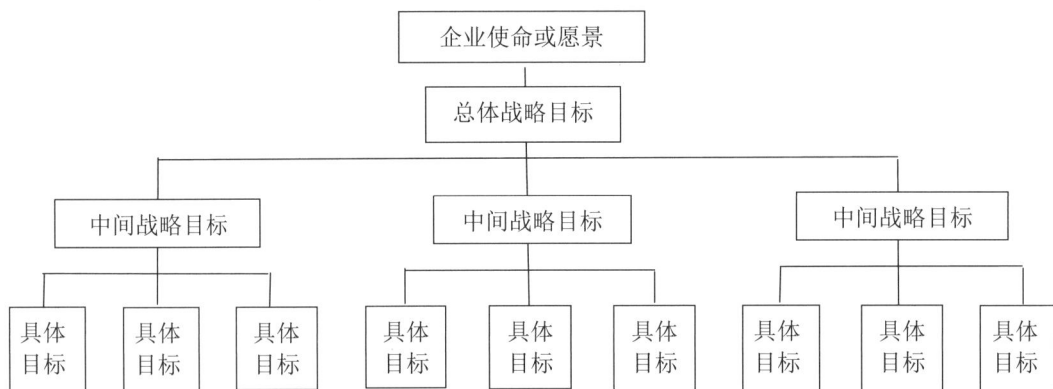

图 1-4　企业战略目标体系

2. 战略目标体系建立的原则

战略目标体系建立原则有平衡性原则、权变原则、定性定量结合原则，分别说明如下。

(1) 平衡性原则。要满足企业间不同利益主体的发展要求，企业在制定战略目标时，需达到以下几方面的平衡：不同利益主体之间的平衡，近期目标和远期目标之间的平衡，企业总体战略目标和职能战略目标之间的平衡。

(2) 权变原则。它要求企业根据不同的外界情况，制定多种备选方案，以备当外界情况发生变化时，采取其他措施以渡过难关。权变原则让企业做好充分的准备，使企业的应变能力增强。

(3) 定性定量结合原则。企业的战略目标必须既要有定量的指标，又要有定性的指标，只有达到两者的有机结合才能发挥战略目标体系的作用。

(三)战略目标的制定过程与设定技术

1. 战略目标的制定过程

战略目标是选择战略策划方案的依据,战略策划方案是实现战略目标的计划。为使战略目标与战略策划方案有机地结合起来,制定战略目标一般需要经历调查研究、拟定目标、评价论证和目标决断这样四个具体步骤。

1) 调查研究

在制定企业战略目标之前,必须进行调查研究工作。在进入确定战略目标的工作中时,还必须对已经作过的调查研究成果进行复核,要进一步整理研究,将机会与威胁、优势与劣势、自身与对手、企业与环境、需求与资源、现在与未来等综合加以对比,梳理好它们之间的关系,为确定战略目标奠定可靠的基础。

调查研究既要全面,又要突出重点。为确定战略目标而进行的调查研究,不同于其他类型的调查研究,其侧重点是企业与外部环境的关系,以及对未来的研判。关于企业自身的历史与现状的资料固然有用,但对战略目标决策来说,最关键的还是那些对企业未来具有决定意义的外部环境的资讯。

2) 拟定目标

拟定战略目标一般需要经历两个环节:拟定目标方向和拟定目标水平。首先,在既定的战略经营领域内,依据对外部环境、需求和资源禀赋的综合考虑,确定目标方向;其次,通过对现有能力与手段等各种条件的全面衡量,对沿着战略方向开展的活动所要达到的水平做出初步的规定,以形成可供决策选择的目标方案。

在拟定目标时,要注意目标结构的合理性,列出诸多目标的优先序。同时,在满足实际需要的前提下,要尽可能减少每个方案中目标的个数。此外,在拟定目标的过程中,企业领导要充分发挥参谋和智囊人员的作用。要根据实际需要,尽可能多地提出一些目标方案,以便甄别。

3) 评价论证

战略目标拟定之后,就要组织多方面的专家和有关人员,对提出的目标方案进行评价和论证。

首先,论证和评价要围绕目标方向进行。着重研究拟定的战略目标是否符合企业宗旨和经营理念,是否符合企业的整体利益与发展状况,是否符合外部环境及未来发展的需要。

其次,要论证和评价战略目标的可行性。论证与评价时主要是按照目标的要求,分析企业的实际能力,找出目标与现状之间的差距。然后,分析用以克服这些差距的措施,在这一过程中,尽可能用数据和资料来佐证,辅以恰当的定量分析和计算。此外,如果外部局势、技术趋势和竞争态势对企业发展非常有利,企业自身也有办法找到更多的资源,就要考虑提高战略目标的水平。

最后,要对拟定目标的完善化程度进行评价。着重考察以下几个方面。

(1) 目标是否明确。所谓目标明确,是指每个目标应当是单义的,而非多义的、歧义的;实现目标的责任主体必须明确;实现目标的约束条件(初始条件、边界条件,尤其是资源禀赋)要尽可能明确。

(2) 目标内容是否协调、均衡。在现实决策问题中,大多是多目标决策,单目标的情况极少。多目标决策的常态是：一个(些)目标的优化，往往是以另外一些目标的劣化为代价；诸多目标中一部分指标的实现，势必会牺牲另一部分指标。因此，必须区分主次轻重，再次确认各个目标的优先序。

(3) 有无改善的余地。拟定目标的评价论证过程，也是目标方案的完善过程。要通过评价论证找出目标方案的不足并想方设法使之完善。如果通过评价论证发现，拟定的目标完全不正确或根本无法实现，就要回过头去重新拟定目标，然后再重新评价论证。

4) 目标决断

在决断选定目标时，要注意从以下三方面权衡各个目标方案：目标方向的正确程度；可望实现的程度；期望效益的大小。对这三个方面宜做综合考虑，所选定的目标，在三个方面的期望值都应该尽可能地大。

目标决断，必须审时度势，掌握好决断时机。在决策时间问题上，战略决策不同于战术决策。战术目标决策常常是时间比较紧迫，回旋余地很小；而战略目标决策在时间上相对比较从容。必须注意：一方面，防止在机会和困难没有搞清楚之前，轻率决策；另一方面，不能优柔寡断，贻误时机。

从调查研究、拟定目标、评价论证到目标决断，这四个步骤是紧密相连的，后一步的工作要依赖于前一步的工作。在进行后一步工作时，如果发现前面的工作不扎实，或遇到了新情况，则需要重新进行前一步或前几步的工作。

2. 战略目标的设定技术

企业在设定战略目标时，有四个思考的维度。一是企业过去和现在已经达成的目标；二是所在行业的平均水平；三是所在行业的最优水平或标杆业绩；四是依据使命和愿景，企业应该达到的水平。

在具体设定战略目标时，以下方法可供参考。

1) 时间序列分析法

时间序列是按时间顺序排列的一组数字序列。时间序列分析就是利用数列，进行统计规律分析，构造出拟合这个时间序列的最佳数学模型，然后利用该模型进行预测。时间序列分析法包括简单平均法、移动平均法、加权平均法等。这些方法的主要目的在于了解过去的活动过程，评价当前的经营状况，从而设定未来的战略目标。

时间序列分析法的基本原理：一是承认事物发展的延续性。应用历史数据，就能推测事物的发展趋势。二是考虑事物发展的随机性。任何事物发展都可能受偶然因素影响，为此要利用统计分析中的加权平均法对历史数据进行处理。这一方法一般适用于环境较为稳定，市场变化是连续性的、渐进的情况。

需要指出的是，在时间序列分析中，当环境和市场发生突然跳跃式变化，呈现出动态、非线性、复杂多样的情况时，绝不能机械地按市场过去和现在的规律，利用历史数据进行简单的"外推"，必须深入研究分析市场环境出现的新特点、新表现，从质的方面充分研究各种因素与市场的关系，将量的分析和质的分析有机结合，在此基础上设定企业未来的战略目标值。

2) 相关分析法

相关分析也称回归分析，是测定经济现象之间相关关系的规律性，并据此进行预测、设定战略目标的程式化分析方法。相关分析法在研究现象之间的相互依存关系，预测现象的发展变化和发展趋势时，有着重要的作用，其应用范围很广，特别适合于长期预测。

社会经济与市场诸因素之间，常有内在的相关性或因果关系，表现为经济现象之间存在着大量的相互联系、相互依赖、相互制约的数量关系。这些关系可分为两类。一类是函数关系，它反映着现象之间严格的依存关系，也称确定性的依存关系。另一类为相关关系，在这种关系中，变量之间存在着不确定性。不严格的依存关系。例如，批量生产的某产品产量与相对应的单位产品成本，某些商品价格的升降与消费者需求的变化，就存在着这样的相关关系。此外，根据预测对象相关因素的多少，回归分析可分为一元回归分析和多元回归分析等。

进行相关分析的步骤如下。

(1) 确定现象、数据之间相关关系的类型。即确定：是正相关还是负相关；是线性相关还是非线性相关；是一元相关或简单相关，还是多元相关或复相关。揭示现象之间的相互依存关系和相关关系，需要充分依靠研究人员的专业知识、实践经验、管理能力和政策水平，否则会产生"虚假相关"的错误。

(2) 判定现象之间相关关系的密切程度，拟列回归方程。通常需要先计算相关系数 R，必要时，应对 R 进行显著性检验。如果现象间相关关系密切，就根据其关系的类型，建立数学模型，用回归方程来反映这种数量关系。

(3) 进行回归分析。分析时要注意变量的界限，也就是相关关系的作用范围。在多数情况下，变量之间只有在一定范围内才具有相关关系，超出这个范围关系就不再成立。例如，成批生产的产品，在一定范围内，生产数量越大，成本降低愈多；但是若超过某个拐点，便会使成本迅速增加。进行回归分析时，要用数理统计的方法对回归方程进行检验，以判断回归分析的可靠性。

(4) 内插外推。根据回归方程进行内插外推，设定企业的战略目标。

3) 平衡计分卡

平衡计分卡是企业设定战略目标的一个有效的工具。平衡计分卡强调：财务和非财务衡量方法必须融入组织所有级别雇员的信息系统。一线雇员必须了解自己的决策和行动的财务后果；高级经理必须了解长期财务成功的各种因素。平衡计分卡是将经营单位的使命和愿景转变为有形的目标和衡量方法。

平衡计分卡不仅是一个战术性的衡量系统，它更加适用于战略策划与战略管理系统，以便从长计议地管理自己的战略，如图1-5所示。

利用平衡计分卡作为衡量系统的核心可以完成下列重要的管理过程。阐明使命与愿景；传播战略目标和衡量方法；制订计划、确定目标和做好战略倡议的衔接；加强战略反馈和学习。

一个企业如果制定了较好的企业使命、企业愿景以及企业战略目标，也就是完成了战略制定的第一步，同时也为接下来的战略实施打下了良好的基础。像星巴克那样，有了一个好的风向标，再结合自身情况做好战略实施和战略评价，最终定会取得不菲的成就。

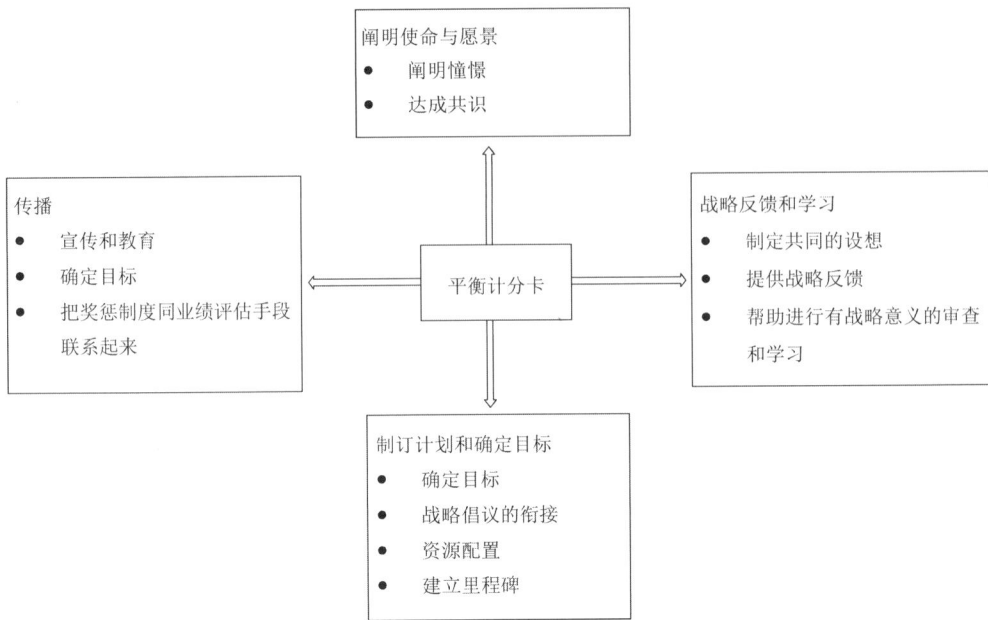

图 1-5 平衡计分卡作为行动的战略框架

第三节 战略管理

战略策划为企业发展奠定了方向和基础，然而仅有好的策划还不足以确保企业的成功运营。在企业的实际运作过程中，管理的重要性同样不可忽视。它如同企业这部复杂机器的润滑剂，保障着各个环节的顺畅运行，推动着企业朝着既定目标前进。接下来，让我们深入探讨管理产生的背景与定义。

一、管理产生的背景与定义

(一)管理产生的背景

西方的管理理论与西方经济学同源，最初都建立在亚当·斯密的理性的经济人假设基础上。所谓理性的经济人，即强调人是自私的，是首先考虑个人物质利益的，并且能理性地选择对自己最有利的行动方案。要把西方管理思路落到实处，有四个基本环节，即明确分工、量化标准、严格考核、严明奖惩。这四条可谓西方科学管理的"四根柱子"。有了分工和标准，便可以严格考核、严明奖惩了。西方管理近百年的发展，对人的激励主要靠这一方法。从最早的泰勒制，到近些年流行的六西格玛、平衡计分法、360 度考核、ISO 9000等，实际上都是在围绕着"四根柱子"做文章。改革开放以来，国人向西方学管理，引进国外先进的管理理论、方法与工具，学的主要也是这些。

中国古代的管理思想与西方明显不同。古代先贤讲到对人的激励和管理时，也是从人性分析破题的。围绕人性论，先秦曾有一场"性善""性恶"之争。孟子主张人性善，认为人生下来就有"善端"，"人性之善也，犹水之就下"。《三字经》中"人之初，性本善"，"人之异于禽兽者几希"，就是孟子的观点。荀子强调人性本恶，认为人天然禀赋的性情就是恶。不过，有意思的是，虽然两位先贤对人性的看法截然相反，由此引出的主张却极为相似。

总之，管理的字面意思有"管辖""处理""管人""理事"等含义。归纳起来可以分为两种观点：一种是强调管理主要是"管人"；另一种是强调管理主要是"管事"。

(二)管理的定义

管理是管理者按照客观规律，为了实现特定的目标，对组织所拥有的资源进行计划、组织、领导和控制等活动的过程。该定义主要包含以下几层意思。

1. 管理的主体

管理的主体(即管理者)是指在组织中指挥和领导他人的人。从纵向看，管理的主体具有层次性，基本上可以分为高层、中层和基层三个层次。从横向看，管理的主体具有多样性，既包括国家的统治者、政府的领导者，也包括企业的经理及非营利性组织的管理者。管理的主体既可以是人，也可以是以组织形式出现的领导机构或单位。

2. 管理的客体

管理的客体(即管理对象)是管理主体施加影响的人和事。通常，一切组织活动都是由人力、物力、财力、信息、时间等要素及各要素间的相互关系构成的。因此，管理的客体就是人力、物力、财力、信息、时间等要素及各要素间的相互关系。

3. 管理活动

组织的管理活动是通过计划、组织、领导和控制等一系列的管理职能来进行的。管理者必须认真研究并合理运用各项管理职能，才能提高管理效率。

4. 管理的目标

管理的目标是组织目标的体现，是管理的出发点和归宿。

管理的直接目标是追求效益。所谓效益，是指管理活动产生的有益的效果。效益既包括经济效益，也包括社会效益。仅仅追求效益是不够的，还必须注意管理的效率。管理的目标应该是效益与效率的统一。

二、战略管理的定义与过程

(一)战略管理的定义

如同战略策划一样，战略管理的概念也是由安索夫首先于 1972 年提出的。如果说战略策划是设计一套最佳行动方案，那么战略管理则是实施这套最佳方案的一个过程，是根据已经制定的战略方案进行动态控制的过程。战略策划注重"如何做正确的事"，而战略管理注重"将正确的事做得更有效率"。战略管理强调的是如何让人愉快、高效地做正确的事。企业战略管理就是依据制定的战略方案，通过实施和评价使企业达到其目标的、跨功能决策的科学和艺术。钱德勒认为战略管理关注的是企业的长期健康发展，而措施更多的是处理日常经营活动，以保证经营的高效。希金斯认为战略管理是设法协调组织与环境的关系，并同时完成企业使命的过程；因此，战略管理的本质是强调企业如何审视内部环境与外部环境的变化，并根据内外变化作出敏捷的反应，以保证企业长期健康地发展。还有一种观点认为战略管理的本质就是企业适应环境或改变环境的过程。

综上所述，战略管理是对有关企业或组织未来发展的方向和范围做出决策的实施与管理。

(二)战略管理的过程

战略管理是管理企业或组织整个战略执行的过程，战略管理过程由战略实施构成。战略实施，实际上是将战略策划方案转化为实际行动并取得成果的过程。在这一过程中，企业在对战略目标加以分解的基础上，通过调整公司治理与组织结构、配置战略资源及管理战略变革等方面着手进行。

1. 调整公司治理与组织结构

公司治理与组织结构主要是用于解决在所有权和经营权分离条件下的代理问题。建立有效的公司治理结构，可以降低代理成本和代理风险，从而保护所有者的权益。通过组织结构的调整，建立与战略相适应的高效管理体制及组织结构，才能有助于战略的实施与战略目标的实现。

2. 配置战略资源

企业的资源是有限的，如何在不同层次和部门间分配资源是战略实施的一个关键问题。这部分内容包括职能战略的制定、资源的配置与整合及战略领导。成功的战略实施离不开企业最高领导层的支持和理解。由于战略实施的主体是人，因此对人的管理就格外重要，协调不同部门和人员的活动需要领导者具备良好的激励和领导才能，实施有效的战略主导。

3. 管理战略变革

因为企业内外部环境要素具有动态性与不确定性，决定了战略实施的过程也是一个学习与动态调整、试错与修订的过程。在外部环境和企业的内部资源与能力的动态平衡正在发生或将要发生变化时，需要不断对战略目标和企业经营范围、核心资源与经营网络等战略内涵加以重新审视与再定义，进行战略变革，以适应不断变化的环境，保持或提高其在市场竞争中的地位。

由于环境变化不可预测，在现实生活中不存在最完美的战略，好的战略都是在边实施边调整的过程中制定的。丰田公司最初进军美国市场的不是轿车，而是一种试验型客车，因为不了解市场需求和政策，导致当年的年销量仅为 288 辆。但是，丰田汽车并没有因此而放弃美国市场，而是重新制定了战略。丰田公司首先进行大规模的市场调研，以真正寻找到美国的市场机会。结果发现美国人对汽车的需求观念发生了变化，越来越多的人将汽车看作代步工具，普遍希望买到既便宜、节能又耐用的小型汽车。丰田的皇冠轿车一经推出，就以其经济实惠的特点迅速占领了美国市场，到 1980 年，丰田汽车在美国的销量已达到 58.5 万辆，约占美国进口汽车总额的 25%。可以说，战略策划与战略管理过程实际上是一个循环往复、不断完善的动态过程。

(三)动态战略管理

随着时代的改变，传统的战略管理典范也需要有所更迭。因为市场快速饱和、科技日新月异、消费者需求不断变化，加上不少企业借助大量的短期攻略手段掠夺市场，很多行业、企业甚至来不及进行长期战略谋划，就在企业间的短兵相接后宣告阵亡。这些现象与结构，都不是传统的战略管理理论所能解释的。动态战略管理站上了舞台，这个概念的提出彻底改变了传统的思维模式(如战略定位、战略抉择、战略实施与控制等)，动态微观竞争成为最核心的内容之一。动态竞争理论严谨地分析了企业特定的竞争性行动与响应，专注分析具体而且特定的竞争性行为，这些行动的攻击性、直接性与速度被精确地衡量。同时，动态竞争将一个企业众多个别行为累加考虑，给出了企业对抗每个竞争者的不同策略。

三、战略控制

(一)战略控制的程序

战略控制是用以确保战略行为或战略活动能够按照战略计划完成，以达成目标并修正任何重大偏离的一种监督和调控程序。战略控制机制的最大目的在于确保达成企业的目标。没有任何一项战略策划方案可以绝对完善，也没有任何的战略执行活动可以做到天衣无缝。实际的状态往往会与当初的战略策划方案有所偏差，战略执行往往会出现一些突发状况，而使执行结果大打折扣。因此，为了确保目标的达成，战略管理人员必须建立一个检查修正机制，这个检查修正机制就是战略控制。良好的战略控制可以提早发现战略失控，及时采取必要的补救和修正措施。

通过战略控制机制，战略管理人员可以评估企业的战略绩效。只有在将实际绩效与期望目标进行相互比较之后，战略管理人员才能了解整个战略的偏差，并采取必要的修正行动。

战略控制程序由四个步骤组成：建立战略绩效标准；衡量实际的战略绩效；比较绩效标准与实际绩效的差距；评估差异结果并采取必要的修正行动。战略控制的基本程序如图 1-6 所示。

下面针对战略控制程序的各个步骤进行讨论。

1. 建立战略绩效标准

战略绩效标准来自衡量成果的特定目标，而这些特定目标是在战略策划时设定的。如前所述，目标应该尽可能地具体、明确，并且是可以衡量的，因为模糊的目标只会产生模糊的标准，而无法评估目标实际完成的程度。总而言之，控制标准来自目标，因此，很多目标设定的相关概念都适用于控制标准。在建立绩效标准的过程中，战略管理人员面临的主要决策是在绩效标准的明确性与特定性上必须达到什么程度，以及在绩效标准的挑战性上必须达到什么程度。绩效标准的明确性与特定性程度越高，就越容易评估，但有时涉及目标本身的特性以及成本的问题，因此必须掌握好明确性与特定性程度。此外，绩效标准既不能太低，也不能太高，太低或太高的标准都会缺乏挑战性。因此，如何决定绩效标准的挑战程度也是战略管理人员必须掌握的。

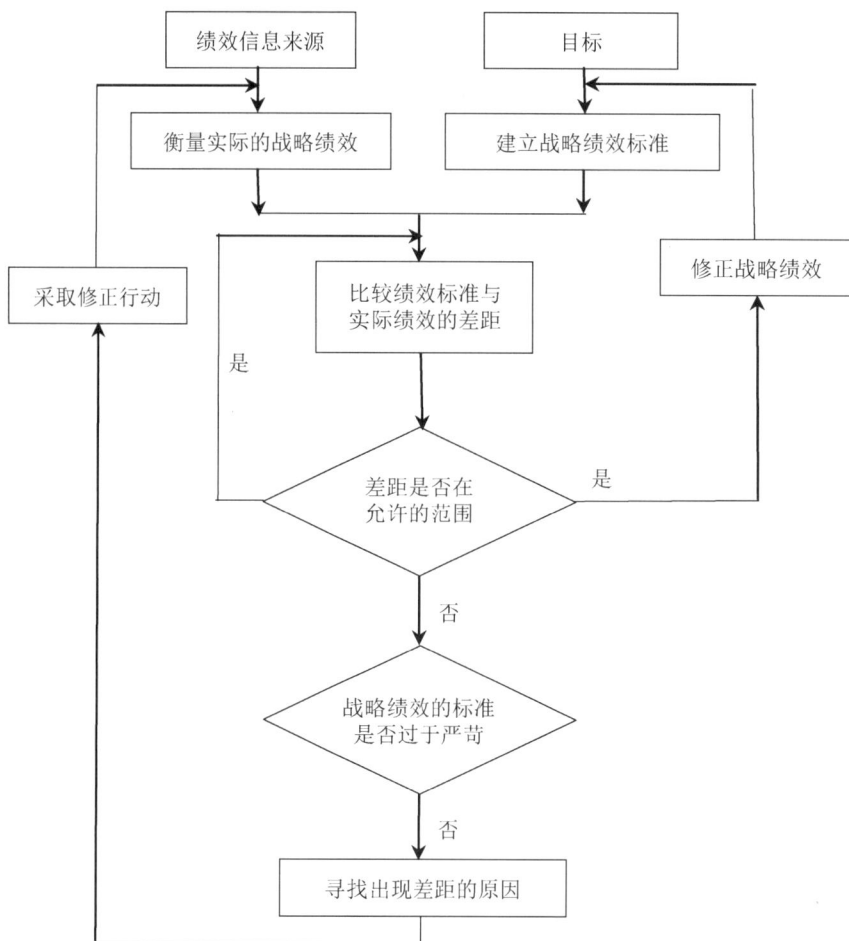

图 1-6　战略控制的基本程序

2. 衡量实际的战略绩效

衡量实际的战略绩效包括衡量的方式与衡量的内容。衡量的方式是指如何衡量，即战略管理人员如何取得实际战略绩效的信息。取得信息的方式会受到实际战略绩效内容的影响，基本的衡量方式不外乎个人观察、统计报告、口头报告、书面报告以及电子回馈信息五种方式。

个人观察主要是指战略管理人员的亲身观察，因此，取得的是第一手数据，同时所涵盖的范围相当广泛；个人观察通常需花费相当多的时间，也偏向主观；个人观察常常引发战略管理人员与员工的信任问题。

统计报告比较客观，并且能够有效地显示变量间的关系。不过，统计报告涉及资料能否量化的问题，因此，过分强调量化可能会忽略其他重要的实质性目标。

通过口头报告可以较为迅速地取得数据，并且可以进行双向沟通，但是口头报告会面临数据保存的问题。

书面报告一般较为正式，并且也易于记录和备查，不过取得所需的时间较长。

电子回馈信息是指利用电子或科技装置来取得相关信息，如 POS 系统、电子监控信息以及一些通过电子渠道搜集的信息。电子回馈信息方式通常较为迅速，也不容易出错。

除衡量的方式外，还要关心衡量的内容，即衡量什么。在控制程序中，衡量的内容比衡量的方式更重要。衡量的内容是指用来衡量绩效的指标，选择错误的指标将会造成错误的方向，因为衡量的内容决定了企业内员工努力的重点。然而，有些控制指标具有普遍性，例如，市场占有率和获利率是所有战略管理人员共同关心的控制指标。

不过，并不是所有的战略活动都很容易衡量，某些活动的绩效就很难以量化的方式来衡量。例如，衡量一个企业的商誉，要比衡量销售绩效困难得多。我们可以将工作的内容分割成许多细小的部分加以衡量。但是，在做这样的分割时，不可忽略战略工作本身所具有的完整性和系统性。如果衡量只是着重绩效的某个部分，则很容易产生误导。例如，只注重销售人员的业绩，有时会忽略销售人员对顾客服务的质量。虽然衡量必须完整，但是也要考虑到衡量的成本。信息的取得效益必须大于其取得成本，战略管理人员必须放弃那些衡量成本过高而不切实际的衡量指标。

如果工作或活动缺乏具体和客观的衡量方式，那么战略管理人员有时不得不采用主观的衡量方法。虽然主观的衡量方法容易受到个人认知偏误的影响，但仍好过毫无标准或完全不加以控制。

3. 比较绩效标准与实际绩效的差距

战略管理人员通过比较的程序来决定实际绩效和绩效标准之间的差距。由于要求实际绩效和绩效标准完全相符是不切实际的想法，因此一定范围的差距是可以接受的。所以，比较的步骤必须决定实际绩效和绩效标准之间可接受的变动区间(见图 1-7)。变动区间的宽窄非常重要，因为过度狭窄的区间会使指标过度敏感；反之，过分宽大的区间将失去控制的意义。利用变动区间的意义在于，只有超出该区间的差距才值得加以注意，通常这也是"例外管理"的含义。

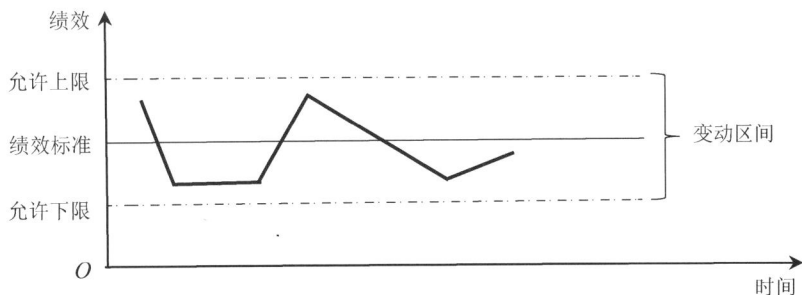

图 1-7　绩效的变动区间

4. 评估差距结果并采取必要的修正行动

战略控制程序的第四项，也是最后的步骤，是采取修正行动。战略管理人员面对差距，首先要判定差距的来源。造成差距的原因可能有几种，例如，差距可能是因为实际绩效太差，此时需采取修正行动。修正行动包括修改战略本身、调整战略执行计划或执行方式，战略管理人员应该针对造成差距的真正原因采取彻底解决问题的行动。

差距也可能来自不切实际的标准。例如，目标定得太高或太低。在这种情形下，需要修正的是标准而非实际绩效。不过，有时绩效较差的员工往往会将其不好的表现归因于过高的标准或目标。因此，如何判定绩效标准是否过高是一件相当重要的事。例如，战略管理人员告诉员工该目标的合理性，然后采取必要的修正行动促使员工实现该目标。

(二)战略控制的类型

战略管理人员在进行战略控制前，应该先了解战略控制与作业控制的不同。战略控制是针对战略的基本方向与匹配程度进行的，而作业控制则侧重行动本身。此外，战略控制是针对长期目标，而作业控制偏向于短期目标。

以下根据战略控制的阶段、本质、动力以及对象来对战略控制进行分类。这些分类方法是以不同构面为切入点的，因此从整体看，可以发现它们彼此之间存在某些关联。

1. 从战略控制的阶段看

管理层可以根据战略管理活动阶段来思索战略控制，因此可以将战略控制分为前提控制和执行控制。

1) 前提控制

战略形成的前提是指战略形成背后的假设或预测。因此，前提控制是指有系统且持续地监视战略的前提是否仍然有效。当前提不再有效时，战略管理人员必须调整战略策划方案。常见的战略前提包括外部环境因素、内部资源因素与目标因素，即战略金三角的任何一个角出现的显著变化都隐含着企业战略必须进行改变的信息。

根据环境和企业内部的信息，战略管理人员必须不断地监视前提的变化，当前提变化时，战略管理人员必须在最短的时间内采取应变的措施。由于战略所牵涉的前提往往很多，因此在前提控制时，战略管理人员必须把重心放在主要的战略前提以及变化较显著的战略前提上。

2) 执行控制

战略执行是指将战略策划方案付诸执行，战略执行包括与资源的投入和运用相关的一连串活动。通过战略执行，战略管理人员将广泛的战略计划转变成特定单位或人员的行动与成果。

执行控制是指根据战略执行所获得的成果来评估是否应该改变整体战略或采取修正行动。具体有以下几种形式。

(1) 战略任务监控。

整个战略计划是由很多小规模的战略任务构成的。因此，这些战略任务是否适当执行，往往会影响战略计划的成败。监控这些战略任务的执行成果可以提供一些信息，以判断整体战略计划是否仍按照预期进行，还是需要修正。战略任务监控的关键是找出影响整个战略计划成败的关键任务，因此，战略管理人员应该区分出关键任务和一般任务，并且能够不断地监视这些关键任务的变化。

(2) 战略里程碑监控。

管理层应该在战略执行中设定一些关键的战略控制点，即战略里程碑。这些关键控制点包括关键事件、重大的资源分配以及某个固定的时点。通过战略里程碑监控，战略管理人员可以有效地掌握整个战略执行的重要概况，以便适当地评估战略执行绩效，从而决定是应该坚持过去的战略执行方向，还是应该进行调整。

(3) 战略监控。

战略监控是指一种没有特定焦点的监控，是针对企业内和企业外不定时发生的广泛事件而进行的监控。战略监控通常持续出现在整个战略管理过程中，其重点是针对多种信息来源所做的一般性监控，希望发现一些重要但非预期性的战略相关信息。例如，针对重要竞争者行动所做的例行性监控就是一种战略监控。

(4) 特别事件控制。

特别事件控制是指因发生了某个特殊和突发的非预期事件，而针对企业的战略进行完整且快速的重新检查。例如，竞争者突然宣布了一项重大的并购决定，或产品本身出现了重大的瑕疵，或企业面临了某些重大的危机。

2. 从战略控制的本质看

从战略控制的本质看，可将战略控制分为机械控制与有机控制。机械控制又称为科层体制控制。机械控制是指广泛地运用规则与程序、自上而下的权威、严格规范的工作说明书以及其他的正式方法来防范与修正绩效和结果的偏差。例如，军队和政府机构往往偏向机械控制。一般而言，机械控制的工作说明倾向以行为作为基础，通常强调外在的报酬(如薪资、奖金、地位)，而对员工本身的自我控制往往持怀疑态度。

有机控制强调使用弹性职权、松散的工作说明、个人的自我控制以及其他的非正式方法来防范与修正偏差。例如，有些自愿性的公益团体是偏向有机控制的。一般而言，有机控制的工作说明通常倾向于以结果为基础，同时强调内在与外在的报酬(如工作的意义与成就感)以及员工本身的自我控制，来追求企业目标。

通常，机械控制与有机控制的运用与企业文化有很大的关联。机械控制未将企业文化视为一种可能的控制来源，而有机控制往往通过企业文化来整合组织、团队与个人的目标，以达到整体的控制。

3. 从战略控制的动力看

从战略控制的动力看，可以将战略控制分为外力控制与内力控制。外力控制是指通过外在的干预进行控制，即通过外在设定的标准以及对绩效的监控来达到控制的目的。例如：企业所设定的预算就是一种很典型的外力控制；机械控制则是一种相当常见的外力控制，因为机械控制强调依赖管理规则、规定、程序以及政策来进行控制。因此，机械控制和外力控制相当接近，传统的控制方法大多偏向外力控制。

内力控制是一种自我控制，即基于企业成员的认同与承诺所产生的自我要求，这种自我要求促使他们主动追求企业的目标。内力控制主要通过信念体系的建立、共同价值的培养以及光明愿景的塑造等来产生认同，这种认同会激励自我督促与自我要求。例如，强调共享的价值、规范、传统、仪式、信念等的群体控制，就是一种内力控制。另外，强调由员工参与制定目标的目标管理也是一种通过企业成员对目标制定的参与达成对目标的认同，从而产生自我激励与自我控制，以追求目标达成的内力控制。

4. 从战略控制的对象看

从战略控制的对象看，可以将战略控制分为财务控制、产出控制、行为控制与人员控制。

1) 财务控制

财务控制是针对企业的财务资源所做的控制。财务资源包括流入企业的资源(如收入、股东的投资、借贷)、停留在企业中的资源(如营运资金、保留盈余)与流出企业的资源(如企业产生的费用、股息)。财务控制使用许多方法、技术与程序来监控与防止财务资源的分配不当。常见的财务控制工具是比较性的财务分析,这是针对同一时段对两家以上不同企业的财务状况进行比较,或者将同一企业在不同时段的财务状况进行比较。最常用的比较性财务分析工具是比率分析。

2) 产出控制

产出控制是战略管理人员针对企业内的各部门、事业部和员工设定一些产出的绩效目标,然后衡量实际绩效,并将实际绩效与目标相比较。同时,报酬制度会与比较的结果相关联,以发挥激励的作用。

3) 行为控制

行为控制是通过建立一套完整的规则与程序来指引各部门、事业部和员工的行为。常见的行为控制工具是作业预算、审计标准化、规则和规定。预算是指以数字来表现的计划,数字可以是财务数字(如年度的营业收入以及费用预算)、时间(如新产品上市的日程安排)、生产数量(如生产预算)等。预算可以大至整个企业,也可小至单一个人。审计是一种常用的行为控制工具,是独立地对企业的会计、报告、营业活动进行正式确认的程序。同时,审计也是被设计用来检查企业的其他控制机制的工具。在防止其他控制机制的失效方面,审计扮演了很重要的角色。根据执行者的不同,审计可以分为内部审计和外部审计,外部审计是被设计用来防止内部审计机制失效的。

4) 人员控制

人员控制是从人员的内在着手以塑造自我控制的员工。人员控制的关键在于承诺,即如何通过企业的信念体系、共享价值与企业文化,提升企业员工对组织的承诺,从而产生自我控制与自我督促,最后有助于提升员工和企业绩效(见图 1-8)。如果员工和管理层具有相同的价值观和信念,那么可以确定事情会在管理人员的"掌控"之中。即使企业缺乏严格的规定,员工不在管理人员的"监视"之下,员工面临的是灰色决策的状况,管理人员也可以很放心地认为员工不会失控,仍会按照工作要求很努力地完成任务。员工的自我控制替代了外部控制,这是有机控制或群体控制希望达到的状态。

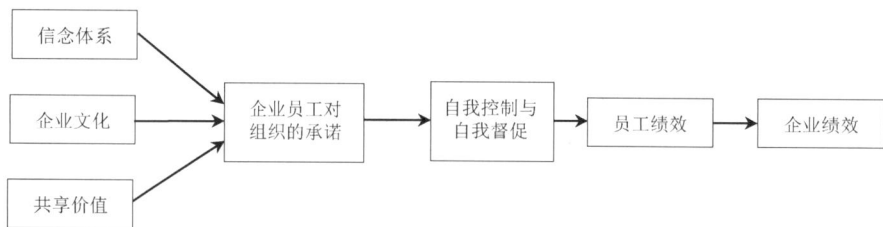

图 1-8　人员控制的基本概念

(三)战略控制的内容和方式

1. 战略控制的内容

对企业经营战略的实施进行战略控制的主要内容如下所述。

（1）设定绩效标准。根据企业战略目标，结合企业内部人力、物力、财力及信息等具体条件，确定企业绩效标准，作为战略控制的参照系。

（2）绩效监控与偏差评估。通过一定的测量方式、手段、方法，监测企业的实际绩效，并将企业的实际绩效与标准绩效对比，进行偏差分析与评估。

（3）设计并采取纠正偏差的措施，以顺应变化中的条件，保证企业战略的圆满实施。

（4）监控外部环境的关键因素。外部环境的关键因素是企业战略赖以存在的基础，这些外部环境关键因素的变化意味着战略前提条件的变动，必须给予充分的注意。

（5）激励战略控制的执行主体，以调动其自控与自评价的积极性，从而保证企业战略实施的切实有效。

2. 战略控制的方式

从控制时间来看，企业的战略控制可以分为如下三类。

1）事前控制

事前控制是指在战略实施之前，要根据战略策划方案设计正确的战略计划，该计划得到企业高层领导人的批准后才能执行，其中重大的经营活动经企业领导人批准才能实施，所批准的内容往往成为考核经营活动绩效的控制标准。这种控制多用于重大问题，如任命重要的人员、重大合同的签订，购置重大设备，等等。

由于事前控制是在战略行动成果尚未实现之前，通过预测发现战略行动的结果可能会偏离既定的标准，因此，管理者必须对预测因素进行分析与研究。一般有三种类型的预测因素。

（1）投入因素。即战略实施投入因素的种类、数量和质量，将影响产出的结果。

（2）早期成果因素。即依据早期的成果，可预见未来的结果。

（3）变化因素。即外部环境和内部条件的变化，将影响战略控制的结果。

2）事后控制

事后控制是指在企业的经营活动完成后，才把战略活动的结果与控制标准进行比较。这种控制方式的重点是明确战略控制的程序和标准，把日常的控制工作交由职能部门人员去做，即在战略计划部分实施之后，将实施结果与原计划标准相比较，由企业职能部门及各事业部定期将战略实施结果向高层领导汇报，由领导者决定是否有必要采取纠正措施。

事后控制的具体操作方法主要有联系行为法和目标导向法。

（1）联系行为法。即将对员工的战略行为的评价与控制同他们的工作行为挂钩，他们比较容易接受，并能明确战略行动的努力方向，使个人的行动导向与企业经营战略导向接轨。同时，通过行动评价的反馈信息修正战略实施行动，使之更加符合战略的要求；通过行动评价，实行合理的分配，从而强化员工的战略意识。

（2）目标导向法。即让员工参与战略行动目标的制定和对工作业绩的评价，使员工既可以看到个人行为对实现战略目标的作用和意义，又可以从对工作业绩的评价中看到成绩与不足，从中得到肯定和鼓励，为战略推进增添动力。

3）随时控制

随时控制即过程控制，是指企业高层领导者要控制企业战略实施中的关键性的过程或全过程，随时采取控制措施，纠正实施中产生的偏差，引导企业沿着战略的方向进行经营。

这种控制方式主要是对关键性的战略措施进行随时控制。

经典案例

抢占移动互联网战略制高点——腾讯布局微信平台

腾讯自 1999 年推出第一款即时通信软件 OICQ 以来，QQ 已经和电话、电子邮箱并列成为最重要的联系方式，腾讯也成为最成功的中国互联网公司。但是，移动互联网的到来，快速地改变了中国互联网的现状，整个中国的移动社交市场当时正在经历非常迅速的产品更迭期。随着 iPhone 的流行，以米聊、TalkBox、Kik、WhatsApp 等为代表的多款基于手机的语音聊天软件正抢占移动互联网市场，对腾讯 QQ 聊天发起猛烈挑战。

2010 年，马化腾意识到移动互联网时代的用户体验和 PC 时代有着本质的不同，而将 QQ 客户端从 PC 平移到手机的手机 QQ 并不能保证腾讯在智能手机时代高枕无忧。在此背景下，2010 年 11 月 18 日，腾讯公司正式立项开发自己的移动客户端——"微信"，并对无线业务部门预算不设上限，以表示对新兴移动社交产品的重视。微信不断迭代创新版本如下。

(1) 微信 1.X: 推广阶段——基本功能。

在此阶段，微信产品的核心思路如同其口号一样："能发照片的免费短信。" 微信为用户提供 "信息免费" 体验，主要完善了文字、图片等信息传递的基本功能，并打通 QQ、邮箱、手机通讯录、微博等营销渠道，通过广告、多渠道好友推荐等形式，达到推广的目的。

(2) 微信 2.X: 社交多维化阶段——语音对讲、查看附近的人。

在此阶段，微信完善了现有的用户功能的体验，增添人性化设计，如隐私设置、QQ 离线消息、照片滤镜等，还增添了社交服务功能，如 "语音对讲" 和 "查看附近的人"。语音功能给微信带来了大量用户，使微信与米聊等竞争对手站在同一起跑线上。而 "查看附近的人" 则为用户开启了从 "全封闭" 到 "半开放半封闭" 的社交关系圈。

(3) 微信 3.X: 立体化社交网络阶段——摇一摇、漂流瓶。

在此阶段，微信完善陌生人交友的功能，增设 "摇一摇" "漂流瓶" 等功能类目，使 "查看附近的人" 的 "近距离式社交" 转变为 "摇一摇" 的同城 "远距离社交"，甚至是跨省、跨国社交。

(4) 微信 4.X: 移动社交平台阶段——构建了一个允许用户将文字、图片、音乐、视频等内容基于个人的私密关系链实现小范围流转的模块——"朋友圈"。

"朋友圈" 最早用 "图片" 分享作为切入点，用户在 "朋友圈" 中分享照片，进而养成了愿意分享一切喜欢内容的使用习惯，"朋友圈" 迅速地被 "养了起来"。通过朋友圈，大量非私密信息有了更大的流转空间。微信朋友圈的兴起，为微信由通信工具变成移动社交平台创造了客观条件。

(5) 微信 5.X: 跨领域、"一站式" 服务平台阶段——理财通、一键支付、新版扫一扫、游戏中心。

在此阶段，微信正式涉足娱乐、支付和金融等领域。从理财通、一键支付等金融类产品到新版扫一扫、游戏中心等生活服务类产品的上线，微信正致力于打造一个跨领域、"一站式" 的服务平台。

微信不断迭代创新与其开放的理念密切相关。随着微信 5.0 的发布，它的开放平台战略也逐步清晰与明确，例如微信支付上已经有扫码支付、公众号支付和 App 内支付等三种形式，有当当、优酷、蘑菇街、友宝、大众点评等众多第三方企业介入，手机充值、购买电影票、点餐等服务均可实现。

(6) 微信 6.X：由"连接人"到"连接世界"阶段——全新的 UI 设计界面，即刻视频、强提醒、看一看。

在此时刻用"时刻视频"，记录眼前的世界。可以"冒个泡"，告诉朋友你来过。界面全新改版，用户可获得更清晰直观的视觉与操作体验。可以在"看一看"里浏览朋友认为好看的文章。

微信的战略本质在于连接，由最初的"人与人的连接"到后来的"连接人与信息、服务"。自从一款可以拍短视频的音乐创意短视频社交软件"抖音"出现后，微信开始了被迫变革。随着 2018 年年底微信 6.X 的发布，微信战略边沿扩展到"人与世界的连接"。想象一下：卸载微信后，你需要多下载多少个 App 才能满足同样的需求？比微信功能强大的 App 没它简洁，比微信简洁的 App 不能满足基本需求。这一点，才是微信成为互联时代入口的战略策划。

反向迭代是微信在发展过程中的一个创举，将产品越做越精，而不是越做越大。纵观微信几十次迭代，一个特点是"快"，另外一个特点是"稳"，始终以小步快走的节奏前进着，虽然经历了与竞争对手的无数次交锋，但也没有动摇微信当初的战略思想。这固然离不开腾讯公司的雄厚实力和时代潮流的推动，但产品团队在战略策划与战略管理方面的优秀表现才是成功的关键。

(资料来源：本书作者整理编写。)

思　考　题

1. 什么叫战略？战略在形成与实施过程中，要经历几个阶段？
2. 什么叫战略策划？战略策划的特征是什么？
3. 企业使命陈述的范围应考虑几方面？
4. 战略目标体系建立的原则是什么？
5. 什么叫战略管理？
6. 企业的战略控制方式有哪些？

第二章

战略策划思维与定位

【学习要点及目标】

- 了解思维定势的局限性。
- 掌握结构化思维方法。
- 掌握辩证思维指导下的策划模式。
- 掌握战略策划的基本方法。
- 掌握定位的基本原理。

故善用兵者，屈人之兵而非战也，拔人之城而非攻也，毁人之国而非久也，必以全争于天下，故兵不顿而利可全，此谋攻之法也。

——《孙子兵法·谋攻》

伟大的领导力并非来自俯拾即是的工作技能，而是来自一种思维模式。

——Telecity Group CEO　迈克·托宾

我能成功，是因为我年轻时掌握了几种思维方法，并反复使用。

——查理·芒格

开篇案例

先竖旗，后招兵——蒙牛的成长历程

齐国的大将田忌很喜欢赛马。有一次，他和齐威王赛马，他们用彼此的上等马对上等马，中等马对中等马，下等马对下等马。由于齐威王每个等级的马都比田忌的马剽悍得多，因此几轮比赛下来田忌都失败了。

田忌的好友孙膑给他出了一个主意，用自己的下等马对付齐威王的上等马，用上等马对付齐威王的中等马，用中等马对付齐威王的下等马。结果，田忌以 2∶1 战胜了齐威王。这就是著名的田忌赛马的故事。

按理说齐威王的马都比田忌的马强，之前的比赛就证明了这点。可田忌依照孙膑的策划方案，只是调换了一下马的出场顺序就转败为胜了，这背后体现的是孙膑与众不同的思维能力。

生活在信息时代，面对庞杂猛烈的"信息轰炸"，即使很有思想的人也会受到影响，从而改变了自己的思维方式，以便和他人保持一致。心理学上著名的"阿希实验"能够证明这一点。它是由美国心理学家所罗门·阿希在 1956 年设计并实施的。

阿希请大学生们自愿做他的被试。他告诉被试，这个实验的目的是研究人的思维惯性。当一个来参加实验的大学生走进实验室的时候，他发现已经有 5 个人坐在那里了，他只能坐在第 6 个位置上。而他不知道，其他 5 个人都是跟阿希串通好了的假被试(即所谓的"托儿")。

阿希要大家做一个非常容易的判断——比较线段的长度。他拿出一张画有一条竖线的卡片，然后让大家比较这条线和另一张卡片上的 3 条线中的哪一条线等长。测试共进行了 18 次。事实上，这些线条的长短差异很明显，正常人是很容易做出正确判断的。

然而，在两次正常判断之后，5 个假被试故意异口同声地说出一个错误答案。于是真被试开始迷惑了，他是坚定地相信自己的眼力，还是说出一个和其他人一样但自己心里却认为不正确的答案呢？

结果当然是不同的人有不同程度的从众倾向。从结果来看，平均有 33% 的人的判断是从众的，有 76% 的人至少做了一次从众的判断，而在正常情况下，人们判断错的可能性还不到 1%。当然，还有 24% 的人一直没有从众，他们按照自己的思维方式来判断回答。一般认为，女性的从众倾向要高于男性，但从实验结果来看，两者并没有明显的区别。

看来，要想保持自己的独立思考能力，坚持自己正确的看法，拒绝从众判断，至少从策划思维来讲，还真不是一件容易的事。蒙牛乳业集团的创始人牛根生，就与常人的创业思路不一样。人们在创业时都要先建厂房、进设备、生产产品，然后打广告、做促销，而

后才能有知名度和市场。而牛根生没有这么做，面对窘境，他的思路是"先建市场后建工厂"。

实力相对较弱的企业，为了尽快赶上领先的企业，经常采取"跟随战略"，选择一个跟随对象，然后在产品、定价，甚至包装等方面模仿领先企业。这也是一些弱势企业避免被领先企业甩开的常用方法。蒙牛选择了伊利作为跟随的对象。

2000 年前后，蒙牛提出了"创内蒙古乳业第二品牌"的创想。当时内蒙古乳品市场的第一品牌是伊利，蒙牛还名不见经传，连前五名也进不去。但蒙牛的聪明也就表现在这里，蒙牛通过把标杆定为伊利，使消费者通过伊利知道了蒙牛，而且留下的印象是：蒙牛似乎也很强大。2000 年，蒙牛用较低的价格买下了当时在呼和浩特还很少有人重视的户外广告牌。一夜之间，呼和浩特市区道路两旁冒出一排排的红色路牌广告，上面写着："蒙牛乳业，创内蒙古乳业第二品牌""向伊利学习，为民族工业争气，争创内蒙古乳业第二品牌！"这让很多人记住了蒙牛，记住了蒙牛是内蒙古乳业的第二品牌。

广告打出去后，牛根生与中国营养学会联合开发了新的产品，然后再与国内的乳品厂合作，以投入品牌、技术、配方，采用托管、承包、租赁、委托生产等形式，"借鸡下蛋"生产"蒙牛"产品。通过这种逆向运作，在短短两三个月内，牛根生盘活了近 8 亿元的企业外部资产，走完了一般企业几年才能完成的扩张之路。

蒙牛成长到一定程度后，及时修正了跟随战略，开始以平等地位和伊利并驾齐驱，并开始放眼全国，提出了"中国乳都"的宣传口号，而且在很长一段时间内使用这一宣传口号。"乳都"的概念是一个创新，这不仅有利于蒙牛和伊利，而且对内蒙古的区域经济战略也是一个很好的提升和宣传，蒙牛把自己的命运同整个内蒙古经济的腾飞牢牢系在一起。同时，对于国内其他区域市场，"乳都"的定位也能提升蒙牛奶源的正宗地位。

牛根生"先树旗后招兵"，反向推演跨越发展，整合天下资源为己所用的策划思维告诉我们，并不是所有的事都要按照常规去做。突破思维定势，要像孙膑和牛根生那样，突破"阿希实验"的从众心理，清楚自己应先做什么后做什么，变劣势为优势，这样才能迅速完成目标任务。

蒙牛乳业能在整个中国乳品行业曾经独树一帜，这主要得益于蒙牛过去在战略策划中超越常规思维、突破思维定势的战略布局。

（资料来源：本书作者整理编写。）

思维模式能助人将天赋发挥到极致。在一个人人都有技能的社会，你要想从同样努力工作、同样拥有丰富技能的同事中脱颖而出，必须构建自己的策划思维模式。很多研究成果表明，思维模式已经成为优异表现研究领域的最前沿课题。一个人从平凡到伟大，就是从技能到策划思维的转变。

战略管理者必须具备战略策划思维，只有这样，战略管理者才能在错综复杂的环境中把握方向，发展壮大企业。所谓战略策划思维，是指管理者能站在公司总体战略设想的高度，运用一定的思维模式，来制定决策和实施管理，灵活应对多变的市场环境，给企业带来预期的效益。战略管理者要树立并善于运用战略策划思维，随时随地用它来指导自己的工作，思考有关企业战略的问题。

在工作或学习中，我们会接触到许多平凡或优秀的人，渐渐地发现，优秀者并非都天赋异禀,从平凡到卓越是可以通过有效的学习、训练来实现的,其核心就是策划思维的培养。而建立在策划思维基础上的战略策划思维则是一种秘密武器,能让你取得无法想象的成就。

第一节　策　划　思　维

思维是意识的高级阶段,是人脑对客观现实的概括和间接反映,高水平的策划思维可以反映事物的本质和规律性联系。策划思维是人类思维的高级形式,是人类社会发展进步的动力。学术理论与生活实践告诉我们,要想解决生活、工作与学习中遇到的诸多问题,智商等不是决定因素,思维方式才是。

如同新质生产力不同于传统生产力一样,策划思维也不同于常规思维,也强调"新",包括新的思路、新的方法、新的技术等。发展新质生产力无疑需要策划思维;超越常规思维,突破思维定势,是策划思维的关键。

一、策划思维的定义及基本特征

(一)策划思维的定义及分类

思维反映的是事物的本质和事物间规律性的联系。思维的概括性反映表现在它对一类事物非本质属性的摒弃和对其共同本质特征的反映。思维的间接性反映是指通过其他媒介作用认识客观事物,并借助于已有的知识和经验、已知的条件推测未知事物的过程。因此,思维是以感知为基础又超越感知界限的对现实的一种反映,其目的在于探索与发现事物内部或事物之间的本质联系和规律性,是认识过程的高级阶段。

根据思考的出发点,我们将思维活动的方式分为垂直思考法和水平思考法。垂直思考法,又称习常性思维,是从固定的前提出发,遵照思考者惯常的推理定式,一直往下推衍,直至获得结论的方法。水平思考法则无固定的推理前提,思考者从原有的观点出发,推不出所期望的结论时,便尝试以其他观点为推理前提,探寻认识事物、解决问题的新途径、新角度。这种以变换观点、变换前提为特征的思维就是策划思维。

事实上,习常性思维和策划思维是人类思维的两个基本属性。两种思维既有差异性又有共性。差异性体现在以下两个方面。

- 两者性质不同。习常性思维是常规性思维,追求确定的规则、方法、进程;策划思维是开拓性思维,追求独到、新颖性。
- 两者思维形态不同。习常性思维是平稳不息的思维,策划思维是时断时续的思维。

然而,策划思维与习常性思维又有着密切联系。关联性体现在以下三个方面。

- 它们是同一思维的两个侧面,不可分割。
- 两者互为前提。习常性思维是策划思维的基础,策划思维是习常性思维的升华。在现实生活中,人类的大量思维活动属于习常性思维。策划思维是对习常性思维的突破;没有持之以恒的习常性思维,就不会产生策划思维。
- 两者相互渗透。策划思维往往渗透于习常性思维活动中,而策划思维过程也离不开习常性思维,如逻辑推导。

策划思维有广义和狭义之分。①广义的策划思维是经常可见的、面广量大的思维，常见于人们日常的思维活动中。只要对确定的规则有所突破、对已有的思路有所更新、对以往的方法有所改善，都可称作某种意义上的策划。诸如技术上的革新、工作思路的改善、产品的完善、学习和工作方法的改进，以及种种新观念、新点子、新想法的提出等。其特征或是"二度创造"，或是对某个体具有新颖性。狭义的策划思维以优见长，属高级、尖端的思维活动，是策划思维中的精华。其特征或是"前所未有"，或是具有重大社会价值和社会影响。②广义的策划思维与大多数人有缘，可以说，每个正常的人都或多或少地具有程度不同的策划思维能力；狭义的策划思维则为少数人具有。

(二)策划思维的基本特征

策划思维的本质在于"新"，离开"新"，就谈不上创造力，当然也就无所谓策划思维。同其他思维相比，策划思维以"奇""异"制胜，是人类智慧的集中体现。求异性、整体性、灵活性是策划思维的基本特征。

求异性体现在与常规思维活动形式所不同的独到的创新意义。也就是说，它表现为无论是思考问题的方式、方法，还是思维活动的结果等方面，都与传统思维活动有着不同的新颖之处。这个特征贯穿于策划思维活动的始终，并为众多论者所认同。

整体性具体表现在策划思维结构的层次性，包括脑生理结构、心理结构、构成要素结构、能力结构与形式结构。脑生理结构是策划思维赖以发生的基础结构，如果没有正常健全的人脑生理结构，是不可能形成人的思维运动的，更不用说高级的策划思维活动形式了。心理结构同样是策划思维赖以生存的前提和基础结构。策划思维作为人的最具有自觉能动性的高级复杂活动，并不是一种简单的、片面的、孤立的思维活动形式，而是建立在心理结构运动基础之上，又高于这种心理运动的特殊活动过程。构成要素结构是建立在良好生理活动和心理活动基础之上的策划思维活动的基石。策划思维由思维问题、思维观念、知识、语言、思维成果等基本要素构成，这些思维要素在思维能力的驱动下，遵循某种特殊的运动方式而相互联结、相互作用、协同建构，从而形成策划思维的功能运动。思维要素结构是策划思维结构的核心层次，是形成策划思维价值成果的直接生长层或思维"土壤"。能力结构属于驱动、调控思维诸要素活动的动态结构层次，反映了策划思维的内在动力。形式结构是策划思维活动结构的直观表层，反映策划思维诸要素在其内在的思维能力的运作支配下而形成的运动表现状态。

相对于传统思维活动来讲，策划思维不是僵化封闭的，而是处在不断地运动变化状态中的。具体而言，策划思维的灵活性主要体现在：一是能及时变换思维的角度和方位，如举一反三、触类旁通，从一个思路或方向变通到另一个思路或方向，从而形成多视角、多方位的思维活动态势；二是能及时抛弃一些旧的思维观念和旧的思维方式，转向新的思维方式、新的思维观念，调整思维活动趋向；三是能主动抛弃一些无效的思维方法和无效的思维材料，而运用新的思维方式、新的思维材料。

教学热点

"酒香不怕巷子深"的误区

过去，人们一直坚信"酒香不怕巷子深"这种商业理念。"酒香不怕巷子深"，这个理论强调的是产品的质量，而忽略了商业的策划。这种理念认为：只要质量好，"巷子再深"消费者也会找得到。

这句话在生产力水平不高、不重视信息的时代有一定的道理，而在现在这个信息化时代，再来思考这个原理，就会发现它是不完善的。

首先，"酒香"在"深巷子"里如何才能让更多的人"闻到"？人们是先闻到"浅巷子"的酒，还是先闻到"深巷子"的酒？其次，特别是大多数人，真的会放弃"浅巷子"的酒不买，而偏要到"深巷子"去买吗？

显然，对于今天的人来说，大多数人是不会去偏好也没有更多的时间去找"深巷子"，而是热衷于"浅巷子"。

在"信息就是财富"的时代，再坚持"酒香不怕巷子深"，不是自己具有封闭意识，就是自己缺乏适应信息竞争的能力。

在信息化时代应该更多考虑的是：如何想方设法让更多的人，以最快的速度闻到"深巷子"的酒。"酒香"是别人觉得"香"，而不是自己认为"香"，要让别人认为"酒香"，这个过程就需要策划思维。这个过程最害怕的就是"香酒藏在深巷子""躲在深闺无人识"。

"酒香不怕巷子深"这种思维理念，在我国商业界影响之广、误导之大，恐怕远远超出人们的想象。

（资料来源：本书作者整理编写。）

二、思维定势与偏见

如何培养策划思维呢？培养策划思维首先需要打破常规思维的束缚。常规思维是指存在确定规则可遵循的日常思维，主要表现为思维定势或对事物存在偏见。

(一)思维定势

思维定势，也称为"惯性思维"，原是心理学概念，最早由德国心理学家缪勒于1889年提出，是指思维主体在思维活动中形成的一种稳定性的倾向或习惯性的思维方式。思维定势的形成通常与社会环境、文化传统和个人的生活经历、个人偏好有很大的关系。习惯一旦形成，就很难改变，会以极大的惯性约束和规范我们的思维，形成条条框框。

思维定势对于问题解决具有极其重要的意义。在问题解决活动中，思维定势可以帮助人们根据面临的问题迅速联想起已经解决的类似的问题，将新问题的特征与旧问题的特征进行比较，抓住新旧问题的共同特征，将已有的知识和经验与当前问题情境建立联系，利用处理过类似的旧问题的知识和经验处理新问题，或把新问题转化成一个已解决的熟悉的问题，从而为新问题的解决做好积极的心理准备。因此，在环境不变的条件下，思维定势可以提高思维活动的便捷性，提升思维效率，帮助人们运用已掌握的方法迅速解决问题。在日常生活中，思维定势可以帮助我们解决每天碰到的90%以上的问题。思维定势对问题解决既有积极的一面，也有消极的一面，它容易使我们产生思想上的妨碍性，养成一种呆板、机械、千篇一律的解题习惯，不利于创新思考，不利于创造。尤其是在情境发生变化时，若把思维定势绝对化、固定化，势必成为束缚策划思维的条条框框，成为策划思维的枷锁，妨碍人们采用新的方法。

阻碍策划思维的枷锁有许多，最常见的有从众型思维枷锁、权威型思维枷锁、经验型思维枷锁、书本型思维枷锁和自我中心型思维枷锁五种。

1. 从众型思维枷锁

从众型思维枷锁源于从众心理。在社会互动中，人们无不以不同的方式影响那些与他们互动的人。个人往往容易受别人的诱惑而不相信自己的认知，旁人能促进或阻碍某人完成某项任务，遵从的压力能迫使个人接受大多数人的判断。不仅在模棱两可的情况下如此，即使在明确无误的情况下也会出现类似现象。因为在心理上人们更倾向于相信大多数，认为大多数人的知识和信息来源更多、更可靠，正确的概率更大。在个人与大多数人的判断发生矛盾时，个人往往跟从大多数，从而怀疑、修正自己的判断。从众心理往往容易扼杀创新，这与策划思维的基本特征相违背。一个社会越强调遵从传统，从众型思维枷锁越稳固。在"枪打出头鸟"的传统观念影响下，人们往往选择"多一事不如少一事"，宁肯"太平"，也不愿"鹤立鸡群"，以免"生出事端"。

2. 权威型思维枷锁

一个社会需要权威，没有权威，就没有社会秩序，没有法规，没有行为规范，社会就要乱套。社会的稳定有序往往基于人们对权威的崇敬之情以及对权威的必要服从。如恩格斯在批判反权威主义者时所说："一方面是一定的权威，不管它是怎样形成的；另一方面是一定的服从，这两者都是我们所必需的，而不管社会组织以及生产和产品流通赖以进行的物质条件是怎样的。"他指出"能最清楚地说明需要权威，而且需要最专断的权威的，要算是在汪洋大海上航行的船了。那里，在危险关头，要拯救大家的生命，所有的人就得立即绝对服从一个人的意志"。然而，如果把权威绝对化、神圣化，对权威的崇敬之情就会变成对权威的迷信、盲目推崇，权威型思维就会变成遏制策划思维的枷锁。不恰当地引用权威的观点、不加思考地以权威的观点论是非、一切以权威的观点为最高准则、不敢越权威的"雷池"一步，都不利于创新的实现。

3. 经验型思维枷锁

人的一生会积累大量的经验，诸如生活的亲身感受、实践的直接知识、传统的习惯与观念等。经验在人们的实践活动中起着重要作用，人们可以凭借经验指导在相同条件下的相同实践活动，提高某些习常性的实践活动的效率。同时，经验也是理论的基础。理论思维必须建立在经验的基础上才有生命力，离开了经验，理论思维就无法进行。但经验又具有极大的局限性，它只在一定的实践水平上、在一定的条件下对一定的实践活动有指导意义。而且，即使在适当的范围内，它对实践活动的指导意义也是有限的。恩格斯说过，单凭观察所得的经验，是不能充分证明必然性的。黑格尔也指出，经验并不提供必然性的联系。因此，一旦拘泥于狭隘的经验，势必极大地限制个人的眼界，从而阻碍策划思维的产生。在这种情况下，经验就成了策划思维的枷锁。

4. 书本型思维枷锁

书本型思维定势是指人们不顾实际，一味从书本出发，书本上怎么说就怎么做。事实上，书本知识同经验一样也具有两面性。一方面，人类社会离不开书本知识，策划思维也要基于必要的书本知识。另一方面，如若迷信书本，唯书本是从，无视活生生的现实生活，甚至用书本知识去裁剪活生生的现实，就会禁锢思想。此时，书本就会成为策划思维的枷锁。尽管书本知识是策划思维的基础，但策划思维源于知识的灵活运用，而非单纯源于知识的积累，如若没有运用知识的智慧，只是单纯地积累，那最多成为知识的"活辞典"，而不会成为创造者。书本知识是策划思维的起点，但如若拘泥于某个领域的知识，陷于其中而不能自拔，就会限制眼界，束缚视野，不利于策划思维的产生。

5. 自我中心型思维枷锁

在日常思维活动中，人们自觉或不自觉地按照自己的观念、站在自己的立场、用自己的目光去思考别人乃至整个世界。在自我模式为中心这个概念中，个人的思考以自己为中心，一个团体的思考以团体为中心，一个国家或民族的人思考以本国本民族为中心，等等。特定的主体总是以其自身为中心去观察、认识客观世界的，任何主体所理解的客观世界都基于该主体所处的时空。对于同样的客体，不同的主体由于特殊的瞬间和特殊的方位，可导致特殊的认识角度，形成特殊的认识中心，从而获取特殊的信息。

不同的主体总是从自身的需要、兴趣和利益出发，去认识客观世界的。例如，对"古松"这一事物客体，不同的主体往往从不同的侧面去反映：木材商人观察到的是一段价值多少元的木材；植物学家观察到的是一种叶为针状、果为球状、四季常青的显花植物；画家观察到的则是一棵苍翠挺拔的古树。一旦把这种以自我为中心的现象绝对化，凡事一概站在自身的立场，用自身的眼光去思考别人乃至整个世界，并一味排斥他人的立场、他人的观点、他人的利益，便形成了自我中心型的思维枷锁，就会产生思维定势，阻碍策划思维的产生。我们必须跳出自我中心型思维枷锁，理解自我之外的许多观念和事物，提升策划思维的水平。

(二)偏见

偏见是束缚策划思维的另一因素。偏见是指根据一定表象或虚假的信息做出判断，从而出现判断失误或判断本身与判断对象的真实情况不相符合的现象。

我们都愿意相信自己会做出理性、客观的决定。但事实上，我们都有偏见，而这些偏见会影响我们的选择。例如，决策者们会对维持现状的备选方案表现出强烈的偏爱。凡是一种具有革新意义的产品出现时，我们都可以看到这一倾向。第一辆汽车——据说被叫作"没有马的马车"，它的外形看起来非常像它们所取代的轻型马车；而因特网上出现的第一份"电子报纸"，看起来则和印刷的报纸非常相似。

从哲学角度而言，偏见是一种本体性的存在。人们在观察和理解事物时，必须借助一定的工具，这些工具包括物质的和精神的、客观的和主观的。从客观而言，根据海森堡测不准原理，任何观察工具对观察对象的介入都将在一定程度上使对象改变从而达不到"绝对"准确；从主观而言，观察受制于选择，选择取决于价值，价值存在历史和现实的局限。弗洛姆认为人在社会化的过程中逐渐形成了特定的逻辑、语言和经验，三者构成了网状系统，只有那些能透过网状系统的事实和知识才能被我们看到和理解，因此不同的网就形成了不同的偏见。这与解释学提出的"一切理解都受制于前结构""理论先于观察"不谋而合，所以，伽达默尔的"偏见是理解的前见"似乎定下了人类的宿命。

偏见有许多种，从产生偏见的原因可以将偏见分为利益偏见、位置偏见和文化偏见。

1. 利益偏见

利益偏见，是指一种无意识的偏斜——对公正的微妙偏离。利益偏见更普遍的情况是所谓的"鸡眼思维"，也就是马克思所说的"愚蠢庸俗、斤斤计较、贪图私利的人总是看到自以为吃亏的事情。譬如，一个毫无修养的粗人常常只是因为一个过路人踩了他的鸡眼，就把这个人看作世界上最可恶和最卑鄙的坏蛋。他把自己的鸡眼当作评价人们行为的标准"。再如，大多数父母都认为自己的孩子是世界上最好的孩子。所谓"王婆卖瓜，自卖自夸"其实就是一种典型的利益偏见思维模式。

2. 位置偏见

位置偏见，是指因所处的位置、生活状况而无意识产生微妙偏离，从而对事物做出不同的判断。在现实生活中，人们因为所处的位置不同，看问题的角度不同，得出的结论也就不同。每个人都生活在一定的社会坐标体系中，各种思想无不打上其鲜明的烙印。连黑格尔也不忘说："同一句格言，出自青年人之口与出自老年人是不同的。对一个老年人来说，也许是他一辈子辛酸经验的总结。"同样，处于不同的年龄位置也会导致不同的见解，这与站在不同的物理位置会引起不同的认知是一样的。例如，在策划过程中，在同一个课题组里，课题组成员都会强调自己完成的那部分是多么重要，并且过高地评价其在策划项目中的创造性贡献。再比如，某些企业会出现部门间相互计较职能高低，埋怨别人不配合其工作等情况。这些其实都是因为所处的位置不同，导致的双方偏见思维。

3. 文化偏见

文化偏见，是指每个人都受到自己所在地域、民族、国家长期积淀的文化的影响，对事物会做出不同的判断。例如，很多中国人习惯晚上洗澡，主要是想洗去白天的劳累，然后轻松上床入睡；而很多外国人喜欢早上洗澡，认为这样有助于提升工作状态，更好地投入白天的工作。

要突破传统思维的局限，站在新的视角去看待问题，形成新的思路与方法，就需要破除偏见。

教学热点

幸存者偏差

著名数学家亚伯拉罕·瓦尔德二战时一直在美军统计部门工作，有一次军方来找他，要求他根据飞机上的弹孔统计数据，看看在飞机的哪个部位加装装甲比较合适。

原来军方派出去的作战飞机，往往都会带着不少弹孔返航。为了避免飞机被击落，就需要在飞机上加装装甲，军方希望把装甲安装在飞机最容易受到攻击、最需要防护的地方。

引擎上平均每平方英尺有 1.1 个弹孔，油料系统 1.55 个，机身 1.73 个，其他部位 1.8 个。看起来机身和其他部位最容易受到攻击，应该加装装甲才行。而大部分军方人员也认为，弹孔多的部位最应该加装装甲。

瓦尔德的回答让军方大吃一惊：飞机上最应该加装装甲的地方是弹孔少甚至没有弹孔的引擎等部位！为什么会这样呢？

瓦尔德的逻辑非常简单：飞机各部位中弹的概率应该是一样的。为什么引擎等部位的弹孔很少？因为有这样弹孔的飞机已经坠毁了，军方统计的只是返航的飞机，那些遭遇不幸的飞机被忽略了。

这就是著名的幸存者偏差，指人们往往因为过分关注眼前的人或物，而忽略了不在视界之内的人或物，就容易在思维惯性中不知不觉犯下错误。

美军迅速将瓦尔德的建议付诸实施，瓦尔德睿智的建议挽救了很多飞机，在很大程度上左右了战争的进程。从某种意义上说，数学家瓦尔德的建议让美军赢得了第二次世界大战。

"幸存者偏差"在生活中也十分常见，比如有的媒体调查"喝葡萄酒的人是否长寿"，他们的调查对象一般是那些长寿的老年人，发现其中的一些老年人有饮用葡萄酒的习惯，于是就把"长寿"与"喝葡萄酒"联系起来，但事实上有更多的经常饮用葡萄酒没有长寿的人已经去世了，而媒体根本没有采访到他们。

（资料来源：本书作者整理编写。）

(三)破除思维定势与偏见

要形成策划思维，第一步便是要打破思维定势、偏见等常规思维对我们思想的束缚。基于不同常规思维的特点，打破常规思维的方式也不尽相同。

1. 破除思维定势

1) 破除从众型思维枷锁

破除从众型思维枷锁，需要提倡"反潮流"精神。"反潮流"精神，就是在认识和思考问题的时候，相信自己的理性判断能力，能够顶住周围多数人的压力，敢于坚持自己的观点，不轻易附和其他人。一般来说，策划思维能力强的人，大都具有思维反潮流的精神；而思维从众倾向比较强的人，策划思维能力相对较弱。从人类历史的发展来看，真理往往首先被极少数人所发现，然后才会慢慢地被普及，最终成为普通民众都接受的"常识"。所以要想破除人们的从众心理要从以下做起：当面对新情况进行策划思维的时候，不必顾忌多数人的意见，这样才能真正打破封闭、开阔思路，获得新事物、新观念。

2) 破除权威型思维枷锁

要破除权威型思维枷锁，需要学会审视权威。首先，要审视是否本专业的权威。社会上有一种"权威泛化"现象，即把某个专业领域的权威不恰当地扩展到社会的其他领域。其实，权威一般都有专业局限，某专业领域的权威，一旦超出本专业领域，不一定能成为权威。其次，要审视是否本地域的权威。权威除了有专业性，还有地域性。适用于彼时彼地的权威性意见，不一定适用于此时此地。因此面对某种权威性论断时，不能不加分析地盲目套用。再次，要审视是否当今的权威。权威是具有时间性的，不存在永久的权威。随着社会的发展，知识更新的速度在不断加快，不能与时俱进的权威将被时代淘汰。最后，要审视是否真正的权威或权威结论。有两种情况需要注意：一是借助某种力量包装出来的权威，如靠政治地位、经济力量、媒体炒作等"渲染"而登上权威"宝座"的，并非真正的权威；二是即使真的是权威，但其结论的得出是出于某种利益需要，这种结论未必具有真实性。

3) 破除经验型、书本型思维枷锁

破除经验型思维枷锁的关键是冲破经验的狭隘眼界，把经验思维上升到理论思维。理论思维又称为逻辑思维，是依据一定的理论知识、遵循特有的逻辑顺序而进行的思维活动。理论思维是建立在经验基础之上的一种较为高级的思维类型。我们要掌握事物的一般辩证本性、深层全面本质和普遍规律，只靠经验思维是不行的。因为经验思维具有局限性，如经验思维只坚持事物的个性和事物固定的特性，多停留在事物的表面联系上，实际上并未了解事物的内在规律与本质特征。而通过理论思维可以了解事物的内在本质和发展趋势，因而较之经验思维更深刻、更全面，能有效地指导人们的实践活动。破除书本型思维枷锁的途径在于：增长运用知识的智慧；尊重实践，注意在实践中学习；善于超越有限的专业领域，开阔视野，拓展思维空间。

4) 破除自我中心型思维枷锁

破除自我中心型思维枷锁的根本途径在于"跳出自我"，多与人交流，试着站在他人的立场考虑问题，理解自身之外的事物和现象，在从"自我"向"非我"的跨越中开阔视野。许多新思想、新观念的提出，归功于自我中心型思维枷锁的破除。例如："可持续发展战略"和"地球伦理观念"的提出，归功于跳出"人类中心主义"的眼界；"人类命运共同体"和国际"和平共处原则"的提出，归功于跳出狭隘的民族主义和以意识形态为中心处理国家关系的眼界。

2. 破除偏见

弗兰西斯·培根曾把人的认知看成是某种受控行为，即人们往往被一些自己并未察觉的假象(或称偶像)所干扰，从而做出错误的判断。这些假象主要有四种。一是种族假象：人总是从自己的感知和思维方式出发去判断事物。二是洞穴假象：人总是在自己个性和环境的影响下观察与理解事物，类似于柏拉图的"洞穴假象"，即人所看到的常常只是洞穴中自己的影子。三是市场假象：人在交往中所使用的语言就像市场中的交易一样被滥用了，由此便会生出诸多谬误。四是剧场假象：各种貌似真理的权威思想搅乱了人们的思想。无论今天的哲学再对假象作何种归纳，有一点是肯定的，即由假象所导出的观察和判断会失真，从而产生偏见。

虽然从哲学上我们无法彻底超越偏见，但在具体方法上，我们并不会放弃寻求公正的努力。对于策划思维而言，从思维方法上，寻求对偏见的有限超越是有益的。

虽然偏见有不可超越性，但是可以在一定程度上减轻偏见的影响，以下就是几种破除偏见的方法。

1) 超越有限经验

超越有限经验是破除偏见的有效方法之一。你手里有一张报纸，将它对折，第二天再对折一次，以后每天对折一次，想象一下：两个月后，报纸大概有多厚？(假设理论上可以做到多次对折)

这个问题看似简单，却是超越我们日常经验的。对于这个问题，人们脑子里浮现的是一张薄薄的纸和60天有限的时间，因此，当要求大家想象一下多次对折后的厚度时，有的人回答说大概有桌子这么高，有的说也许有四层楼那么高，有一个人说："我知道，这和印度人将谷粒放入棋盘的原理是一样的，所以它的厚度说不定能达到喜马拉雅山那么高呢。"

到底有多厚呢？我们知道对折 60 次后的层数为 2 的 60 次方。如果按 100 层纸厚 1 厘米计算，对折 30 次的厚度大概是 107 374 米，已经相当于 12 座珠穆朗玛峰的高度之和，再对折 30 次，将是什么样的厚度呢？

这样我们就看到，大多数人习惯于凭自己的经验做出判断，这种经验一般而言是感性的、朦胧的、自闭的。其最大的特点是局限性。个人的经验永远只能是具体的，而一切的具体都是有限的。经验无法达到完全归纳，一切有限的经验归纳在无限的事实面前其比值永远趋向于零。问题在于人们总是用近乎"零"的经验来臆断，建立在有限归纳基础上的演绎可以是科学的，但是将偏于一隅的经验强迫性地放大为放之四海而皆准的真理，却只能是愚昧的。

2) 摆脱经验干扰

有两个明显的事实可以佐证：年轻人更容易出重大原创性成果，其原因可能非常复杂，但其中一个重要的因素必定是——年轻人没有传统经验的干扰，更倾向于革命与颠覆。

(1) 缺乏经验的年轻人往往比老年人在原创性上更锐利。牛顿、爱因斯坦都是在 26 岁时做出了人类历史上最重要的贡献。事实上，历史上许多重大的发明都是年轻人所为。我国已故科学家赵红洲曾对 1500—1960 年全世界 1249 名杰出科学家和 1228 项重大科研成果做了统计，发现发明创造的最佳年龄是 15～45 岁。也有人统计了 301 位诺贝尔奖获得者，其中大约 40%的人是在 35～45 岁获奖的，而且绝大多数获奖者的科研成果是在获奖前 4～10 年完成的。

(2) 在科学上有一个不可否认的事实：一些半路出家的冒险者闯入一个多年徘徊不前的领域，往往能够给这个科学领域带来新的突破。房地产经纪人恩德发现了在试管中培养小儿麻痹症的病毒的简便方法；伽利略发现钟摆原理时还是个医生。美国著名的创新学专家奥斯本也佐证说："历史证明，许多伟大的思想是由那些对有关问题没有进行过专门研究的人创造出来的。电报是由莫尔斯发明的，他仅是一名肖像画家；蒸汽船是艺术家富尔顿发明的；惠特尼是一位小学老师，却发明了轧棉机。"

3) 控制社会化过程

儿童、青少年的偏见主要通过社会化过程形成，因而通过对这一过程的控制可以减少偏见，而在社会化过程中尤其要注意父母与周围环境以及媒体的影响。

4) 接受教育

接受的教育越多，人们的偏见就越少。有时候人们的偏见更多地源于自己的无知和狭隘，所以通过让人们接受更多的教育来减少偏见是一种很有效的方法。

5) 直接接触

在某些条件下，对立团体之间的直接接触能够减少他们之间存在的偏见。这里所指的某些条件包括：地位平等、有亲密的接触、团体内部有合作，并有成功的机会；团体内部有支持平等的规范。基于这一理念，举办国际性的学术会议、奥运会等都有利于消除偏见。

教学案例

打破思维定势

曾经有一段时间，美国各大新闻媒体竞相报道了这样一件事：一位名不见经传的学生，打破思维定势，创造性地解决了旧金山大桥长期堵车的问题。

旧金山大桥堵车严重，久久未能解决，许多人不断抱怨。当人们面对类似问题时，一般思路会在两个极端固化：要么拓宽道路，要么减少车辆。

据报道，该学生经过细心的观察和缜密的调查发现，旧金山大桥不但在上下班高峰时段出现时间性的拥堵，而且在上下班时段进出城出现方向性的拥堵，追根溯源，最终查出旧金山大桥拥堵的原因是：市郊农民上下班车流太大。最后，他创造性地采用"可改变活动车道中间隔栏"的方法，上班时段进城方向由四车道变为六车道，出城方向由四车道变为两车道，下班时段则相反，最终轻而易举地以最小的代价圆满地解决了问题。

他的成功主要得益于他打破了思维定势，并掌握了科学的研究方法和灵活的思维方式。

（资料来源：本书作者整理编写。）

三、策划思维常用模型与基本方法

(一)常用模型

1. 头脑风暴思维

头脑风暴思维是最为人所熟悉的策划思维模型，该思维是强调集体思考，注重互相激发，鼓励参加者于指定时间内构想出大量的意念，并从中找出新的构思。头脑风暴思维大多以团体方式进行，也可在个人思考问题和探索解决方法时运用。

在群体决策中，群体成员由于心理相互作用影响，易屈于权威或大多数人的意见，形成所谓的"群体思维"。群体思维削弱了个人的批判精神和创造力，会损害决策的质量。而头脑风暴是一种较为典型的保持群体决策的创造性与提高决策质量的思维。

头脑风暴可分为直接头脑风暴(通常简称为头脑风暴)和质疑头脑风暴(也称反头脑风暴)。前者是让专家在群体决策中尽可能激发创造性，产生尽可能多的设想；后者则是对前者提出的设想逐一质疑，分析其实现落地的可行性。

采用头脑风暴法组织群体决策时，要集中有关专家召开专题会议，主持者以明确的方式向所有参与者阐明问题，说明会议的规则，尽力创造融洽轻松的会议气氛，使专家们自由提出尽可能多的策划方案。

1) 头脑风暴思维的机理和原则

(1) 头脑风暴激发人的创新思维的机理。

① 联想反应。联想是产生新观念的基本过程。在集体讨论问题的过程中，每个新的观念都能引发他人的联想。联想又创造出新观念，产生连锁反应，形成新观念堆。这就为创造性地解决问题提供了更多的可能性。

② 热情感染。在不受任何限制的情况下，集体讨论问题能激发人的热情。人人自由发言，相互影响、相互感染，能形成热潮，突破固有观念的束缚，最大限度地发挥创造性思维的活力。

③ 竞争意识。在团体讨论中，人们容易产生竞争意识，会不断开动思维机器，力求有独到见解，提出新奇观念。人类有争强好胜心理，在竞争意识下，人的思维活动效率可提高50%或更多。

④　自由表达。在讨论解决问题的过程中，每个人都有表达的自由，不受任何干扰和限制。头脑风暴有条原则：不得批评他人的发言，甚至不许有任何怀疑的表情和动作。这就使得每个人都能畅所欲言，提出大量新的观念。

(2)　实施头脑风暴应遵守的原则。

①　庭外判决。对各种意见、方案的评判必须放到最后阶段，此前不能对别人的意见进行评价。认真对待任何一种设想，而不管其是否可行。

②　各抒己见，自由发言。创造一种自由的气氛，激发参加者提出各种新奇的想法。

③　追求数量。意见越多，产生好意见的可能性越大。

④　取长补短，持续改进。除提出自己的意见外，鼓励参加者对他人已经提出的设想进行补充、改进和综合。

2)　头脑风暴的组织实施

(1)　专家小组。

为提供一个良好的创造性思维环境，专家的人选应严格限制，便于参加者把注意力集中于所讨论的问题。头脑风暴专家小组应由下列人员组成：方法论学者——专家会议的主持者；设想产生者——专业领域的专家；分析者——专业领域的高级专家；演绎者——具有较高逻辑思维能力的专家。头脑风暴专家的选取原则如下：

①　如果参加者相互认识，要从同一职位(职称或级别)的人员中选取。领导人员不应参加，否则可能对参加者造成某种压力。

②　如果参加者互不认识，可从不同职位(职称或级别)的人员中选取。这时不应宣布参加人员职称，不论成员的职称或级别高低，都应同等对待。

③　参加者的专业方向力求与所论及的决策问题相一致，这并不是专家组成员的必要条件。专家中最好有一些学识渊博，对所论及问题有较深理解的其他领域的专家。

头脑风暴的所有参加者，都应具备较高的联想思维能力。在进行头脑风暴(也称思维共振)时，一些最有价值的设想，往往是在已提出设想的基础之上，经过思维共振发展起来的。因此，头脑风暴的成果，应被视为专家们集体创造的成果。

(2)　组织形式和会议类型。

参加人数一般为10～15人，最好由不同专业或不同岗位者组成。会议时间控制在1小时左右。会议设主持人1名，主持人只主持会议，对设想不作评论。设记录员1～2人，要求认真地将与会者的每一设想不论好坏都完整地记录下来。

会议类型有两种：设想开发型和设想论证型。设想开发型会议是为获取大量的设想、为课题寻找多种问题的解决思路而召开的会议。因此，设想开发型会议要求参与者善于想象，语言表达能力强。设想论证型会议是为将众多的设想归纳转换成实用型方案而召开的会议。设想论证型会议要求与会者善于归纳、分析和判断。

(3)　会议流程。

①　对所有提出的设想编制名称一览表。

②　用通用术语说明每一设想的要点。

③　找出重复的和互为补充的设想，并在此基础上形成综合设想。

④　提出对设想进行评价的准则。

⑤　分组编制设想一览表。

（4）会议实施步骤。

① 会前准备：参与人、主持人和课题任务三落实，必要时可进行柔性训练。

② 设想开发：由主持人公布会议主题并介绍与主题相关的参考情况；突破思维惯性，大胆进行联想；主持人控制好时间，力争在有限的时间内获得尽可能多的创意性设想。

③ 设想的分类与整理：一般分为实用型和幻想型两类。前者是指目前技术工艺可以实现的设想，后者指目前的技术工艺还不能完成的设想。

④ 完善实用型设想：对实用型设想，先用脑力激荡法进行论证，再进行二次开发，进一步扩大设想的实现范围。

⑤ 幻想型设想再开发：对幻想型设想，也可用脑力激荡法进行开发。通过进一步开发，就有可能将创意的萌芽转化为成熟的实用型设想。这是脑力激荡法的一个关键步骤，也是判断该方法质量高低的明显标志。

（5）主持人。

头脑风暴的主持工作，最好由对决策问题的背景比较了解并熟悉头脑风暴的处理程序和处理方法的人担任。通常在头脑风暴开始时，主持者需要采取询问的做法，因为主持者很少能在会议开始 5～10 分钟内创造一个自由交换意见的气氛，并激励参加者踊跃发言。主持者的主动活动也只局限于会议开始之时，一旦参加者被鼓励起来以后，新的设想就会源源不断地涌现。这时，主持者只需根据头脑风暴的原则进行适当引导即可。应当指出，发言量越大，意见越多，所论问题越广越深，出现有价值设想的概率就越大。

① 主持人应懂得各种创造思维和技法，会前要向与会者重申会议应严守的原则和纪律，善于激发成员思考，使场面轻松活跃而又不违反脑力激荡的规则。

② 可轮流发言，每轮每人简明扼要地说清楚一个创意设想，避免形成辩论会和发言不均。

③ 主持人要以赏识激励的词句、语气和微笑点头的行为语言，鼓励与会者多提出设想，如说"对，就是这样""太棒了""好主意，这一点对开阔思路很有好处"，等等。

④ 主持人禁止使用下面的话语："这一点别人已说过了""实际情况会怎样呢""请解释一下你的意思""就这一点有用""我不赞成那种观点"。

⑤ 经常强调设想的数量，比如"平均每 3 分钟要发表 10 个设想"。

⑥ 主持人遇到人人都才穷计短以致出现暂时停滞时，可采取一些措施，如休息几分钟，自选休息方法，可以散步、唱歌、喝水等，再进行几轮脑力激荡。或发给每人一张与问题无关的图画，要求讲出从图画中获得的灵感。

⑦ 主持人根据课题和实际情况的需要，引导大家掀起一次又一次脑力激荡。例如，课题是某产品的进一步开发，可以将从改进产品配方思考作为第一波、从降低成本思考作为第二波、从扩大销售思考作为第三波等。又如，对某一问题解决方案的讨论，引导大家掀起"设想开发"的激波，及时抓住"拐点"，适时引导进入"设想论证"的激波。

⑧ 主持人要掌握好时间，会议持续 1 小时左右，形成的设想应不少于 100 种。但最好的设想往往是在会议要结束时提出的，因此，预定结束的时间到了可以根据情况再延长 5 分钟。在 1 分钟内仍然没有新主意、新观点出现时，可宣布智力激励会议结束或告一段落。

3）质疑头脑风暴阶段

在决策过程中，对上述直接头脑风暴提出的系统化的方案和设想，还需要采用质疑头脑风暴进行完善。这是头脑风暴中对设想或方案的现实可行性进行估价的一个专门程序。这一程序包括 3 个阶段：

第一阶段，就是要求参加者对每个提出的设想都要质疑，并进行全面评论。评论的重点是研究有碍设想实现的所有限制性因素。在质疑过程中，可能产生一些可行的新设想。这些新设想，包括对已提出的设想无法实现的原因的论证、存在的限制因素，以及排除限制因素的建议。其结构通常是："某某设想是不可行的，因为……如要使其可行，必须……"

第二阶段，是对每一组或每个设想，编制评论意见一览表以及可行设想一览表。质疑头脑风暴应遵守的原则与直接头脑风暴一样，只是禁止对已有的设想提出肯定意见，而鼓励提出批评和新的可行设想。在进行质疑头脑风暴时，主持者应首先简明介绍所讨论问题的内容，扼要介绍各种系统化的设想和方案，以便把参加者的注意力集中于对所讨论问题进行全面评价上。质疑过程一直进行到没有问题可以质疑为止。质疑中提出的所有评价意见和可行设想，应专门记录。

第三阶段，是对质疑过程中提出的评价意见进行估价，以便形成一个对解决所讨论问题实际可行的最终设想一览表。对于评价意见的估价，与对所讨论设想的质疑一样重要。因为在质疑阶段，重点是研究有碍设想实施的所有限制因素，而这些限制因素即使在设想产生阶段，也是放在重要地位予以考虑的。

由分析组负责处理和分析质疑结果，分析组要吸收一些有能力对设想实施做出较准确判断的专家参加。如果需在很短时间内就重大问题做出决策，吸收这些专家参加尤为重要。

2. 逆向思维

逆向思维是指为实现某创新或解决某一用常规思路难以解决的问题，而采取反向思维寻求解决问题的思维模型。比如人弃我取，人进我退，人动我静，人刚我柔，等等。例如，在"司马光砸缸"的故事中，有人落水，常规的思维模式是"救人离水"，而司马光面对紧急险情，运用了逆向思维，果断地用石头把缸砸破，"让水离人"，救了小伙伴的性命。

实践证明，逆向思维是一种重要的思考能力。个人的逆向思维能力的形成，对于培养具有战略策划思维的综合型人才具有非常重大的意义。

逆向思维不是一种培训或自我培训的技法，而仅仅是一种思维方法或发明方法，然而要挖掘人才的能力，有必要了解这一思维。因为在实践中使用这一思维，可能取得惊人的效果。人类的思维具有方向性，存在着正向与反向的差异，由此产生了正向思维与反向思维。

正向思维与反向思维只是相对而言的，一般认为，正向思维是指沿着人们的习惯性思考路线去思考，而反向思维则是指悖逆人们的习惯路线去思考。正反向思维起源于事物的方向性。客观世界存在着互为逆向的事物，由于事物的正反向，才产生思维的正反向，两者是密切相关的。人们解决问题时，习惯于按照常规的思维路径去思考，即采用正向思维，有时能找到解决问题的方法，收到令人满意的效果。然而，实践中也有很多问题利用正向思维却不易找到正确答案，而运用反向思维，常常会取得意想不到的功效。这说明反向思维是摆脱常规思维羁绊的一种创造性的思维方式。

逆向思维法的形式包括以下几种。

1) 反转型逆向思维

反转型逆向思维是指从已知事物的相反方向进行思考，从而产生发明构思。主要从事物的功能、结构、因果关系、状态 4 个方面进行反向思维。

(1) 功能反转。功能反转是指从已有事物的相反功能去寻求解决问题的新途径、新方法。比如热水瓶原来是为了保持高温液体不变冷而设计制造的，而它对于低温物体也有保温的功能，也能用于冷藏。

(2) 结构反转。结构反转是指从已有事物的相反结构去探求规律，寻找解决问题的途径。例如，厨房里切菜时刀动菜不动，而车床切削时工件动而刀具不动。

(3) 因果反转。因果反转是指改变已有事物的因果关系，来发现新的现象和规律，引发新的设想。奥利特在 1820 年发现了电流的周围有磁作用，法拉第就从反面探求，使磁产生电，发明了世界上第一台发电机。

(4) 状态反转。状态反转是指把人们以往关于事物和现象的动静观念进行反转来引发创造发明。比如自动扶梯的发明就是动静倒置的结果，它将原来的"人走路"反过来成了"路在动而人不走"。

2）转换型逆向思维

转换型逆向思维是指在研究问题时，由于解决这一问题的手段受阻，而转换成另一种手段，或转换思考角度，以使问题顺利解决的思维方法。司马光砸缸救落水儿童的故事，实质上就是一个使用转换型逆向思维的例子。

3）缺点逆用思维

缺点逆用思维是一种利用事物的缺点，将缺点变为可利用的东西，化被动为主动，化不利为有利的思维发明方法。这种方法不以克服事物的缺点为目的，相反，它是将缺点化弊为利，找到解决方法。例如金属腐蚀是一种坏事，但人们利用金属腐蚀原理进行金属粉末的生产，或用于电镀，无疑是缺点逆用思维的一种应用。

4）原理逆向思维

原理逆向思维是从事物原理的相反方向进行思考。例如，意大利物理学家伽利略曾应医生的请求设计温度计，但屡遭失败。有一次他在给学生上实验课时，注意到水的温度变化引起了水的体积的变化，这使他突然意识到，倒过来，由水的体积的变化不也能看出水的温度的变化吗？循着这一思路，他终于设计出了最初的温度计。

5）功能逆向思维

功能逆向思维是按事物或产品现有的功能进行相反的思考。例如风力灭火器。风吹过去，温度降低，空气稀薄，火被吹灭了。一般情况下，风是助火势的，特别是当火比较大的时候。但在一定情况下，风可以使小的火熄灭，而且相当有效。

6）结构逆向思维

结构逆向思维是从已有事物的结构方式出发所进行的反向思考，例如结构位置的颠倒、置换等。日本曾有一位家庭主妇对煎鱼时鱼总是会粘到锅上感到很恼火，放好的鱼常常是烂开的，不成片。有一天，她突然产生了一个念头，能不能不在锅的下面加热，而在锅的上面加热呢？经过多次尝试，她想到了在锅盖端安装电炉丝这一从上面加热的方法，最终制成了令人满意的煎鱼不煳的锅。

7）属性逆向思维

属性逆向思维是从事物属性的相反方向所进行的思考。例如，1924 年，法国青年马谢·布鲁尔产生了用空心材料代替实心材料做家具的设想，成为新型建筑师和产品设计师的杰出代表。

8) 程序(或方向)逆向思维

程序(或方向)逆向思维是颠倒已有事物的构成顺序、排列位置而进行的思考。例如，变仰焊为俯焊。最初的船体装焊时都是在同一固定的状态进行的，这样有很多部位必须做仰焊。仰焊的难度大，质量不易保障。后来改变了焊接顺序，在船体分段结构装焊时将需仰焊的部分暂不施工，待其他部分焊好后，将船体分段翻个身，变仰焊为俯焊，这样装焊的质量与速度都有了保证。

制定决策是我们每个人的重要工作，也是最艰难和风险最大的工作。糟糕的决策会给企业或个人的职业发展造成危害，有时甚至是无法挽回的危害。那么，错误的决策究竟是怎么产生的呢？在很多情况下，错误决策的根源可以追溯到做出决策的方式上——没有清楚地界定备选方案、没有收集到适当的信息、没有准确地权衡成本和收益。但有些时候，毛病并不是出在决策过程上，而是出在决策者的思维方式上。人类大脑的运作方式可能会妨碍我们的决策。

我们在做战略策划时，很少有不必花脑筋的时候。我们的大脑一直都在转个不停，但不幸的是，有时候它是以一种妨碍而非帮助我们的方式运转的。在策划过程的每个阶段，错觉、偏见以及其他思维圈套都会影响我们所做的选择。越是复杂、越是重要的策划越容易受到误导，因为它们往往牵涉到为数众多的人的大量假设、估计和输入信息。策划的利害关系越大，陷入心理陷阱的可能性就越大。我们谈到的各类陷阱可能独立地对策划造成影响。但更加危险的是，它们会一起出现，互相放大效果，形成恶性循环：一个强烈的第一印象可能"锚定"我们的思维，然后我们可能会有选择性地挑选有利的证据来证明我们最初的倾向是正确的。我们草率地做出决策，而这个决策带来了一个新的现状。随着沉没成本的累积，我们在陷阱中越陷越深，无法找到恰当的时机重新选择一条可能更好的新路线。心理失误层层重叠，要做出明智的选择变得越来越难。对任何心理陷阱最好的防范就是对它们保持警觉——不论它们是单独出现还是共同作用。古话说得好，凡事预则立。即使你无法彻底消除大脑运转中根深蒂固的偏见，你还是可以在策划过程中设置一些准则和检验方法，从而在思维误区演变成判断失误之前发现这些错误。

教学热点

价格锚定效应

下馆子吃饭，难免会用到菜单。看一眼菜单的设计，大体就能了解馆子的档次和特色，毕竟，菜单也算是餐馆的"第二门面"。

不过，很多人并不知道，小小的菜单里，隐藏着商家的许多"小心思"。

一本菜单，翻开前几页，一般都是大菜、招牌菜，价格不菲，再往后才是特色菜、家常菜，最后是酒水、主食等。顾客点得最多的，往往是第二部分——特色菜和家常菜。

第一部分是价格最贵的大菜，点的人其实并不多，为什么还要将它放在菜单的最前面？

商家在这里巧妙地运用了一个经济学知识——价格锚定。人们在衡量一件商品是否合算时，往往会寻找一个参考价格，而最近接触的信息会被无意识地作为比较的"锚点"。翻开菜单，最先看到的不菲的价格，就是商家在顾客心里放下的"锚"。想想看，看过了几道上百元的大菜后，你是不是觉得后面几十元一道的特色菜价格容易接受多了？

价格锚定效应还告诉我们，在产品组合中放置一款几乎不会有顾客购买的产品，是很有必要的。有一个经典案例可以说明这个道理：《经济学人》杂志在推广网络版时，最初的方案是订阅网络版一年价格为 59 美元，订阅纸质版加网络版一年的价格是 125 美元，推出后大部分读者选择了 59 美元的网络版，导致纸质版销量直线下滑。后来，杂志社改变策略，在原方案的基础上增加了一个选项：纸质版 125 美元。结果，选择订阅纸质版加网络版的读者比例直线上升。是什么原因让读者改变了主意呢？自然是几乎不会有人选的"125美元单独订阅纸质版"这个选项起了作用，很多人觉得花同样的钱订纸质版加网络版是"占了便宜"。有些精明的商家会设计类似的套路，比如菜单上的某种套餐，本来就不打算让顾客选，只是作为另一种套餐"更加划算"的参照存在。

人们还经常从另一个角度利用价格锚定效应。比如，有的餐馆会选择几道大众菜，以特别低的价格来吸引顾客。"引流菜"一定是一般餐馆都有的大众菜，这样顾客就特别容易在记忆里找到一个固定的锚，和常去的其他餐馆做比较，便形成了"这家餐馆价格便宜"的印象。

顾客点菜其实是一种购买决策，菜单上隐藏的"购买指令"就是推动下单的临门一脚。

(资料来源：本书作者整理编写。)

(二)基本方法

1. 发现与界定问题的方法

发现问题与界定问题是我们创造性解决战略问题的第一步。小说中人物福尔摩斯对每个案件皆细心揣摩分析，故常能见人所未见，知人所不知，一草一木都不放过，别人认为平凡甚至奇笨无比的做法，福尔摩斯往往能从人所忽略之处找到关键所在。据说他每当心里有未解决的问题时，常数日甚至一周不眠不休，反复对事实求证，直到他自认已了解全案或已能控制案情的数据为止。战略策划活动与侦探办案的共同点，是解决问题，也就是说，在他们还没有开始工作前就有一个问题存在。然后，就必须先了解问题，做类似的实验与设想，找出问题的线索与症结。

很多情况下，人们对自己企业经营管理中存在的问题是比较清晰的，但是也有不少企业不清楚自己的真正问题所在。

1) 渐进抽象法

渐进抽象的用途是寻求不同的问题定义。其方法是不断对问题进行抽象，问题的抽象水平逐级升高，直到获得对问题的满意定义为止(见图 2-1)。渐进抽象的具体步骤如下。

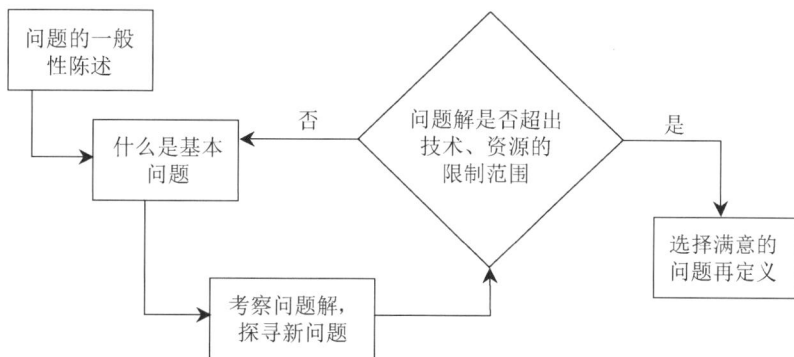

图 2-1　渐进抽象

(1) 写出问题的一般性陈述。

(2) 通过提出如下问题来探寻对问题的可能性解答：什么是最为基本的问题？

(3) 通过回答第(2)步所提出的问题，升华出新的问题定义。

(4) 重复第(2)步和第(3)步。

(5) 选择满意的问题定义，并用作激发创意的基础。

2) 5W2H 法

5W2H 法又称"七何分析法"(见图 2-2)，任何事情都可用这七大问题去思考，即使对于不善分析问题的人，也很容易掌握。

图 2-2　5W2H 法

销售成绩为什么一直无法提升？产品为什么卖不出去？为什么每次提的计划总是不被主管采纳……碰到问题时，许多人脑海中浮现的第一个疑问就是"为什么"，老是想不透到底是哪里出了问题。

然而，策划专家或问题解决专家告诉我们，与其不断自问"为什么"，倒不如先学会如何提出对的问题。诚如福特汽车前总裁彼得森所说："多问些对的问题，就不必花费许多气力去找寻所有的答案"。

大多数人之所以不知道如何问问题，最主要的原因就是缺乏训练，而在所有发现与界定问题的思考方法中，"5W2H"可以说是最容易学习和操作的方法之一。"5W2H"是在第二次世界大战时，由美国陆军兵器修理部所提出，之后广泛应用于企业决策和管理议题上，以帮助工作者在思考问题时不致有所疏漏。它简单、方便，易于理解、使用，富有启发意义，可以广泛用于策划思维活动。

综上所述，人们用 5 个以 W 开头的英语单词和 2 个以 H 开头的英语单词进行设问、发现解决问题的线索，寻找策划思路，进行设计构思，从而设计出解决问题的方案，这就是5W2H法。

2. 因果分析的方法

发现与界定问题只是解决问题的第一步，我们需要探寻隐藏在问题背后的根源，这是解决战略问题的根本所在。因果分析常用的方法有 5why、鱼骨法、帕累托分析法等。

1） 5why 法

在丰田公司的改善流程中，有一个著名的"五个为什么"分析法。

丰田汽车公司前副社长大野耐一先生有一次发现一条生产线上的机器总是停转，修过多次不见好转。于是，大野耐一与工人进行了以下的问答。

一问："为什么机器停了？"

答："因为超过负荷，保险丝就断了。"

二问："为什么超负荷呢？"

答："因为轴承的润滑不够。"

三问："为什么润滑不够？"

答："因为润滑泵吸不上油来。"

四问："为什么吸不上油来？"

答："因为油泵轴磨损、松动了。"

五问："为什么磨损了呢？"

答："因为，没有安装过滤器，混进了铁屑等杂质。"

经过连续五次不停地问"为什么"，才找到问题的真正原因和解决的方法，在油泵轴上安装过滤器。如果没有这种追根究底的精神来发掘问题，很可能只是换根保险丝草草了事，真正的问题还是没有解决。

丰田公司的上述案例说明，要解决问题，必须找出问题的根本原因，而不是问题本身；根本原因隐藏在问题的背后。先问第一个"为什么"，获得答案后，再问为何会发生，依此类推，问五次"为什么"。丰田的成功秘诀之一，就是把每次错误视为学习的机会，不断反思和持续改善，精益求精，通过识别因果关系链来进行诊断。

这个方法的使用前提是对问题的信息充分了解，下面这个例子可以生动地说明这种方法的特点。

教学案例

纪念堂的外墙

国外某纪念堂的外墙花岗岩近年来脱落和破损严重，再不修补就需要推倒重建，但维修要花纳税人一大笔钱，需要市议会商讨决定。在议员们投票之前，需要请专家分析一下根本原因，并找出可行的解决方案。专家的分析过程如下：

① 脱落和破损的直接原因是经常清洗，而清洗液中含有酸性成分。为什么需要用酸性清洗液？

② 花岗岩表面特别脏，因此使用去污性能强的酸性清洗液，究其原因主要是由于鸟粪造成的。为什么这个大楼的鸟粪特别多？

③ 楼顶常有很多鸟。为什么鸟愿意在这个大厦上聚集？

④ 大厦上有一种鸟喜欢吃的蜘蛛。为什么大厦的蜘蛛特别多？

⑤ 楼里有一种蜘蛛喜欢吃的虫。为什么这个大厦会滋生这种虫？因为大厦采用了整面的玻璃幕墙，阳光充足，温度适宜。

至此，解决方案就明显而简单了：拉上窗帘。

（资料来源：本书作者整理编写。）

五个"为什么"分析方法并没有多么玄奥，只是通过一再追问为什么，就可以避免表面现象，而深入系统分析根本原因，也可避免其他问题。所以，若能找出问题的根本原因，许多相关的问题就会迎刃而解。

2) 鱼骨法

鱼骨分析法，又名因果分析法，是一种发现问题"根本原因"的分析方法，如图 2-3 所示。

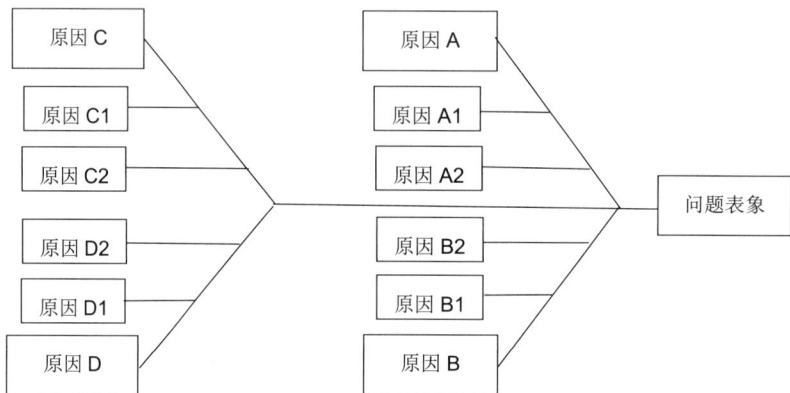

图 2-3 鱼骨图

问题的特性总是受到一些因素的影响，通过头脑风暴找出这些因素，并将它们与特性值一起，按相互关联性整理而成的层次分明、条理清楚的图形，因其形状如鱼骨，所以叫鱼骨图。鱼骨图有三种类型：①整理问题型鱼骨图(各要素与特性值间不存在原因关系，而是结构构成关系)；②原因型鱼骨图(鱼头在右，特性值通常以"为什么……"来写)；③对策型鱼骨图(鱼头在左，特性值通常以"如何提高/改善……"来写)。

(1) 鱼骨图的分析结构如下：

① 针对问题点，选择层别方法。

② 按头脑风暴分别对各层别类别找出所有可能原因(因素)。

③ 将找出的各要素进行归类、整理，明确其从属关系。

④ 分析选取重要因素。选取重要原因时，不要超过 7 项。

⑤ 检查各要素的描述方法，确保语法简明、意思明确。

(2) 鱼骨图的绘制过程如下：

① 填写鱼头(按为什么不好的方式描述)，画出主骨。

② 画出大骨，填写大要因。

③ 画出中骨、小骨，填写中小要因。

④ 用特殊符号标识重要因素。注意：绘图时，应保证大骨与主骨成 60°夹角，中骨与主骨平行。

(3) 鱼骨图的使用步骤如下：

① 查找要解决的问题。

② 把问题写在鱼骨的头上。

③ 召集同事共同讨论问题出现的可能原因，尽可能多地找出问题。

④ 把相同的问题分组，在鱼骨上标出。

⑤　根据不同问题征求大家的意见，总结出正确的原因。

⑥　拿出任何一个问题，研究为什么会产生这样的问题。

⑦　针对问题的答案再问为什么，这样至少深入五个层次(连续问五个问题)。

⑧　当深入到第五个层次后认为无法继续进行时，列出这些问题的原因，并列出至少20个解决方法。

3)　帕累托分析法

帕累托分析法应用了"柏拉图法则"(关于做 20%的事可以产生整个工作 80%的效果的法则)。通俗地说，80%的后果是由占 20%的主要原因造成的，因此帕累托分析法又称 80/20 原则。帕累托分析法告诉我们：少数原因应为大量结果负责。我们可利用这一工具来分析事情发生的主要原因。

80/20 关系提供了一个较好的基准。一个典型的模式表明，80%的产出源自 20%的投入；80%的结论源自 20%的起因；80%的收获源自 20%的努力。帕累托法则包含在任何时候对原因的静态分析，而不是动态的。使用 80/20 原则的艺术在于确认是哪些现实中的因素正在起作用并尽可能地加以利用。80/20 这一数据仅仅是一个比喻和实用基准，真正的比例未必正好是 80%：20%。帕累托法则表明在多数情况下该关系很可能是不平衡的，并且接近于80/20。

帕累托法则极其灵活多用，它能有效地适用于任何组织和个人。它最大的用处在于：当你分辨出所有隐藏在表面下的作用力时，你就可以把大量精力投入到最大生产力上并防止负面影响的发生。

四、策划中的思维陷阱

半个世纪以来，研究者们一直在研究大脑在做决策时的运作方式。无论是实验室研究还是实地研究都揭示，人们在做出复杂的决策时会不自觉地采用例行程序。这些例行程序，也就是所谓的"经验法则"，在大多数情况下都能够很好地满足我们的需求。例如，在判断距离时，我们的大脑常常会依赖于一种经验推断，将清晰程度等同于临近程度。一个物体看起来越清晰，我们就判定它离我们越近；看起来越模糊，我们就判定它离我们越远。这个简单的思维捷径帮助我们在这个世界行走时不断做出必需的距离判断。

但是，与大多数经验法则一样，这种方法并非完全可靠。在迷雾天，我们的眼睛就会愚弄我们的大脑，让我们误以为各种物体比它们实际所处的位置更远。由于这种视差对大多数人并不构成什么危险，我们忽略它倒也无妨。然而，对于飞机驾驶员来说，视差则可能造成灾难性的后果。这也就是为什么要训练飞行员使用客观的距离测量仪来辅助主观目测。研究人员已经发现了人们在决策时大脑思维方式中存在的一系列缺陷。尽管谁也不能够在大脑中彻底根除这些根深蒂固的缺陷，但是我们可以效仿飞行员，尝试了解这些陷阱并相应地进行补救。

(一)参照点陷阱

之所以会发生参照点陷阱是因为当我们进行策划活动时，大脑会对最先接收到的信息赋予过高的权重。最初的印象、估计或数据"锚定"了随后的思考和判断。

教学热点

首因效应

首因效应也叫第一印象效应，是指个体在社会认知过程中，会通过最先输入的"第一印象"信息对客体以后的认知产生影响。

对于这种因信息输入顺序的不同而产生的相关效应现象，有不同的解释：一种解释是，最先接收的信息所形成的最初印象，构成大脑中核心知识或记忆图式，后输入的其他信息只是被整合到这个记忆图式中，即这是一种同化模式，后续的信息被同化进了由最先输入的信息所形成的记忆结构，因此，后续新的信息也就具有了先前信息的属性痕迹；另一种解释是，最先接收的信息没有受到任何干扰地得到了更多的注意，信息加工精细，而后续的信息则易受忽视，信息加工粗略。

首因效应本质上是一种优先效应，当我们感知到错综复杂的信息时，总会无意识地倾向于重视前面的信息。即使人们注意到了后面的信息，也会按照习惯对自己进行说服，从而使后面的信息与前面的信息保持整体上的一致性，从而掉进印象陷阱。

（资料来源：本书作者整理编写。）

在企业里，最常见的"参照点"就是过往的事件或趋势。营销人员在预测下一年度的产品销售情况时通常会先参考前几年的销量。这时，过往数据就成了"参照点"，预测者在这个参照点基础上再根据其他因素做出适当调整。这种方法虽然可能让决策者做出相当准确的估计，但弊病是对过去的事件赋予了太多权重，而对其他因素重视不够。在瞬息万变的市场环境下，以历史数据、历史事件为参照可能会导致预测结果与实际情况相差万里，进而误导我们的思维。我们可以采用一些方法来减轻其影响。

- 经常从不同角度思考同一个问题。尝试采取不同的出发点和方法，而不要死抱着最初的想法不放。
- 先进行独立思考，然后再向其他人咨询，以免被别人的想法左右。
- 保持开放的思维。向不同的人了解信息和意见，以拓宽你的参照系，将你的思路推向新的方向。
- 注意不要给你要寻求信息和忠告的其他人设"参照点"——尽可能少对他们讲述你自己的想法、估计和初步决定。如果你告诉他们太多，他们反馈给你的意见可能正是你自己事先的构想。

(二)维持现状陷阱

维持现状陷阱的根源存在于我们的灵魂深处——我们极力想避免"自我"受到伤害。与现状决裂意味着要采取行动，而当我们采取行动时，我们就要承担责任，因此会使自己面临受批评和后悔的风险。在大多数情况下，维持现状象征着一条更加安全的道路，因为这样我们面临的心理风险更小。我们在策划活动中，也会受到维持现状陷阱的困扰。一旦意识到了维持现状的陷阱，你就需要利用一些技巧来消减它的影响。

- 时刻提醒自己目标是什么，并考察维持"现状"是否能达到这一目标。你可能会发现，当前的局面实际上已成为实现目标的障碍。
- 千万不要把"现状"作为自己唯一的选择。要找出其他的选择并对比现状进行权衡，仔细地评估各方面的利弊得失。

- 问问自己，如果当前现状并没有既成事实的话，你会不会选择代表当前现状的那个方案。

- 不要夸大为了改变现状所需投入的努力或成本。

- 记住，"现状"令人满意的程度会随着时间改变。在与其他选择进行比较的时候，不仅要比较它们在当前的情况，还要比较它们将来的情况。

- 如果你有比"现状"更好的其他若干个选择，不要仅仅因为很难挑选出其中的最优方案而默认了现状，你应该强迫自己做出选择。

(三)寻求有利证据的陷阱

设想你是一家成功的中型制造企业的总裁，这家企业正在考虑是否取消一个已经策划好的工厂扩建项目。当时，你所关心的问题是公司将无法保持出口的快速增长。你担心人民币在未来几个月内会升值，这样你的产品对海外消费者来说就会更加昂贵，从而导致销量减少。但是在你停止工厂扩建项目之前，你决定打电话给一个熟人，听听她的意见。她是一家类似公司的首席执行官，她的公司最近刚刚将一座新工厂封存不用。她举出了有力的证据来证明其他货币对人民币的比价将要大幅走弱。这个时候，你会怎么做？你最好不要让你们之间的谈话成为你做出最终决策的决定性因素。如果你不幸让你们之间的谈话左右了你的决定，你就掉进了寻求有利证据的陷阱。

这里有两种基本的心理力量在起作用。第一种心理力量是我们有一种倾向，在弄清楚为什么要做某事之前，在潜意识里实际已经决定了要做这件事。第二种心理力量是，与我们不喜欢的东西相比，我们更容易被我们喜欢的东西所吸引——这是一种连婴儿也明显具有的倾向。于是，我们自然会被支持我们潜意识偏好的信息吸引过去。

对此你能做些什么？需要明确的是，并不是说你不应该选择你的潜意识里想要做的事情，只不过你应该确定那是不是一个明智的选择。若要对此进行检验，就必须采取一些检验方法。

- 要不断检查，看看自己是否对所有证据都给予了同样严格的考察。要避免不经质疑就接受有利证据的倾向。

- 去请一些你尊重的人来唱反调，反对你正在考虑制定的决策。当然，如果你能自己提出一些反对意见那就更好了。开放地进行思考：选择其他方案最强有力的理由是什么？

- 坦然承认自己的动机。你是真的在搜集信息以便做出明智的决策，还是只是在寻找有利证据支持你想做的事情？

- 征求别人意见的时候，不要提那些可能引出有利证据的导向性问题。

本节讲述了策划思维的定义及分类、思维定势与偏见、常用模型与基本方法。下面几节将在策划思维的基础上，通过对结构化思维、辩证思维等的学习，深入理解战略策划思维。

第二节　结构化思维

结构化思维是最为重要的战略策划思维。结构化思维能够帮助我们找出问题的头绪、理清思路并通过分析框架和严谨的逻辑，得出相应的解决方案。把零件组装成能正常运转的机器，就是结构的；把同样的这些零件摆放在一起，没有联系起来，就是非结构的。显然，分析问题用结构化的方法和缺乏结构化概念，差异是很大的。

一、理论背景

结构化分析和结构化设计是在软件工程开发中提出的，是一种基于功能分解的分析方法，可作为层次分解和软件模块描述的工具。现已被用作描述分解问题的工具。结构化分析以图的形式表示系统内各结构单元之间的关系，按照"相互独立，完全穷尽"的原则，使复杂的系统及其过程变得简单明了。结构化就是按问题各要素的属性将问题分类、分层。缺乏结构化概念，就只能是简单地按 1、2、3 罗列问题的不同影响因素，是分散地而不是系统地分析问题。

显而易见，没有结构性，用直接抓问题的方法，很容易造成遗漏，容易以偏概全。非结构的分析方法，明显存在 3 个问题：问题一，分解问题相对比较混乱，分析要素的界定比较随意。问题二，不完整，不全面，遗漏是不可避免的。有的问题考虑了、分析了，有些问题没考虑、没分析，又不能判断这些未考虑的因素重要不重要。问题三，当要综合时，就更像把这些零件放到一个盒子里，很容易让人知道，这不是一台"机器"。非结构分析在总体上没有一个"从机器上分层、分类拆解"的概念，对相互关系的考证太弱，也就不可避免地存在理解混乱和分析不完整。

而结构化则不同，从问题的不同方面、不同层次条理化地展开，容易把每一层的问题考虑得比较完善，至少在分析具体问题前不容易遗漏重要方面。结构分析框架的前提是：零件要全、相匹配，既不会多出一个，也不会少了一个，并且要按正确的方式组装起来，这台机器才会正常运转。结构化的起点是完整性和严格分解，分析问题更像测试机器或测试机器中某些零件的功能。

二、基本原理

我们通过一个案例来说明结构化思维的要点：假设你开车从重庆送一批货物到西安，路过一个限高 2 米的山洞，但车子连货物有 2.05 米高，怎么办？

我们随意列出解决这个问题的办法。

- 把货物搬下来，分几次运过去。
- 重新堆放货物，让它不再超高。
- 给车子的轮胎放点气，降低整体高度。
- 换一个底盘低一点的汽车。

- 把山洞拓高点。
- 把地挖深一点。
- 找一条路绕过山洞。
- 虽然标的是限高2米，但也说不定，硬闯一下试试。

……

方法有很多种，但是这样思考问题可能会导致思维杂乱，不知道到底该如何抉择。我们试着用结构化思维来思考这个问题：首先，明确做这件事情的目的是什么——把货物顺利送到西安。然后，根据目标倒推应该做些什么工作才能达成目的。我们通过分类来找第一个维度，如图2-4所示，送货可以分为不过山洞和过山洞两种办法。因为这个分类是决定下一步方法的重要因素，已知条件中并没有必须过山洞的约束，可以选择其他不过山洞而同样达到目的地的方法。我们接着思考，选择不过山洞，如图2-5所示。

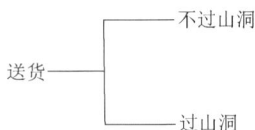

图2-4　分类示意图1

图2-5　分类示意图2

选择过山洞，就需要继续对其进行分类，如图2-6所示。这样一层层地展开，用逻辑树保证解决问题过程中的完整性，通过系统性的分解过程，将一个复杂的问题细分为一些便于操作的下一级问题并最终找到解决方案。

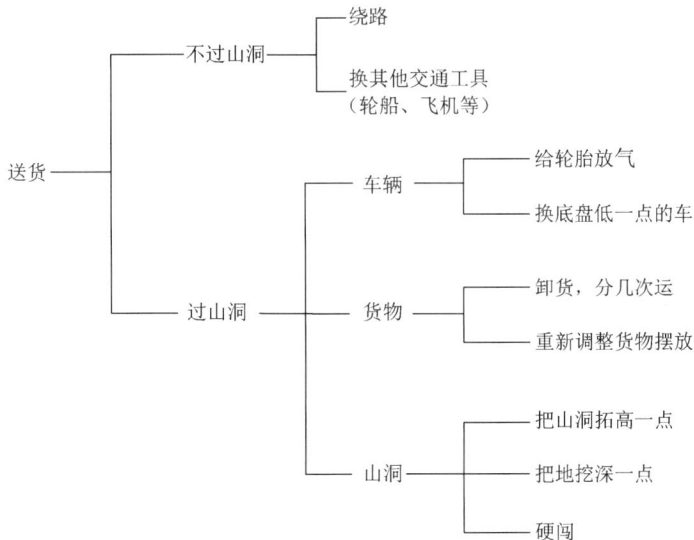

图2-6　分类示意图3

结构化思维就是以事物的结构为思维对象，以对事物结构的积极建构为思维过程，力求得出事物客观规律的思维。

人们在工作过程中，通过大量的调研和分析，挖掘内在的事实和数据，并通过分析的框架和严谨的逻辑，提出相应的解决方案。这种能力也被称为结构化思维能力。这种能力不仅仅包括对问题的系统分析，还包括对想法的有效表达和对方案的清晰展示。对于战略策划而言，结构化思维能力也是必备的基本技能之一。

"结构"不是"解构"，结构化的思维并不意味着简单、机械地肢解问题。事实上，很多问题是一团相互纠缠、纵横交错的乱麻，结构化思维在于帮助我们一个一个地找到线头，理清思路，而不是否认事物之间的联系。

所谓结构化思维是指个人在进行问题解决(包括解决难题、记忆、写作等)时，能站在整体的角度，遵循启发性的原则，通过对问题的自我理解和分析，充分利用已有的认知结构透彻地认识问题，合理地分解问题，循序渐进，逐步求精，从而进一步完善自己的认知结构，全面完整地对问题进行系统思考和解决。对对象和问题作全面完整的思考，这是结构化思维最重要的基础和特征，反映了思维的系统性和广度；对对象和问题分解求精，作深入透彻的思考，反映了思维的深刻性和深度；对对象和问题作充分联想，启发了对对象认识的思路和解决问题的线索，拓展了问题解决的视野，反映了思维的开放性，也体现了思维集中性与发散性的统一；重点或关键点突出，思维层次鲜明，反映了人类解决复杂问题和认识复杂对象的能力；自我表述对对象和问题的认识，充分表达了对对象和问题的理解，将你的理解能力发挥到极致，反映了你对对象和问题理解认识的透彻程度，也是一个将新知识同化到你已有的认知结构的过程；富有个性的自我表述，既体现了个体的思维特征，也充分发挥了左右脑功能，反映了思维的形象性、直观性、独特性；结构化思维所表达的认知结构精练简洁，思维过程扼要清晰，形象流畅，反映了人类认识复杂对象和问题的本质的能力。

三、思维原则与工具

(一)结构化思维的特征与功能

结构化思维模式具有这样几个特征：目标清晰；对实现目标所需资源所进行的分析，高度概括而且全面；具有资源达成的具体方法和计划。

进行结构化思维的3个步骤是：确定目标——资源分析——制订计划。

很多人都有过装修的经验，回顾一下装修的过程，就是一个通过结构化思维来完成的系统工程。

(1) 确定目标——确定装修方案。

(2) 资源分析——需要哪些材料，需要多少人，用多少预算，花多长时间来完成。

(3) 制订计划——装修过程管理、什么时间买哪些材料、材料进场时间、开工时间、中间验收时间、终验时间、最终验收等。

结构化思维是一项重要的战略策划思维技能，掌握了这一思维技能，将使你在策划活动中获得以下优势。

(1) 对问题的思考更完整、更有条理。

(2) 能够快速完成方案，而且重点突出，并能获得老板的赏识、客户的青睐。

（3）能够有条不紊地处理各种复杂问题，把纷乱繁杂的事情简单化、条理化，并能通过语言、模型、图表等形象地展现出来。

（4）能够有效地安排好学习与工作，快速掌握新岗位、新工作所需知识，从而获得更多的发展机会。

(二)结构化思维的原则

1. 以终为始原则

以终为始，这个习惯应该成为每个战略管理者的基本素质之一。所有的管理者在做任何一件事情的时候都应该先认真思考：我做这件事情的目的是什么？要达到什么目标效果？然后，再根据这个目标倒推应该做哪些工作或任务。以目标和现状为出发点，根据目标安排任务，过程中始终想着目标，就是以终为始的原则。

2. MECE 原则

MECE 读为"me-see"，是 Mutually Exclusive, Collectively Exhaustive 4 个单词的首字母，中文意思是"相互独立，完全穷尽"。在解决问题的过程中，MECE 意味着将问题细分为明确的、没有重叠的子问题，同时确保所有相关的问题都已考虑在内。也就是对于一个重大的议题或者问题的分类，能够做到不重叠、不遗漏，而且能够借此有效把握问题的核心。

MECE 是战略策划思维过程的一条基本准则。所谓的不遗漏、不重叠指在将某个整体(不论是客观存在的还是概念性的整体)划分为不同的部分时，要符合以下两条原则。

（1）各部分之间相互独立(Mutually Exclusive)。意味着问题的细分是在同一维度上明确区分、不可重叠的。强调了每项工作之间要独立，每项工作之间不要有交叉重叠。

（2）所有部分完全穷尽(Collectively Exhaustive)。即分解工作的过程中不要漏掉事项，要保证完整性。

教学热点

MECE 原则的实践

什么情况下会用到 MECE 原则呢？

MECE 原则是将原始资料或问题进行分类时所遵循的原则，也是战略策划工作方法中一个很重要的原则。当我们要对复杂问题或资料进行分类的时候，往往就会用到 MECE 原则。因为如果分类没有涵盖问题的所有方面，那么最终推演出来的方案就有可能以偏概全；如果分类有很多是重叠的，那么我们就无法厘清真正的原因。一言以蔽之，所谓的 MECE 就是分类学。"分"即鉴定、描述和命名；"类"即归类，按一定秩序排列类群。

那么如何才能"相对独立，完全穷尽"呢？

一般可以通过以下四个步骤来落实 MECE 原则：

第一步，确定范围。也就是要明确当下讨论的问题到底是什么，以及我们想要达到的目的是什么。这个范围决定了问题的边界，也让"完全穷尽"成为一种可能。换句话说，MECE 中的"完全穷尽"是指有边界的穷尽。

第二步，寻找符合 MECE 的切入点。所谓的切入点是指你准备按什么来分，或者说大家共同的属性是什么。比如，是按颜色分，按大小分，按时间序列分，还是按重要性分。这一步是最难的，但也是最关键的。在找切入点的时候，一定要反复思考：当初要解决的问题或当初要做分析的目的是什么。换句话说，你希望分类后解决什么问题，得出什么结论。如果实在想不到分类的切入点，可以试试最简单的二分法：A 与非 A。事实上使用这种分类方式有一个非常经典的案例，那就是七喜，它当初打出的口号就是"非可乐"。另外，中国传统文化中也有很多类似的二分法，比如阴和阳(女和男)、正和反、白天和黑夜、软和硬等。当然，还有一种常用的方式，那就是"拿来主义"，正如《麦肯锡方法》里提到的，不要试图重新发明轮子。这个世界上已经有很多分析模型，大多数都符合 MECE 原则，可以直接拿来使用，比如 SWOT 分析、PEST 分析、五力模型、波士顿矩阵等。

第三步，找出大的分类后考虑是否可以用 MECE 继续细分。对客户如果按男和女来分，的确是满足 MECE 原则，但仅仅这么分对于我们的策划有什么帮助吗？不管走到哪一步，请时刻记住"以终为始"，也就是要时时考虑策划的目的是什么。从策划的角度来看，你可能还要按职业、收入、年龄、居住区域等要素进一步细分，才有可能得出你想要的结果。

第四步，确认有没有遗漏或重复。分类之后必须重新检视一遍，看看有没有明显的遗漏或重复。建议画出一个金字塔结构图，用可视化的方式更容易发现重叠项。当然，现实中可能出现这样的情况，分出来一些类别后，仍然有几项不属于前面分出的几类，但这几项还比较重要，这时你可以试着加一个类别——其他。不过请注意，这个一定要慎用，不到万不得已不要这么用。

MECE 原则说起来简单，做到其实并不容易，不过掌握 MECE 原则也没有特别的方法，只有多看、多练。

（资料来源：本书作者整理编写。）

(三)相关工具

战略策划人员工作的首要问题是对要策划的问题进行问题界定，在问题界定之后，就需要根据 MECE 原则运用逻辑树工具对问题进行分解。我们对问题进行结构化分解最常使用的工具是"逻辑树"。

逻辑树是一个概念性框架，它能保证解决问题过程的完整性。逻辑树也是一个系统的分解过程，它能将工作细分为一些便于操作的部分、确定各部分的优先顺序以及明确地把责任落实到个人。同时，逻辑树还是联系问题和议题的纽带，使小组成员就要着手解决的问题达成共识。

逻辑树有问题树、假设树和议题树等形式。逻辑树是将问题的所有子问题分层罗列，从最高层开始，并逐步向下扩展。把一个已知问题当成树干，然后开始考虑这个问题和哪些相关问题或者子任务有关。每想到一点，就给这个问题(也就是树干)加一个"树枝"，并标明这个"树枝"代表什么问题。一个大的"树枝"上还可以有小的"树枝"，依此类推，找出问题的所有相关联项目。逻辑树主要是帮助你理清自己的思路，不进行重复和无关的思考。逻辑树如图 2-7 所示。

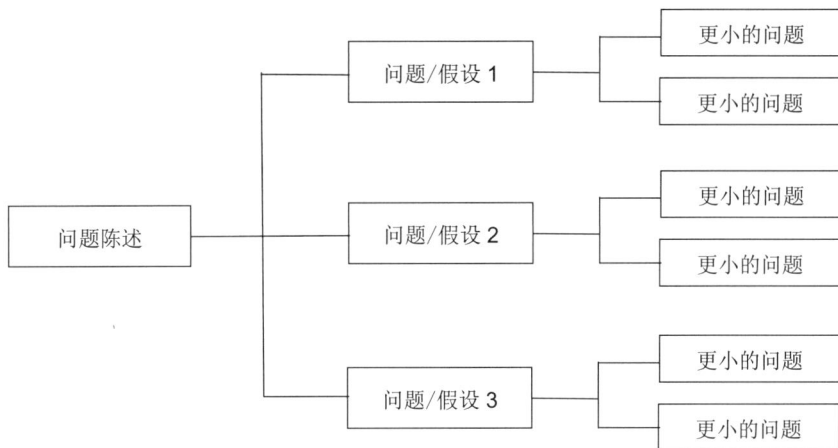

图 2-7　逻辑树

(四)应用结构化思维的注意事项

人们在解决战略问题时，大脑会迅速活动起来，搜寻解决问题的有关知识。但是，大脑中的知识排列不好，没有形成结构，就不容易提取解决问题的相应知识。这时，我们需要结构化的思维方式。结构化的思维方式就是把触发条件相似的知识组成块组；然后经过组织、概括、归类、抽象等组成某种触发条件下的系统；系统与系统间又组成某种触发条件下的大系统……就这样形成一定层次且结构紧密的思维网络。利用这个思维网络，有助于问题解决时在短时间内形成大容量的思维操作；有助于问题解决时使心理视野看得更远，也就是更具有远见；还有助于问题解决时进行大跨度的思维，促进创造性解决问题的思维的发挥。主体进行结构化的思维方式时，特别要注意以下几个方面。

1. 强化结构层的联结

已经形成结构化的思维方式，一定要强化各思维层次的节点联结，使信息流向通达，顺利地完成由具体到抽象和由抽象到具体的动力传递。

2. 掌握结构层的结构

已经形成结构化的思维方式，按照由低到高的结构顺序排列。越居于高层的结构层次，其抽象水平越高，适应的范围越广，作为一个思维的系统层，其思维容量也越大。掌握结构层的结构就意味着能够摒弃不良的思维方式，增强有利于创造性解决问题的扩散思维的发展。

3. 知识结构的优化

人的知识结构的优劣与解决问题的思维有较大的相关程度，优化知识结构对解决实际问题具有现实意义。优化知识结构可以考虑以下几个方面：一是思索、推断问题要广泛地联系知识，善于用知识来概括问题；二是鼓励"节外生枝"，深入思考问题，在解决问题的同时把知识结构化；三是善于打破旧的知识链，可以按功能重新构造知识，形成新的知识结构形式；四是参照具有优良知识结构的人，找出差距，千方百计弥补差距，使自己的知识结构向优良知识结构转变。

第三节 辩 证 思 维

作为一种比常规思维更高级的思维方式，辩证思维有着丰富的内涵以及源远流长的应用历史。无论是在中国古典诸子百家的著作中，还是在现代政治、经济、军事竞争中，我们都可以发现辩证思维闪烁的智慧之光。毫不夸张地讲，如果没有辩证思维，人们的理性将显得机械僵化，缺乏鲜活的灵性。遗憾的是，时至今日关于辩证思维尚无统一的界定，这导致人们在学习和应用辩证思维时充满了疑惑不解，不知该从何处着手。下面我们从战略策划角度对辩证思维做一番全景式讲解。

战略策划过程可以用辩证思维来解构，如果把辩证思维运用在战略策划上，那么我们就能通过辩证思维厘清战略制定的规律，清楚战略决策的路径，并且能凸显在战略策划过程中对辩证思维的运用及对对立面关系矛盾的处理。

一、理论背景

辩证思维的核心就是对立统一规律，即矛盾规律。辩证法是专门研究矛盾统一的学问，我们运用辩证法的目的是要认识矛盾、控制矛盾、运用矛盾与解决矛盾。我们最终的目的就是希望通过辩证思维与战略策划关系的建立及辩证方法的运用找到达成理想目标的最佳策略组合。

战略策划过程中最重要、也最难以客观衡量及理解的就是人们主观的思维判断，我们在判断时的思维变化是极其复杂与敏感的，决策者可能在面临决策判断时因为一个直觉的感性念头，而完全推翻事前的规划。然而，我们的主观思维是否都无法一窥？究竟有没有一个变化的规律？如果有可以解构思维的工具来了解决策思维，则策划过程中最主要的不确定因素将大幅降低其不确定性。辩证思维是哲学里一种认识思维的方法，辩证思维是认识事物发展与思维运作规律的工具，也是检验思维的一种方法，以辩证思维解构决策者在决策过程中的思维变化规律，有助于对策略决策判断的掌握。

二、基本原理

(一)辩证思维与策划本质

战略策划就是对两个以上的战略策划方案做选择的行为，而选择的相对关系就是矛盾统一的关系。选择就是在不同策划方案之间进行取舍，选择了 A 方案就必须舍弃 B 方案，两个方案互为竞争对立关系。战略策划方案的取舍过程是经过扬弃与跃升的，扬弃与跃升的过程是由远到近、由外向内，逐次跃进、逐次内趋于理想目标，是相互的排斥、相互的否定、相互的交融、相互的渗透，经历矛盾而后统一的过程，所以战略策划的过程就是一个辩证的过程，战略策划的本质是依循辩证思维规律运作的过程，如图 2-8 所示。

战略策划是联结现在与未来的桥梁，是现实与理想的跃升工具。现在与未来是相互否定的矛盾关系，也是相互肯定的联系关系，未来必定不同于现在，然而追求未来又必须以现状为基础；现实与理想的对立关系也是辩证的、存在的，其关系是从现状到未来，再到未来的未来，程序与步骤非常清楚。在追求的过程中策划内容会有什么情况发生，因内、外环境的变化而有所不同。因此，整个过程是有序的演进，而内容是无序的变化。内容虽是无序的变化，但却是在一定范围内的无序。

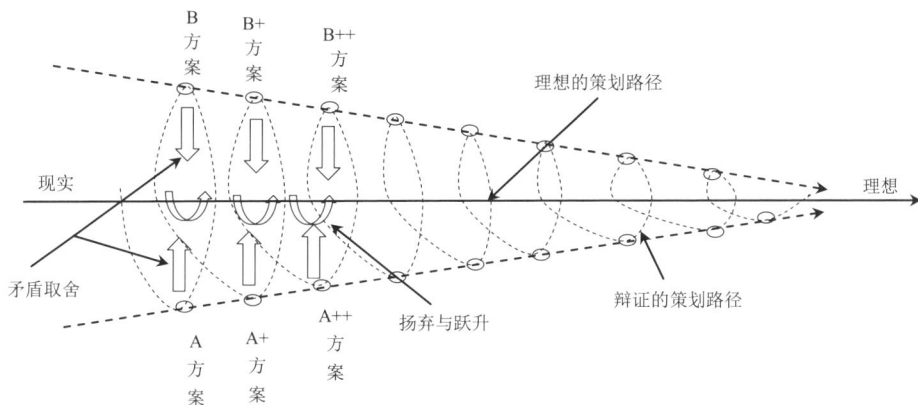

图 2-8　策略决策的螺旋辩证过程与矛盾本质图示

(二)辩证策略的三个层面

唯物辩证法的基本规律有三个：对立统一规律、量变质变规律、否定之否定规律。这三个规律代表整个辩证法的运作内容，每个规律所隐含的决策功能，相对应三个策划过程的层面作为辩证策略决策模式的三个一般性的基础架构，三个辩证层面所要体现的是对策划模式微观的掌握与宏观的视野，由点到线、由线到面重要因素的全面分析，还有从发生原因到处理过程再到发展方向全程的理解。策划模式是事物一系列发展的载体，其发展的规律基础为矛盾、变化、否定。事物发展的动能是矛盾，事物发展的形式是变化，事物发展的方法是否定。

三个辩证层面分别是动因层面、态势层面、方法层面，其发展来由与代表含义的描述如表 2-1 所示。

表 2-1　辩证思维规律引申为策略层面对照表

辩证规律名称	规律基础	规律功能	策　划	辩证策略层面
对立统一规律	矛盾	辩证发展的原因	为何要策划	动因层面
量变质变规律	变化	辩证发展的形态	什么的策划	态势层面
否定之否定规律	变化	辩证发展的路径	如何去策划	方法层面

1. 动因层面的意义

俗语云"事出必有因、无风不起浪"，任何事物的存在必定有支持其存在的理由，任何问题的发生都有其必然的原因，策划的功能就是要达成目标与解决问题。存在的理由是厘清事物的线索，发生的导因是解答问题的开关。若没有掌握线索、不清楚原因，策划就无法对目标定序，所有后续的策略作为都将乱序无方，策划者花再多的心血都将白费力气。策划的成功关键在于对动因的掌握。

2. 态势层面的意义

事物的发展都会有其一定的形态，也会有一定的形势，二者会相互交融，并相互影响，进而产生事物整体的态势，这样的态势会影响我们在策划过程中的抉择。例如组织活动中常常需要通过一些精神标语，或正式的宣传活动，以产生团体意识的凝聚力与执行力，这些活动的用意在于塑造活动过程的高昂气势，并让参与者产生优越感，而有较强的自信心，如此的心理状态与外在环境形成互动良好的循环关系，将加强活动任务达成的概率。因此，态势层面的主要意义就是策划在发展过程中的外显形态。

3. 方法层面的意义

策划是有结果的行为，绝大部分的决策者都是结果论者，因为有"决"必有"果"，仅有极少部分因政策的关系而采取过程论。结果论主张一个行为的对错完全取决于此行为所造成的结果，所谓对的行为就是行为者在面临各种可能的行为选择时，实行其中能达成最佳结果的行为。而让策划方案达到预期结果的工具，便是付诸实现所采用的方法。

教学案例

西安事变的和平解决

1936 年 12 月 12 日，为了挽救民族危亡，劝谏蒋介石改变"攘外必先安内"的主张，停止内战，一致抗日，张学良、杨虎城发动了震惊中外的西安事变。毛泽东认为集中主要力量解决主要矛盾是驾驭全局的关键，西安事变的和平解决鲜活地反映了毛泽东在把握主要矛盾方面的高超战略选择艺术。蒋介石发动的四一二反革命政变直接导致第一次国内革命战争的失败，无数共产党员和革命志士惨遭屠杀，五次反革命围剿迫使中国工农红军开始长征。面对日本的侵略，他实行不抵抗政策，将东北三省拱手让给日本侵略者。当时，国内各派政治力量在如何处置蒋介石这个棘手而关键的问题上展开了或明或暗的博弈。在事变发展的紧急关头，以毛泽东为首的中国共产党人果断确定了和平解决西安事变的战略方针。后来的历史发展表明，中国共产党领导人所做的这一关键决策是英明正确的。这是因为，在当时，西安事变的发展有两种可能的前途：一种是杀掉蒋介石，其后果将是全国性的更大规模的内战，直接迟滞全国抗战局面这个战略目标的实现，这是日本帝国主义和国内亲日派所乐见的——中国乱了，他们才能从中获利；第二种是放蒋介石回南京，前提是迫使其接受中国共产党"停止内战、一致抗日"的政治主张，促使全国抗日民族统一战线的形成，实现全面抗战，这是广大中国民众所乐见的。

毛泽东充分估计到了上述两种前途，全面、科学地分析了当时错综复杂、瞬息万变的国内外形势，做出了和平解决西安事变的重大决策。由周恩来、秦邦宪和叶剑英等组成的中共代表团全面贯彻了中共中央和毛泽东的战略意图，进行了大量卓有成效的工作，最终迫使蒋介石放弃"攘外必先安内"的反动政策，接受停止内战、一致抗日的主张。西安事变的和平解决成为中国近代历史的一个转折点。这是因为，此时的中华民族正处于生死存亡的危急关头，中华民族同日本帝国主义的矛盾已经成为主要矛盾。这个矛盾解决得好坏，直接关系到国家和民族的兴亡，关系到国内各阶级、各阶层，乃至每一个中国人的命运。杀掉蒋介石极有可能为日本帝国主义侵吞全中国开辟其所盼望的通道，后果不堪设想。毛泽东正是准确地抓住了主要矛盾，并用其超凡的政治智慧很好地解决了这个矛盾，才有了全面抗战局面的出现和抗日战争的最后胜利。

（资料来源：本书作者整理编写。）

(三)辩证思维与战略策划及战略管理的三阶段

一般的战略策划与战略管理的过程可分为战略分析、战略选择与战略实施三个阶段。第一阶段是着重在分析的部分，第二阶段是着重在决断的部分，第三阶段是着重在执行的部分。

从整体来看，战略策划与战略管理过程是企业或个人追寻目标、解决问题的连贯过程，每个阶段都具有前果后因(前一阶段的成果，后一阶段的导因)的特性、承前启后的功能，三个阶段环环相扣，是完整不可分割的程序，缺少其中任一个阶段则程序两端无法衔接、连贯。每个阶段都各有独立性，也有相互依赖性，同样具有辩证关系。

战略策划与战略管理三个阶段的独立性是指战略策划与战略管理的某一个阶段必须完成所有的过程才能跨到下一阶段，无法同时完成两个阶段的工作，三个阶段无法相互取代，必须有先后顺序。

战略策划与战略管理三个阶段的依赖性是指战略策划与战略管理的每个阶段都必须在前一个阶段存在的前提之下，才有其存在的条件；而前一阶段也都必须在次一阶段存在的情况之下，才能有其存在的价值。而且前一阶段是为下一阶段准备的，而下一阶段的依据又是前一阶段的结果，因此每个阶段是相互依赖存在，且是相互渗透的，如图2-9所示。

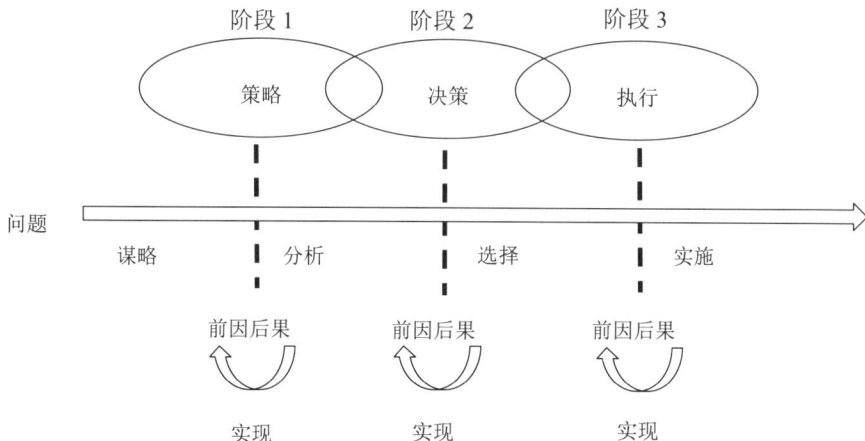

图 2-9　战略策划与战略管理各个阶段及相关特性示意图

第一阶段，战略分析部分。战略分析是战略策划过程最初目标确立、问题确认的部分，包括内外环境及条件的评估分析，是策略决策的开始阶段，策略决策的方向、性质都由此定调。而战略分析的质量基础是建立在对数据的收集与科学分析上面。

第二阶段，战略选择部分。决策判断是依据前一阶段的分析数据，再辅以策划者个人专业训练、实务经验、主观的价值认知、直觉的反应判断等无法量化的综合因素分析之后所做的拍板，这些拍板具有人工智能的不可替代性。这些无法以科学方法精准分析及量化的判断作为，虽难以客观衡量，但却是最后决策结果的主要决定因素。

决策判断是战略策划中最关键的行为，关系到战略策划的成败。辩证法是人类思维的分析工具，也是人类思维的检验工具，透过辩证思维的规律与方法，我们可清楚掌握自身思维的运作方向，厘清策划的各种情况与洞悉事理变化的脉络。而以辩证思维为导向的策划模式，就是利用辩证思维的规律与方法，帮助我们掌握决策判断事理，以达到我们对客观事物具有系统的分析能力，对主观思维具有逻辑的推理能力。《孙子兵法》强调"知己知彼，百战不殆"，而辩证思维就是"知己知彼"的工具。

第三阶段，战略实施部分。执行最重要的部分就是落实，落实就是质变。策划过程在前两个阶段都是属于量变的阶段，因为分析与判断都包含着现状的成分在里面，且并未对现状做任何实质上的改变，只是在酝酿与积累质变的能量。执行则是将判断的结论想法落实成实际的结果，并彻底改变现状，从而到达策略决策质变的阶段。

三、相关工具

辩证思维方法是一个整体，它是由一系列既相区别又相联系的方法所组成的，这一系列方法是由归纳与演绎、分析与综合、抽象与具体、逻辑与历史组合而成。

(一)归纳与演绎

归纳是从个别事实走向一般的结论、概念的思维方法。演绎是从一般原理、概念走向个别结论的思维方法。辩证思维把归纳和演绎当成是认识过程之中既对立又相互联系的两种方法。归纳法和演绎法在认识过程中有各自的作用，也有各自的局限性，是两种方向相反的思维方法，既对立又统一，互相补充、相互渗透。在人的认识过程中，归纳和演绎是对立统一的关系，这具体表现在：第一，归纳是演绎的基础，演绎以归纳得出的结论作为前提。演绎法是一种从普遍到特殊、从一般到个别的思维方法，它只能揭示共性与个性、一般与个别的统一关系，不能揭示共性与个性的对立关系。单纯用演绎法不能揭示个别事物多样化的属性。而要做到这一点，就必须运用归纳法。此外，演绎的结果也必须再运用归纳法来证实与丰富。第二，归纳法必须以演绎为指导。演绎法为归纳提供一般性的理论原则，规定归纳活动的方向与目标。同时，归纳所得到的结论不一定可靠，它必须靠演绎来修正与补充。第三，从思维模式或过程来看，演绎的过程渗透着归纳，归纳的过程渗透着演绎。演绎思维的模式是一种具有逻辑必然性的思维模式，它能保证前提正确则演绎的结论一定正确，即演绎模式具有普遍有效性，演绎思维模式是人们对无数次演绎推导情形进行归纳而成的。同样的道理，归纳的过程也渗透着演绎的方法。第四，从结论的经验分析来看，演绎思维与归纳思维也是相互依赖、相互渗透的，演绎所得出的结论虽然是从前提中必然推导出的，但也还是需要实验检验。也就是说必须运用相关大量事实来验证、补充，而事实的验证、补充过程离不开归纳思维。归纳所得的结论一般不具有必然性，它是否真实可靠还有待演绎思维的分析、论证，以便做进一步的事实验证。同时，归纳结论一般是关于大量现象的概括，这些现象的因果机制是什么，还需运用演绎法来进行解释说明。

由以上的分析可知，归纳与演绎是可以分别使用的，但二者是无法绝对切割分离的，尤其在辩证思维中为了真正把握事物的本质，归纳与演绎方法必须有机地统一起来，使其相辅相成。

(二)分析和综合

任何复杂的事物或事理都是由一些基本的要素组成的。分析与综合统一的方法，是指人们考察某一事物时，在整体观念的前提下分别考察该事物的各个要素，同时又把相联系的各要素联合为一个统一体。在对事物的认识过程中，分析与综合是比归纳与演绎更为深入的探究事物本质的方法。

所谓分析就是将事物"分解成简单的要素"。分析的观念就是在人的思维中，把研究的对象利用分析方法找出基本要素，并分解为不同的组成部分、方面、特性等，对它们分别加以研究、考察，彻底掌握事物的各个层面，找出事物的基本组成要素，完全理解事物的本质。例如：科学家对材料科学的研究，主要就是运用分析的方法，研究出物质材料的基本构成要素，对构成要素做物理的或化学的特质理解，并针对这些基本要素做充分运用。

所谓综合就是"组合、结合、凑合在一起"。综合的观念就是在人的思维中，把研究的对象分解出来的不同部分、层面，按其客观的次序、特性、结构利用综合的方法，由基本要素去组成一个整体，进而获得对事物或事理结构的了解，从而进行对事物整体的认识与运用。例如：彩虹的七种颜色红、橙、黄、绿、蓝、靛、紫是由白光经过三棱镜效果的折射作用分解出来的，也就是白光的组成要素是这七种光。同理，反过来七种颜色的光可以合成白色光。这就是利用分析与综合的方法，对光谱这一事物进行的理解运用。

在辩证思维中，分析与综合是辩证统一在一起的关系，这种统一关系含有深厚的客观基础。在客观世界中，任何事物都是由部分构成的有机整体。这种有机整体中，部分离不开整体，部分与部分之间也有联系。如果部分离开整体，则其事物的性质就会发生变化。分析与综合是辩证统一的关系，表现在以下几点：第一，分析与综合是两种方向相反的思维方法。第二，分析与综合是相互依存的。在辩证思维中分析与综合的统一，首先在于分析与综合是相互依存的，综合离不开分析，没有分析综合就没有基础。若对事物没有分析，那么对事物的认识充其量只是一个模糊混沌的认识。分析也离不开综合，没有综合意义上的整体意识，分析就缺乏目的性，就不能准确地把握各因素、各部分的性状，更不可能完整地认识事物本质。第三，分析与综合是相互渗透的，即分析中有综合，综合中有分析。分析总是在已有的综合认识下进行的，分析所得的信息又随时调整着综合认识。综合又总是在局部认识的基础上进行的，综合所得的信息又随时调整着对局部的认识。这样分析渗透着综合，综合渗透着分析；分析调整综合认识，综合调整分析认识。二者相互融合，相互深化，既无单独存在的分析，也无单独存在的综合。第四，分析与综合是相互转化的。运用辩证思维的方法来认识事物，既要看整体中的局部，也要看局部基础上的整体。所以分析所得的局部认识，就会向综合性整体认识升华，综合所得的整体性认识，要向分析性的局部认识深化。向局部深化的分析性认识又要向新的整体性认识升华，如此循环转化不断更新，从而形成对事物的精确的完整认识。

总的来说，分析是综合的基础，分析是为了理解整体的局部。思维中为了掌握事物客观存在的统一性，必须先对该事物进行分析，没有分析就没有综合；综合是分析的完成，综合是为了统观全局，在对事物矛盾发展的统一体进行分析时必须有整体的观念，否则就不能做出正确的分析。完整、科学的方法要求把分析法与综合法有机地结合起来。

(三)抽象与具体

所谓抽象是指思维对事物本质属性或规定性的反映，由抽象上升到具体的方法是辩证思维的基本方法。

所谓具体是指许多规定性的综合，因而是多样性的统一。具体可分成两种形态：一是感性的具体。感官能认识到简单而完整的具体表象。二是理性的具体，是指思维中所把握的多种本质属性内在统一的整体事物。

抽象和具体的统一，是辩证思维的特有方法。它在综合运用归纳和演绎、分析和综合方法的基础上，由抽象到具体，是从抽象的规定到思维的具体。它包括以下几个环节：第一，作为这一过程的逻辑出发点的"抽象"。它必须是反映事物本质的最一般、最基本的抽象与规定。第二，从抽象到具体的逻辑中介。第三，作为这一过程逻辑终点的具体。它是以一定结构有机结合起来的具有多样规定性的丰富的总体，是一种理性具体。抽象和具体的统一，即"具体—抽象—具体"的否定之否定过程。即人对客观事物内在本质的认识，从感性具体出发，通过分析进而到抽象规定，再通过综合，而由抽象规定达到思维具体的过程。

综上所述，感性具体是认识事物的起点，抽象规定是对感性具体的否定，但它又包含着对自身的否定，是向思维具体的接近。思维具体是对感性具体和抽象规定双重否定基础上的辩证统一，是否定的否定，是认识的结果。正是随着这种辩证思维运动的反复和前进，人们对事物的感性认识前进到理性认识，从片面的、孤立的、初级的本质认识前进到全面的、统一的、更高一级的本质认识，最终形成比较完整的系统的概念和理论体系。

(四)逻辑与历史

由抽象上升到具体的逻辑思维过程同客观事物的历史过程和认识的历史过程应当符合，也就是逻辑和历史的统一。

逻辑指的是理性思维或抽象思维，它以理论的形态反映客观事物的规律性。

历史包括两层意思：一是指客观现实的历史发展过程，二是指人类认识的历史发展过程。

真正科学的认识是现实历史发展的反映，要求思维的逻辑与历史的进程相一致。历史是逻辑的基础和内容，逻辑是历史在理论上的再现，是"修正过"的历史。逻辑和历史的一致是辩证思维的一个根本原则。

教学热点

辩证思维界定

课堂上，学员们正在激烈地争论着，他们在探讨一个抽象的命题：人类的理性究竟是有限的还是无限的。

正方的观点认为，人类的理性是无限的。人类可以全面认识客观世界，即使目前存在一些无法认识的"盲区"，随着科学技术的不断发展，人类终有一天可以深入到所有领域，破解一切奥秘。

反方的观点认为，人类的理性是有限的。人类不可能全面认识客观世界，因为人脑本身就有局限性。人类可以发明飞机，像鸟儿一样在天空飞翔；发明潜艇，像鱼儿一样在水中遨游。但是人类不可能发明人脑无法理解和利用的工具，其感知必然被束缚在视觉、听觉、嗅觉、味觉、触觉和思想的桎梏之中。

思维教练见大家争论得差不多了，便拍了拍手，示意大家安静，随即他像变魔术一般拿出一朵鲜花，举着鲜花问道："谁能上台来描述一下这朵花的 10 个属性特征？"

课堂上顿时鸦雀无声，学员们一个个皱眉思考。最后，有位中年男子走上讲台，接过思维教练手中的鲜花，面向大家说道："根据我的观察，这朵鲜花有以下特性。

① 颜色：白色。

② 气味：清香型。

③ 花朵数量：一朵。

④ 绿叶数量：两片。

⑤ 花朵形状：6 瓣花瓣，呈漏斗形喇叭状。

⑥ 绿叶形状：狭长片状。

⑦ 花茎形状：直立，无分枝。

⑧ 花朵长度：大约 30 厘米。

⑨ 花朵重量：大约 10 克。

⑩ 花朵习性：性喜凉爽、湿润的半阴环境，较耐寒冷。"

思维教练从中年男子手中接过花朵，微笑着道："讲得不错，不过你能把这 10 个属性特征同时呈现给大家吗？注意，我说的是同时，而不是像你刚才那样一一描述。"

中年男子愣了，其他学员也不明所以，他们不知道思维教练为什么提出这样一个强人所难的要求。"老师，这是不可能的事情啊，我可以同时感知花朵的这些属性特征，但描述给他人只能一个一个地说，怎么可能同时呈现呢？"

思维教练没有立刻回答他的疑问，而是举着花朵问大家："在座的各位有谁能做到这一点？"

大家一起摇头。

思维教练先请那位中年男子就座，然后开始揭示谜底："通过刚才这个体验游戏，请大家告诉我，客观事物是多维的还是一维的？主观思维是多维的还是一维的？"

经过一番短暂的讨论，学员们得出了一致的结论：客观事物是多维的，主观思维是一维的。客观事物可以同时呈现其多维性，而主观思维只能一维一维地去认知描述，这个过程表面看是受制于语言表达的局限性，实质上是受制于更深层次的思维本身的局限性。

"尽管目前我们还无法表明人类的理性是有限的还是无限的，但有一点可以确定——人脑的思维是一维的，客观世界是多维的。人类对客观世界的认知方式是先将外界的整体事物一维一维地分解认知，然后再一维一维地在头脑中还原整合。这就像人们不可能一口吃掉一整头牛，只有将它分割成小块，才能慢慢全部消耗一样。"思维教练讲解道，"在弄清楚这个基本问题后，下面我们来探讨一下什么是辩证思维，以及辩证思维产生的根源。简单讲，辩证思维是一种以动态逻辑为界面的思维方式，它具有三大特征：整体性、动态性和多维性。客观世界的多维性是辩证思维形成的基石，这是因为人们在实践活动中，为了真实反映客观世界的全貌，不得不形成一种能在'瞬间'把握事物全部属性特征的思维方式。即一维的主观思维要在近乎于'同时'的情况下，在各个维度间快速跳跃，完成对多维的客观事物全貌的观察解析。"

"老师，您能举个例子吗？"有一位学员感觉很难理解这种抽象讲解，举手要求再讲得通俗一些。

思维教练笑笑说："好吧，我们以利害分析为例。如果你在看问题时，能同时看到事物的利与害，这就是在辩证地思考问题。如果只看到一面，没有看到另一面，就不是辩证思维。"

"老师，我理解了，这是辩证思维的整体性。请您再讲讲动态性和多维性是什么意思。"

"随着时间和环境的变化，事物利的一面有可能变成害，事物害的一面也有可能变成利，这就是辩证思维的动态性。事物的'利'存在宏观利与微观利之分、有形利与无形利之别、外部利与内部利之异等等，这就是辩证思维的多维性。"

学员们频频点头，表示听懂了。作为来自各行各业的中层管理者，他们在日常工作中积累了丰富的实践经验，只是从来没有提升到理论的高度而已。思维教练对辩证思维三大基本特征的简洁说明和例证，使他们豁然顿悟，许多以前模糊不清的观点如今变得清晰了，对辩证思维的认识也更加深刻。

（资料来源：本书作者整理编写。）

四、辩证思维的战略策划模式

战略策划的程序与步骤是非常完整有序的，辩证思维的战略策划模式也具有此特性，在程序上是完整有序地演进发展。

对立统一规律所代表的是事物发展的动力，是贯穿整个辩证思维的核心规律，一切事物的发展都因事物自身矛盾对立的特性而起，它是事物发展的第一动因，也是战略策略考虑的第一动因。量变质变规律所代表的是事物发展的形式与状态，它是事物演化过程的积累，是事物外显内容的规定，量的变化产生不同状态的事物，质的变化则产生不同形式的事物，也是战略策划模式的分析演化过程中所展现的形态样貌。否定之否定规律所代表的是事物发展的方向、方法、路径、手段等，事物遵循着否定之否定规律发展与跃升，是发展的各阶段的总和，所以其蕴含有对立统一规律与量变质变规律的特性。

辩证思维的策划模式整个程序由目标的确立或确认问题(策划动因)为起点，向外扩展策略思维，收集所有可能的原因，经过分析、比较，再内聚收敛于主要关键因素，最后择定决策方案。

第四节　大数据思维

信息社会的好处是显而易见的：每个人口袋里都揣有一部手机，每台办公桌上都放着一台电脑，每间办公室都连接到局域网甚至互联网。半个世纪以来，随着计算机技术全面和深度地融入社会生活，信息已经积累到了一个开始引发变革的程度。信息总量的变化导致了信息形态的变化——量变引起了质变。最先经历信息爆炸的是天文学和基因学等学科，这些学科创造出了"大数据"这个概念。如今，这个概念几乎应用到了所有人类致力于发展的领域。例如，当今时代人工智能领域方兴未艾，大数据为人工智能提供了丰富的数据资源和强大的存储与算力支持。大数据也是人工智能发展的基础。

数据是反映客观事物属性的记录，是信息的具体表现形式。数据经过加工处理之后，就成为信息；而信息需要经过数字化转变成数据才能存储和传输。所以，数据和信息之间是相互联系的。

数据和信息也是有区别的。从信息论的观点来看，描述信源的数据是信息和数据冗余之和，即：数据＝信息+数据冗余。数据是数据采集时提供的，信息是从采集的数据中获取的有用信息，即信息可以简单地理解为数据中包含的有用的内容。

一个消息越不可预测，它所含的信息量就越大。事实上，信息的基本作用就是消除人们对战略策划与战略管理的不确定性。信息量是指从 N 个相等的可能事件中选出一个事件所需要的信息度量和含量。从这个定义看，信息量跟概率是密切相关的。

一、大数据的背景

综合观察社会各个方面的变化趋势，人们能真正意识到信息化或者说大数据的时代已经到来。以天文学为例，2000 年斯隆数字巡天项目启动的时候，位于新墨西哥州的望远镜在短短几周内收集到的数据，就比世界天文学历史上总共收集的数据还要多。不过，2016年在智利投入使用的大型视场全景巡天望远镜能在五天之内就获得同样多的信息。2020 年1月11日，位于中国贵州省黔南布依族苗族自治州的500 米口径球面射电望远镜(简称FAST)通过国家验收，正式投入运行，它的信息采集量更大。

天文学领域发生的变化在社会各个领域都在发生。2003 年，人类第一次破译人体基因密码的时候，辛苦工作了 10 年才完成了 30 亿对碱基对的排序。大约 10 年之后，世界范围内的基因仪每 15 分钟就可以完成同样的工作。

互联网公司更是要被数据淹没了。谷歌公司每天要处理超过 24 拍字节(PB，2^{50} 字节，约 1126 万亿字节)的数据，这意味着每天的数据处理量是美国国家图书馆所有纸质出版物所含数据量的上千倍。Facebook(脸书)每天更新的照片量超过 1000 万张，每天人们在网站上点"赞"按钮或者写评论大约有 30 亿次，这就为 Facebook 公司挖掘用户喜好提供了大量的数据线索。与此同时，谷歌子公司 YouTube 每月接待多达 8 亿以上的访客，平均每一秒钟就会有一段长度在一小时的视频上传。X (推特)上的信息量几乎每年翻一番，每天都会发布超过 4 亿条微博。我国的微信、抖音与 DeepSeek 等互联网平台每天产生天文级别的数据信息更是国外同类公司无法比拟的。

从科学研究到医疗保险，从银行业到互联网，各个不同的领域都在讲述着一个类似的故事，那就是爆发式增长的数据量。这种增长超过了我们创造机器的速度，甚至超过了我们的想象。人类存储信息量的增长速度比世界经济的增长速度快 4 倍，而计算机数据处理能力的增长速度则比世界经济的增长速度快 9 倍，每个人都受到了这种极速发展的冲击。

以纳米技术为例。纳米技术专注于把东西变小而不是变大。其原理就是当物质到达分子级别时，它的物理性质就会发生改变。人们一旦知道了这些新的性质，就可以用同样的原料来做以前无法做的事情。铜本来是用来导电的物质，但它一旦到达纳米级别，就不能在磁场中导电了。银离子具有抗菌性，但当它以分子形式存在时，这种性质会消失。一旦到达纳米级别，金属可以变得柔软，陶土可以具有弹性。同样，当增加所利用的数据量时，也就可以做很多在小数据量的基础上无法完成的事情。

大数据的科学价值和社会价值正是体现在这里。一方面，对大数据的掌握程度可以转化为经济价值的来源。另一方面，大数据已经撼动了世界的方方面面，包括从商业科技到医疗、政府、教育、经济、人文以及社会的其他各个领域。尽管我们还处在大数据时代的初期，但我们的日常生活已经离不开它了。

二、大数据的定义与特征

(一)大数据的定义

所谓大数据，是指用现有的一般技术难以管理的大量数据的集合。对大量数据进行分析，并从中获得有用观点，这种做法在一部分研究机构和大企业中，过去就已经存在了。现在的大数据和过去相比，主要有三点区别：第一，随着社交媒体和传感器网络等的发展，我们身边正产生出大量且多样的数据；第二，随着硬件和软件技术的发展，数据的存储、处理成本大幅下降；第三，随着云计算的兴起，大数据的存储、处理环境已经没有必要自行搭建。

所谓"用现有的一般技术难以管理"，是指用目前在企业数据库中占据主流地位的关系型数据库无法进行管理的、具有复杂结构的数据。或者也可以说，是指由于数据量的增大，导致对数据的查询响应时间超出允许范围的庞大数据。

随着"大数据"的出现，数据仓库、数据安全、数据分析、数据挖掘等围绕大数据商业价值的利用正逐渐成为行业人士争相追捧的利润焦点，在全球掀起了又一轮数据技术革新的浪潮。

(二)大数据的特征

从字面来看，"大数据"这个词可能会让人觉得只是容量非常大的数据集合而已。但容量只不过是大数据特征的一个方面，如果只拘泥于数据量，就无法深入理解当前围绕大数据所进行的讨论。因为"用现有的一般技术难以管理"这样的状况，并不仅仅是由于数据量增大这一个因素所造成的。

我们从广义层面上为大数据下一个定义(见图 2-10)：所谓大数据，是一个综合性概念，它包括因具备 3V(Volume、Variety、Velocity)特征而难以进行管理的数据，对这些数据进行存储、处理、分析的技术，以及能够通过分析这些数据获得实用意义和观点的人才和组织。

我们可以用 3 个特征相结合来定义大数据：数量(Volume，或称容量)、种类(Variety，或称多样性)和速度(Velocity)，或者就是简单的 3V，即庞大容量、极快速度和种类丰富的数据，如图 2-11 所示。

1. 数量(Volume)

用现有技术无法管理的数据量，从现状来看，基本上是指从几十 TB 到几 PB 这样的数量级。当然，随着技术的进步，这个数值也会不断变化。

如今，存储的数据数量正在急剧增长中，包括环境数据、财务数据、医疗数据、监控数据等。有关数据量的对话已从 TB(太字节，即 2^{40} 字节，约 1.10 万亿字节)级别转向 PB 级别，并且不可避免地会转向 ZB(泽字节，即 2^{70} 字节，约 1.18 万亿亿字节)级别。可是，随着可供企业使用的数据量不断增长，可处理、理解和分析的数据的比例却不断下降。

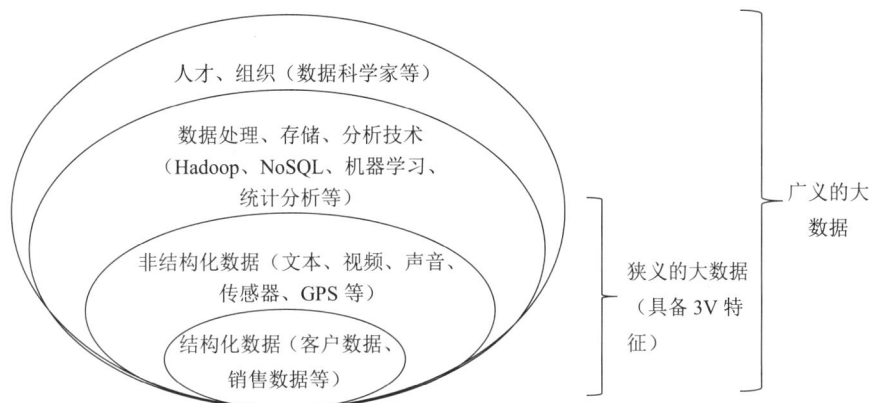

图 2-10 广义的大数据

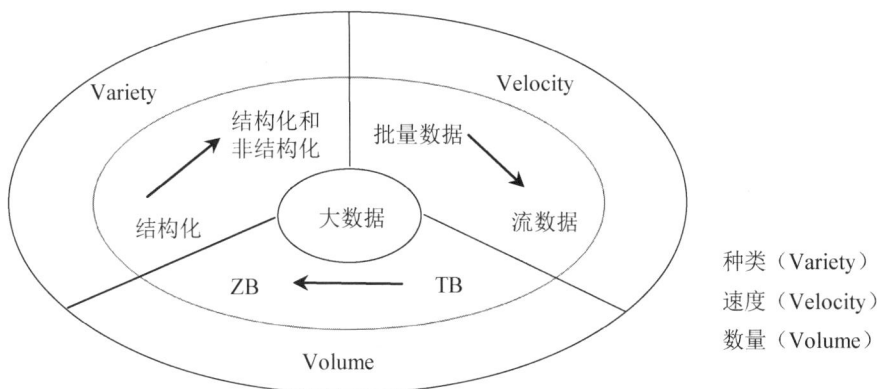

图 2-11 按数量、种类和速度来定义大数据

2. 种类(Variety)

随着传感器、智能设备以及社交协作技术的激增，企业的数据也变得更加复杂，因为不仅包含传统的关系型数据，还包含来自网页、互联网日志文件(包括单击流数据)、搜索索引、社交媒体论坛、电子邮件、文档、主动和被动系统的传感器数据等原始、半结构化和非结构化数据。

种类表示所有的数据类型。其中，爆发式增长的一些数据，如互联网上的文本数据、位置信息、传感器数据、视频等，用企业中主流的关系型数据库是很难存储的，它们都属于非结构化数据。

当然，在这些数据中，有一些是过去就一直存在并保存下来的。和过去不同的是，除了存储，还需要对这些大数据进行分析，并从中获得有用的信息，例如监控摄像机中的视频数据。近年来，超市、便利店等零售企业几乎都配备了监控摄像机，最初的目的是防范盗窃，但现在也出现了使用监控摄像机的视频数据来分析顾客购买行为的案例。

例如，美国高级文具制造商万宝龙过去是凭经验和直觉来决定商品陈列布局的，现在尝试利用监控摄像头对顾客在店内的行为进行分析。通过分析监控摄像机的数据，将最想卖出去的商品移动到最容易吸引顾客目光的位置，使得销售额提高了20%。

3. 速度(Velocity)

数据产生和更新的频率，也是衡量大数据的一个重要特征。就像我们收集和存储的数据量与种类发生了变化一样，生成和需要处理数据的速度也在变化。不要将速度的概念限定为与数据存储相关的增长速率，应动态地将此定义应用到数据，即数据流动的速度。有效处理大数据需要在数据变化的过程中对它的数量和种类执行分析，而不只是在它静止后进行分析。

例如，遍布全国的便利店在24小时内产生的POS机数据，电商网站中由用户访问所产生的网站点击流数据，高峰时达到每秒近万条的微信短文，全国公路上安装的交通堵塞探测传感器和路面状况传感器(可检测结冰、积雪等路面状态)等，每天都在产生着庞大的数据。

这个定义除了揭示大数据传统的3V基本特征，即Volume(大数据量)、Variety(多样性)和Velocity(高速)，还增添了一个新特征：Value(价值)。总之，大数据是个动态的定义，不同行业根据应用的不同有着不同的理解，其衡量标准也在随着技术的进步而改变。

三、大数据的结构类型

大数据具有多种形式，从高度结构化的财务数据，到文本文件、多媒体文件和基因定位图的任何数据，都可以称为大数据。由于数据自身具有复杂性，作为一个必然的结果，处理大数据的首选方法就是在并行计算的环境中进行大规模并行处理(Massively Parallel Processing，MPP)，这使得同时发生的并行摄取、并行数据装载和分析成为可能。实际上，大多数的大数据都是非结构化或半结构化的，需要不同的技术和工具来处理和分析。

大数据最突出的特征是它的结构。图2-12显示了几种不同数据结构类型数据的增长趋势，由图2-12可知，未来数据增长的80%～90%将来自不是结构化的数据类型(半、"准"和非结构化)。

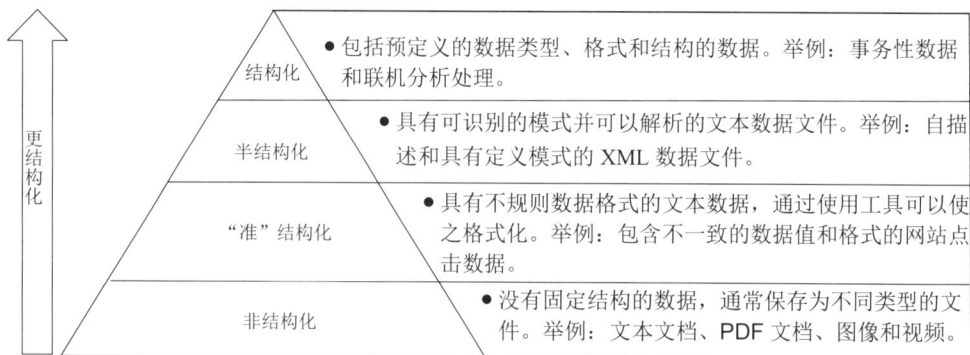

图2-12 数据增长日益趋向非结构化

虽然图2-12显示了4种不同的、相分离的数据类型，但实际上，有时这些数据类型是可以被混合在一起的。例如，有一个传统的关系数据库管理系统保存着一个软件支持呼叫中心的通话日志，这里有典型的结构化数据，如日期/时间戳、机器类型、问题类型、操作系统，这些都是在线支持人员通过图形用户界面上的下拉式菜单输入的。另外，还有非结构化数据或半结构化数据，比如自由形式的通话日志信息，这些可能来自包含问题的电子邮件，或者技术问题和解决方案的实际通话描述。另外一种可能是与结构化数据有关的实际通话的语音日志或者音频文字实录。即使是现在，大多数分析人员还无法分析这种通话日志历史数据库中的最普通和高度结构化的数据，因为挖掘文本信息是一项强度很大的工作，并且无法简单地实现自动化。

人们通常最熟悉结构化数据的分析，然而，半结构化数据、"准"结构化数据(网站地址字符串)和非结构化数据代表了不同的挑战，需要使用不同的技术来分析。

如今，人们不再认为数据是静止和陈旧的。但在以前，一旦完成了收集数据的目的之后，数据就会被认为已经没有用处了。比如，飞机降落之后，票价数据就没有用了。又如，某城市的公交车因为价格不依赖于起点和终点，所以能够反映重要通勤信息的数据就可能被丢弃了——设计人员如果没有大数据的理念，就会丢掉很多有价值的数据。

今天，大数据是人们获得新的认知、创造新的价值的源泉，大数据还是改变市场、组织机构，以及政府与公民关系的方法。大数据时代对我们的生活，以及与世界交流的方式都提出了挑战。实际上，大数据的精髓在于分析信息时的三个转变，这些转变将改变我们理解和组建社会的方法，这三个转变是相互联系和相互作用的。

四、大数据思维的变革

(一)从样本到总体

大数据时代的第一个转变，是要分析与某事物相关的更多的数据，有时候甚至可以处理和某个特别现象相关的所有数据，而不再是只依赖于分析随机采样的少量的数据样本。

19世纪以来，当面临大量数据时，社会都依赖于采样分析。但是采样分析是信息匮乏时代和信息流通受限制的模拟数据时代的产物。以前我们通常把这看成是理所当然的限制，而高性能数字技术的流行让我们意识到，这其实是一种人为的限制。与局限在小数据范围相比，使用一切数据为我们带来了更高的精确性，也让我们看到了一些以前样本无法揭示的细节信息。

在某些方面，人们依然没有完全意识到自己拥有了能够收集和处理更大规模数据的能力，还是在信息匮乏的假设下做很多事情，假定自己只能收集到少量信息。人们甚至发展了一些使用尽可能少的信息的技术。例如，统计学的一个目的就是用尽可能少的数据来证实尽可能重大的发现。事实上，我们形成了一种习惯，那就是在战略策划与战略管理中尽可能地减少数据的使用。

1. 小数据模式：随机采样

数千年来，政府一直都试图通过大规模计数的方式来收集信息，以管理国民。小企业和个人只是到信息化社会的今天才有可能拥有大规模收集和分类数据的能力。

以人口普查为例。据说古代埃及就曾进行过人口普查，政府官员曾穿越整个国家，对当时的人口、土地和财产做了一个前所未有的全面记载。然而，人口普查是一项耗资且费时的事情，即便如此，当时收集的信息也只是一个大概情况。实际上，"人口普查"这个词来源于拉丁语的censere，本意就是推测、估算。

考虑到人口普查的复杂性以及耗时耗费的特点，政府极少进行普查。到19世纪为止，即使这样不频繁的人口普查依然很困难，因为数据变化的速度超过了人口普查局统计分析的能力。

《中华人民共和国统计法实施细则》和国务院2010年颁布的《全国人口普查条例》规定，人口普查每10年进行1次，尾数逢0的年份为普查年度。两次普查之间进行一次简易人口普查。

新中国第一次人口普查的标准时间是1953年6月30日24时。所谓人口普查的标准时间，就是规定一个时间点，无论普查员入户登记在哪一天进行，登记的人口及其各种特征反映的都是那个时间点上的情况。通过这个标准时间，所有普查员普查登记完成后，经过汇总就可以得到全国人口的总数和各种人口状况的数据。

美国在1880年进行的人口普查，耗时8年才完成数据汇总。因此，他们最后得到的很多数据都是过时的。1890年进行的人口普查，曾预计要花费13年的时间来汇总数据。然而，因为税收分摊和国会代表人数确定都建立在人口的基础上，因此必须获得正确且及时的数据。于是，美国人口普查局就委托发明家赫尔曼·霍尔瑞斯(被称为"现代自动计算之父")用他的穿孔卡片制表机(见图2-13)来完成1890年的人口普查。经过大量的努力，霍尔瑞斯成功地在1年时间内完成了人口普查的数据汇总工作。这在当时简直就是一个奇迹，它标志着自动处理数据的开端，也为后来IBM公司的成立奠定了基础。但是，将其作为收集处理大数据的方法依然过于昂贵。毕竟，每个美国人都必须填一张可制成穿孔卡片的表格，然后才能进行统计。

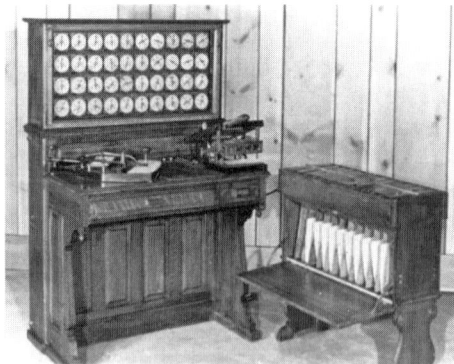

图2-13　霍尔瑞斯普查机

这就是问题所在，是利用所有的数据还是仅仅采用一部分呢？最明智的自然是得到有关被分析事物的所有数据，但是，当数量无比庞大时，这又不太现实。那如何选择样本呢？事实证明，问题的关键是选择样本时的随机性。统计学家们证明，采样分析的精确性随着采样随机性的增加而大幅提高，但与样本数量的增加关系不大。研究表明，当样本数量达到了某个值之后，我们从新个体身上得到的信息会越来越少，就如同经济学中的边际效应递减一样。

在商业领域，随机采样被用来监管商品质量。以前，全面的质量监管要求对生产出来的每个产品进行检查，而现在只需从一批商品中随机抽取部分样品进行检查就可以了。从本质上来说，随机采样让大数据问题变得更加切实可行，成为现代社会、现代测量领域的关键因素。但这只是一条捷径，是在不可收集和分析全部数据的情况下的选择，它本身存在许多固有的缺陷。它的成功依赖于采样的绝对随机性，但是实现采样的随机性非常困难。一旦采样过程中存在任何偏见，分析结果就会相去甚远。此外，随机采样不适合考察子类别的情况。因为一旦继续细分，随机采样结果的错误率会大大增加。因此，在宏观领域起作用的方法在微观领域失去了作用。

2. 全数据模式：从样本到总体

采样的目的是用最少的数据得到最多的信息，而当我们可以获得海量数据的时候，它就没有什么意义了。如今，感应器、手机导航、网站点击、抖音和微信等收集了大量数据，而计算机可以轻易地对这些数据进行处理——数据处理技术已经发生了翻天覆地的改变。

在很多领域，从收集部分数据到收集尽可能多的数据的转变已经发生了。如果可能的话，我们会收集所有的数据，即"样本＝总体"，这是指我们能对数据进行深度探讨。

分析整个数据库，而不是对一个小样本进行分析，能够提高微观层面分析的准确性。所以，现在经常会放弃样本分析这条捷径，选择收集全面而完整的数据。我们需要足够的数据处理和存储能力，也需要最先进的分析技术。同时，简单廉价的数据收集方法也很重要。过去，这些问题中的任何一个都很棘手。在一个资源有限的时代，要解决这些问题需要付出很高的代价。但是现在，解决这些难题已经变得简单容易得多。曾经只有大公司才能做到的事情，现在绝大部分的公司都可以做到了。

通过使用所有的数据，我们可以发现如若不然将会在大量数据中淹没掉的情况。例如，信用卡诈骗是通过观察异常情况来识别的，只有掌握了所有数据才能做到这一点。在这种情况下，异常值是最有用的信息，你可以把它与正常交易情况进行对比。这是一个大数据问题。而且，因为交易是即时的，所以你的数据分析也应该是即时的。

因为大数据是建立在掌握所有数据，至少是尽可能多的数据的基础上的，所以就可以正确地考察细节并进行新的分析。在任何细微的层面，都可以用大数据去论证新的假设。当然，有些时候还是可以使用样本分析法，毕竟我们仍然活在一个资源有限的时代。但是更多时候，利用手中掌握的所有数据成为最好也是可行的选择。

(二)接受数据的混杂性

当拥有海量即时数据时，绝对的精准不再是我们追求的主要目标。大数据纷繁多样，优劣掺杂，分布在全球多个服务器上。拥有了大数据，我们不再需要对一个现象刨根究底，只要掌握大体的发展方向即可。当然，也不是说我们在战略策划与战略管理中就完全放弃了精确度，只是不再沉迷于此。

1. 允许不精确

对"小数据"而言，最基本、最重要的要求就是减少错误，保证质量。因为收集的信息量比较少，所以我们必须确保记录下来的数据尽量精确。无论是确定天体的位置还是观测显微镜下物体的大小，为了使结果更加准确，很多科学家都致力于优化测量的工具，发展可以准确收集、记录和管理数据的方法。在采样的时候，对精确度的要求就更高更苛刻了。因为收集信息的有限意味着细微的错误会被放大，甚至有可能影响整个结果的准确性。

然而，在不断涌现的新情况里，允许不精确的出现已经成为一个亮点。因为放宽了对数据精确性的要求，人们掌握的数据也多了起来，还可以利用这些数据做更多新的事情。这样就不是大量数据优于少量数据那么简单了，而是大量数据创造了更好的结果。

同时，我们需要与各种各样的混乱做斗争。混乱，简单地说就是随着数据的增加，数据质量参差不齐导致错误率也会相应增加。混乱还可以指格式的不一致性，因为要达到格式一致，就需要在进行数据处理之前仔细地清洗数据，而这在大数据背景下很难做到。

当然，在萃取或处理数据的时候，混乱也会发生。因为进行数据转化时，我们是在把它变成另外的事物。比如，葡萄是温带植物，温度是葡萄生长发育的重要因素，假设要测量一个葡萄园的温度，而整个葡萄园只有一个温度测量仪，就必须确保这个测量仪是精确的，而且能够一直工作。反过来，如果每 100 棵葡萄树就有一个测量仪，有些测试的数据可能会是错误的，可能会更加混乱，但众多的读数合起来就可以提供一个更加准确的结果。因为这里包含了更多的数据，而它不仅能抵消掉错误数据造成的影响，还能提供更多的额外价值。

大数据在多大程度上优于算法，这个问题在自然语言处理上表现得很明显。2000 年，微软研究中心的米歇尔·班科和埃里克·布里尔一直在寻求改进 Word 程序中语法检查的方法。但是他们不能确定是努力改进现有的算法、研发新的方法更有效，还是添加更加细腻精致的特点更有效。所以，在实施这些措施之前，他们决定往现有的算法中添加更多的数据，看看会有什么不同的变化。很多对计算机学习算法的研究都建立在百万字左右的语料库基础上。最后，他们决定往 4 种常见的算法中逐渐添加数据，先是 1000 万字，再到 1 亿字，最后到 10 亿字。

结果有点令人吃惊。他们发现，随着数据的增多，4 种算法的表现都大幅提高了。当数据只有 500 万的时候，有一种简单的算法表现得很差，但当数据达 10 亿时，它变成了表现最好的，准确率从原来的 75% 提高到了 95% 以上。与之相反，在少量数据情况下运行得最好的算法，当加入更多的数据时，也会像其他算法一样有所提高，但是却变成了在大量数据条件下运行得最不好的。它的准确率会从 86% 提高到 94%。

后来，班科和布里尔在发表的研究论文中写道："如此一来，我们得重新衡量一下更多的人力物力是应该消耗在算法发展上还是在语料库发展上。"

2. 大数据的简单算法与小数据的复杂算法

20 世纪 40 年代，计算机才刚刚诞生，所谓机器翻译还只是人们的一个想法。冷战时期，美国掌握了大量关于苏联的各种资料，但缺少翻译这些资料的人手。所以，人们期待利用计算机翻译解决这些问题。

最初，计算机技术人员打算将语法规则和双语词典结合在一起。1954 年，IBM 公司以计算机中的 250 个词语和六条语法规则为基础，将 60 个俄语词组翻译成了英语，结果令人振奋。IBM701 通过穿孔卡片读取了一句话，并将其译成了"我们通过语言来交流思想"。在庆祝这个成就的发布会上，一篇报道就曾提到，这 60 句话翻译得很流畅。这个程序的指挥官利昂·多斯特尔特表示，他相信"在三五年后，机器翻译将会变得很成熟"。

事实证明，计算机翻译最初的成功误导了人们。1966 年，机器翻译的研究人员意识到，翻译比他们想象得要困难。机器翻译不能只是让电脑熟悉常用规则，还必须教会电脑处理特殊的语言情况。毕竟，翻译不仅仅只是记忆和复述，也涉及选词，而明确地教会电脑这些非常不现实。

20 世纪 80 年代后期，IBM 公司的研发人员提出了一个新的想法(算法)，他们试图让计算机自己估算一个词或一个词组适合用来翻译另一种语言中的一个词和词组的可能性，然后再决定某个词和词组在另一种语言中的对等词和词组。IBM 公司的这个名为 Candide 的项目花费了大概 10 年时间，将有 300 万句之多的加拿大议会资料译成了英语和法语出版。由于是官方文件，翻译的标准就非常高。用那个时候的标准来看，计算机的翻译能力确实提高了很多。然而，此后尽管 IBM 公司投入了很多资金，但取得的成效不大，最终停止了这个项目。

2006 年，为实现"收集全世界的数据资源，并让人人都可享受这些资源"的目标，谷歌公司也开始涉足机器翻译。谷歌翻译利用一个更大、更繁杂的数据库，也就是全球的互联网，而不再只利用两种语言之间的文本翻译。

为了训练计算机，谷歌翻译系统会吸收它能找到的所有翻译。从各种各样语言的公司网站上寻找对译文档，还会去寻找联合国和欧盟这些国际组织发布的官方文件和报告的译本。它甚至会吸收速读项目中的书籍翻译。谷歌翻译部的负责人弗朗兹·奥齐是机器翻译界的权威，他指出，"谷歌的翻译系统不会像 Candide 一样，只是仔细地翻译 300 万句话，它会掌握用不同语言翻译的质量参差不齐的数十亿页的文档"。不考虑翻译质量的话，上万亿的语料库就相当于 950 亿句英语。

尽管输入源很混乱，但较其他翻译系统而言，谷歌的翻译质量还是最好的，而且可翻译的内容更多。到了 2020 年，谷歌公司可提供 103 种语言之间的即时翻译，支持任意两种语言之间的字词、句子和网页翻译。可分析的人工翻译文档越多，译文的质量就会越高。

谷歌的翻译之所以更好，并不是因为它拥有一个更好的算法机制。和微软的班科和布里尔一样，这是因为谷歌翻译增加了很多各种各样的数据。从谷歌的例子来看，它之所以能比 IBM 的 Candide 系统多利用成千上万的数据，是因为它接受了有错误的数据。2006 年，谷歌发布的上万亿的语料库就是来自互联网的一些废弃内容。这就是"训练集"，可以正确地推算出英语词汇搭配在一起的可能性。

3.5%的数字数据与95%的非结构化数据

据估计，只有 5%的数字数据是结构化的且能适用于传统数据库。如果不接受混乱，剩下 95%的非结构化数据都无法被利用，比如网页和视频资源。

怎么看待使用所有数据和使用部分数据的差别，以及怎样选择放松要求并取代严格的精确性，将会对我们与世界的沟通产生深刻的影响。随着大数据技术成为日常生活中的一部分，我们应该开始从一个比以前更大更全面的角度来理解事物，也就是说应该将"样本＝总体"植入我们的战略策划思维。

相比依赖于小数据和精确性的时代，大数据因为更强调数据的完整性和混杂性，帮助我们进一步接近事实的真相。当我们的视野局限在可以分析和能够确定的数据上时，对世界的整体理解就可能产生偏差和错误。不仅失去了尽力收集一切数据的动力，也失去了从各个不同角度来观察事物的权利。所以，局限于狭隘的小数据，我们可以自豪于对精确性的追求，但是，就算可以分析得到细节中的细节，也依然会错过事物的全貌。

大数据要求我们有所改变，必须能够接受混乱和不确定性。精确性似乎一直是我们生活的支撑，但认为每个问题只有一个答案的想法是站不住脚的。

(三)数据的相关关系

在传统观念下，人们总是致力于找到一切事情发生背后的原因。然而很多时候，寻找数据间的关联并利用这种关联就足够了。这些思想上的重大转变导致了第三个变革：我们尝试着不再探求难以捉摸的因果关系，转而关注事物的相关关系。相关关系也许不能准确地告知我们某件事情为何会发生，但是它会提醒我们这件事情正在发生。在许多情况下，这种提醒的帮助已经足够大了。

如果数百万条电子医疗记录显示橙汁和阿司匹林的特定组合可以治疗癌症，那么找出具体的药理机制就没有这种治疗方法本身来得重要。同样，只要我们知道什么时候是买机票的最佳时机，就算不知道机票价格疯狂变动的原因也无所谓了。大数据告诉我们"是什么"而不是"为什么"。在大数据时代，我们不必知道现象背后的原因，我们只要让数据自己发声。我们不再需要在还没有收集数据之前就把分析建立在早已设立的少量假设的基础之上。让数据发声，我们会注意到很多以前从来没有意识到的联系的存在。

1. 关联物，预测的关键

虽然在小数据世界中的相关关系也是有用的，但如今在大数据的背景下，通过应用相关关系，我们可以比以前更容易、更快捷、更清楚地分析事物。

所谓相关关系，核心是指量化两个数据值之间的数理关系。相关关系强，是指当一个数据值增加时，另一个数据值很有可能也会随之增加。我们已经看到过这种很强的相关关系，比如在一个特定的地理位置，越多的人通过百度搜索"流感"这个词，该地区就有更多的人患了流感。相反，相关关系弱，就意味着当一个数据值增加时，另一个数据值几乎不会发生变化。例如，我们可以寻找关于个人的鞋码和幸福的相关关系，但会发现它们几乎扯不上什么关系。

相关关系通过识别有用的关联物来帮助我们分析一个现象，而不是通过揭示其内部的运作机制。

在社会环境下寻找关联物，只是大数据分析法采取的一种方式。同样有用的一种方法是，通过找出新种类数据之间的相互联系来满足日常需要。比如，一种称为预测分析法的方法被广泛地应用于商业策划领域，它可以用来预测事件的发生。这可以指一个能发现可能的流行歌曲的算法系统——音乐界人士广泛采用这种方法来确保他们看好的歌曲真的会流行，也可以指那些用来防止机器失效和建筑倒塌的方法。现在，在机器、发动机和桥梁等基础设施上放置传感器变得越来越平常了，这些传感器被用来记录散发的热量、振幅、承压和发出的声音等。

一个东西要出故障，一般不会是瞬间出现的，而是慢慢地出问题。通过收集所有的数据，可以预先捕捉到事物要出故障的信号，比如发动机的嗡嗡声、引擎过热都说明它们可能要出故障了。系统把这些异常情况与正常情况进行对比，就会知道什么地方出了毛病。通过尽早地发现异常，系统可以提醒我们在故障之前更换零件或者修复问题。通过找出一个关联物并监控它，我们就能预测未来。

2. "是什么"，而不是"为什么"

在小数据时代，由于计算机能力不足，大部分相关关系分析仅限于寻求线性关系。而事实上，实际情况远比我们想象得要复杂。经过复杂的分析，我们能够发现数据的"非线性关系"。

多年来，经济学家和政治家一直认为收入水平和幸福感是成正比的。但事实上，它们之间存在一种更复杂的动态关系。例如，对于月收入水平在 1 万元以下的人来说，一旦收入增加，幸福感会随之提升；但对于月收入水平在 1 万元以上的人来说，幸福感并不会随着收入水平提高而提升。如果能发现这层关系，我们看到的就应该是一条曲线，而不是统计工具分析出来的直线。

这个发现对战略决策者来说非常重要。如果只看到线性关系，那么政策重心应完全放在增加收入上，因为这样才能增加全民的幸福感。而一旦察觉到这种非线性关系，策略的重心就会变成提高低收入人群的收入水平，因为这样明显更划算。

在大数据时代，专家们正在研发能发现并对比分析非线性关系的技术工具。一系列飞速发展的新技术和新软件也从多方面提高了相关关系分析工具发现非因果关系的能力。这些新的分析工具和思路展现了一系列新的战略策划与战略管理视野，有用的预测，使我们看到了很多以前不曾注意到的联系，还掌握和洞察了以前无法理解的复杂技术和社会动态。但最重要的是，通过去探求"是什么"而不是"为什么"，相关关系帮助我们更好地了解了这个世界。

3. 通过相关关系了解世界

在传统情况下，人类是通过因果关系了解世界的。首先，我们的直接愿望就是了解因果关系。即使无因果联系存在，我们也还是会假定其存在。研究证明，这只是我们的认知方式，与每个人的文化背景、生长环境及教育水平无关。当我们看到两件事情接连发生的时候，会习惯性地从因果关系的角度来看待它们。在小数据时代，很难证明由直觉而来的因果联系是错误的。

现在，情况不一样了。将来，大数据之间的相关关系将越来越多地被用来证明直觉的因果联系是错误的。最终也能表明，统计关系也不蕴含多少真实的因果关系。总之，我们的快速思维模式将会遭受各种各样的现实考验。

不像因果关系，证明相关关系的实验耗资少，费时也少。与之相比，分析相关关系，既有数学方法，也有统计学方法，同时，数字工具也能帮我们准确地找出相关关系。

相关关系分析本身意义重大，同时它也为研究因果关系奠定了基础。通过找出可能相关的事物，可以在此基础上进行进一步的因果关系分析。如果存在因果关系，则再进一步找出原因。这种便捷的机制通过实验降低了因果分析的成本。我们也可以从相互联系中找到一些重要的变量，这些变量可以用到验证因果关系的实验中去。

例如，某公司举办了关于二手车的质量竞赛。二手车经销商将二手车数据提供给参加比赛的统计学家，统计学家们用这些数据建立一个算法系统，来预测经销商拍卖的哪些车有可能出现质量问题。相关关系分析表明，橙色的车有质量问题的可能性只有其他车的一半。

这难道是因为橙色车的车主更爱车，所以车被保护得更好吗？或是这种颜色的车子在制造方面更精良些吗？还是因为橙色的车更显眼、出车祸的概率更小，所以转手的时候，各方面的性能保持得更好？

马上，我们就陷入了各种各样谜一样的假设中。若要找出相关关系，可以用数学方法，但如果是因果关系，这却是行不通的。所以，没必要一定要找出相关关系背后的原因，当我们知道了"是什么"的时候，"为什么"其实没那么重要了，否则就会催生一些滑稽的想法。比如上面提到的例子，我们是不是应该建议车主把车漆成橙色呢？毕竟，这样就说明车子的质量更过硬啊！

考虑到这些，如果把以确凿数据为基础的相关关系和通过快速思维构想出的因果关系相比，前者就更具有说服力。但在越来越多的情况下，快速清晰的相关关系分析甚至比慢速的因果分析更有用和更有效。慢速的因果分析集中体现为通过严格控制的实验来验证的因果关系，而这必然是非常耗时耗力的。

在大多数情况下，一旦完成了对大数据的相关关系分析，而又不再满足于仅仅知道"是什么"时，我们就会继续向更深层次研究因果关系，找出背后的"为什么"。

第五节　定 位 原 理

定位，是战略策划活动或者战略策划方案的灵魂和主线。很多战略活动，只有在确定定位后，其他的策略和战术活动及资源配置才能相应展开。

一、理论背景

目前，世界经济正处于一种"过剩"的状态。比如过去买小汽车主要在少数品牌中挑选。而今天，你要从比亚迪、红旗、吉利、小米、通用、福特、丰田、本田、大众、日产、菲亚特、三菱、雷诺、铃木、宝马、奔驰、现代、大宇、马自达、五十铃、起亚、沃尔沃等众多品牌中挑选。汽车业的情形，在其他各行各业中都在发生。如何在竞争中胜出，赢得顾客选择，就成了组织生存的前提。

过剩经济使得本来极其有限的顾客心智更加拥挤。根据哈佛大学心理学博士米勒的研究，顾客心智中最多也只能为每个品类留下七个品牌空间。而定位理论的创始人之一——特劳特先生进一步发现，随着竞争的加剧，最终连七个品牌也容纳不下，只能给两个品牌留下心智空间，这就是定位理论中著名的"二元法则"。杰克·韦尔奇1981年上任通用电气公司总裁，就是运用了这一法则，将不属于"数一数二"的业务关停并转，而不管其赢利有多么丰厚。此举使百年通用电气公司因获得了顾客心智强大的选择力量而再续传奇，也为韦尔奇赢得了"世界第一总裁"的声誉。任何在顾客心智中没有位置的品牌，终将会从现实中消失。

事实的确如此，走进任何一家超市，你都可以看见货架上躺着的 80%以上的商品，因为对产品的定位不当而成为没有获得心智力量的、平庸的、同质化的品牌。在此背景下，为组织准确定义成果的新生产工具——定位，在 1969 年被杰克·特劳特和艾·里斯发明出来。在谈到为何选择"定位"一词来命名这一新工具时,特劳特曾说:"《韦氏词典》对战略的定义是针对敌人(竞争对手)确立最具优势的位置。这正好是定位要做的工作。"因此,定位就是在顾客心智中针对竞争对手确定最具优势的位置,从而使品牌战胜竞争对手赢得优先选择,这是企业需全力以赴获得的成果,也是企业赖以存在的理由。

二、基本原理

(一)心智与心智资源

心智是人们过滤、接收、处理和储存信息的方式和空间。心智资源是经由时间的积累和口碑相传,人们较为固定的评价和认知。能否在顾客心智资源中占据一席之地,是衡量定位成功与否的关键所在。

定位的本质就是利用品牌去占有顾客心智中的某种"心智资源"。一旦通过成功定位,占有了某个心智资源,就有机会通过代言品类构建起认知标准,赢得顾客的优先选择,并且能有效地防范负面认知。这样就在消费者心智中构筑了一个坚实的堡垒。

纵观行业内的知名品牌就会发现,但凡成功的品牌,都是在顾客心智中成功占据了某个心智资源。例如:喜之郎代表着果冻,脉动代表着维生素饮料,红牛代表着能量饮料,王老吉代表着预防上火的饮料……

但是,绝大多数品牌却未能在顾客心智中形成一个清晰的概念,即使有一定知名度,也不过是一个替补对象,勉强靠着努力和低价维持着生意。在这个信息时代,若不能在顾客心智中占据一席之地,企业的生存与发展就会被拥有心智资源的对手所掌控。

相反,产品品牌一旦成功占据了顾客的某种心智资源,就会对竞争对手的信息形成有效的屏蔽,其市场地位也将会牢不可摧。哪怕对手的产品通过改进,产品质量更好,消费者还是会在主观上倾向于忽视对手的优点。

心智资源是企业经营的起点、方向与终极目标。宝洁之所以成功,在于它几乎垄断了行业中主要的心智资源。比如,海飞丝占领的心智资源是"去头屑",飘柔占领的是"柔顺头发",而潘婷则代表了"营养头发"。

拥有心智资源的企业会进一步聚集社会资源、人才、资本、渠道,乃至整个行业链都将向其汇拢,从而在经营层面形成更高的行业壁垒,与心智壁垒一道构筑起坚实的防线。

(二)心智运作规律

1. 心智需要差异化

媒体的爆炸式增长和随之而来的信息量增加,已很大程度影响到人们接受或是忽略媒体提供信息的方式。过度传播已经改变了向人们传递信息及对人们产生影响的整个过程。世界上你所到达的每个角落,都能接收到卫星源源不断发来的信息。只要我们连接上互联网,广告就接踵而至。从策划角度来讲,这一切意味着企业的差异化概念必须尽可能地简单明了、显而易见,并通过筛选后的媒体重复不断地传递出去。由于信息太过泛滥,导致人们被迫对信息进行简化归类,运用经验性的常识来作判断,把与已有认知不符的信息统统过滤掉。若我们的信息在认知中不具有差异性,很容易就会被消费者忽略。

企业家对自己的产品是充满感情的,恨不得把产品的里里外外都夸个透。但要想让你的品牌信息穿透厌恶复杂、混乱的顾客心智，就必须极度简化，聚焦到一个字眼、一个强有力的差异化概念，产品品项也要尽可能地集中。比如王老吉正是因为成功地将消费者的注意力集中于"防上火"这一概念，从而形成与其他凉茶的显著差异化，成功形成了消费者对凉茶独特的品类认知，占据了消费者的心智资源。沃尔沃汽车最初宣传"豪华""驱动力强""高贵"等多个概念，但是这些概念都分别由相应的品牌占据，例如"豪华"由奔驰占据，"驱动力强"由宝马占据，而且，太多的概念还让这个品牌在消费者那里显得很混乱，后来它找到了"安全"这个概念，一举成为安全汽车的代表，在欧洲的销售量一度超过奔驰和宝马。

当一个品牌同时代表多种产品或者拥有多种身份的时候，心智对品牌的印象就会被稀释和削弱，因此延伸产品线和延伸品牌都是在稀释品牌在心智中的位置。娃哈哈的品牌延伸曾经被国内的营销界当作成功案例，这个品牌被用在碳酸饮料、纯净水、绿茶、果汁、牛奶等各个领域。实际上，娃哈哈的品牌延伸一度使娃哈哈陷入了巨大的困境，不得不与达能合资。直到宗庆后放弃了品牌延伸策略，推出"爽歪歪""营养快线"后才获得了巨大成功。

2. 心智容量有限

大脑只会记忆有限的信息，而且记忆是有选择性的。比方说你要买牙膏，在你的潜意识中就会出现一个牙膏类别的品牌阶梯，云南白药、冷酸灵、中华等品牌，它们自上而下有序排列。这种阶梯存在于我们的潜意识里面，每个人对每一品类产品都隐含着一个这样的阶梯。虽然在具体的购买现场，你有时会受到促销、降价或导购人员的影响而改变购买的选择顺序，但总体上而言，这个品牌阶梯有很强的稳定排序性。心智被比作一个不大的杯子，可以容下的信息或者品牌极其有限，同一类别通常不超过 7 个，并逐渐趋于 2 个。企业战略策划的思考核心是如何进入品类的前两位。如果在原来的品类中无法进入品类的前两位，企业应当考虑调整战略，重新定位，寻找一个自己可以成为第一、第二的品类。

3. 心智一旦形成就难以改变

人们消费新品类、新品牌时是缺乏安全感的，通常会根据他人的认知来做出自己的购买决定，即所谓的"从众心理"。比如就餐时，人们往往更愿意找那些排着队的餐馆。消费者一旦对某产品形成认知，以后将很难改变。如康师傅推出私房牛肉面快餐，人们还是把它的味道看成是调料包冲泡出来的，就是这个(方便面)味。因此策划要避免与心智的既有认知产生冲突。柯达和富士是家庭相纸市场的两大品牌，经过数十年的积累和传播，这两个品牌已经在消费者那里建立了"家庭相纸"的强大认知。但是数码相机的出现冲击了"家庭相纸"市场，柯达和富士也相继推出了数码相机。尽管他们的数码技术仍然处于领先位置，但市场表现却差强人意。富士公司的 CEO 也向媒体抱怨"讨厌看到仅仅是合格的(数码相机)产品比他们的优质产品卖得好"，其中的原因何在呢？因为在消费者那里，家庭相纸认知已经根深蒂固。

4. 寻找空白点，先入为主

率先进入心智的品牌往往被当作品类的代表，因此有效的策划需要寻找心智中的空白点，而非市场中的空白点，并率先抢占，抢占心智先于抢占市场。康师傅和统一在大陆市场的故事非常贴切地说明了这一点。统一原本在台湾地区是方便面与茶饮料领域的领导者，康师傅在台湾地区则默默无闻。但由于康师傅比统一更早进入大陆市场，率先推出碗装方便面、瓶装纯净水、瓶装绿茶等产品，致使统一在大陆市场一直成为一个追随者，无法赶超康师傅。重庆奥妮开创了乌黑头发洗发水品类之后，一度成为国内洗发水第二品牌。然而，奥妮很快就错误地转向了品牌形象的推广，淡化了"乌黑头发"的概念。宝洁公司对消费者进行细致研究之后，发现消费者对"乌黑头发"洗发水的需求十分明确，市场容量较大，于是宝洁推出了具有"黑发"功能的润妍洗发水。宝洁对润妍寄予了厚望，以大投入拍摄了一则精美的广告片，先后投入的广告费超过 10 亿元，但"润妍"的市场份额始终在 2%左右徘徊，最终不得不撤出市场。问题出在哪里呢？原来，宝洁忽视了在润妍之前，夏士莲的"黑芝麻"洗发水已经捷足先登，在消费者的心智中抢先占据了"奥妮"留下的空缺。所以，虽然"润妍"同样可以满足消费者"乌黑头发"的需求，但是消费者因为心中已经有"黑芝麻"占据，自然对润妍视而不见。

教学案例

观众心智中的"关公"

自 1994 年电视剧《三国演义》热播后，每隔几年就会有导演重拾"三国"题材。近 30年过去了，影视剧中"关羽"层出不穷，却唯有在 94 版电视剧《三国演义》中饰演关羽的著名演员陆树铭形神兼备，广受观众心智认可，并被导演王扶林评价为"五十年不会再有"。

在中国传统文化中，关羽被尊为"武圣"，其"忠""勇""义"备受尊崇。戏曲舞台上，"红脸的关公"一直是热门人物。在京剧等不少剧种中，都有"关公戏"的说法，扮演关羽的演员更有专属名号——"红生"。

《三国演义》原著第一回对关羽的形象有详尽的描写："身长九尺，髯长二尺，面若重枣，唇若涂脂，丹凤眼，卧蚕眉，相貌堂堂，威风凛凛。"演员陆树铭身高 1.86 米，体重100 公斤，眉目等外形也与文中的关羽极贴切。扮演曹操的著名演员鲍国安曾这样评价陆树铭："关羽这个角色不能有表演痕迹，需要浑然天成，要质朴、纯粹，这才能接近观众心中近乎神的样子。陆树铭做到了。"

陆树铭 2022 年去世后，人们哀叹"世间再无关云长"。陆树铭因为"关羽"封了"神"，从此以后，不管是庙里关羽的雕塑、游戏中的关羽 NPC，还是画家笔下的关羽，都长得像陆树铭。

然而，"关羽"在给陆树铭打开了一扇门的同时，也为他关上了很多扇窗。1994 年 4 月，张绍林导演的电视连续剧《水浒传》开拍，陆树铭信心满满地去面试，因为他认为自己的演艺经验与山东大汉的英雄形象很吻合。可导演告诉他，关羽演得太真了，如果让他演一百单八将，观众看着会串戏，到时候会说"这是关二爷演的"。于是，陆树铭连个面试机会都没得到，悻悻而归。

事实上，在演完关羽的角色后，除了两部话剧的主角、三部电视剧的配角，陆树铭就再也没拿到过什么角色，他彻底失业了 10 余年之久。因为在观众的心智资源中，陆树铭这个名字已经彻底打上了"关公"的标签。这样的演员，固然非常优秀，但导演却不敢用，主要是因为他们怕观众跳戏，更不敢去摧毁"关公"这一形象。

（资料来源：本书作者整理编写。）

(三)定位的要点

1. 定位的对象是品牌

一个产品会给顾客带来多方面的体验，但顾客最终把它们都浓缩到品牌的名字里存入记忆。名字就是一个锚，顾客关于品牌的一切联想都靠它来拴住。因此，定位论认为，营销的核心就是打造品牌，而最重要的营销决策之一就是给产品命名。

2. 定位的地点是心智

改革之初，消费者的选择是极为有限的。竞争是在工厂里展开的，拼的是生产能力和效率。20 世纪末期，产品供应越来越多，竞争地点从工厂转移到了市场，谁能掌控渠道和终端，谁就是赢家。

21 世纪，进入竞争的新时代。各类产品高度同质化，让顾客愈发难以从中做出选择。如何使自己从琳琅满目的同类产品中脱颖而出，并增加被顾客选择的机会，成为每个企业最头疼的事情。实际上，在行业日趋同质化的今天，买方市场的竞争地点已发生根本性转移。如今的商战是发生在顾客的大脑中，能否成功占有顾客心智资源成为决定企业生死存亡的关键所在。企业若不能把握这个革命性的变化，必将会"在错误的地方、错误的时间，同错误的对手，打一场错误的战争"。

3. 定位的根本是位置

品牌如果在顾客心智中没有拥有一个稳固的位置，名字这个"锚"就"勾"不住东西，就会出现"走锚"现象。船舶走锚、在水上乱漂是非常危险的。在顾客大脑中占据一个有价值的位置，就相当于选择了一个有利锚位，能为品牌提供最佳的避风条件。

但是，与地理上的位置不同，大脑中这个位置必须要有一个名称，不然就是不存在的。人类的记忆具有分类特征，即大脑会自动根据信息的属性进行整理、归类，并且这种功能会随着年龄的增长而衰退。类别的名称就是信息归类的标签，好比邮局的归类箱，要是找不到适合邮件的格子，信就无法送达。

显然，要提高品牌信息对顾客大脑的送达率，莫过于让这个位置直接与品牌名字挂上钩。因此，里斯和特劳特进一步明确了"有价值的位置"的概念，并将其发展为"一词占领大脑"的理念，这就意味着定位就是让你的品牌在顾客大脑中占有一个字眼。例如：格兰仕代表"微波炉"，喜之郎代表"果冻"，高露洁代表"防蛀"，而云南白药代表"止血"。

三、定位方法

(一)抢先占位

1. 抢先占位的前提

任何一个品类里面，都存在着有价值的阶梯，当这些阶梯空置着没有品牌占据时，你可以一马当先去开拓这个领域，抢先占有这个资源，这相当于在消费者的心智当中的"圈地运动"。经验证明，最先进入消费者心智的品牌，比后进入消费者心智的品牌在长期市场占有率方面要高很多。而且此种关系是不易改变的。抢占前提是心智阶梯位置无人占据，且消费者有新品类/新特性的需求或需要。

教学案例

日本电视机步步为营攻占美国市场

20世纪50年代，美国市场上的电视机全是本国产品，而日本的电视机业不仅刚刚起步，连技术都是从美国引进的。60年代初，索尼公司率先窥伺美国电视机市场。那时，"东洋货"等于"劣质货"，很难与美国货相匹敌。

尽管如此，索尼公司还是找到了可乘之机：美国人只生产摆放在客厅里的大型电视机，而对利薄的小型电视机不屑一顾。索尼公司抓住这个缺口，进行重新定位，生产30.5厘米以下的小型电视机，率先用自己的小电视机来占领美国空白的小型电视机市场。此举获得成功后，日本企业又小心翼翼地对美国企业进行可容忍的正面进攻——生产30.5厘米至47厘米的电视机。

到了1972年，"索尼""东芝""日立"等公司开始对美国的49厘米以上彩色电视机市场发起总攻。几经较量，美国企业节节败退，只能求助于非竞争性武器——贸易保护来进行最后的抵抗。

日本电视机企业就是靠冲破"瓶颈"的策划，一举击败了美国电视机企业。

（资料来源：本书作者整理编写。）

2. 提防陷阱

(1) 假阶梯：需要格外注意的是，有些"油井"是干枯的，也就是说有一些假阶梯、假资源，根本没有价值。像"太阳神减肥牙膏"，是很难成功的，还有"太空酒"之类，地皮下面就是个陷阱。

(2) 进入市场但未进入心智：世界上第一个Pod并不是苹果推出的，可是先进入者却起了一个拗口的名字——Nomad Jukebox，还犯了产品线延伸的错误。而iPod成为第一个进入消费者心智的Pod。很多人只知道成为第一的重要性，但是他们不知道的是，要第一个进入心智，而不是第一个进入市场。他们把"市场上的第一个"和"心智中的第一个"混淆了。

从策划的角度来看，品牌对好的心智资源一定要抢先占据，然后迅速抢占制高点。举个例子，步步高进入电话机市场时，严阵以待的厂商已有上百家了，其中TCL更有"中国电话大王"的称号，步步高如果与对手们展开正面竞争是很难取胜的。步步高采取了什么战略？它发现在电话机行业有一个空白点，没有一个品牌代表着无绳电话，于是它一马当先提出，"步步高无绳电话，方便千万家"。后来步步高成为无绳电话机的领导品牌，即当步步高成为无绳电话的代名词时，就可以说这个品牌占据了这块心智资源。虽然无绳电话是个小品类，但只要你占到这块油井，其利润也是非常丰厚的。需要特别指出的是，步步高并不是在市场上第一个做无绳电话的，侨兴比步步高要早得多。其中的关键是，要进入顾客心智才有意义，只有在顾客的心智中完成注册，品牌才是安全的，工商局注册只是取得经营资格而已。侨兴无绳电话没有在消费者心智中完成注册，尽管它已经有很大的销量，也有不少的资产，但它的品牌仍然是无力的。步步高并不在乎对手先发现消费者需求，作为后进入市场者，它用大规模的广告预算，迅速、直接地抢占心智资源，从而使对手在市场中的资产失去意义或处于不利地位。

资产、规模不等于竞争力。可口可乐的有形资产哪怕一夜之间灰飞烟灭，它凭着在消费者心智中占有的心智资源——可口可乐就代表可乐，全世界的银行都会争相贷款给它，不用多久心智资源将再生出一个同样规模的公司。

(二)关联定位

努力与阶梯中的强势品牌关联起来，使消费者在首选强势品牌的同时，紧接着联想到自己，作为第二选择。好的位置已经被人抢了，怎么办呢？可以跟它关联在一起而顺带成功。关联定位是一种借力的定位方法，借力于某品类的第一品牌进行攀附。比如七喜，它发现美国的消费者在消费饮料时，三罐中有两罐是可乐，于是它说自己是"非可乐"。"非可乐"的定位使七喜一举成为饮料业第三品牌。

与强势的领导者相关联，才最容易地被想到购买。关联定位的前提，是消费者对某类产品的购买，心智中有明显的首选。一般来说，关联强势产品不会让自己成为新领导者，但可以较快地成为第二选择。如果领导者犯下严重错误，关联者有可能转化定位，确立胜机，成为第一。有三个力量会推动第二个品牌的成长：品类发展、渠道需要、消费者需要。

需要明确的是，关联定位并不适用于所有情况，在品牌定位时以竞争者为参照物，通常基于以下理由：第一是竞争对手是市场领导者，实力雄厚，无法正面与之竞争。如上例中，可口可乐和百事可乐是饮料业的双雄，七喜根本无法与之正面交锋。第二，竞争对手已树立了稳固的形象，关联竞争者，可以传递与之相关的信息。有时消费者并不在乎你的产品究竟如何，他们只关心你同某一特定竞争者比怎么样。因为产品的价值和质量，消费者很难定量感知。此时，采用关联定位是合适的。

(三)为竞争对手重新定位

1. 重新定位

为竞争对手重新定位，取代其位置的方法就是去发现对手的弱点。其心智原理是这样的：当顾客想消费某个品类时，会立刻想到领导品牌，如果你作为一个替代角色出现的话，有可能在顾客的心智中完成一个化学反应——置换，这样你就替代了领导品牌。例如，当泰诺林进入头痛药市场的时候，消费者心里第一个想到的就是阿司匹林。于是泰诺林攻击阿司匹林可以导致胃肠道毛细血管微量出血，就从这一点攻入，把阿司匹林替换掉，成了领导品牌。这里需要注意两点：

(1) 实力不足。实力不足不能强行实施这种战略。

(2) 攻击点非领导者战略性弱点。重新定位竞争对手往往是在领导者的强势中找无关紧要的弱点，并进行攻击，从而建立自己的品牌定位。需要提醒的是，这里指的是在领导者的"强势"中找弱点，而不是去找无关紧要的弱点。如安飞士(Avis)曾经的广告语："选择安飞士吧，我们柜台前的队伍更短。"赫兹(Hertz)公司无法对这一战略做出反击，作为最大的租车公司，这是赫兹公司的固有缺点，也是多数领导者无法回避的缺点。

2. 重新定位的步骤

步骤一：确立竞争对手——地标原则。

战略定位的第一步是界定主要的竞争对手。最重要的方法，就是视心智地标中的强势竞争者为对手，基于强者界定自己的定位认知，最能够得到顾客关注和激发新的心智认知，让自己进入顾客心智。

主要竞争对手的界定有两种：一种是在顾客心智中占有强势地位的品类；另一种是某个市场上的领导品牌。当可口可乐诞生之初，普及饮料以酒类为主，可口可乐主要是将竞争对手界定为酒类饮料，从中争得生意。宝马汽车为了在高级轿车中获得最佳增长，成功的战略是针对消费者心智中强势品牌奔驰展开营销，夺取生意。

步骤二：竞争对手强势研究——借势原则。

找到竞争对手的强势所在。对手的强势是我们很好的借势基础，其愈强，我愈厉。奔驰汽车之所以强大(市场领先)，一个重要原因是它良好的乘坐性能：宽敞、舒适、豪华、尊贵……

步骤三：在对手强势反面确立定位——防范原则。

从竞争对手强势中的反面出击，形成对立性定位。由于利用的是竞争对手的强势，就确保了竞争对手不能反击，起到防范效果。例如，可口可乐最初的战略，就是针对"抑制"而与酒类对立，建立起"提神醒脑"的饮料品牌。宝马则提出"超级驾驶机器对抗超级乘坐机器"的概念，倡导"坐奔驰，开宝马"，强调自己驾驶性能良好，与奔驰针锋相对。

步骤四：围绕定位进行运营配称——取舍与环环相扣。

在针对主要竞争对手确立相反的定位后，企业需围绕新定位重整经营活动，进行一系列的取舍和创新，让各项运营活动之间形成环环相扣的配称。这样不断强化定位建设，将使竞争者无法仿效，从而具有可持续竞争优势。这也是将定位转化为成果的关键一步。

教学案例

可口可乐与百事可乐之争

关于攻击领导者的战略性弱点，可口可乐与百事可乐之间的竞争是一个经典的例子。百事可乐和可口可乐的战斗打了100多年，但是前面的70年百事可乐长期处在可口可乐的强大压迫之中。百事可乐也曾三次上门请可口可乐收购，却遭到对手拒绝。因为百事可乐的攻击点定位不准确，所以攻击的效力很差。其中最有名的一次攻击发生在20世纪30年代——美国经济大萧条时期。当时，百事可乐推出了一则广告："花同样的钱，买双倍的可乐。"想从价格上去打击可口可乐，虽然短期内奏效了，但很快，当可口可乐也把价格降下来之后，优势又回到可口可乐的手中。也就是说，对手可以复制的战略就不是好的战略，它没有找准对手的战略性弱点。

进入20世纪60年代末期，当百事可乐定位于"年轻人的可乐"时，才算找准了可口可乐的战略性弱点。因为可口可乐是传统的、经典的、历史悠久的可乐，它的神秘配方至今仍被锁在亚特兰大总部的保险柜中，全世界也只有7个人知道保险柜的密码，所以当百事可乐找出针锋相对的反向策略，从而把可口可乐重新定位为落伍的、老土的可乐时，百事可乐从此就走上了腾飞之路。从三次请求收购到20世纪80年代中期几乎逼平可口可乐，并最终迫使可口可乐放弃传统的配方，转而推出新配方可乐，即复制百事可乐的"新一代"战略，百事可乐终于打了一次大胜仗。可口可乐复制百事可乐新战略的结果是其企业史上有名的大灾难，甚至发生了消费者上街示威的事件，消费者的口号是"还我可口可乐"。

七喜汽水发展出的"不含咖啡因的非可乐"策略，精准地攻击到可口可乐与百事可乐的战略性弱点，七喜汽水一举成为美国的第三大饮料品牌。作为可乐品类的代表性成分，可口可乐与百事可乐配方中的咖啡因是必不可少的，因为没有了咖啡因就不能叫可乐，所以"不含咖啡因"就是对手不能复制的战略性弱点。

(资料来源：本书作者整理编写。)

四、应用流程

(一)定位调研

1. 传统调研的误区

我们经常遇到的情况是：把现实的市场对手视为竞争对手，或不承认心智中的对手(认为自己在某方面比别人强，在某市场对手的表现不如自己)。对手选错了，自然打法就不会奏效，产生不了多大的绩效。

还有企业认为自己做的是颠覆传统的事情，所以没有竞争对手，或认为对手就是自己，以为只要自己做得足够好就可以了。这是一个最糟糕的观念。

另一个常见的陷阱是研究对手的不足，认为只要自己能提供更好的产品/服务，自然就能赢得市场。我们攻击对手的漏洞、疏忽，实质是犯了大忌，是在帮助对手进行完善。一旦它跟进，所谓的优势也就烟消云散。

市场部门做调查研究最常见也是最容易犯的错误是只研究我们如何去满足顾客的需求，研究顾客的需求在哪里；特别是当我们在提供新的产品或服务时。其实我们的顾客真的不知道自己需要什么，他们只是看到别人在消费，所以才认为自己也需要。

定位调研也不是去调查顾客满意度。顾客满意度只能告诉我们过去发生的情况，而无法告诉我们未来的可能。而问顾客有何不满倒是更有利于发现问题所在。

2. 定位调研的原则和方法

定位调研的基本原则是：洞察对手的价值及其在消费者心智中的位置、优势和劣势。

很多企业习惯于调查自己与竞争对手的区别，有些企业把自己的某个改进看成是区别，但消费者不会这样来思考，消费者喜欢归类。只有消费者认为你的品牌和对手不一样，才是真正客观的不一样。一些企业还习惯于在产品/服务本身去寻找差别。更多的时候我们需要从心智视角来寻找差异点，比如领导地位、首创、历史传承、消费偏好或热门等。其中领导地位是最大的差异化概念，因为它是品牌定位的目标——主导一个品类。

定位调研的基本方法是：探寻已存于消费者头脑中的"心智快照"，你需要寻找的是每个竞争对手存在于目标顾客心智认知上的强势和弱势。通过系统的市场调研，可以弄清消费者的真实需求和不同品牌在人们心智中的位置；通过调研，还可以了解市场上正在发生的情况，以判断推出差异化的概念的时机是否合适。

一种常用的调查方式是：列出产品所属品类的基本属性/特性，然后让消费者/潜在消费者分别给对手和自己打分。目的是了解消费者对各企业提供的这类产品各自有什么想法和观念，找出自己产品/服务能抢占的那个属性(不能被他人占据)。

多去了解第三方的评价，特别是有权威的第三方的认可。除了了解对手的产品或服务外，还要判断对手的战略意图。因此还需要了解对手领导者的管理风格、个性特点、成功经历甚至爱好。

(二)定位流程

1. 确定定位区隔

避开对手在心智中的强势，或攻击其强势中固有的弱点，确定自己的定位区隔。

结合自身产品(服务)特点找到与众不同的特点。分析行业和竞品之后，要寻找一个概念，使自己与竞争者区别开来。而这种区别或者差异化是需要同时满足两个条件的：①消费者的真实需求，而不仅仅是企业或者产品所具有的特点；②在概念(特点)上与竞品有着明显的不同。

2. 寻找支持点

提供信任状，找到产品的支撑点。产品的支撑点指的是支撑并实现产品功能的元素，如成分、技术、工艺、原材料、核心部件等。消费者是不容欺骗的，产品需要真实的支撑点，让它真实可信。例如 IBM"系统解决方案"这个差异化的概念成功实施战略转型，那是因为 IBM 的规模和多领域技术优势，是它天然的支撑点。差异化不是空中楼阁，消费者需要真实的证明，产品必须能支撑起品牌的概念。

3. 进行传播推广

围绕定位由外而内做战略战术配套，并传播推广，将定位植入顾客心智。有了差异化的概念，还需要将这个概念植入消费者心智，这样才能建立起自己的定位。差异化是全方位的，比如广告、手册、网站、公关等都应尽力体现差异化，而这些差异化需要有一个明确的中心，就是品牌的定位。推广与传播不仅仅是对外的，对内一样重要。在企业的销售、产品开发、生产等任何大家可以着力的地方都需要贯彻，企业资源全部围绕着定位进行匹配。这样，才可以说为品牌建立了定位。

经典案例

TCL 和联想手机——很努力，但搞错了定位？

2017 年，联想手机国内销量为 179 万部，位居行业第十，占有率不足 0.5%；而 TCL 手机同年销量还不如联想，连前十名都没进。2018 年 4 月中旬，TCL 集团董事长李东生在参加博鳌亚洲论坛时表示："过去两年，手机行业面临残酷洗牌，但 TCL 依然不会放弃智能手机。"2022 年相关数据显示，中国智能手机销量同比下降 14%，为连续五年下降。这意味着 TCL 手机与联想手机都面临着一个比以前更加严峻的市场环境，可谓"内外交困"。

TCL 手机是典型的"精于技而盲于道"——在产品与营销等战术层面用心过多，而在战略定位方面的思考严重不足。2004 年，TCL 手机销量达到巅峰，标志性事件是收购阿尔卡特手机。但是很快，TCL 手机业务急转直下，从此一蹶不振。遗憾的是，十几年来我们不曾看到 TCL 官方对此进行过检讨和反省——这正是 TCL 手机难以东山再起的症结所在。对于 TCL 手机来说，当务之急不是发布新品，也不是由李东生亲自操盘并代言，而是坐下来好好检讨过去几十年究竟做错了什么，否则，做再多的努力都没用。

TCL 手机处境尴尬，实乃两大因素使然。一是品牌形象严重老化。一个不得不承认的事实是，T、C、L 三个字母对手机这种技术要求高、迭代周期短的产品，根本形不成技术与品质层面的背书。TCL 传统家电企业的身份不利于经营手机这种产品。虽然 TCL 是中国著名家电企业，但在大多数人心智中并不是一家科技公司。在人们的潜意识里，手机是对科技要求比较高的产品，只有科技公司才能做好，比如苹果、华为、三星。也许有人会说："三星不也是一家家电企业吗？"没错，但三星是一家拥有强大研发能力的家电企业，其每年投入的研发经费连续多年超过 100 亿美元。TCL 不具备这样的研发实力。在中国，但凡贴着"家电企业制造"这一标签的手机，无一不是经营惨淡。二是产品定位不清晰。华为手机技术优势明显，小米手机互联网色彩强烈，OPPO 手机青春时尚……如果你问 TCL 手机有什么优势，我相信 99%的人给不出答案。这就是 TCL 手机的尴尬之处：品牌定位不清晰，产品缺乏差异化优势。须知，没有差异化优势的产品是可以轻易被取代的，因为它没有必须存在的价值。虽然存在了二十几年，但在人们的心智中并没有存在感，这就是 TCL 手机。

2017 年 12 月 19 日，TCL 集团发布公告称，TCL 通讯科技公司董事会聘任李东生兼任 TCL 通讯科技公司首席执行官、执行委员会委员。这一次，李东生亲自披挂上阵，冲上手机市场竞争最前线。但事实是，正如格力集团，即使董明珠个人号召力巨大，其亲自代言的格力手机依旧不为消费者所接受。截至 2022 年，格力已经推出了 6 款手机，但销量都很低。就拿 2021 年 11 月上市的 G7 型号手机来说，一年时间仅卖出 7600 部，这与其他手机品牌相比简直不值一提。有不少人认为格力手机已经失败，只是董明珠不愿承认而已。TCL 也面临着相同的遭遇。

TCL 将黑莓手机作为中国市场的主打产品，很容易让人联想起另一家尴尬的企业——联想。李东生主导收购汤姆逊彩电与阿尔卡特手机业务，与柳传志、杨元庆主导收购 IBM PC 业务及摩托罗拉手机，无论形式还是结果，都惊人地相似。

过去多年，联想手机业务来回摇摆，给人一种"始终找不着北"的感觉。TCL 手机亦然，每年都说要杀进中国手机主流阵营，却年年落空。虽然拥有自主品牌 TCL，却将希望寄托在完全无品牌所有权的阿尔卡特和黑莓上，这确实是一件怪事。

从 TCL 手机、联想手机和格力手机的战略定位来分析，他们的问题主要出在消费者的"心智资源"上。我们发现，但凡成功的品牌，无一不是在消费者心智中成功占据某个心智资源的：TCL、格力、联想分别占据了消费者在电视机、空调、组装电脑方面的心智资源。我们不得不承认，在企业战略定位中，消费者的"心智资源"是企业经营的起点、方向和终极目标。TCL、联想和格力手机要想改变经营惨淡的现状，必须从改变战略定位开始。

（资料来源：本书作者整理编写。）

思 考 题

1. 阻碍策划思维的枷锁有许多，最常见的有哪几种？
2. 如何打破偏见？
3. 头脑风暴思维的机理和原则有哪些？
4. 就你生活中经历的某一件事，运用结构化思维分析方法进行分析解决。
5. 定位的要点有哪些？

第三章

战略环境分析

【学习要点及目标】

- 理解环境分析的重要性及目的。
- 领会宏观及行业环境分析的主要内容。
- 了解内部环境分析的目的及重要性。
- 理解资源与能力的概念。
- 领会企业核心竞争力的内涵和标准。
- 掌握环境分析的基本方法。

知己知彼，胜乃不殆；知天知地，胜乃可全。

——《孙子兵法·地形篇》

昔之善战者，先为不可胜，以待敌之可胜。不可胜在己，可胜在敌。

——《孙子兵法·军形篇》

马克思主义是不可超越的，因为产生它的环境是不可超越的。

——萨特

开篇案例

5G 通信环境对互联网环境的影响——万物互联改变未来

2019 年 6 月 6 日，工信部向中国电信、中国移动、中国联通、中国广电发放 5G 商用牌照，中国正式进入 5G 商用元年。

2019 年 10 月 31 日，三大运营商公布了 5G 商用套餐，并于同年 11 月 1 日正式上线。这标志着中国正式进入 5G 商用时代。

2020 年 4 月 20 日，华为中国在官方微博称将助力三大运营商在珠峰完成 5G 基站的开通工作。"5G 上珠峰"专项行动取得实质性进展。

2023 年，中国开始全面推进 6G 技术研发。到 2025 年，国内可穿戴、视频监控及电力行业终端规模均可达千亿元以上。

过去几年，人们常会听到实体店抱怨电商抢生意的声音，这就是替代和价值的转移。人们一直在思考一个问题：互联网除了替代别人，能不能创造新的价值？按照经济学的观点，互联网要想创造价值，必须要成为社会生产力三大要素——劳动者、劳动对象和劳动工具中的劳动工具。

如果说第一代互联网应用是桌面办公互联网，第二代互联网应用是乔布斯用苹果手机和 App Store 应用商店重新定义的娱乐移动互联网，那么今天，互联网 3.0 时代的到来，必将广泛地拥抱实体经济，并成为所有行业的劳动工具。

早在 2015 年 3 月的全国两会上，就有人大代表提出一个概念——"互联网+"，指出互联网将与传统行业和实体经济进行深度融合，中国社会将进入"互联网+"时代。"互联网+"概念一经提出，大家就热切地期待着从消费互联网向产业互联网的转变，期待着这个"蓝海"的出现。但是这个过程却整整经历了漫长的五年。

这个过程为什么如此漫长呢？因为那时没有像 5G 这样的技术为它赋能，车联网、物联网等连接万物的情况根本无法实现。今天，5G 开辟了一片新的蓝海，就是对企业与车联网、物联网、工业互联网画像。在 5G 来临之前我们搞智慧城市，那时是窄带互联，只能把那些盲哑设备、看不到的设备挖掘并连接起来。而 5G 的到来，不仅能让这些设备实现可视化，还能实现可控可管理，这就是 5G 带来的重大变化。

伴随着 5G 的到来，产业应用将会面临巨大挑战，呈现出差异化、垂直化、个性化的特征。这时会出现一些咨询公司为不同的行业、企业画像，人、物、车、仓库都会在网络空间里有一个复制的"你"，而那个网络空间的自己是以数字化的方式来呈现的，我们把它叫作"数字孪生"，此时我们真正进入了一个跟数字打交道的时代。这场由 5G 带来的、颠覆传统互联网应用的革命，有人叫它"互联网的下半场"，这就是从消费互联网到产业互联网的转变过程。

　　我们常说，影响人类近代文明的三大技术是蒸汽机、电力和互联网。如果说互联网在这之前仅仅是消费娱乐的应用，那么今天它将走向各行各业。5G的重要作用在哪儿呢？好比电力，不仅仅能提供照明、方便生活，电力还是所有行业生产的基础设施。你可以想象这场革命有多大。这就是5G每年能拉动几万亿元的产值和大量就业的原因。如同电力走向所有实体经济一样，互联网终将走向所有实体经济，这一切改变的推手正是5G。

　　那么5G时代的到来将对现有互联网行业环境产生怎样的影响？

　　首先，5G将改变移动端社交和资讯传播方式。过去以文字为基础的社交和资讯传播方式将变为以视频为基础的传播方式，视频资讯、直播和短视频将进一步火爆。截至目前，抖音的用户数已超过10亿，随着5G时代带来的高下载速度和无限流量，视频社交将进一步发展，大有当年微信取代QQ成为社交主流的趋势。

　　其次，PC端产品的市场份额将进一步减少。随着5G时代的到来，PC(个人电脑)端产品将进一步衰落。PC产品拥有工作性和娱乐性，在PC时代，PC产品是人们生活和工作必不可少的电子产品。但随着移动互联网时代的到来，PC产品的娱乐性能逐渐被智能手机所替代。

　　相关智库研究报告显示：在网上购物领域，网上消费已从PC端全面转向移动端。国内知名智库发表的《2022年(上)中国网络零售市场数据监测报告》显示，阿里和京东网上购物移动端已经占据80%以上的市场份额。在网络游戏领域，2023年国内游戏市场销售收入高达3000亿元，其中移动端占据50%以上的市场份额。

　　综上所述，5G通信对互联网格局的影响是：移动端将改变其原有的社交和资讯传播方式，凭借着5G通信的高下载速度、无限流量和低延时等特点，以视频为基础的社交、资讯传播方式即将兴起；移动端和PC端市场份额将发生改变，移动端市场份额进一步加大，PC端市场份额进一步减少，PC产品进一步衰落。

　　在5G的高速率、低时延优势下，在云服务、AI技术、ChatGPT与DeepSeek生成技术的促进下，智慧城市、智慧医疗、无人驾驶、万物互联等才会一个接一个地实现。5G的应用并不只是速率提高这么简单，作为一个与蒸汽—电气—计算机技术相提并论的工业革命，谁能主导5G和人工智能，谁就能在未来30~50年间主导世界。所以现在中美两国在5G布局方面的毫不相让，不仅仅是因为一个单纯的技术演进，而是对工业革命主动权的夺取。

　　5G的应用不仅是消费互联，更是万物互联的产业化的应用：车联网、物联网、工业制造、进销存管理等大量的工业应用。这些行业互联网的应用将面向一个新型的操作系统进行自动整合，从而形成新的生态环境。

　　5G乃至6G生态环境的建立，就看谁的操作系统在连接万物的过程中更有效。这就是我们的机会。

(资料来源：本书作者整理编写。)

　　开篇案例告诉我们，由于5G时代大环境的逐步改变，导致我们的内外环境也在改变。随着人工智能、5G、云计算等新质生产力为主导的工业革命所带来的改变会给企业带来重大影响，相关企业在新时代将面临重大的机遇和挑战。事实上，影响企业生存与发展的因素很多，既有来自企业内部的资源和能力方面的因素，又有来自企业外部宏观环境和行业环境方面的因素。几乎每一个行业及企业，其生存与发展都会受到来自内部与外部战略环境的影响，而这种影响对企业而言往往是不可控的。为此，为了保证企业的长远发展，企业需要一方面通过内部环境分析认清自身的优势与劣势，另一方面通过外部环境分析看到面临的机会与威胁。

《兵经百书》认为，"据兵之先，唯机与时"；孟子曾说："虽有智慧，不如乘势；虽有镃基，不如待时"。战略策划同样需要讲究审时度势。既要看清当前的时局，又要研究未来之大势。这里的"大势"可理解为"因为某种内在规律而导致的未来的大概率或者必然趋向"。在创新实践中，太超前容易变"先烈"，太滞后又会失去"先机"，所以战略策划既要防止冒险主义，又要避免机会主义，其精妙之处在于"领先半步"。战略策划要做到因时制宜，重点要研究透时代趋势、社会需求、政策方向，要从宏观上把握经济、科技和行业的发展趋向，社会、文化与消费的潮流，以及政策的引导和支持方向。从更大范围上来说，企业要准确地把握和判断好政府的战略意图与方向，将政府作为资源要素或外部环境要件整合到策划方案中。与此同时，企业还要对企业的内部环境进行科学分析，弄清楚其来龙去脉、发展动力与内在逻辑，审时度势地制定合理的策划方案。

企业战略环境包括企业外部环境和企业内部环境，企业外部环境又可以分为两个互相联系的部分：宏观环境和行业环境。企业外部环境分析主要回答"企业可以做些什么"，而企业内部环境分析则主要回答"企业能够做什么"。

第一节　环境分析概述

在进行战略策划之前，我们都要做一项重要工作，即充分了解我们所处的战略环境，并对战略环境的发展作出尽可能正确的预判，以便为战略策划提供基本依据。

一、企业环境与环境分析

(一)企业环境

企业环境是指能够影响企业运行和绩效的一系列因素或作用力。环境为企业提供了赖以生存的土壤，企业所面临的环境对企业的生存与发展具有十分重要的影响。企业可以看作是一个开放式的系统，它不断地与外部环境进行交互，从环境中获得"输入"，并通过企业的经营以产品和服务等形式"输出"到环境中去。因此，企业的生存和发展需要企业适应环境或与环境相匹配。

企业所面临的环境是复杂和多变的，这种环境的不确定性对企业保持与外界环境的匹配性具有重要的影响。一方面，环境的复杂多变性会给企业带来未来发展的威胁以及战略决策的困难。另一方面，这种环境的不确定性又蕴含着众多的机会，如果能有效利用的话，企业可以获得更好的发展。鉴于环境不确定性所带来的机会和威胁，企业有必要对环境进行审视和分析。

(二)环境分析

环境分析或环境扫描是企业战略策划与战略管理活动中的一个重要过程。它是指企业监测、评估来自企业内部和外部的环境信息，并从中发现内部自身的优势和劣势、外部潜在的机会和威胁。研究表明，与竞争对手相比，那些进行高质量环境分析的企业通常能够获得竞争优势。

环境分析能否对企业战略制定产生有效影响，取决于企业能否正确地收集环境信息，有效地分析、解释及传播环境信息。错误的环境分析将会导致错误的战略决策假设，从而导致战略制定的偏差。环境信息的收集可以来源于企业内部，例如雇员、企业内部的信息系统等，也可以来自外部，例如行业网站、杂志和期刊、竞争对手、供应商和客户的公开报告和文件、政府统计报告、在线资源、市场报告。环境信息的分析和解释需要企业整合不同来源的信息，进行信息的交叉验证，对信息做出预测，并及时更新环境信息。环境信息的传播依赖于有效的沟通渠道，例如利用公司的内部网络、定期简报、定期研讨会、面向内部及外部的管理培训课程等，将环境信息有效传递给相关的战略行动者，从而使他们在做出战略策划方案时能够利用所传播的环境信息和知识。

教学热点

沃尔森法则

沃尔森法则是美国企业家 S. M. 沃尔森提出的。意思是人们如果把信息收集放在第一位，那么财富与成功就会滚滚而来。沃尔森法则告诉我们，人们在做决策时需要掌握大量信息，真正的管理者首先应该是一个善于收集信息的人。一个组织能否在激烈竞争的环境中生存发展，很大程度上取决于对周围环境信息的了解与利用程度。

1942 年 10 月，在埃及阿拉曼地区，蒙哥马利将军率领英军发动代号为"捷足"的反攻。英军与以隆美尔为统帅的德意联军势均力敌，两军陷入对峙局面。蒙哥马利决定对德军指挥所实施"斩首"行动，但德军却利用地形地物，巧妙地把指挥所隐藏了起来。蒙哥马利派出的几支侦察小分队多次侦察，都无法确定德军指挥所的准确位置。

一天上午，蒙哥马利照例拿着望远镜仔细地观察德军阵地。突然，望远镜里的一只波斯猫引起了他的注意：那只波斯猫趴在一个坟包上，慵懒地晒着太阳。蒙哥马利很奇怪，坟地里怎么会有波斯猫呢？他用望远镜继续观察，大约一个小时后，那只波斯猫突然一转身就消失了。

在接下来的几天里，蒙哥马利都用望远镜认真观察那片坟地，在阳光暖照的上午，他都能看到那只在坟包上晒太阳的波斯猫，一个多小时后，那只猫就会突然消失不见。

每次观察完坟地，蒙哥马利都会陷入沉思。一周后，他对炮兵下达命令：狠狠炮击德军阵地右后方的那片坟地。炮兵团长接到命令后，以为传达错了命令，将军怎么会下令炮击坟地呢？在密集猛烈的炮火轰击下，那片坟地顷刻间被夷为平地。接着，蒙哥马利命令英军向德军阵地发起全线攻击。

令英军士兵感到奇怪的是，德军士兵就像无头苍蝇一样，乱冲乱撞，很快便被英军分段歼灭。原来，那片坟地下便是德军的指挥所，在英军刚刚实施的炮击中，德军指挥官全部阵亡。

战后，那位炮兵团长问蒙哥马利："将军，您怎么知道德军指挥所藏在坟地中呢？是谁给您传递的情报？"蒙哥马利哈哈笑道："是那只波斯猫传达的情报。"

波斯猫很名贵，不可能随随便便地出现在荒凉的坟地中，而下级军官根本没精力饲养波斯猫，只有高级将领才能饲养得起，而且，当时很多德军将领都有饲养波斯猫的习惯。综合起来分析，蒙哥马利判断那片坟地下一定是德军指挥所所在地。

在日常生活中，处处都可能隐藏着有效信息，只要我们留心观察并加以利用，就会有所收获。

二、环境分析的层次

根据环境因素来自企业内部还是企业外部，可以将企业环境分析分为外部环境分析和内部环境分析(见图 3-1)。外部环境因素是由那些来自企业边界之外的环境因素组成，根据这些因素对企业的影响程度，外部环境又可以分为宏观环境和行业环境两大类。相应地，企业的内部环境是由企业边界以内的各种环境因素构成，它们对组织绩效有着重要的影响。

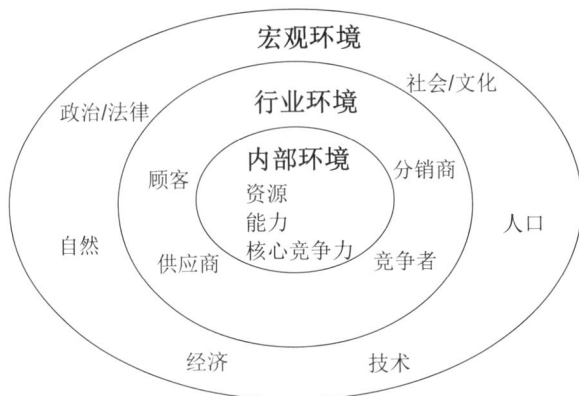

图 3-1　环境分析的层次

(一)宏观环境

宏观环境是指企业所处的外部大环境，通常包括政治法律因素、经济因素、社会文化因素、技术因素、自然环境因素、人口统计因素。政治法律因素是指与政府对经济的涉入方式和程度有关的因素，通常包括税收政策、劳动法、环境法、贸易限制、关税、政治稳定性等。经济因素是指整个社会范围内资源的分配和利用状况，主要包括经济增长、利率、汇率、通货膨胀率、财政和货币政策、负债、消费模式、可支配收入水平等。社会文化因素包括文化、价值观、风俗习惯等。技术因素包括研发活动、自动化、技术刺激和技术变迁速度等具体因素。自然环境因素是指对企业经营及战略制定有影响的自然物质环境，如地理、气候、资源分布、生态环境等。人口统计因素主要包括人口数量、年龄结构、地理分布、各民族构成以及收入分布等因素。

(二)行业环境

行业环境或称运行环境，是对企业的战略制定、运营等活动有直接影响的具体环境。这些具体环境通常包括与企业有密切联系的组织和群体，如供应商、分销商、竞争者、顾客、政府、金融服务中介、贸易协会等。

(三)内部环境

内部环境是指企业内部的物质、文化环境的总和，包括企业资源、企业能力与企业核心竞争力等因素，也称企业内部条件。

截至 2024 年，微信至少固化了 10 亿人的社交关系，微信利用这种资源不断推出游戏应用等方式，增加用户的黏性，在激烈的商战角力中有明显的竞争优势。其竞争优势的源泉来自企业自身独特的资源、能力与核心竞争力。

我们常常讲"机会是给有准备的人的"，"商战"与"兵战"何尝不是这样？正如本章开篇的《孙子兵法》所言，善于作战的人，首先创造不被敌人战胜的有利条件，以等待可以战胜敌人的时机。这里的"有利条件"指的是企业内部环境，即资源与能力。

三、环境分析的前提

如果我们通过外部环境分析找出了企业面临的机会与威胁，但不能确定它们是作用到企业内部的什么方面，必然无法精确地将这些机会与企业内部优势结合起来，同时也会在应对外部威胁与内部劣势时产生偏差。

我们以肯德基和麦当劳为例进行分析。

说起洋快餐，大家的第一反应肯定是麦当劳和肯德基，不过从全球范围来看，麦当劳和肯德基不是同一个量级。麦当劳是全美的快餐老大，而肯德基在美国则是麦当劳的小弟。一般来说，第一个吃螃蟹的人在市场竞争中总会占得先机。肯德基是 1987 年进入中国的，比麦当劳早了 3 年。尽管首先对中国市场感兴趣的是麦当劳而非肯德基，但肯德基抢先一步在北京前门开设了第一家分店。其原因是麦当劳分析完中国市场后得出的结论是中国人的饮食口味很顽固，很难接受种类单一的洋快餐；而肯德基分析完中国市场后却得出了相反的结论。面对同样的中国市场环境，同样是快餐行业中的企业，为什么在分析外部环境时会产生如此大的差异呢？其原因在于麦当劳当时派出的考察人员是外国人，不了解中国的饮食文化和饮食习惯，无法将麦当劳的特色与中国市场相结合，看不到机遇；而肯德基派出的考察人员是华人，认识到中国市场对快餐的需求将快速增长，而且肯德基的炸鸡更符合中国人的口味。再加上当时的中国正在大力发展农业现代化，首先鼓励和支持的就是家禽饲养，而肯德基的主打产品——炸鸡与这一因素是非常吻合的，因此给肯德基带来了很好的机会。

从上述案例可以看出，在企业战略分析过程中，常常会出现不同企业针对同一环境分析出的结果差异较大的现象，进而会导致它们制定不同的战略。

上述案例阐明这样一个道理：企业的内外部环境分析到底应该从哪里入手，才能有针对性地、全面地对企业面临的环境因素进行分析？才能更清楚地分析出外部环境中的机遇、威胁及内部环境中的优势和劣势是作用在企业的什么方面？这是合理地进行战略分析的关键和前提。

在这里，我们首先需要明确的是，企业面临的内外部环境因素最终将作用到企业的什么上面，才会对企业的发展产生影响。显然，它们将直接作用于企业产品或服务的提供过程，也就是企业的运营流程。正如著名战略专家安索夫所提出的"从战略规划到战略管理"

中的第一个要素就是企业定位或者说经营范围，而经营范围描述的就是产品在市场中的定位问题。因此，战略的定位离不开企业的产品或服务。不管是企业的外部环境因素还是内部环境因素，直接影响的就是企业产品或服务的提供过程(流程)。

在分析各种因素时，只要与企业的流程有关系的就应分析，没有关系的则没有必要分析。这样不仅可以节省战略分析阶段的成本支出，而且可以帮助企业抓住关键因素，有的放矢。只要明确了流程，就能够清晰地分析出机会、威胁、优势、劣势等是作用到流程的什么环节上的，这样才能实现四者之间更好地匹配。就像在肯德基和麦当劳的例子中，因为中国大力发展农业现代化、鼓励和支持家禽饲养这一外部政治环境因素是作用到肯德基的采购环节上的，其之所以能够成为肯德基的机会是因为肯德基在采购环节采购的是与家禽饲养有关的鸡肉，这对麦当劳而言显然不是机会。下面再举一例加以说明。

某石化企业以前主要从某中东国家的原油供应商处采购原材料，现发现该地区由于政治因素的影响产生了限制原油出口的问题，无法继续采购。这说明该企业外部宏观环境中的政治因素影响了其石化产品提供流程中的采购环节，对其他环节则没有直接影响。通过外部环境分析，可以明确威胁来自流程中的采购这一环节。假设该企业曾和另外一个国家的某供应商有过接触，当这一威胁产生时可以直接转向该供应商，这说明该企业与其他企业相比在采购环节是有优势的。

即使是同处一个行业的两家企业，其流程也有可能完全不一样，其上下游合作伙伴也有可能完全不一样。同样的外部环境，对一个企业而言是机会与威胁，对另一个企业而言却未必如此。

因此，在分析企业管理问题之前，特别是进行企业战略分析之前，首先应该搞清楚产品或服务从起点一直到消费终点之间的流程，然后再进行内外部环境分析。这样对不同企业分析的针对性会更强，分析结果的差异性也能被很好地显现与合理把握。而且，通过这一方法，我们可以明确内外部环境因素是作用到了企业中具体的什么环节上。

教学案例

两个推销员的结论

两个推销人员到一个岛屿去推销鞋。

第一个推销员上岛之后，发现这个岛屿上的每个人都是赤脚的，他气得不得了。没有穿鞋的，怎么推销鞋？原来，这个岛屿上的人是没有穿鞋的习惯的。他马上发电报回去：鞋不要运来了，这个岛上没有销路。

第二个推销员来了，他看到岛上这种情况后高兴得几乎晕过去了，不得了，这个岛屿上鞋的销售市场太大了，每个人都不穿鞋啊！要是一个人穿一双鞋，那要销出去多少双鞋呀！马上发电报：快运鞋来！要空运！

同样一个问题，不同的思维得出的结论是不同的。

四、对环境分析的一些提醒

尽管从战略制定的流程来考察，环境分析发生在战略选择之前，但在企业的实际经营过程中，不应当忽略环境分析与企业既有战略之间的相互影响。研究表明，采用不同战略的企业在进行环境扫描时所搜集的信息会有所不同。采用差异化战略的企业所开展的环境扫描活动偏向于获取能够为企业提供机会的信息，与之相比，采用成本领先的组织则偏向于从环境扫描活动中获得可能会给企业带来威胁的信息。

战略环境分析工具好比战争中的坦克、飞机、大炮、潜艇等武器，不同的战场需要不同的武器。我们一定要清醒地认识到，战争的胜利更多地需要指挥者的战略思想和战士的能力。

另外，还需要注意的是，不存在能够适用于所有企业目标的单一的环境分析理论基础。这是因为不同的环境分析理论所考察的环境范围和层次存在不同，因而应当具体考察某种环境分析理论基础是否适用于当前的企业战略制定。另外，还应当与组织的文化氛围、决策过程等特征相匹配。

第二节　外部环境分析

一、外部环境分析的重要性

在市场当中，每一个企业总是要与周围环境发生物质的、能量的和信息的交流与转换。离开了与外部环境的交流与转换，企业将无法生存与发展。换句话说，企业的生存与发展要受到其所处的外部环境的影响与制约。例如，苹果 iPhone 手机的成功上市，为手机应用程序商创造了丰富的市场机会；免费的在线新闻报纸的出现，却严重威胁了许多传统报纸的生存。现在很难指望读者为每天的印刷出版物付费了。在企业与外部环境的相互关系中，一般来说，环境的力量总是不以企业的意志为转移，总是处在不断发展变化之中，当今信息社会尤其如此。

企业应该努力认识环境的状况、特点及变化趋势，并在此基础上加以适应和防范。外部环境分析对于企业经营决策的重要性具体表现在以下几个方面。

(1) 外部环境分析是制定企业战略的根本前提。如果企业不能敏锐地洞察未来两三年内会有什么样的宏观环境因素，不能预测会给公司的业务带来重大影响的潜在变革，那么管理者根本无法为制定与新的环境相适应的战略做好准备。同样，如果管理者不清楚各个宏观驱动因素的意义和作用，那么，他们所制定的战略就难以对驱动因素及其行业所产生的影响做出积极有效的反应。所以外部环境分析对战略的制定具有十分重要的价值，是企业战略制定的根本前提。

(2) 外部环境分析是企业科学决策的基础。领导者的首要职责是做出科学、合理的决策，而领导者的决策过程一般都是从对外部环境的机遇与威胁的估计开始的，可以说外部环境分析正确与否，直接关系到企业决策层对企业投资方向、营销策略、公共关系等一系列生产经营活动决策的成败。

(3) 外部环境分析有利于企业发现机会、化解威胁。新的经营机会可以使企业取得竞争优势和差别利益或扭转所处的不利地位。当然，现实生活中，往往是机会与威胁并存，且可能相互转化。好的机会如没有把握住，优势就可能变成包袱、变成劣势，相反，抓住机会则威胁(即不利因素)也可能转化为有利因素，从而使企业获得新生。因此，企业要善于细致地分析企业外部环境，善于抓住机会，化解威胁，在竞争中求生存、在变化中谋稳定、在经营中创效益，充分把握未来。

二、宏观环境分析

宏观环境是指给企业带来机会或威胁的主要社会力量，宏观环境直接或者间接影响着企业的战略分析、战略选择与战略实施。这里主要概括为五大类环境因素：政治法律因素、社会文化因素、自然环境因素、经济因素和科技因素，如表 3-1 所示。

表 3-1　宏观环境影响因素

因素名称	相关说明
政治法律因素	政治体制、国家方针政策、政治形势、各项法律法规
社会文化因素	人口因素、价值观、风俗习惯与文化传统、生活态度
自然环境因素	自然资源、生态保护
经济因素	可支配收入的支出模式、经济增长率与国内生产总值、利率和汇率、通货膨胀率与 CPI
科技因素	产品与技术创新、知识应用、信息技术的发展、国家及企业研发资源的投入比例

环境具有不确定性，既有简单的静态环境，如一些处于垄断地位的公共服务行业所处的环境，也有复杂的动态环境，表现为对环境形成影响的因素具有多样性和相关联性，变化的程度高、频率快，如计算机、航空、电子企业等面临的环境。宏观环境分析的目的，在于可以帮助企业判明关键环境力量及其对企业的影响，预测其发展趋势，并且判明企业目前及将要面临的机会和威胁。

(一)政治法律环境

政治法律环境是指对企业经营活动具有现实和潜在作用与影响的政治力量、政治制度、体制、方针政策，同时也包括对企业经营活动加以限制和要求的法律法规等。这些因素常常制约、影响企业的经营行为，尤其是影响企业较长期的投资行为。

此外，这一环境因素中还包括国际政治形势及其变化，主要包括国际政治局势、国际关系、目标国的国内政治环境等。对一个开放的国家来说，国际政治形势的影响是显而易见的。

政治法律环境因素对企业影响的特点包括：①直接性。指国家政治环境直接影响企业的经营状况。②难以预测性。对于企业来说，很难预测国家政治环境的变化趋势。③不可逆转性。政治环境因素一旦影响到企业，就会使企业发生迅速、明显的变化，而这一变化企业是驾驭不了的。

(二)社会文化环境

社会文化环境是指一个国家和地区的社会结构、人口分布、文化传统、生活方式、风俗习惯、教育水平、宗教信仰、民族特征、价值观等因素的形成与变动，这些因素和一个社会的态度和价值有关，而态度和价值是构建社会的基石，它们通常是其他外部环境变化发展的动力。

1．人口环境

人口环境包括人口数量、年龄结构、区域分布、性别结构等方面。下面分别进行介绍。

1）人口数量

对于企业而言，人口数量的最显著影响表现在市场需求和人力资源方面。人口总数决定着市场需求量的大小及人力资源的丰裕程度；人口增长速度也与企业的市场规模的扩大有着密切联系。

2）年龄结构

从全球情况来看，几乎世界上各个区域的年龄结构都趋向老龄化，这种趋势正在不断地加剧。当一个国家或地区 60 岁以上老年人口占人口总数的 10%，或 65 岁以上老年人口占人口总数的 7%，即意味着这个国家或地区的人口处于老龄化社会。国家统计局 2021 年 5 月公布的第七次全国人口普查数据显示，我国 0～14 岁人口占 17.95%，15～59 岁人口占 63.35%，60 岁及以上人口占 18.7%，65 岁及以上人口占 13.5%。与 2010 年相比，0～14 岁、15～59 岁、60 岁及以上人口的比重分别上升 1.35、下降 6.79、上升 5.44 个百分点。我国少儿人口比重回升，生育政策调整取得了积极成效。同时，人口老龄化程度进一步加深，未来将面临人口能否长期均衡发展的压力。我国人口红利已进入逐渐收缩的态势。这一变化将会影响我国劳动力的供应，市场上对劳动者素质的需求会发生改变，企业相应的用工成本及人力资源活动也会发生改变。

尽管上述信息主要说明了老龄化对企业造成的威胁，但对另外一些企业而言，人口老龄化意味着市场的扩张。与老年人需求密切相关的行业也将会因此受益，例如针对老年市场的医疗、保健、旅游等行业。一些企业能够积极地利用和应对这一趋势，开发出能够满足老年人需求的新产品和服务，企业从而获得发展的机会。

3）区域分布

人口的地理分布在不同的国家和地区会有十分大的差异。由于受地理位置和气候的影响，以东亚、东北亚及南亚为首的亚洲季风区及欧洲平原、北美洲东部是世界上人口最稠密的地方。我国人口分布呈现的特点是东部、中部地区人口相对稠密，而西部内陆地区人口相对较少。在东南沿海等经济发达地区，有大量的外来务工人员为企业提供了丰富的人力资源。

尽管人口的区域分布呈现一定的特点，但企业应当监控人口区域分布的流动性和变化。例如，随着人力成本的不断提升以及行业结构的升级和转移，先前在广东、浙江等地建立工厂的企业出于成本和战略方面的考虑，将工厂迁址到中西部的内陆地区，从而导致沿海部分工厂的用工开始出现问题。如果再处于全球经济形势不景气的时期，这种人力市场上的供需矛盾会更为紧迫。但另一方面，随着企业内迁，由于内地的综合基础设施建设(如物流)并未成熟，从而导致成本优势并不明显，并且内迁企业在短期内也会碰到相应的一些问题，如不容易招到流动工，本地员工管理难等问题，从而企业需要在制定战略时权衡此类问题对企业经营带来的影响。

4）性别结构

衡量社会中性别结构的一个指标为出生人口性别比，即，每出生 100 个女婴的同时有多少个男婴出生。通常认为，出生人口性别比介于 103 至 107 之间属于正常范围。2021 年公布的第七次全国人口普查结果显示，我国男性人口为 72334 万人，占 51.24%；女性人口为 68844 万人，占 48.76%。总人口性别比为 105.07，与 2010 年相比略有下降。出生人口性别比为 111.3，较 2010 年下降 6.8。我国人口的性别结构持续改善。国家统计局近几年公布的数据显示，我国的出生人口性别比尽管有所下降，但仍处于较高水平，表明在未来相当长一段时间内，性别比例失调在我国仍是一个严峻的问题。性别比例失调不仅会影响社会中的婚姻问题，还会引起其他一系列的社会问题，如医疗、教育、劳动力、社会稳定、价值观变迁等。这些因素均会对企业的经营活动产生间接的影响。

2. 受教育水平

我国把科教兴国作为一项基本国策以来，教育事业得到了切实的发展。从大力普及九年义务教育到高等院校的扩招，从全日制的中专、技校到各种门类的函授、远程教育，多种多样的教育形式可以满足不同层次受教育者的需要。教育层次的提升也对消费者的购买行为产生了影响：他们的鉴赏能力、生活品位都将随之发生改变，迫切需要一些张扬个性、突出内涵而又质量上乘的商品来满足他们的需求，同时，整个社会人员素质的提高也将保证企业的人力资源需求，提升企业的竞争能力。例如，华为集团是一个巨大的集体，截至 2023 年年底，其全球员工总数超过 20.7 万人，遍布 162 个国家和地区。其中，在海外聘用的员工总数超过 3.7 万人，而且素质非常之高。华为新入职员工基本都是名牌大学的本科以上毕业生，这就为企业的快速发展注入了新鲜的血液，使华为成为国内及国际同行业中的佼佼者。

3. 生活观念

经济的发展和社会的进步使人们的生活方式、思维观念发生了改变，人们对于饮食和穿着的要求日益多样化。近几十年来一个主要的社会倾向是健康意识的觉醒，人们开始青睐纯天然无污染的绿色食品。

在当今的服装市场上，从既健康又美观的角度出发，消费者更加偏爱"纯棉""羊毛""丝麻"制品，而像以前的腈纶材料逐渐淡出视野。休闲服是近几年越来越受欢迎的款式，它十分注重消费者的个性与文化，能体现他们的品位甚至当时的心情，这就是当今消费者对服装最真实的心理。同时对于高档消费品的需求也在持续上升，"到中国去"这样的口号开始在全球奢侈品牌中流行，当 LV、DIOR、CHANEL、GUCCI 等世界顶级奢侈品不断冲击我们眼球的时候，爱美的女性宁愿将一个月甚至几个月的薪水投入这些奢侈品上。

4. 风俗习惯

风俗习惯是各个国家、地区或者民族所特有的，尊重不同群体的风俗习惯是我们每一个企业必须注意的细节。在中国传统的节日里，元宵节吃元宵，端午节吃粽子，中秋节吃月饼，以及一年一度的春节要大力置办年货，这些风俗习惯都是代代流传下来的，也为企业带来了无限的商机。而西方国家的风俗则不尽相同，在他们看来，最隆重的节日就是每年 12 月 25 日的圣诞节，他们也会为此购买圣诞树、圣诞卡等节日礼物，所以企业的管理者在制定战略时必须要注意社会文化环境的影响。

教学案例

从右往左看

萨姆在美国一家驻中东的广告公司工作。他设计的一则甜饮料广告真是棒极了，可是他却因此丢了饭碗。

朋友不解地问："你是怎么设计的？"

萨姆回答："我用三块图板加以说明。第一块板上是一个人站在沙漠中，大汗淋漓；中间的板子是他把我们的饮料一饮而尽；第三块板上是他神采奕奕，笑容可掬。"

朋友问："这很好嘛！"

萨姆回答："可是我并不知道阿拉伯人是从右往左看的。"

5. 文化传统

社会文化传统是一个国家和民族经过长期历史积淀而逐渐形成的包括思想认识、行为方式、价值取向、思维方式等的综合体，通常情况下，它具有持续性和很强的稳定性。例如，我们国家是拥有五千年灿烂文化的文明古国，自古以来形成了勤劳、勇敢、吃苦耐劳的品格，尤其是在儒家思想的影响之下，尊奉"中庸之道"，崇尚礼尚往来，重视亲情、友情，家庭观念强烈，这些因素都会潜移默化地影响员工在企业中的工作表现，所以，企业在制订工作计划、薪酬计划、晋升制度以及职位的选择和安排上，都必须认真考查员工的内在特质。当今绝大多数企业都根据我国传统文化的特征，并且结合企业自身的特点进行"企业文化的重塑"。海尔集团提出"敬业报国，追求卓越""人人是人才，赛马不相马""明天的目标比今天更高"，使海尔的发展与海尔员工个人的价值追求完美地结合在一起，每一位海尔员工都将在实现海尔世界名牌大目标的过程中，充分实现个人的价值与追求。

此外，全球化在给中国企业带来机遇的同时也带来了挑战。东西方在文化上的差异对企业的经营和发展造成了很大的影响。为了避免文化差异较大给企业带来的管理和经营上的不便，许多跨国公司在进驻其他国家时，通常会聘用当地的管理者来管理企业，以便于处理文化差异方面的问题。例如，在韩国经营的企业必须了解，他们的价值观是等级次序、形式、自我约束以及责任，而不是权利，其经营方式强调和谐；中国强调关系；而日本则强调集体及团队的协作。

全球化使得传统的行业界限变得越来越模糊。在现代企业中，速度、便利、创新和特色已成为新的竞争利器，更快更好地满足顾客的需要显然可以赢得更多的购买群。如就文化环境而言，比利时有一个地毯商在地毯上镶嵌了一个指针，无论在哪里、无论怎么平放这块地毯，指针一直指向圣地——麦加城方向，结果畅销整个阿拉伯世界。可见，社会文化环境因素对企业战略有着重要的影响。

(三)自然环境

自然环境是指环绕人们周围的各种自然因素的总和，如大气、水、植物、动物、土壤、岩石矿物、太阳辐射等，这些是人类赖以生存的物质基础。人类是自然的产物，而人类的活动又影响着自然环境。

环境恶化曾是我国面临的一个重大的、急需应对的问题，它迫使我国经济结构向资源消耗较低的方向调整。为应对气候变化，我国作出"二氧化碳排放量力争于2030年前达到峰值，努力争取在2060年前实现碳中和"等庄严的目标承诺。以"碳达峰""碳中和"为目标导向，可以使我国更加坚定地构建新发展格局，推动绿色行业发展。有关机构预测，"零碳中国"将催生再生资源利用、能效提升、终端消费电气化、零碳发电技术、储能、氢能和数字化七大投资领域，撬动 70 万亿元绿色行业投资机会。

综上所述，我们不难发现，中国所面临的将是更为激烈的竞争环境，经济全球化、技术信息化、社会饱和化以及知识经济时代的来临，都要求企业形成全球化思维与行动，跟上互联网时代，密切关注消费需求的变化并且成为学习型组织。如何在构建以国内大循环为主体、国内国际双循环相互促进的新发展格局的大环境中求得生存与发展，是每一个企业需要认真思考的问题。

同时，我们必须清醒地认识到，每个企业面对的环境是等同的，企业无法改变它，只能积极主动地去适应。总体环境对企业的影响往往是潜在的、间接的，要在比较长的时间内才显现出来，但它对企业的影响要比行业变量和企业内部变量更为广泛和深刻。所以我们必须抓住分析宏观环境的几个关键点：哪些环境因素正在影响组织和行业规模、结构与竞争状况？在当前哪个因素的影响更重要？未来几年呢？只有这样，企业才能真正了解自身所处的形势，从而有利于其长远的发展。

(四)经济环境

经济环境是指一个国家或地区的经济制度、经济结构、物质资源状况、经济发展水平、消费结构与消费水平，以及未来的发展趋势等状况。衡量这些因素的经济指标有国内生产总值、价格指数、消费模式、居民可支配收入、利率、汇率等国家货币和财政政策。

与政治法律环境相比，一个国家的经济状况能够影响到具体行业和企业的表现，所以经济环境对企业的生产经营活动有着更直接、更显著的影响。构建国内国际双循环相互促进新发展格局是当今时代的重要特征。这种情况下，我国企业面临着前所未有的挑战，同时也获得了极大的发展机会。

1. 经济增长率

经济增长率是指一个国家或地区在一定时期内经济增长的速率。一个国家的经济增长率是这个国家企业整体运行状况的集中和直接反映。一般来说，在宏观经济大发展的情况下，市场扩大，需求增多，企业的发展机会多，从而企业的赢利情况好；反之，在宏观经济低速发展或停滞倒退的情况下，市场需求增长很小甚至不增加，在这种情况下，企业发展机会也就少，基本生存都无法得到保障。

2. 可支配收入

可支配收入是指可以自由支配的收入，包括工资收入、经营性收入、财产性收入、转移性收入等。可支配收入决定了社会和个人的购买能力，从而决定了潜在市场容量。可支配收入的支出模式是指消费者将其收入用于购买不同产品和服务的比例。例如，20 世纪 80 年代初期，由于欧美劳动力成本上升，世界电视业面临着一次大的生产基地转型，主要把目光投向欠发达地区以获取廉价劳动力，在进行了一系列考察分析之后，美国电视企业认为中国经济发展刚刚恢复，个人可支配收入很小，在短期内无法形成一个庞大的电视机消费市场，于是放弃了进军中国。而日本电视企业却认为尽管中国个体的可支配收入很小，但是家庭可支配收入大，特别是站在东方人的视角，中国人家庭观念浓厚，喜欢热闹的家庭氛围，于是判断中国在短期内会形成一个较大的电视机消费市场。于是，以日立、东芝、三洋为代表的电视机厂商纷纷涌入中国，在随后十几年的时间里，日本的家电品牌在中国市场上占据着重要的席位。

3. 利率和汇率

利率是指一定时期内利息额与借贷资金额(本金)的比率。利率决定了消费者对产品的需求量。如果顾客是通过周期性的贷款来购买企业的产品,这时,利率的影响就特别大。当利率较低时,消费者愿意通过借入资金来购买产品,此时,所需的利息相对较少;而当利率较高时,很多消费者就不愿意通过贷款来提前消费,因为此时他们需要付出较高的利息,增加了购买成本。房地产、汽车行业是这方面的典型。消费者通常是通过按揭的方式来购买房产或汽车,利率的高低直接影响了消费者的决定。人人都希望以较低的价格购买到心仪的产品,所以在低利率的情况下,更有利于这些产品的销售。此外,利率还对资本设备的销售有重大的影响。对于这些行业中的产品,利率上升构成威胁,利率下降则会出现机会。

利率还影响到公司的资本成本以及筹资和投资于新资产的能力。利率越低,资本成本越低,公司越有机会进行投资。

汇率又称外汇利率或外汇行市,是指两种货币之间兑换的比率,亦可视为一个国家的货币对另一个国家货币的比率或比价。汇率决定了不同国家间货币的相对价值。对于全球性的大企业来说,汇率的变化直接影响着公司产品在国际市场上的竞争力。例如:1985—1995年,美元相对日元贬值,从1美元兑换240日元下降到85日元,急剧抬高了进口日本汽车的价格,为美国的汽车制造业提供了一些保护。

4. 通货膨胀与通货紧缩

通货膨胀是指因货币供给大于货币需求,导致货币贬值,从而引起一段时间内物价持续而普遍上涨的现象。通货膨胀造成了社会秩序的混乱,影响了社会经济的正常运行,带来了利率的升高和汇率的波动,同时它会破坏本国出口公司的竞争能力,鼓励从国外输入商品,以较低价格在国外购买商品,然后按较高价格在国内销售,使本国资本流往国外。而对于企业来讲,企业可能完全无法预估近几年间投资的真实回报率,这种高度的不确定性使企业不敢"铤而走险",这也会引起经济活动收缩,并最终导致经济陷入低谷。

通货紧缩是指货币的发行量小于流通中所需的货币量,从而引起物价下跌的现象。通货紧缩是我国自1997年宏观调控措施奏效,经济成功地实现"软着陆"以来,面临的又一个全新课题。一般而言,通货紧缩表现为大多数商品和劳务的价格普遍下降。通货紧缩作为与通货膨胀相反的现象,其后果是严重的,它往往与经济衰退相伴。这时,表现为商品供给超过需求,总需求持续不足,物价持续下降。通货紧缩一旦形成,又会不断加重,形成恶性循环。市场萎缩,投资风险加大,投资需求全面下降;消费疲软,产品相对过剩;居民收入下降,失业增加,进一步会导致经济衰退。

可见,通货膨胀和通货紧缩都会给经济带来不利的影响,都应该引起企业高度的重视。

(五)科技环境

企业的科技环境是指企业所处社会环境中的技术要素以及与该要素直接相关的各种社会现象的集合。它包括新产品的开发情况、知识产权与专利保护、技术转移与技术换代的周期、信息与自动化技术的发展情况、整个国家及企业研发资源的投入比例等。

科学技术是第一生产力，它往往对经济和企业的发展带来根本的、彻底的、全面性的变革，是推动社会发展的强大动力。企业领导者必须高度重视技术环境的变革给企业带来的影响，对于新技术、新工艺、新能源、新材料的开发及新质生产力的研究必须给予高度的重视，争取在最短的时间内转化为企业的生产力，从而给企业带来经济效益，给国家带来可观的社会效益。举例来说，杰克·韦尔奇认为互联网作为一种重要的新技术会给企业带来巨大的变化，包括与顾客、供应商以及企业员工的关系，对于供应商，韦尔奇只给他们 18 个月的时间学习进行网上供应所必需的技术，"那些满足不了的将被排除在外"。

当然，先进的技术给企业带来的影响也具有两面性。技术的变革可能降低许多行业的进入壁垒，降低顾客的转移成本，这将导致竞争的加剧。因此，高层管理者在制定自身战略时必须同时考虑到它所带来的机会和威胁。

教学热点

ChatGPT 将引发一场技术革命？

ChatGPT 是美国人工智能研究实验室 OpenAI 于 2022 年 11 月 30 日推出的一种由人工智能技术驱动的自然语言处理工具。ChatGPT 使用了 Transformer 神经网络架构——这是一种用于处理序列数据的模型，不仅拥有语言理解和文本生成的能力，更重要的是，它还会通过连接大量的语料库来训练模型，由于这些语料库包含了真实世界中的对话，使得 ChatGPT 具备了与人互动交流的能力。

ChatGPT 不单是聊天机器人，它还能完成撰写邮件、文案、代码，编辑视频脚本和翻译等任务。

TikTok 推出 9 个月后，用户数量达到了 1 亿人次；Instagram 在推出 30 个月后也到达了这一里程碑；而 ChatGPT 自 2022 年 11 月推出后，仅花了 60 天时间，活跃用户人数就超过了 1 亿人次。

ChatGPT 受到了全世界人民的关注，人们开启了一场关于人工智能的严肃思考。

ChatGPT 本质上是一种基于上文预测下文的大规模语言模型。ChatGPT 有可能影响多个行业领域，比如基础的客服行业、归纳性的文字编辑工作、动画建模行业、美工行业、翻译、低级代码开发以及提供基础咨询服务的行业等。可以预想，创造性较低且基于大量行业知识或训练就可以完成的工作会受到更大的冲击。

ChatGPT 的成功，标志着从以专用小模型训练为主的"手工作坊时代"到以通用大模型预训练为主的"工业化时代"的人工智能研究范式的转变，这一转变具有十分重要的意义。通过使用先进的算法架构，尽可能多地采集数据，汇集大量算力，再利用集约化的训练模式，最终得到的通用大模型可在广泛的应用场景下，通过极低代价的模型微调来实现高性能的任务适配，使人工智能技术的强大能力更好、更有效地应用到各个场景里面，从而大大降低开发成本，加速行业发展。

ChatGPT 在实现通用化人工智能的道路上迈出了坚实的一步。未来，可以期待我们在知识推理、多模态感知和认知、基于真实环境的认知决策等方面产生新的突破。首先是多模态通用人机对话模型。从婴幼儿开始，人类就是在图、文、音等多模态的环境中通过交互的方式实现认知和学习的，因此，通用文本对话模型必将进阶到通用多模态对话模型。突破单模态和双模态，实现图、文、音等更多模态的通用人机对话模型是人工智能融入现实世界的必然。其次是连接现实世界的认知决策模型。多模态通用人机对话模型不仅可以实现对真实世界的感知和认知，而且要努力实现决策这一通用人工智能的终极目标。如何让智能体具有从感知、认知到决策的一体化能力，这是未来人工智能研究的必然趋势。

ChatGPT横空出世一年左右，OpenAI于2024年2月16日又发布了人工智能文生视频大模型Sora。Sora为需要制作视频的艺术家、电影制片人和学生带来了无限可能，这标志着人工智能在理解真实世界的场景并与之互动的能力方面实现了飞跃。

无论如何，在通往未来智能世界的道路上，ChatGPT与Sora已经写下了精彩的一笔，也点亮了更多的可能。人工智能研究距离终极目标还有很远的路程，但人类正在朝着光明前景的快速道上大步前进！

(资料来源：本书作者整理编写。)

三、行业环境分析

(一)行业环境分析概述

如前所述，企业战略制定所面临的外部环境包括宏观环境和行业环境。上面着重介绍了宏观环境对企业战略的重要性，下面将着重对企业运行的产业环境中的行业环境进行分析。

产业一词最早由18世纪50年代法国资产阶级的重农学派提出，特指农业。在人类迈入资本主义大生产时代后，产业主要指工业。此后产业经济学中将产业定义为"从事国民经济中同一性质的生产或其他社会、经济活动的企业、事业单位、机关团体的总和，即在社会分工条件下的国民经济各部门"。产业按产品性质划分，可以分为第一产业(农、林、牧、渔)、第二产业(采矿业、制造业、电力、燃气、建筑业等)和第三产业(除第一、二产业以外的其他产业，包括交通运输、计算机服务、零售、餐饮、金融、房地产行业、社会福利业、文体娱乐业等)。

虽然产业与行业的英文都是industry，但是两者的中文意思有很大的区别。行业的概念是包含在产业之下的，也就是说，产业是由行业组成的。所谓行业，一般指按生产同类产品或具有相同工艺过程或提供同类劳动服务划分的经济活动类别，如饮食行业、服装行业、机械行业等。行业是根据人类经济活动的技术特点划分的，即按反映生产力三要素(劳动者、劳动对象、劳动资料)不同排列组合的各类经济活动的特点划分的。只有了解行业的结构体系，才能够解释行业本身所处的发展阶段及其在国民经济中的地位，分析影响行业发展的各种因素以及判断对行业的影响力度，预测并引导行业的未来发展趋势，判断行业投资价值，揭示行业风向，为各组织机构提供投资决策或投资依据。

行业环境有时也被称为企业所面临的微观环境。与宏观环境的影响相比，行业环境对企业的影响作用更为直接、明显和具体。企业的行业环境由供应商、分销商、竞争者、顾客、政府、金融服务中介、贸易协会等因素和力量组成。

由于组织的生存与发展要求组织与环境相匹配，因此组织的行为与绩效必须要满足行业环境所提出的多方面要求。组织必须能够满足股东、政府等所有者的期望，例如对于组织在利润、社会责任等绩效方面的要求；能够比竞争者更好地满足顾客需求的产品或服务；

能够符合社会对其法律和道德的要求；能够为其员工提供具有吸引力的工作；以及能够满足其他重要利益相关者的需要。为了满足这些要求，企业首先就应当对这些行业环境力量有明确的认识。

(二)行业生命周期分析

行业生命周期是分析行业演变对竞争力量影响的有效工具，它将行业的演变划分为四个连续的阶段：萌芽阶段、成长阶段、成熟阶段和衰退阶段，分别对应四种不同的行业环境，如图3-2所示。

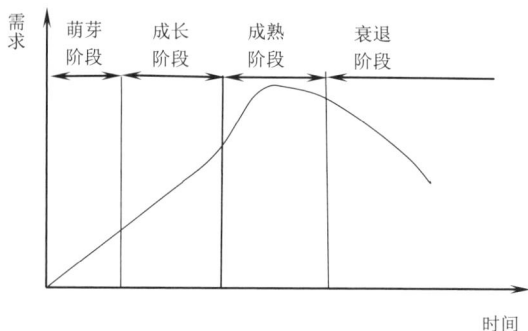

图3-2　行业生命周期模型

1. 萌芽阶段

萌芽阶段的行业是刚刚开始发展的行业，在这一阶段，行业成长较慢，这是因为购买者不熟悉行业的产品，企业无法实现规模经济导致高价格、分销渠道发展不完善。在这一阶段，行业的进入壁垒来自掌握技术上的诀窍而不是规模经济所要求的成本或品牌忠诚。如果进入行业所需要的技术诀窍非常复杂、难以掌握，则进入壁垒将相当高，现有的企业也因此受到保护。在萌芽阶段，竞争主要在于如何更有效地吸引顾客、打开分销渠道、完善产品设计，而不是降低价格。

2. 成长阶段

随着产品需求的上升，行业开始进入成长阶段。在成长阶段，由于大量新顾客涌入，首次消费需求增长迅速。成长阶段的典型特征是顾客对产品逐渐熟悉，经验曲线和规模经济的效应令价格下降，分销渠道也成熟起来。一般来说，当行业进入成长阶段后，技术知识作为壁垒的重要性已经消失。但几乎没有一家企业已经实现规模经济或建立了品牌忠诚，行业进入壁垒也不是很高。因此，在这一阶段，来自潜在竞争者的威胁最大。

3. 成熟阶段

在这一阶段，市场充分成熟，需求完全来自产品更新，需求增长缓慢或者没有增长，增长仅仅来自人口增加为市场带来新的顾客或更新需求的增长。行业进入成熟阶段后，进入壁垒开始提高，潜在竞争者进入的威胁变小了。随着需求增长的下降，企业已经不可能仅凭现有的市场份额实现过去那样的增长。此时，争夺市场份额的竞争开始了，这会导致价格下降，结果常常是价格战。企业为了生存，专注于成本最小化和建立品牌忠诚。进入成熟阶段，行业中的企业已经建立了品牌忠诚，实现了低成本运营。这些因素构成了重要的进入壁垒，潜在竞争者进入的风险大大降低。

4. 衰退阶段

在此阶段，在诸多因素的作用下，需求增长变成负数。原因可能是技术替代、社会变革、人口因素和国际竞争。在衰退行业中，现有企业间的竞争会加剧，主要原因在于需求下降导致产能过剩。退出障碍也是影响过剩产能的因素之一，退出障碍越大，公司越不愿意削减产能，价格竞争的威胁也就越大。

企业需要分析和判断行业所处的发展阶段，把握各个阶段的关键要素，分析和把握发展机会和威胁。

对行业进行分析的最重要理论是迈克尔·波特所提出的行业中五种竞争力量模型(简称五力模型)和战略群组分析模型。

(三)行业竞争结构分析：五种竞争力量模型

迈克尔·波特认为，"行业是由多个企业构成的一个团体，这些企业生产的产品几乎可以相互替代。"在十几年的教学生涯，特别是给 MBA 和总裁班讲述课程的经历中，波特对行业组织经济学和竞争战略有了很多的研究，1980 年他出版了《竞争战略——分析行业和竞争者的技术》，并在该书中提出了对行业进行分析的五种竞争力量模型。与之前众多战略分析工具相比，他所提出的分析工具完成了从学院派到实践派的跨越。从理论层次到可操作层次的跨越。其中，开篇的五力模型为经理人制定企业战略策划方案提供了一个可执行的指导方针。

波特提出，在行业层面，如果某行业竞争异常激烈，或接近一种经济学上完全竞争的状态，那么这个行业的利润水平就会降低，资本回报率低于购买国债的利率或者其他完全竞争行业的平均水平。这样，本行业的部分企业就会转投其他竞争相对较小的行业以维持较高的资本回报率。由此可见，在一定程度上，行业竞争水平决定了行业内企业的绩效，分析竞争力量也就是一个非常关键的因素了。

五种竞争力量模型的五种竞争力量或因素分别是潜在新进入者的威胁、行业内现有竞争对手之间的竞争、替代商品或服务的威胁、购买方的讨价还价能力、供应商的讨价还价能力(见图 3-3)。这五个方面力量的综合作用决定了行业竞争的强度以及行业利润率。

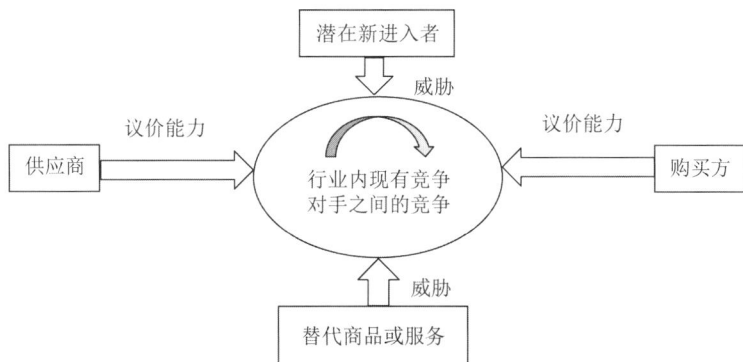

图 3-3　行业分析的五种竞争力量模型

1. 潜在新进入者的威胁

新进入者固然会给行业带来新的血液，使行业更具活力，但是对行业中的在位者而言，新进入者会带来两方面的挑战。第一，面对既定的市场需求，新进入者会导致企业之间的竞争加强，在位者的市场份额可能会受到挤占，而且产品的价格也会出现下降的趋势；第二，随着行业中竞争者数量的增加，行业对原材料的需求可能增加，从而导致原材料价格上涨，企业生产成本也会随之增加。

新进入者进入的可能性取决于进入壁垒和在位者报复的可能性。如果进入的壁垒越高，遭受报复的可能性越大，那么新进入者进入该行业的可能性也越低；如果进入的壁垒越低，遭受报复的可能性越小，那么新进入者进入概率就越大。

1) 进入壁垒

进入壁垒可以由规模经济、产品差异化、资金需求、转换成本、分销渠道的获得、与规模无关的成本劣势以及政府政策而形成。

(1) 规模经济。规模经济是指在一定的范围内，随着产量的增加，平均成本不断降低的现象。如果在位者拥有较大的市场份额，那么它便可能会有规模优势，从而具有低成本的优势。这样，在位者就有能力采用较低的价格来抵制新进入者的威胁。而新进入者在进入行业的初期很难大规模生产和销售，较难获得规模经济，因此当其与在位者竞争的时候，不得不面对成本方面的劣势。如果新进入企业不具备强大的资金支持、渠道支持和营销经验支持等其他方面的优势，那么它就很难在具有明显规模经济的行业立足，例如汽车、石油化工、移动通信和电力等行业。

(2) 产品差异化。当行业中的在位者已经创造出了某种重要的差异化产品，例如品牌识别度和品牌忠诚等重要品牌资产的优势，那么在位者就可以利用产品差异化来阻止新进入者进入。正因为存在产品差异化，新进入者要想把顾客从在位者那里吸引过来，就必须在产品设计、渠道整合和广告促进等方面花费巨大的人力、物力和财力。比如苹果平板电脑因其独特的设计和操作系统，很难被模仿，其品牌也具有高度的识别度和品牌忠诚度，消费者也相信苹果品牌能够为其带来独特的价值。由于苹果公司的产品和其他竞争对手的产品有很大的差异度，对于那些新进入者而言，要想克服这种产品差异化的优势是十分困难的事情，从而形成了进入壁垒。

(3) 资金需求。资金需求形成的进入壁垒是指进入该行业不仅需要大量的资金，而且要承担极高的风险。例如为了建立工厂而购置的机器、厂房、土地、设备等固定资产，就需要巨大的资金投入。除此以外，在物流(库存周转、运输)及营销(如广告、渠道)方面也会面临巨大的资金需求。新进入者可能会因这种巨大的资金需求而打消进入该行业的想法。另外，如果资金投入较大，而且有较大的风险，那么新进入者也会衡量投入风险与收益之间的关系。

(4) 转换成本。可以从企业和顾客两个角度来阐述。从企业角度来看，如果进入一个行业要求企业对其现有的资源和能力的拥有和配置状况作出较大的调整，那么这种要求就会形成对新进入者的较高转换成本。例如，当企业进入一个新的领域时，可能会面临转变供应商的问题，可能会引发企业需要承担因此而发生的时间成本、对新工具测试产生的成本、对员工进行培训产生的成本、因员工认知困难产生的成本、转换供应商而引发的人际关系成本等。从顾客角度来看，转换成本是指顾客如果放弃现有的产品或服务，寻找新的产品或服务时所花费的经济成本、时间成本和情感成本，这也是构成企业竞争壁垒的重要因素。

(5) 分销渠道的获取。即使是新进入者不存在生产和顾客上的考虑，如果其产品的销售必须依赖于现有的分销体系才能实现，那么新进入者就有可能在这方面遭受进入壁垒。

教学案例

加多宝与王老吉渠道血拼，施压一线销售系统

2012年8月20日和8月31日，仅相隔10天，王老吉与加多宝的终端推广人员已先后在南昌和苏州发生了两起暴力冲突事件。在品牌更迭、旺季来临的背景下，这种冲突可能越发剑拔弩张。

当年王老吉进入市场的渠道，主要是广药比较熟悉的医药渠道和超市渠道，而加多宝真正的核心渠道和核心市场——餐饮渠道，王老吉涉足较少。餐饮渠道是加多宝的主要销售渠道，王老吉要进入餐馆渠道将会面临很大的阻力。

另外，城市餐饮渠道的运作都被大的经销商掌控着，这些大的经销商一般都在早期与加多宝建立了很好的合作关系，因此王老吉想进入大经销商体系是有难度的，除非这些经销商与加多宝决裂，否则王老吉将付出非常昂贵的代价。这个代价对于新进入品牌来说将是巨大的。再者，在经销商层面，从市场反馈和操作原则来看，加多宝和经销商的合作时间比较长，每个经销商和加多宝在感情上有很强的联系，毕竟凉茶市场是加多宝和他们一起做起来的，因此有共同的话语和情感纽带。另外，由于多年的品牌经营和合作，经销商和加多宝之间存在很多未尽的市场利益，如各种市场费用报销和处理，断然中止与加多宝的合作，其代价比较高，而且会背上不好的名声，对于经销商来说存在名誉和利益的双重损失。

这种排他的渠道拦截，使得广药在推动王老吉凉茶的全国化发展时，面临很大的渠道压力，进入各个市场都会面临加多宝的抵抗。

(资料来源：本书作者整理编写。)

(6) 与规模无关的成本劣势。在一些情况下，即使新进入者能够达到规模经济，但其仍有可能面临一些与规模无关的成本劣势。例如，在位者拥有某种独特的生产技术而使得其生产成本较低，其更接近生产原材料的供应地而获得较低的原材料成本，其地理位置更接近销售市场而获得销售上的成本优势，政府补贴而使其可以承受利润上的损失以及因其在生产和销售等方面的经验而获得的学习曲线效应等。新进入者要想在行业中生存，就必须通过其他方式来抵消这些与规模无关的劣势。

(7) 政府政策。政府会根据国家宏观经济情况制定与行业准入相关的各种政策，比如牌照发放、行业准入标准，这些政策会对行业内的在位者形成强有力的保护，而对于新进入者来说，要想进入该行业开展竞争的壁垒会非常高。在某些行业，例如与稀缺资源、国家安全、政府保护相关的行业，对新进入者的要求几近苛刻，甚至是完全禁止。

2) 在位者报复的可能性

正如在分销渠道获得中所提及的那样，新进入者进入某个行业的意图还应当考虑行业中在位者的反应。如果预期在位者对新进入者会作出迅速而且强烈的反应，则新进入者进

入该行业的可能性就比较小。可以预期的是，当在位者的资产专用性很高、现有行业的增长缓慢时，在位者作出报复的可能性就比较大。在位者可能采取的反制措施包括：降低价格，让新进入者无利可图；与渠道商形成战略联盟，排挤新进入者。在位者实力强大，具有强大的流动资金或信贷能力，对分销渠道和客户的影响力巨大，其对新进入者采取报复行为的可能性也就越大。

2. 行业内现有竞争对手之间的竞争

行业内现有竞争对手之间的竞争是五力模型中竞争最为激烈，也最为直接的一种。竞争对手之间常采用的竞争方法有价格战、广告战、新产品推介和加强对消费者的服务和产品的保修等。只要一个企业感受到威胁或者看到竞争的巨大商机，企业之间的竞争之战便会打起。例如在中国，从当年生产商的彩电大战，到现如今的电商大战，无一不利用价格战争夺市场；电子产品更新换代如此之快，企业比竞争对手慢了半拍就可能惨遭淘汰；制造业服务化的趋势也是如火如荼，企业继续奉行顾客导向的原则，加强对顾客的服务。

在下列条件下，行业内企业之间的竞争将会增大。

(1) 有众多势均力敌的竞争者。经济学中关于完全竞争的一个假设就是有大量的卖家，在有众多势均力敌的竞争者时，其实就是一种接近完全竞争的状态，此时众多竞争者的利润水平较低，总会有一些企业认为，如果采取一定的竞争策略，扩大市场份额，打破原有约定俗成的规则，而且其他竞争对手并不会跟进，那么它们就可能获得高额的利润。但通常情况下，其他竞争对手也会密切注意企业的行为，并及时采用跟进的战略，结果使得整个行业的利润仍维持在一个较低的水平，甚至有可能进一步降低行业利润水平，使行业情况恶化。在一些非垄断行业，如家电、日化、食品等行业均存在众多的势均力敌的竞争者，因此这些行业中的竞争相对激烈。

(2) 行业增长缓慢。当某个行业进入生命周期中的成熟期甚至衰退期，整个行业的增长将非常缓慢。面对有限的和无法进一步扩张的市场，为了寻求新的突破，企业只有采取行动希望从其他现有企业那里争夺一些份额，而当其他企业也采取同样的行动或对此作出回应时，竞争就会加剧。而在新兴行业，情况会有所不同。例如 20 世纪末的互联网行业，增长非常迅速，不仅对行业内在位者来说存在很大机遇，而且对新进入者而言，仅存在较低的进入壁垒，在这一阶段企业可以充分利用自己的资金和资源，企业之间的竞争通常不会太激烈。

(3) 成本结构。如果企业经营的固定成本占总成本的比例很大，那么为了分摊这些成本，企业就有动力来最大化地利用其生产产能，从而以较大产量来分摊成本，这样的做法就有可能导致整个行业的产能过剩。比如说钢铁行业，企业为了市场份额、为了生存就会采取降价行为，这样必然会导致各家的恶性竞争，从而使行业利润降到非常低的程度。另外，如果库存成本较高，那么企业通常也会想办法来提高产品的周转速度，例如通过降价的方式来尽快将产品销售出去，从而维持较低的库存水平。如果行业中的每个企业均如此，这样的情况也会导致竞争程度的加剧。

(4) 产品缺乏差异化或转换成本较低。当行业中各个企业所提供的产品差异化程度较高时，购买者能够接受最能满足其差异化需求的产品，并且容易形成品牌偏好与忠诚。但是，如果行业中的产品缺乏差异化，那么购买方无法依赖产品差异化的价值进行选择，只能依赖价格和附加的服务进行判断，继而企业更有可能在价格和服务上进行激烈的竞争。

(5) 行业总体生产能力的上升。在技术进步的推动下，生产效率的提高，也会增加生产量，打破原有供求平衡状态。生产过剩，会导致与固定成本较高时同样的结果——竞争加剧。

(6) 来自不同背景的竞争者。由于竞争者背景各异、战略不同、企业文化不同，导致行业内各企业之间缺乏目标的一致性，极有可能使竞争不断加剧。有的企业为了争夺市场份额，在强大财力的支持下，即使短期亏损也要压低价格争夺市场；有的企业为了打造品牌，会进行大量的广告宣传；有的企业为了争夺渠道，不断让利给中间商和零售商。企业的这些行为无疑会加剧竞争的激烈程度。另外，如果有外国竞争者加入，行业竞争将会变得更加不可捉摸。

(7) 较高的退出壁垒。如前所述，诸如固定成本较高这样的因素会导致企业有动力利用规模经济提高产量来分摊较高的固定成本，从而引发行业内的激烈竞争，但是如果这种固定成本(例如生产机器和设备)仅能用于该行业的产品生产而无法用于其他行业，就为企业退出该行业竞争形成了较高的退出壁垒。因此，当面对较高的退出成本时，即使经营不善的企业也更愿意继续留在本行业而不会退出竞争，这样势必会进一步加剧行业内企业的竞争。

一些具有战略意义的关联关系也会导致企业继续留在行业中进行竞争，例如某些战略业务单位与集团企业中的其他业务单位之间存在较高的业务关联(如共同的生产成本和营销成本)，如果该业务单位退出竞争，则会影响其他业务单位在市场中的竞争绩效，那么尽管该业务单位面临着低利润的风险，也很难作出退出该市场竞争的决策。情感方面的壁垒，尤其是员工对企业的忠诚，也会阻碍企业转换到其他的行业。现有来自政府和社会的限制，政府会考虑失业问题和经济问题，也会干扰企业的退出行为。

通常，进入壁垒和退出壁垒是相互关联的，这两个因素的高低组合会影响进入企业的收益和风险。进入壁垒和退出壁垒的组合如图 3-4 所示。

退出壁垒

		低	高
进入壁垒	低	收入高而风险高	收益低而风险高
	高	收益高而稳定	收入高而风险高

图 3-4　进入壁垒和退出壁垒的组合分析

从行业利润的角度来看，最理想的情况是进入壁垒高，而退出壁垒低，此时既能阻挡进入者，又能在行业利润较低的时候及时退出。在进入壁垒和退出壁垒都较低时，会有大量的竞争者涌入这个行业，导致行业利润较低，但由于能够及时退出，风险相对较小。在进入壁垒低退出壁垒高时，这是最糟糕的情况，竞争者随便进入，压低行业利润，但在位者却不能够及时退出，面临较高风险。如果进入壁垒和退出壁垒都较高的话，在位者面临潜在进入者进入的风险较低，从而行业利润较高，但是由于退出壁垒较高，在位者也会面临较高风险。

3. 替代产品或服务的威胁

替代产品或服务是威胁整个行业的因素，这种威胁不单单针对行业内某个企业。产品替代分为下面三个层次：第一层次是指行业内同一产品类型，不同品牌之间的替代。这是单个企业必须关注的，以保持自己的竞争优势。比如格力空调对海尔空调的替代关系，海尔冰箱对美的冰箱的替代关系，金龙鱼对福临门的替代关系，五粮液对茅台的替代关系等。第二层次是指行业内不同产品类型之间的替代。比如家电行业，微波炉虽然是对电磁炉功能的一种补充，但同时也会对其所提供的功能形成替代。第三层次是指不同行业之间产品的相互替代。从消费者关心产品能否满足自己需要的角度来看，互联网视频网站已对电视台节目构成了威胁和替代，这种威胁和替代可能会越来越大。同样，门户网站对传统报纸行业也构成了威胁和替代。这应该是行业内所有企业都会面对的问题。

这三个层次的界限并非十分明显，但总体来说，我们更关心第二层次和第三层次的替代关系。为了应对替代产品和服务的威胁，首先，企业要识别出替代品的威胁，这些替代品是否有较高的性价比，是否正在进行广泛的营销，是否正在建立广泛的分销渠道，消费者的行为习惯是否越来越倾向于这些替代品等。其次，要作出相应的应对策略，这是发挥行业协会协调作用的最好时机，不论是整个行业的整体宣传，还是作出战略调整适应消费者需求的变化，这都需要整个行业的齐心协力。

4. 购买方的议价能力

购买方和供应商都是行业价值链的组成部分。如果这个行业价值链在运营过程中产生的价值是恒定的，那么剩余的就是该价值在行业链各组成部分之间如何分配的问题了。供应商、生产商和购买方共同对这块蛋糕进行争夺。

购买方竞争压力的主要表现形式是压低价格、索要更高质量的产品和服务。这种做法导致的结果是行业内竞争者们获得利润减少，购买方获利增加。在下列情况下，购买方有强大的讨价还价能力。

(1) 购买方集中度高或购买量大。购买方集中度高是指对行业所生产产品的购买集中在少数几个大公司，例如电网公司对电力的购买。购买量大，是指即使本行业的购买者众多，但有的购买者对本行业的销量有着举足轻重的影响，比如大型电器连锁商。在上述情况下，这些购买者拥有较高的讨价还价能力，从而削弱了整个行业的盈利水平。

(2) 购买方购买该行业产品占所购买总产品的比重较大。此时购买方的购买对于企业而言就举足轻重，他们也会认为，既然从本行业购买了大量的产品，就该要求较为优惠的价格。

购买方从本行业购买的产品都是标准化的或没有差异。既然是标准化的产品，那么购买方总能够找到可以替代的产品提供商，这无疑会使得购买方在交易中拥有较大的讨价还价能力，从而加剧产品提供商之间的竞争。

(3) 购买方的行业转换成本较小。如果购买方的行业转换成本较高，他们就不会轻易退出一个行业，那么对销售方的依赖便会增强。相反，如果转换成本较低，购买方讨价还价能力会更强。

(4) 购买方的利润很低。在业务市场中，如果购买方的利润很低，他们会对所购买产品的价格更为敏感，因而愿意为压低销售方产品价格作出更大的努力，以增加自己的利润空间。此时，由于企业的购买者对价格的敏感性较高，因此企业也不大可能从其购买者身上获得过高的利润。

(5) 购买方有较高的后向一体化倾向。一些大型零售公司，如沃尔玛和华润都建立自己的品牌，这无疑会降低生产同类产品公司的销售量，同时也会给其他产品生产商带来巨大压力，因为它释放了一种信号，如果在讨价还价中供应商不肯让步，那么它便建立自有品牌，这种倾向让购买方处于非常有利的地位。

(6) 本行业的产品或服务对购买方产品来说无关紧要。如果本行业的产品或服务对于购买方来说至关重要，例如机床加工所需要的精密仪器对于购买方而言就十分重要，因为如果这些产品或服务一旦出现问题将会对购买方造成极大的负面影响，此时，购买方在交易中的讨价还价能力不会太高。但如果本行业的产品或服务对购买方而言一点都不重要，则购买方将在讨价还价方面占据优势。

(7) 购买方掌握足够的信息。如果购买方较为了解对方的信息，不仅讨价还价能力上升，而且能够有效地应对销售方的威胁。

5. 供应商的议价能力

供应商不仅可以通过抬高价格，而且可以通过降低产品质量和服务质量来压低下游企业的利润。例如，由于供应商过于强大，国内钢铁商的讨价还价能力受限，铁矿石涨价，企业利润微薄。在以下情况下，供应商有较强的讨价还价能力。

(1) 供应行业由少数几家公司把持，集中度高。比如在采矿业，少有的几家供应商向相对较为分散的买方提供原材料，这样供应商便有较强的控制力。

(2) 供应商没有替代品的压力。如果没有替代品的压力，购买方的选择余地便很小，从而增加了供应商的影响力。

(3) 对供应商来说，所供应的行业无关紧要。如果供应商在某个行业的供应量占其全部供应量的比重较小，那么供应商便对该行业有较强的讨价还价能力。

(4) 对购买方来说，供应商的产品是重要的投入要素。正如上面提到的钢铁行业，它的生产运营离不开铁矿石，在这种情况下，钢铁行业难免会受制于它的供应商。

(5) 供应行业的产品有一定的差异性。产品的差异性会形成下游企业对供应商某种程度的依赖，因为从其他供应商获得相同性能的产品并不容易，或由于较高的转换成本使其认为更换供应商是一件不划算的事，这样就使得供应商拥有较大的讨价还价能力。

(6) 供应商的前向一体化倾向。如果存在前向一体化的可能，下游企业会担心缺少货源和竞争对手挤占自己的市场份额，供应商便在谈判中拥有优势。例如，电器生产商不依赖电器卖场连锁企业，自建渠道便是对下游企业的一种挑战。

此外，安迪·格鲁夫提出了第六种力量，即互补者。他认为，"我们也不能忽略了第六种力量，即互补者的能量、活力和能力"。互补者指的是销售能够增加产品价值的产品的企业，两者结合在一起可以更好地满足顾客的需求。以汽车生产者为例，顾客是否购买汽车，显然受到道路、停车位、汽油等的影响，如果这些要素紧缺，则必然导致养车费用过高，从而限制顾客对汽车的购买。通常互补品生产者与本企业属于"同路人"，在产品上互相支持。然而一些新技术、新方法、新工艺会影响互补品生产者的相对地位，会导致这一"同路人"与企业分道扬镳，成为竞争对手。

波特的"五力模型"与格鲁夫的"第六种力量"加在一起，深入透彻地阐述了某一特定行业内的竞争结构和竞争的激烈程度。一般来说，行业内竞争力量的影响越强，整个行业的利润水平就越低。最无情的情况是：某一行业内的竞争力量所塑造的市场环境异常紧张，导致所有厂商的利润率长期低于平均水平甚至是亏损，并且在该行业中，进入壁垒很低，供应商和消费者的讨价能力都很强，这样的行业结构显然是"没有吸引力的"。相反，如果行业内的竞争力量不是那么强大，并且进入该行业的壁垒较高，供应商和消费者都处于议价的劣势，也不存在很好的替代品，这是最理想的竞争情景。我们可以说，这样的行业是有"吸引力的"。同时，需要注意的是，这几种竞争力量是相互影响的。因此，在进行行业分析时必须考虑所有的因素，引导战略制定者系统地思考，从而尽可能地摆脱这六种竞争力量的影响，使竞争压力朝着有利于企业的方向发展，帮助企业建立强大的安全优势来规避竞争力量带来的威胁。

(四)战略群组分析

战略群组是指行业内在同一战略要素上采取相同或相似战略的一组企业。通过战略群组的划分，可以确定行业内所有战略集团诸方面的特征，揭示行业中各竞争者所占据的竞争位置，并且便于发现与公司最相近(竞争方式、策略、市场位置等相似)的竞争者，加深企业战略管理者对整个行业总体状况的了解和把握。通过战略群组分析这个基本框架，企业可以很好地分析并判断竞争对手的状况、定位以及行业内企业的盈利状况，从而更好地把握整个行业的竞争结构。

1. 战略群组的划分

尽管企业在许多方面都会有差异，但并不是所有差异都可以作为划分战略群组的标准。如果行业内各个企业基本上实施一致的战略，市场地位也比较接近，则该行业内就只存在一个战略群组。从另一个极端考虑，如果行业内每一个企业都有自身独特的经营战略，占据的市场份额、市场地位差异很大，那么每一个企业都是一个战略群组，即战略群组的数目和企业的数目是相同的。

战略群组可以看作行业的次结构。通过战略群组分析，可以更清楚一个领域中的竞争格局。透过这种次一级的结构分析，可以把行业内的竞争关系分解为群组内企业的竞争和群组间企业的竞争。

战略群组分析步骤如下。

(1) 选择重要的战略变量。

(2) 确定最有区分能力的、最重要的两个独立变量。

(3) 绘制战略群组图。

(4) 用所选的战略变量描述每一组的战略特征和收益性。

需要注意的是，在对所有企业进行战略群组划分时，以哪些特征作为划分依据是十分关键的，如果选择不当，就可能对企业产生负面影响，误导企业战略的制定。因此企业战略管理人员最好选择符合行业本身的特征，以及行业在竞争中所采取的较独特且具有决定性的关键成功因素作为划分群组的依据。比如在白酒酿造业，应考虑其酿造工艺、企业促销能力、更多的分销渠道；而在计算机行业，要更多地考虑产品的研发能力、技术领先程度、品牌价值以及价格定位。

企业的经营就如同体育运动项目，都需要找到自己的关键成功因素。例如，篮球需要一定的身高和良好的弹跳，足球需要速度和团队的配合，而棋类则需要敏锐的思维和良好的心理素质。企业作为整个行业中的一分子，必须把握所在行业的关键成功因素。一个行业的关键成功因素(KSF)是指那些影响行业成员在市场上最大限度地获利的关键因素，包括特定的战略因素、产品属性、资源、竞争能力以及影响公司盈亏的业务成果。

图 3-5 反映了酒店业中星级酒店和经济型酒店两个战略群组的对比。星级酒店以王府饭店、金陵饭店、香格里拉酒店、北京饭店为代表，强调优雅的环境、高级设施和细致周到的服务。经济型酒店则以如家、汉庭、七天、锦江之星为代表，强调交通便利、简单舒适、提供基本设施和服务。区分这两个群组的关键变量是价格和服务质量。这两个不同的战略群组虽然同属于酒店行业，但相互之间几乎没有替代关系，也没有直接的竞争关系。相反，在同一个战略群组内部，从顾客的角度来看，它们所提供的服务是完全可以相互替代的，因此它们之间必然存在着激烈的竞争。

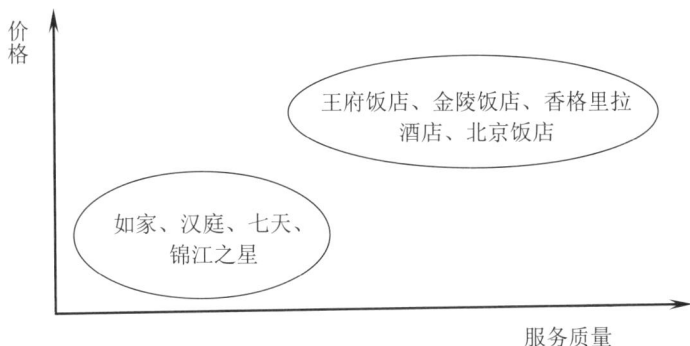

图 3-5 酒店业的战略群组图

2. 战略群组分析的意义

(1) 战略群组是行业与个别企业之间的一个连接点。从市场细分的角度考虑，每个企业都有自己的目标市场，并非每种产品都具有替代性。如果只是把一个企业作为整体来研究，便会忽略各个企业自身的风格特色；而如果把每一个企业都作为离散的点来研究，战略制定者又很难准确把握企业的定位。战略群组的概念正是用来弥补行业整体面与企业个体面分析的不足的，在行业与企业之间架起了一座桥梁。

(2) 战略群组分析可以帮助企业了解所在战略群组内各个竞争对手的优劣势和战略方向。由于同一战略群组内的企业向相似的顾客群销售相似的产品，它们之间的竞争会十分激烈，因此各个企业受到的威胁就大。正所谓"知己知彼，百战不殆"，充分地认识竞争对手，才能立于不败之地。

(3) 战略群组分析有助于了解战略群组之间的竞争情况。战略群组之间采取的战略和强调的战略因素越接近，它们之间产生竞争的可能性就越大。但是我们还应该看到，战略群组之间存在着某种"移动障碍"，即从一个群组转向另一个群组的障碍。这是因为企业对外部环境的假设和认知不同，企业内部的资源、能力、核心竞争力也存在差异，因此采用的战略战术必定具有某些配合要素，这些战略的必要配合要素便是该战略群组的移动障碍。当其他企业缺乏此种战略的配合要素时，便会阻碍其从某一战略群组转移到另一战略群组。

(4) 战略群组分析有利于企业更好地观察整个行业的态势，预测市场的变化或者发现新的战略机会。因为行业的状况不是一成不变的，各个企业的集中和分散情况也会发生变化，及时发现行业中的空缺领域，便能为新的战略群组提供机会。

一般而言，战略群组之间的距离越近，成员之间的竞争越激烈。由于行业驱动力及竞争压力的影响是不同的，对其中一些群组有利，对另一些群组则可能产生不利影响。各战略群组的利润潜力也不是一成不变的，它会随该群组所处市场位置的竞争优势而发生变化。

(五)竞争者分析

竞争者分析是一种系统地收集有关竞争者信息的过程。与宏观环境分析、五种竞争力模型分析及战略群组分析相比，竞争者分析是最微观层面上的外部环境分析。成功的战略家往往会经常检测公司的竞争对手——透视它们的战略，观察它们的优点和弱点，并尽量预测它们下一步将要采取的行动。如果一家公司不理解竞争对手的战略，不去预测它们下一步最可能采取的行动，就不可能战胜竞争对手。就好像在体育运动中一样，收集对手的情报至关重要。竞争对手采取的战略以及下一步最可能采取的行动对企业作出行动有着直接的关系——它是否需要阻止竞争对手采取行动,或者竞争对手的行动是否提供了一个新的进攻机会。因此在确定竞争对手之后，必须对竞争对手进行分析。对竞争对手的分析有四项内容：未来目标、现行战略、自我假设和能力(见图 3-6)。

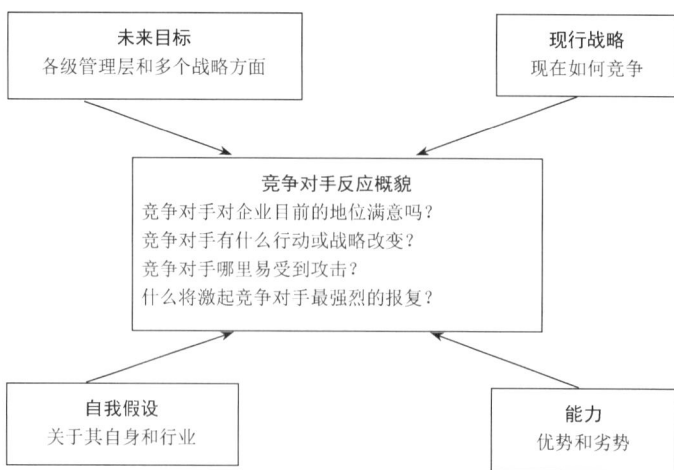

图 3-6　对竞争对手分析的内容

1．未来目标

分析并了解竞争对手的未来目标，将有助于推断竞争对手对其自身地位及财务成果的满意度，从而可以推断其改变战略的可能性。对竞争对手未来目标的分析至少应包括：

(1) 竞争对手已声明和未声明的财务指标是什么？它如何权衡协调各目标(比如获利能力、市场占有率、风险水平等)之间的矛盾？

(2) 竞争对手所追求的市场地位的总体目标是什么？是希望成为市场的绝对领导者，还是行业领导者之一，或是一般的追随者？是竞争参与者，还是希望成为后来居上者，或仅仅安于做一个积极进取的新手？

(3) 竞争对手的各个管理部门对未来目标是否具有一致性？如果存在明显的分歧甚至派别，是否可能导致战略上的突变？

(4) 竞争对手的核心领导者的个人背景及经验如何？其个人行为对整个组织未来目标的影响如何？

(5) 竞争对手的组织结构，特别是在资源分配、价格制定和产品创新等关键决策方面的责权分布如何？奖励制度如何？会计制度如何？

2．自我假设

自我假设包括竞争对手对自身企业的假设和对所处行业及其他企业的假设。自我假设常常是企业各种行为取向的最根本原因，因此了解竞争对手的自我假设有助于正确判断竞争对手的真实意图。对竞争对手自我假设进行分析至少应包括：

(1) 在公开陈述中，如何看待自己在成本、产品质量、技术等关键方面的地位和优劣势？是否把握精确、适度？

(2) 是否有某些文化上、地区上或民族性上的差别因素影响竞争对手对事件的察觉和重视程度？

(3) 是否有严密的组织准则或法规或某种强烈的信条会影响其对事件的看法？

(4) 如何估计同行的潜在竞争能力？是否过高或过低地估计其中的任何一位？

(5) 是否预测产品的未来需求和行业趋势？其预测依据是否充分？对其当前的行为决策有何影响？

3．现行战略

对竞争对手进行现行战略的了解和分析，实际上就是看其正在做些什么，正在想些什么，至少应看看：

(1) 其市场占有率如何？产品在市场上是如何分布的？采取什么销售方式？是否有特殊销售渠道和促销策略？

(2) 研究与开发能力如何？投入资源如何？

(3) 如何制定产品价格？在产品设计、要素成本、劳动生产率等因素中哪些因素对成本影响较大？

(4) 采取的一般竞争战略是成本领先战略，还是差异化战略，抑或是集中化战略？

4．能力

对竞争对手的能力进行客观评价，是竞争对手分析过程的一项重要内容，因为能力将决定其对战略行动作出反应的可能性、时间选择、性质和强度。能力分析包括以下方面。

(1) 核心能力。竞争对手在各个职能领域的能力如何？其最强能力在哪个职能部门？最弱能力在哪个职能部门？这些能力将发生怎样的变化？

(2) 增长能力。在人员、技术、市场占有率等方面有增长能力吗？财务方面、对外筹资方面能否支持增长能力？

(3) 迅速反应能力。在财务、生产能力、核心产品上是否有对竞争者的行动作出迅速反应或发动即时进攻的能力？

(4) 适应变化的能力。能否适应诸如成本竞争、服务竞争、产品创新、营销升级、技术变迁、通货膨胀、经济衰退等外部环境的风云变幻？是否存在极大的退出障碍？

(5) 持久耐力。维持一场长期较量的能力如何？维持长期较量会在多大程度上影响收益？通过对竞争对手的未来目标、自我假设、现行战略和能力的分析评价，就可以推测其行为动向。比如，将竞争对手的未来目标与现行地位相比较，就可以推测其是否可能调整战略；根据其未来目标、自我假设和能力，就可以推测最有可能作出什么样的战略变化；也可以预期可能采取的行动的强度究竟有多大；还可以推断什么事件最易挑起竞争者之间的竞争，什么行动或事件可以阻止其作出迅速有效的反应。

5. 市场信号

这里讲的市场信号与竞争对手的分析有关，是指竞争对手采取直接或间接反映其意图、目标或内部情况的行动。它是市场中信息传递的间接方式，有助于企业分析和预测竞争者的情况和制定自己的战略。

通过市场信号了解竞争对手，建立在上述对竞争对手的未来目标、自我假设、现行战略和能力已经进行调研的基础之上。将调研成果同发现的市场信号相比较，可以鉴别哪些信号是真实的意图，哪些信号是虚张声势或故意误导，从而迅速作出判断，作出正确反应。市场信号多种多样，采取何种形式主要依据竞争对手的行为及使用媒介而定。比较重要的市场信号有以下几种。

(1) 行动的提前宣告。这是竞争对手使用的正式的信息传递方式，表明它可能采取某种行动，如扩建工厂、推出新产品、调整产品价格等。这种信号有多种功能，主要是先于竞争对手占领有利地位。例如宣告自己要扩建工厂、扩大生产能力，就是希望竞争者不扩大能力；宣告自己将推出一种新型产品，就是希望竞争者不再去研究试制，也希望用户等待购买此种新产品，在新产品上市前不买其他企业的产品。行动的提前宣告也可能是一种安抚性步骤，试图使即将采取的战略改变对其他企业刺激最小，避免引起报复行动；也可能是向金融市场传递信息，以达到提高股票价格和企业信誉的目的。

(2) 行动的事后宣传。竞争对手经常在其行动(如新建工厂、新辟市场、兼并收购等)结束后才宣布，这就是事后宣传。其目的是让其他企业注意此信息而改变其行动。

(3) 对行业情况的公开评论。竞争对手公开对行业情况发表评论，如对市场需求和价格的预测、对生产能力增长的预测、对原材料供应情况的预测等。这些评论可能正是它对行业的假设，发表评论是希望其他企业在同样的假设下运作，避免因看法不一而使竞争激化。

(4) 对自身行动的讨论和解释。竞争对手经常利用某些机会来讨论或解释自身的行动，如进入某行业、降价、联合、兼并收购等。目的是希望其他企业了解其行动的原因和结果，追随这一行动或不采取类似行动，至少是能理解其行动。

市场信号的形式还有很多。研究竞争对手的历史，考察它所发布的市场信息与其实际行动之间的关系，将极大地提高判断信号真实性的能力。获悉市场信号可增进企业对竞争对手的了解，对企业制定竞争战略大有好处。认为关注市场信号会分散企业领导精力的看法是不正确的。无视市场信号就等于无视全部竞争者。

(六)价值网分析

随着信息技术的迅猛发展，消费者的需求日益多样化，这就使得社会分工更加细化，致使价值链的增值环节变得越来越多，结构也更复杂。公司的价值创造过程由基本活动和辅助活动两部分组成，这些活动在公司价值创造过程中是相互联系的，由此构成公司价值创造的行为链条，这一链条就称为价值链。价值链的不断分解，使市场上出现了许多相对独立的具有一定比较优势的增值环节。

企业在其经营活动中在应对竞争挑战的同时还应学会合作。于是，基于竞争和合作的结合，即"合作竞争"的理念，学者们提出了"价值网模型"。

1. 价值网的内涵

价值网是一种以客户为核心的价值创造体系，它取代了传统的供应链模式，以满足客户所要求的便利、速度、可靠与定制服务。价值网是由成员企业和合作伙伴构成的，它把相互独立的客户联系起来，企业本身不是网络，而是网络中的节点。价值网成员通过共享资源，结合彼此的优势一起开发和完成业务。在传统的供应链中消费者、公司和供应商是线性关系，而价值网是交互式的网络关系，是对供应链及价值链形态的重新塑造。由于顾客的需求增加、国际互联网的冲击以及市场高度竞争，企业应改变事业设计，将传统的供应链转变为价值网。

价值网强调各种角色关系的对称因素。客户、供应商、竞争者或互补者是一家公司要扮演的角色，即同一家公司可以有多重身份。若要制定有效的战略，公司须理解每个角色扮演者的利益。例如，顾客和供应商都拥有其竞争者和互补者。一家公司的顾客通常拥有其他供应商，如果其他供应商使这家公司的产品、服务或顾客价值增加，那么它就是该公司的互补者；反之，则是该公司的竞争者。同样，一家公司的供应商也拥有其他顾客，这些顾客是其竞争者或互补者。如果他们使这个供应商为最初那家公司提供的产品(或服务)更昂贵，那么他们就是竞争者；反之，则是互补者。与顾客相关的原则同样适用供应商，而与竞争者相关的原则也适用于互补者。公司要与客户、供应商及互补者共同合作创造出价值，即双赢的过程，同时它又要同顾客、供应商、互补者竞争以便获得价值，即赢输的较量。

2. 价值网的意义

价值网的思想，打破了传统价值链的线性思维和价值活动顺序分离的机械模式，围绕顾客价值重构原有的价值链，使价值链的各个环节、不同的主体按照整体价值最优的原则相互衔接、融合、动态互动。利益主体在关注自身价值的同时，更加关注价值网络上的各节点的联系，冲破价值链各个环节的壁垒，提高网络在主体之间的相互作用及其对价值创造的推动作用。

价值网理论的重要贡献在于，认识到传统价值链不能推动它的成员以当今要求的速度开发为顾客创造价值的统一的基础设施。强调联系顾客的网络是为顾客创造价值的重要基础。价值网是一种面向价值创造的开放组织。价值网的重点是如何快速地把信息、决策、能力、报酬和行动传递到它们最有效的地方。竞争在一定程度上将从价值网内部转移到提供类似产品和服务的不同价值网之间，价值网中增加的柔性转化为给客户提供更好的价值，并且增大了价值网之间的竞争。在传统价值系统中，通常基于信息收集和处理进行管理和制定决策，信息本身很难创造新价值。价值网通过协调各独立企业间的复杂关系，能用精确的信息创造新的价值。

3. 价值网的特点

作为一种交互式的网络组织，价值网继承了网络组织所具有的柔性、创新性、对威胁和机会的快速反应能力以及降低成本和风险等优势。此外，价值网还具有以下特点。

(1) 与客户保持一致：客户选择引发网络中的采购、生产与交货活动。价值网以客户为中心，所有活动均围绕客户来进行，客户成为价值创造的核心，客户的需求引发网络的各种活动，企业根据客户的需求或个性化选择去完成产品和提供服务。客户是价值网的激发者和指挥者，而不是供应链产品的被动接受者。

(2) 合作与系统化：公司致力于供应商、客户甚至竞争对手构成的一个唯一的增值网络；每一种活动都被委派给能最有效地完成它的合作伙伴。企业很多的运营活动都会委派给专业的提供商，因此价值网注重的就是有效地对资源进行整合与广泛的合作及信息交流，才能够使得整个网络完美地交付产品。

(3) 敏捷与可伸缩：对需求变化、新产品上市、快速增长或供应商网络再造的响应，都是通过敏捷生产、分销和信息流设计来保证的。其中某些供应链中的环节在价值网中可以伸缩性地被剔除，以便节省流程时间，减少经营资金。灵活的网络结构敏捷地应对需求的改变以及其他市场环境的不确定性，在降低运营成本、降低风险等方面也具有很高的灵敏度。

(4) 快速流动：订单—交货循环迅速，并压缩了循环时间。交货不再是按周或月度量，而是按天或天用量度量，快速方便地交到客户或使用者手中，因为能迅速交货，公司可以大量地降低库存。

(5) 数字化：电子商务是一种重要方法，除互联网外，信息流设计及其智能应用，是价值网的核心。互联网的发展正在改变人们的工作和生活方式，先进的商业模式离不开电子商务的配合，在价值网中以数字化平台为媒介协调顾客、运营商与供应商间的活动是价值网成功的一个重要基础。公司、客户与供应商的种种活动都通过网络与数字化的信息相连接，从中提供了更多有关经营决策的建议与可行方案的分析，智能化地做出更良好的沟通协调。

(6) 网络特性：价值网含有网络特性，这种网络特性能为其网络成员提供各种经济利益，这也是成员之间的能力和资源互相依存的结果。各种网络联系使成员能够降低风险和不确定性，来保证网络组织的有序，使价值网不容易因为一个成员的变动而破坏整体结构。

总之，上述特征构成了一个有竞争力的与众不同的业务模式。再加上正确的愿景规划和领导能力、高效率的组织以及对完美实施的积极关心，企业就能成为一台能为股东创造价值的强有力的引擎。

四、外部环境分析方法

外部环境总是处于不断变化和发展之中，进入 21 世纪，随着社会进步和科技发展，环境变化的频率越来越快，影响企业的各种因素不仅更加复杂多变，而且数量也在不断增加。类似俄罗斯与乌克兰军事冲突等重大事件的发生更加剧了企业外部环境的不确定性。可见，在全球市场和行业发展的波动性日益增大的情况下，外部环境分析已成为战略策划过程中的一个显著和重要的部分。因此，企业应对外部环境有一个充分的了解，对环境进行全面而准确的预测和分析。这种分析应当是一个连续的过程，包括搜索、监测、预测、评估四个方面，如表 3-2 所示。

表 3-2　外部环境分析的步骤

分析步骤	说　明
搜索	找出环境变化和趋势的早期信号
监测	持续观察环境变化的趋势，探索其中的含义
预测	根据所跟踪的变化和趋势，预测结果
评估	根据环境变化或趋势的时间点和重要程度，制定企业战略策划方案

下面对这四个步骤分别进行介绍。

(1) 搜索。搜索包含了对外部环境各个方面的调查研究。通过搜索，企业能够辨认出总体环境潜在变化的早期信号，了解正在发生的变化。搜索是一项比较烦琐的工作，通常企业会面临许多意义不明确、不完整或是毫不相关的资料，需要花费大量的时间来整理。环境搜索对那些处在剧烈变化环境中的企业尤为重要。

(2) 监测。监测是在观察环境变化的过程中，对搜索的资料进行进一步的分析，看是否出现重要的趋势。成功的监测的关键在于对不同环境事件的洞察力。

(3) 预测。预测是指对将来做出分析判断，并得出合理的结论，说明由于搜索和监测到的变化和趋势将会发生的变化和发生的时间。当初的 IBM 公司就是因为没有预测到个人计算机(PC)的需求变化，才使得其遭遇了经营的低谷。

(4) 评估。评估的目的是判断环境变化和趋势对企业战略策划的影响程度。通过搜索、监测、预测，战略制定者可以大致了解总体环境，而评估就是要明确这些信息对企业的意义。

(一)环境预测方法

预测是对未来趋势和事件的基于经验或研究的假设。预测是一种复杂的活动。因为它涉及多种因素，诸如技术创新、文化变迁、新产品、竞争对手、政府工作重点的转移、社会价值观的变化、不稳定的经济条件及不可预测的事件。管理者往往根据公开发布的预测内容来有效确认外部的机会与威胁，通过获取信息并进行明智的预测，企业可以更好地进行当前决策以取得更好的预期效果。

环境预测方法可以分为定量方法和定性方法。

1. 定量方法

定量预测在拥有历史数据,而且关键变量间的关系在未来保持不变的情况下最为适用。常用的定量方法包括回归分析、趋势外推法及动态模型。

(1) 回归分析。回归分析是应用最广泛且有效的定量预测技术。它是根据历史数据找到所要预测的环境变量与用来预测该环境变量的独立变量两者之间的关系(称为回归方程)。利用这个回归方程,战略策划人员可以根据未来的独立变量来预测未来的环境变量的数值。如果未来的状态可以用过去的状态来延伸的话,回归分析预测的结果会很准确。

(2) 趋势外推法。趋势外推法是以过去已有的历史资料为基础,运用时间序列的方法来估计以后的趋势。时间序列法是借助大量的历史资料来界定趋势、季节与景气循环的变动。如果资料充足的话,根据时间序列往往可以很有效地界定未来的情况。

(3) 动态模型。动态模型是战略策划人员根据对整个环境系统的了解,找出各个环境变量与其他变量间的关系,然后以一套数学方程来描述整个环境系统。

由于计算机技术的发展,定量预测通常比定性预测更为经济和迅速,如回归分析这样的定量技术可以限定物产的范围,从而使管理人员能估计特定预测的可信度。但也要小心使用,如果数据不准确就会使预测变得没有参考价值。

2. 定性方法

随着历史联系变得越来越不稳定,定量预测也变得不准确。在这种情况下,我们就要用到定性技术来预测环境的变化。常用的定性预测方法有销售人员估计、管理人员评价、德尔菲法、情景法、关键事件分析。

(1) 销售人员估计预测法。这是一种自下而上的预测方法。一般情况下,销售人员是最接近市场的,同时也和顾客、销售渠道成员和竞争对手销售人员接触较多。因此,他们对于某些环境的变化比较敏感,而且也有较为准确的预测。但同时也要注意极端情况的出现(预测情况过于乐观或悲观)。

(2) 管理人员评价预测法。这种方法是企业内的高级主管和各部门主管联合对环境进行预测和评估。这种方法能融合不同部门的意见,再加上充分的沟通,往往会达到很好的效果。

(3) 德尔菲法。德尔菲法是由美国兰德公司发展出来的一种匿名群体方式的预测方法。由于在群体决策中,成员间往往是相互影响的,如顾及情面、舆论、人际关系等,这些因素常常会影响群体中的成员无法达成一致。所以,为了得到真实的意见,可以通过匿名的方式让成员发表意见。这种方法通常是聘请一些外部专家,通过问卷的方式,来询问参与的专家的意见。典型的德尔菲法包括以下步骤。首先,界定问题;其次,借助问卷方式匿名收集群体成员的意见;最后,针对群体成员的意见进行整理和分析,并将结果反馈给成员,再次收集意见。如此反复进行几次,一直到获得一致意见为止。

(4) 情景法。情景法是针对某一主题对未来环境拟定2~3套设想,如乐观的未来情景、悲观的未来情景,并列出每种情况发生的概率。战略策划人员再针对每一项未来情景,研究一套适当的战略。这样企业在出现问题的时候就有了应变计划。情景法的目的在于了解各种无法控制的影响环境变化的力量，以及其产生方式对企业的影响，从而了解特定战略做法的应变力与弹性。

(5) 关键事件分析。由于外部环境的内容极为广泛，如果同时监控整个外部环境，需要的专业知识很多，难度也很大。因此，战略策划人员不可能面面俱到。在这种情况下，可以使用关键事件分析。这样，可用有限的资源对总体环境做最有效的监控。

(二)PEST 分析法

宏观环境因素对任何企业都会产生广泛作用，目前较为常用且被广泛认可的宏观环境分析工具为 PEST 分析模型。

PEST 为一种企业所处宏观环境分析模型，PEST 所代表的是四个主要环境因素，即 P 是政治(Politics)，E 是经济(Economy)，S 是社会(Society)，T 是技术(Technology)。

1. PEST 分析的内容

(1) 政治环境，是指一个国家或地区的政治制度、体制、方针政策、法律法规等方面。这些因素常常影响着企业的经营行为，尤其是对企业长期的投资行为有着较大影响。

(2) 经济环境，指企业在制定战略过程中须考虑的国内外经济条件、宏观经济政策、经济发展水平等多种因素。

(3) 社会环境，主要指组织所在社会中成员的民族特征、文化传统、价值观念、宗教信仰、教育水平以及风俗习惯等因素。

(4) 技术环境，是指企业业务所涉及国家和地区的技术水平、技术政策、新产品开发能力以及技术发展的动态等。

2. PEST 分析的步骤

(1) 分别考虑政治法律、经济、社会文化和技术四个方面，找到企业需要重点考虑的因素。

(2) 对这些因素仔细分析，厘清这些因素对企业战略的影响。

(3) 对这些因素进行评价，确定关键战略因素。

第三节　内部环境分析

一、内部环境分析的重要性与目的

企业内部环境分析的主要任务就是通过对企业内部要素的分析，归纳出若干能够影响企业未来发展的关键战略要素，即企业内部优势与弱点。分析内部环境是战略分析的一项重要内容。相关研究表明，一个公司的优势和劣势以及它的组织能力，比外部环境更能决定自身的绩效。战略策划的出发点便是要利用内部优势和克服内部弱点。

(一)内部环境分析的重要性

从本质上来说，21 世纪的竞争格局要求决策者们有这样一种思路，即根据企业特定的资源与能力来确定企业的战略，而不是严格地按照企业的运行效率来确定战略。例如，迈克尔·波特认为，在多种管理技术(如全面质量管理、标准设定、跨时间的竞争、重组)中，追求生产率、质量及速度可以产生运行效率，但不能产生有竞争力的持久战略。当企业能满足外部环境对运行效率的要求时，战略竞争优势随之产生。但同时，它也必须运用自己独特的能力来获得一种实际的竞争地位。因为 21 世纪的外部环境要素越来越呈现出多元化发展，也越来越难以准确预测，企业的战略要随外部环境的改变而及时改变的行为也是难上加难。唯有企业利用其特有的能力来形成竞争优势，并超越竞争对手，或者以其核心竞争力来形成竞争对手无法模仿或超越的障碍，才能在激烈的竞争中立足。

(二)内部环境分析的目的

企业内部环境分析的目的有以下几个方面。

- 弄清企业现状，包括资源、能力、已有业绩和存在问题等，这些因素企业可自行控制。
- 了解企业现已确定的将在战略规划期内实施的改革、改组、改造和加强管理的措施，并预测其成效(这些措施在制定战略规划时都必须考虑)。
- 明确自身同竞争对手相比的优势和劣势。外部环境分析主要回答"企业可以做些什么"，而企业内部环境分析则主要回答"企业能够做些什么"。

二、企业资源与能力

(一)企业资源

企业资源是指企业经营活动所需要的各种各样的有形资源和无形资源。表 3-3 描述了资源的分类。

表 3-3　资源的分类

资　源	内　涵
有形资源	实体资产：土地、厂房、机器设备
无形资源	金融资产：现金、有价证券
	商誉、知识产权(商标、专利、著作权、已登记注册的设计)、执照、契约、正式网络、资料库等

1. 有形资源

有形资源是指具有固定生产能力特征的实体资产以及可自由流通的金融性资产。有形资源最容易辨认和评估：实体资产和金融资产都能够被识别，并且可在公司的财务报告中予以估价。但是这些报表并不能完全反映企业的所有资产价值，因为它忽略了一些无形资源。因此，每一种企业竞争优势的来源并不能完全反映在财务报表当中。有形资源的价值是有限的，很难更深地挖掘它们的价值，就是说，很难从有形资源中获取额外的业务和价值。

2. 无形资源

无形资源是指那些非实物的资源，这类资源通常与企业的历史有密切关联，是长期积累下来的资产。因为它们是以一种独特的方式存在，所以非常不容易被竞争对手了解和模仿。随着企业经营的知识化，无形资源逐渐受到重视。在企业激烈的竞争中，企业在有形资源上的差异对竞争力影响变小，企业经营管理越来越复杂，需要更多的专业知识，无形的资源变得非常重要。

无形资源在使用中不会被消耗，事实上，如果运用得当，有些无形资源在使用中不仅不会萎缩，相反还可以获得增长。例如，日本本田公司拥有多汽缸科技专利，它将这项技术应用于摩托车、剪草机及发电机设备。又如，佳能拥有光学及镜片研磨等核心科技，这些技术可应用于平版照相、影印机等产品。

(二)企业能力

能力是指运用、转换与整合资源的能力，是资产、人员和组织投入产出过程的复杂结合，表现在整合一组资源以完成任务或者从事经营活动的有效性和效率。能力往往包含着各种无形资源与有形资源彼此之间的复杂互动。

相对来说，资源在投入使用前比较容易衡量其价值，而能力在投入使用并发挥作用前往往不容易事先估量其价值；资源需要通过能力去实现增值，能力只有通过使用资源为顾客提供了价值才得以表现。虽然资源有重要价值，但仍然不是能力。现实中不少企业资金、人才充足，技术设备一流，但是经营业绩不佳，其原因不在于资源而在于企业缺乏运作资源的能力。需注意的是，虽然资源本身不是能力，但优势资源的拥有，的确能够给企业带来较强的市场竞争优势，如企业独占制造产品的专利或拥有从事某项业务的特许权；运输企业拥有一条好的线路等。

能力可分为个人能力和组织能力。

1. 个人能力

一个企业能取得较佳的竞争优势，往往是其拥有某些关键人物，如腾讯有马化腾，小米科技有雷军，华为有任正非，唱片公司拥有某一位知名的歌星等，这些人(即其拥有的能力)都是企业重要的资源。个人能力若加以区分，可以再分成三大类。

(1) 与特定行业(或产品)有关的创新与专业技术能力。如歌星的金嗓子、比尔·盖茨的计算机专业能力等，均和其所处的行业有直接且重要的关联，也是公司成败的关键。

(2) 管理能力。管理能力即统领企业的能力，使克莱斯勒汽车公司起死回生的艾科卡、台塑的王永庆都具有这样的能力，他们的存在，事实上相当程度决定了企业的成功。

(3) 人际网络能力。在企业经营中，无论是促进企业内部的沟通协调，还是促成组织间的交易往来关系，都依赖于良好的人际关系，这种现象在强调人情面子的东方社会尤其明显。因此，人际网络能力便成为企业运营中关键性的资源。在国内外学者的研究中均清楚地指出，人脉关系隐含了承诺、了解、信用与义务四个特质，它能提供大量有关统合、协调、评估以及沟通等各方面的功能。这些功能除了有助于应对多元化、快速变迁的外在环境外，对于企业家在创业过程中外部资源的取得，往往有更实质的帮助，是一项不可忽视的能力。

2. 组织能力

组织能力是一种运用管理能力持续改善企业效率与效果的能力。这项能力从属于组织，不会随着人事的更迭而有太大的变动，是一项特别值得珍惜与建构的核心资源。

组织能力表现在以下几个层面。

(1) 业务运作能力。良好的业务运作程序能够将企业的产品与服务以最精确的品质、最快速的时间接近顾客、满足顾客的需求。当以时间为竞争基础的重要性越来越高时，业务运作程序的能力就会显得越重要。所谓业务运作程序，不仅包括日常"采购—生产—存储—运输"的过程，还应包括"开发、上市及提供服务"等项目的流程。一般而言，业务运作程序愈长及愈复杂，就愈难将其转变为策略能力，但好处是，此能力一旦建立，由于同业难以仿效，势必成为最具有价值的竞争优势。

(2) 技术创新与商品化能力。面对技术进步、消费者偏好多元化的环境趋势，企业必须不断推出各式各样的新产品，才能维持良好的竞争地位。新产品的开发，一方面依赖技术的创新，另一方面则依赖商品化的能力。最近几年来，许多研究均指出，快速的商品化能力是新产品成功推出的主要关键。因此，组织中，营销、制造与研发三个部门进行同步工程的能力也值得特别重视。以技术的创新而言，常以下列三种形式之一出现：在熟悉的产品上增添一项重要的新功能；开发出一种新奇的方式，执行一般人熟悉的功能；利用全新的产品观念，提供一种新的功能。

(3) 鼓励创新与合作的组织文化。文化是指应用并渗入组织中个人和团体的行为、态度、信念与价值。这些事项从表面很难观察，但是对于组织却有极大的影响。有的组织中自然流露着对人性的尊重、对创新与互助的鼓励，使组织的发展具有自我调适与改善的基本能力。这种独特的文化是其他组织很难模仿、无法超越的。

(4) 组织记忆与学习。一方面，组织和个体最大的不同之处在于组织可保有过去的经验并有效地将这些经验运用于现有的决策。另一方面组织可以减少任务交付过程中协调、沟通与执行的交易成本。因此，组织是一个极有效率的机制。要让组织具有这样的功能，组织必须具备良好的记忆与学习的能力，让组织能累积过去的经验，成为具有良好思考能力的有机体。同时，让所有努力与贡献的信息保留在组织中，发挥社会记忆力的功能，使成员不必斤斤计较短期报酬。具备这种能力的组织，必能在同业竞争中取得不败的优势地位。

三、核心竞争力

(一)核心竞争力的本质及其与战略的关系

1. 核心竞争力的本质

核心竞争力是指企业基于资源与能力产生相对于竞争者更大竞争优势的关键维度。核心竞争力应该具有"核心"的特点，即焦点和重心集中在有限的核心维度。过多的核心竞争力反而更分散，使企业失去焦点，从而导致后续资源和能力的支持不足，最终造成重要的核心竞争力无法得到充分发挥。总的来说，核心竞争力必须是独特且有价值的，同时也是少数核心关键的维度。核心竞争力有以下重要特征。

（1）核心竞争力应该是在技能或知识上，而不是在产品或职能上，因为产品或职能很容易被其他竞争对手模仿或抄袭。

（2）核心竞争力应该基于目标市场和顾客需求弹性地调整与发展。所以，核心竞争力应着重于顾客的长期稳定的价值需求，而不是短暂的偏好。

（3）核心竞争力的数目不应太多，应该是企业未来成功最为关键的几项活动。

（4）核心竞争力应该着重于在价值链中能够产生独特杠杆作用的活动。

（5）相对于竞争者而言，核心竞争力应该着重于在价值链中具有较高主宰力的活动。

（6）对长期顾客而言，核心竞争力应该着重于那些在价值链中较为重要的因素。

（7）核心竞争力应该着重于那些能够维持长期卓越优异性的能力。

2. 核心竞争力与战略的关系

企业要获得竞争优势，必须能够创造价值；价值的创造来自核心竞争力；而核心竞争力的产生，依赖于取得独特的资源或者具有独特的能力。价值的来源如图 3-7 所示。

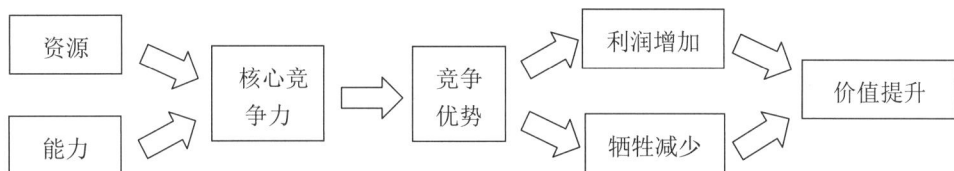

图 3-7　价值的来源

资源与能力可以形成战略，但战略的结果也可以建立未来的资源与能力。因此，战略、资源与能力之间具有某种互动关系，如图 3-8 所示。

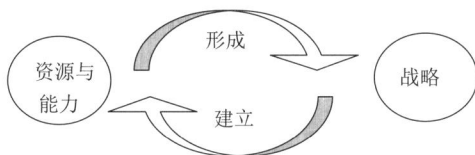

图 3-8　战略、资源与能力的关系

(二)核心竞争力的评价标准

1. 资源与能力有价值吗？

有价值的资源和能力是指那些能为企业在外部环境中利用机会、降低威胁而创造价值的资源和能力。有价值的资源和能力促使企业形成并执行战略。

2. 资源与能力稀缺吗？

稀有的资源和能力是指那些企业拥有，其他竞争对手没有，或至少大多数的竞争对手不具有的资源和能力。

3. 资源与能力容易被模仿吗？

难以模仿的资源和能力是指其他企业不能轻易建立起来的资源和能力。不可模仿性(难以模仿)是价值创造的关键，因为它限制竞争。

4. 资源与能力可以被替代吗?

不可替代的资源和能力是指不具有战略等价性的资源和能力,也就是没有其他有价值的资源和能力能够替代该资源和能力的价值。这里战略等价性是指两项价值资源能够各自独立地实施相同的战略。

教学案例

比亚迪的模仿创新

很少有企业能够强大到一开始就以创新取胜。不论是技术、产品还是营销,大多是从模仿起步。只不过有的企业永远跟随在行业领头羊的后面做一个模仿者,而有的企业可以在模仿中产生创新,从而一跃占领老牌竞争对手的位置,取而代之。

中级车(定价在 7 万～10 万元)市场,毫无疑问是竞争最激烈的汽车市场。捷达曾经是国内中级车市场上最坚挺的品牌之一。1991 年,第一辆捷达在中国下线;2004 年,其销量荣获单一品牌销量"三连冠";2008 年,捷达再次登上全年单一品牌销量冠军宝座。然而,捷达的神话被比亚迪 F3 打破。2008 年 10 月,比亚迪的 F3 首次超越捷达和其他众多合资品牌,成为单一车型月销量冠军,这也是自主品牌第一次获得单一车型的月销量冠军。然而,比亚迪的目标绝不仅仅是超越捷达。2025 年 3 月,比亚迪发布的 2024 年财报显示,比亚迪全年汽车销量为 427 万辆,其中比亚迪新能源汽车销量排名全球第一。

在汽车行业,比亚迪一直被质疑为"模仿国外车型"。只要仔细观察,的确不难发现比亚迪的一个车型中,可能包含了好几种国外知名车型的"特征",不过它们一起出现在比亚迪身上却完全没有突兀感,这也是比亚迪在模仿中的一种学习和创新。有人说:"每一个品牌的汽车,都会经历一个从模仿到改进,再到自主设计的过程。日韩汽车工业正是从对欧美汽车的模仿中成长起来的。另外,我们也要看到,从即将上市的车型看来,比亚迪模仿的成分越来越少。"当年比亚迪在镍镉电池"争霸战"中,主要靠的就是核心技术带来的低成本优势。对于一家在新兴市场的新兴公司而言,要突破资金和技术的双重壁垒,用极低的成本拥有领先的技术,似乎是不可能完成的任务。比亚迪在知识产权策略上一向奉行"成本最小化"战略,通过自主掌握核心技术,来避免支付高额的专利费用。其妙招来源于"分解研发"模式:

核心技术 100%=拆分国外产品学习其原理和特性 30%+从公开文献筛选合适的非专利技术 60%+原材料 5%+自身的研究 5%

在掌握核心技术之后,生产成本的降低被提上日程。当年的一条进口镍镉电池生产线需要耗资几千万元,对于一家奉行低成本战略的小公司来说是财务上的极大负担。为了节约这笔支出,比亚迪干脆自行设计研发了一条生产线。并且,基于中国市场极其便宜的劳动力成本,比亚迪还充分发挥了劳动密集型优势,把这条生产线设计成半人工半自动化流水线,从而减少对高度自动化设备的投入。也就是说,降低自动化装备的普及率和硬件投资的摊销成本,最大限度地使用中国极为丰富的低成本劳动力和素质较高的工程技术人员。

进入汽车行业后,这种"分解模式"的技术策略很好地被跨行业复制和拓展,比亚迪建立了上百人的团队专门研究全球的专利技术,大量使用非专利技术,并在此基础上进行组合集成和创新。比如,比亚迪数款新车在车身设计上借鉴了丰田、路虎等车型因素,同时规避了侵权问题。

(资料来源: 本书作者整理编写。)

(三)核心竞争力构建流程

现在企业的主管经常会被问到，自己公司的核心竞争力是什么？这些主管的回答总是无法令人满意。这并不令人惊讶，因为核心竞争力的相关理论是相当强而有力，但是如何应用这个理论到企业里面，有关实务作业的方法论并没有说清楚。下面的方法几乎可以应用到所有核心竞争力的辨识上面，不管是技术导向的公司，还是非技术导向的公司，统统适用。

1. 由上向下法

以高层主管或是资深中层主管组成的团队从事企业核心竞争力分析，产出的结果将会反映这些成员的认知、愿景和价值观。此种方法适用于大型公司多角化的组织，且公司每一个单独营业的事业单位在个别的市场中拥有重要地位，如表 3-4 所示。

表 3-4　由上向下法

执行步骤	工作内容	主要产出
步骤 1：计划开始	成立指导小组与工作团队并立刻开启(start-up)会议	制定工作范围、重点、责任及技术盘点种类并决定核心竞争力辨识的参数与评估的准则
步骤 2：编辑候选的核心竞争力	列出所有公司可能核心竞争力的叙述，借此表达企业在市场上的定位	根据资深管理者及跨部门的观点，列出公司具有发展潜力的核心竞争力
步骤 3：核心竞争力的测试	核心竞争力有效性测试：有价值的、稀少的、难以模仿的、不可替代的	根据整个企业及跨部门的观点，列出符合有效性测试的核心竞争力
步骤 4：评估公司核心竞争力的定位	进行企业核心竞争力外部领导地位的认知研究，并与内部认知分析的结果比对，看能否相互配合	根据公司内外部的核心竞争力认知分析，以及潜在核心竞争力认知分析比对的结果，所得到的相对企业核心竞争力定位
步骤 5：探究核心竞争力的组成元件	将企业核心竞争力细分为各式各样能力的组合	根据对企业关键成功因素的考量，列出与企业核心竞争力相关且具有发展潜力的能力组合
步骤 6：评估核心竞争力的各项组成元件	依据对公司的重要性与优势两项原则设计相关的筛选标准，用来评估每一项能力	列出被确认的企业优势、企业重要能力清单

此种工作团队会以下列方式影响核心竞争力辨识的结果。
- 领导者的观点：由高层主管人员组成的工作团队会根据公司层级及策略单位的观点从事核心竞争力的探究，有助于企业及事业单位策略的推行。
- 组织层面的观点：跨部门资深及中层管理人员组成的工作团队所确认的核心竞争力有助于支持现金及未来产品的组合。

2. 由下向上法

当公司核心竞争力的目标着重于某些特定部门的成长，或是组织希望发生合并效益时，适用于这种方法。这种方法可以视为由上向下法的互补配套措施，当企业规模够大，且需要强调整合或者是操作群组的重要性时，特别适用于这类方法，从而有助于了解公司与跨部门间的观点及愿景。与由上向下法类似，由下向上法也是由六个步骤组成，但是这种方法需要更多不同部门员工的参与，所需要投入的辨识与分析也会更多，如表 3-5 所示。

表 3-5　由下向上法

执行步骤	工作内容	主要产出
步骤 1：计划开始	成立指导小组与工作团队并立即召开会议	制定工作范围、重点、责任及技术盘点种类并决定核心竞争力辨识的参数与评估的准则
步骤 2：探究核心竞争力的组成元件	收集、编辑相关资料，准备技术能力盘点工作	编制分门别类的全公司技术能力明细表
步骤 3：评估各项能力	依据对公司的重要性与优势两项原则，设计相关的筛选标准去评估每一项能力	列出公司的优势与劣势以及公司的重要关键技术能力项目
上述第三项步骤是整个过程当中最困难，也是最复杂的部分，执行的结果可能会与计划当初设定的目标、方向有所不同		
步骤 4：辨识候选的核心竞争力	检验具有互补性质的关键能力组合，并据此描绘企业的核心竞争力	有高度关联性以及极有发展潜力的核心技术能力项目
步骤 5：检验候选的核心能力	核心技术能力有效性测试：有价值的、稀少的、难以模仿的、不可替代的	现存有效、可用的核心技术能力项目
步骤 6：评估核心竞争力的定位	进行企业核心竞争力外部领导地位的认知研究，并与内部核心竞争力认知分析结果比对，看看是否能够相互配合	依公司内外部核心竞争力认知分析，以及潜在核心竞争力认知分析比对的结果，所得到的相对企业核心竞争力定位

　　由上向下法和由下向上法可以混合使用，这样可以确认高层管理阶层对组织拥有的核心竞争力的认识的差异。借由对这些差异的分析，可以确认企业在能力上的优势与劣势，并发展相关的技术策略。

四、内部环境矩阵分析法

　　企业可以运用内部因素评价矩阵(IFE 矩阵)对企业内部各个职能领域的主要优势和劣势进行综合评价，帮助企业决策者制定有效的战略。在建立内部因素评价矩阵的过程中，对矩阵包含的各个因素的透彻理解，往往比实际数字更为重要。因此企业应将数据分析和直觉判断进行适当结合。企业可按下面五个步骤建立内部因素评价矩阵。

　　步骤一：列出通过内部条件分析确定的关键因素。采用 10～20 个包括优势和劣势两方面的内部因素。首先列出优势，其次列出劣势。要尽可能具体，可以采用百分比、比率等方法。

步骤二：给每个因素以权重，其数值范围是 0(不重要)到 1(非常重要)。权重标志着各因素对企业在产业中成败的影响的相对大小，无论关键因素是内部优势还是劣势，对企业绩效有较大影响的就应当得到较高的权重。所有权重之和必须等于 1。

步骤三：对各因素进行评分。1 分代表很差，2 分代表较差，3 分代表较好，4 分代表很好。值得注意的是，优势的评分必须为 4 或 3，劣势的评分必须是 1 或 2。评分以公司为基准，权重则以行业为基准。

步骤四：每个因素的加权分数。用每个因素的权重乘以它的评分，得到每个因素的加权分数。

步骤五：总加权分数。无论内部因素评价矩阵包含多少因素，总加权分数的范围都是从最低的 1.0 到最高的 4.0，平均分为 2.5。总加权分数远低于 2.5 的企业内部状况处于弱势，而分数远高于 2.5 的企业内部状况则处于优势。企业的总加权分数越高，企业的竞争地位越强。内部因素评价矩阵应包含 10～20 个关键因素，因素个数不影响总加权分数的范围，因为权重总和永远等于 1。

表 3-6 是某企业内部因素评价矩阵的分析情况。从表 3-6 可以看出，该企业的主要优势是营销能力、产品质量和制造能力，而市场地位是主要劣势。该企业的内部因素总加权评分为 2.35，说明该企业内部条件的综合地位处于行业平均水平，不是太乐观，要进一步提高企业竞争力。

表 3-6　某企业内部因素评价矩阵的分析情况

关键内部因素	权　重	评　分	加权分数
产品质量	0.15	3	0.45
品牌	0.1	2	0.20
制造能力	0.1	3	0.30
技术创新	0.1	2	0.20
营销能力	0.1	4	0.40
财务资源	0.15	2	0.30
成本	0.1	2	0.20
客户关系	0.1	2	0.20
市场地位	0.1	1	0.10
总加权评分	1.0		2.35

第四节　内外环境综合分析

通过运用 PEST、波特五力模型、战略群及竞争对手分析等方法对企业外部宏观环境与行业环境进行分析，可以找出未来一段时间企业面临的外部机会与威胁；通过运用核心竞争力与内部环境矩阵分析法对企业资源、能力及核心能力进行企业内部环境分析，可以有效地找出未来一段时间企业拥有的内部优势与劣势。然而，独立地分析企业的外部环境及内部环境并不能从系统性角度整体把握企业未来的战略方向。因此，我们有必要综合分析企业外部环境中的机会、威胁与内部环境中的优势、劣势的匹配关系，从而为企业制定科学的战略策划方案奠定基础。

一、SWOT 分析模型

设计学派的代表人物是哈佛商学院教授安德鲁斯与勒尼德，他们在 1965 年出版的《经营策略：内容与案例》一书中，首次推出了 SWOT 分析模型框架。

20 世纪 80 年代，美国旧金山大学的管理教授正式提出了 SWOT 分析法。SWOT 分析法又称为态势分析法，它是一种能够较客观而准确地分析和研究一个企业现实情况的方法。SWOT 四个英文字母分别代表：优势(Strength)、劣势(Weakness)、机会(Opportunity)、威胁(Threat)。

按照企业竞争战略的完整概念，战略应是一个企业"能够做的"(即组织的强项和弱项)和"可能做的"(即环境的机会和威胁)的有机组合。著名的竞争战略专家迈克尔·波特提出的竞争理论从行业结构入手对一个企业"可能做的"方面进行了透彻的分析和说明，而能力学派管理学家则运用价值链解构企业的价值创造过程，注重对公司的资源和能力的分析。SWOT 分析，就是在综合前面两者的基础上，以资源学派学者为代表，将公司的内部分析(即 20 世纪 80 年代中期管理学界权威们所关注的研究取向，以能力学派为代表)与行业竞争环境的外部分析(即更早期战略研究所关注的中心主题，以安德鲁斯与迈克尔·波特为代表)结合起来，形成了自己结构化的平衡系统分析体系。

与其他的分析方法相比较，SWOT 分析从一开始就具有显著的结构化和系统性的特征。就结构化而言，首先在形式上，SWOT 分析法表现为构造 SWOT 结构矩阵，并对矩阵的不同区域赋予了不同的分析意义；其次在内容上，SWOT 分析法的主要理论基础强调从结构分析入手对企业的外部环境和内部资源进行分析。SWOT 方法的重要贡献在于用系统的思想将这些似乎独立的因素相互匹配起来进行综合分析，使得企业战略策划方案的制定更加科学全面。

从整体上看，SWOT 可以分为两部分：第一部分为 SW，主要用来分析内部条件；第二部分为 OT，主要用来分析外部条件。

利用这种方法可以从中找出对自己有利的、值得发扬的因素，以及对自己不利的、要避开的东西，发现存在的问题，找出解决办法，并明确以后的发展方向。根据这个分析，可以将问题按轻重缓急分类，明确哪些是目前急需解决的问题，哪些是可以稍微拖后一点儿的事情，哪些属于战略目标上的障碍，哪些属于战术上的问题，并将这些研究对象列举出来，依照矩阵形式排列，然后用系统分析的思想，把各种因素相互匹配起来加以分析，从中得出一系列相应的结论，而结论通常带有一定的决策性，有利于领导者和管理者做出较正确的决策和规划。

SWOT 分析法常常被用于制定集团发展战略和分析竞争对手的情况，在战略分析中，它是最常用的方法之一。在现在的战略策划报告里，SWOT 分析算是一个众所周知的工具了。

(一)模型的含义

优劣势分析主要是着眼于企业自身的实力及其与竞争对手的比较，而机会和威胁分析将注意力放在外部环境的变化及对企业的可能影响上。在分析时，应把所有的内部因素(即优劣势)集中在一起，然后用外部的力量来对这些因素进行评估。

1. 机会与威胁分析(OT)

随着经济、社会、科技等诸多方面的迅速发展，全球信息网络的建立和消费需求的多样化，企业所处的环境更为开放和动荡。这种变化几乎对所有企业都产生了深刻的影响。正因为如此，环境分析成为一种日益重要的企业职能。

环境发展趋势分为两大类：一类表示环境威胁；另一类表示环境机会。环境威胁指的是环境中一种不利的发展趋势所形成的挑战，如果不采取果断的战略行为，这种不利趋势将导致公司的竞争地位受到削弱。环境机会就是对公司行为富有吸引力的领域，在这一领域，该公司将拥有竞争优势。

2. 优势与劣势分析(SW)

识别环境中有吸引力的机会是一回事，拥有在机会中成功所必需的竞争能力是另一回事。每个企业都要定期检查自己的优势与劣势，这可通过"企业经营管理检核表"的方式进行。企业或企业外的咨询机构都可利用这一格式检查企业的营销、财务、制造和组织能力，每一要素都要按照特强、稍强、中等、稍弱或特弱划分等级。

当两个企业处在同一市场或者说它们都有能力向同一顾客群体提供产品和服务时，如果其中一个企业有更高的盈利率或盈利潜力，那么，我们就认为这个企业比另外一个企业更具有竞争优势。换句话说，所谓竞争优势是指一个企业超越其竞争对手的能力，这种能力有助于实现企业的主要目标——盈利。值得注意的是：竞争优势并不一定完全体现在较高的盈利率上，因为有时企业更希望增加市场份额，或者多奖励管理人员或雇员。

竞争优势可以指消费者眼中一个企业或它的产品有别于其竞争对手的任何优越的东西，它可以是产品线的宽度、产品的大小、质量、可靠性、适用性、风格和形象以及服务的及时、态度的热情等。虽然竞争优势实际上指的是一个企业比其竞争对手有较强的综合优势，但是明确企业究竟在哪一个方面具有优势更有意义，因为只有这样，才可以扬长避短，或者以实击虚。

由于企业是一个整体，并且由于竞争优势来源的广泛性，因此，在做优劣势分析时必须从整个价值链的每个环节，将企业与竞争对手做详细的对比。例如：产品是否新颖，制造工艺是否复杂，销售渠道是否畅通，以及价格是否具有竞争性等。如果一个企业在某一方面或几方面的优势正是该行业企业应具备的关键成功要素，那么，该企业的综合竞争优势也许就强一些。需要指出的是，衡量一个企业及其产品是否具有竞争优势，只能站在现有潜在用户角度，而不是站在企业的角度。

企业在维持竞争优势的过程中，必须深刻认识自身的资源和能力，采取适当的措施。因为一个企业一旦在某一方面具有了竞争优势，势必会引起竞争对手的注意。一般地说，企业经过一段时期的努力，建立起某种竞争优势；然后就处于维持这种竞争优势的态势，竞争对手开始逐渐做出反应；而后，如果竞争对手直接进攻企业的优势所在，或采取其他更为有力的策略，就会使这种优势受到削弱。

影响企业竞争优势的持续时间，主要的是三个关键因素：①建立这种优势需要多长时间？②能够获得的优势有多大？③竞争对手做出有力反应需要多长时间？如果企业分析清楚了这三个因素，就会明确自己在建立和维持竞争优势中的地位了。

显然，公司不应去纠正它的所有劣势，也不是对其优势不加利用。主要的问题是公司应研究，它究竟是应只局限在已拥有优势的机会中，还是去获取和发展一些优势以找到更好的机会。有时，企业发展慢并非因为其各部门缺乏优势，而是因为它们不能很好地协调配合。例如有一家大电子公司，工程师们轻视销售员，视其为"不懂技术的工程师"；而推销人员则瞧不起服务部门的人员，视其为"不会做生意的推销员"。因此，评估内部各部门的工作关系作为一项内部审计工作是非常重要的。

(二)SWOT 矩阵分析法

SWOT 矩阵分析法是建立在企业的内部资源能力和外部资源良好匹配的基础上的。因此，SWOT 矩阵分析法的核心就是根据企业的优势、劣势及机会、威胁，设计出 SO 战略、WO 战略、ST 战略和 WT 战略，以此来获取独特的竞争优势，使企业在行业中取得有利的地位。

- 优势-机会(SO)战略：是一种发挥企业内部优势同时注重把握企业外部机会的战略。
- 劣势-机会(WO)战略：是一种通过利用外部机会来弥补企业的不足或者通过改变自己的劣势从而提高把握外部机会的能力的战略。
- 优势-威胁(ST)战略：是一种利用本企业的优势回避或减少外部的威胁的战略。
- 劣势-威胁(WT)战略：是一种通过减少劣势来回避外部环境威胁的防御性战略。

当企业存在重大劣势时，它应努力克服这一劣势，从而充分发挥优势的效应；当企业面临巨大威胁时，它应努力回避这些威胁，以便集中精力利用机会，如图 3-9 所示。

	优势-S	劣势-W
机会-O	SO 战略： 密集型战略 一体化战略 多样化战略	WO 战略： 稳定型战略 发展型战略
威胁-T	ST 战略： 多样化战略	WT 战略： 紧缩型战略 放弃型战略 清理型战略

图 3-9　SWOT 矩阵战略匹配图

建立 SWOT 矩阵通常包括以下八个步骤：

① 列出公司的关键外部机会。
② 列出公司的关键外部威胁。
③ 列出公司的关键内部优势。
④ 列出公司的关键内部劣势。

⑤　将内部优势与外部机会相匹配，把结果填入 SO 的格子。

⑥　将内部劣势与外部机会相匹配，把结果填入 WO 的格子。

⑦　将内部优势与外部威胁相匹配，把结果填入 ST 的格子。

⑧　将内部劣势与外部威胁相匹配，把结果填入 WT 的格子。

其中，前 4 个步骤是信息输入工作，即将环境分析环节的结果输入相应的分析框架，后 4 个步骤则是进行战略的匹配阶段。值得注意的是，进行战略匹配的目的在于产生可行的备选方案，而不是选择或确定最佳方案，同时，并不是所有在 SWOT 矩阵分析法中得出的战略都要被实施，企业应根据自身的需要来选择适合企业自身发展的战略。

(三)SWOT 分析模型的优缺点

1. 优点

(1)　考虑问题全面，是一种系统思维。

(2)　可以把对问题的"诊断"和"开处方"紧密结合在一起，条理清楚，便于检验。

(3)　分析直观，使用简单。SWOT 方法自形成以来，广泛应用于战略研究与竞争分析，成为战略策划的重要分析工具。直观简单是它的重要优点。即使没有精确的数据支持和更专业化的分析工具，也可以得出有说服力的结论。

2. 缺点

(1)　精度不足。正是这种直观和简单，使得 SWOT 分析方法不可避免地带有精度不够的缺陷。例如 SWOT 分析采用定性方法，通过罗列 S、W、O、T 的各种表现，形成一种模糊的企业竞争地位描述。以此为依据做出的判断，不免带有一定程度的主观臆断。所以，在使用 SWOT 方法时要注意方法的局限性，在罗列作为判断依据的事实时，要尽量真实、客观、精确，并提供一定的定量数据弥补 SWOT 定性分析的不足，构造高层定性分析的基础。

(2)　没有考虑到企业改变现状的主动性。SWOT 模型提出很久了，带有时代的局限性。以前的企业可能比较关注成本、质量，现在的企业可能更强调组织流程。例如以前的电动打字机被打印机取代，该怎么转型？是应该做打印机还是其他与机电有关的产品？从 SWOT 分析来看，电动打字机厂商优势在机电，但是发展打印机又显得比较有机会。结果有的朝打印机发展，死得很惨；有的朝剃须刀生产发展很成功。这就要看企业要的是以机会为主的成长策略，还是要以能力为主的成长策略。SWOT 没有考虑到企业改变现状的主动性，企业是可以通过寻找新的资源来创造企业所需要的优势，从而达到过去无法达成的战略目标的。

二、企业环境变化分析

在任何一个企业的成长过程中，其战略策划方案是需要不断进行调整的，这样才能使企业不断地适应所处的环境，进而保持战略定位的持续先进性。但是，企业是否应该在任何环境变化时都对自己的战略策划方案进行调整呢？下面通过一个快递公司的例子进行深入分析。

某快递公司的传统业务是把包裹送到客户手中，如图 3-10 中的原流程所示。通过一段时间的观察，快递公司发现客户的需求发生了变化：客户如果能够在接到包裹的时候得到一枝免费的鲜花，其满意度将大大提升，进而可以增加快递业务的市场占有率。显然，快递公司需要考虑的是：是否应该对战略策划方案进行调整，即通过免费送花的方式扩大市场占有率？

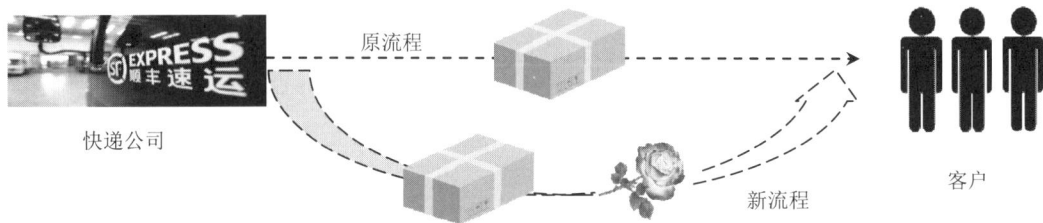

图 3-10　某快递公司的业务流程

我们应该如何分析和解决企业面临的这种问题？

上述问题也可以换一种提法：当企业面临一个新的市场机会时，是否应该调整自己的战略去适应？

面对这一问题，企业既不应当简单地模仿，即"你做我也做"，也不应该简单地跟随市场情况直接进行反应，以免失去自身的特色。就上例而言，快递公司到底应不应该进行这样的战略策划方案调整，必须要经过完整的战略分析过程，明确外部环境中的机会、威胁及自身的优势和劣势，并进行匹配之后才能决定。

为了全面把握企业面临的机会、威胁及优势和劣势，在进行战略策划方案分析之前，企业应第一时间将自己的业务流程摸清楚。基于这一思想，上述快递公司在应对环境变化(本例中为市场需求变化)时，往往需要进行如下操作。

步骤一：厘清适应环境变化的新流程

战略考虑的问题是企业未来"做什么"与"如何做"的问题，战略是面向未来的。根据前面的分析可知，任何企业的战略定位最终必然要体现到其业务上。因此，任何企业未来所面临的机会、威胁及所拥有的优势和劣势也必然要落到其业务流程上。所以在进行战略分析之前，企业必须明确：如果要进行适应环境变化的战略策划方案调整(如本例中的送花)，需要将其原先的业务流程改变成一个什么样的新流程。显然，这个流程是一个假想的流程，因为送花的过程还没有真正实现。

如果我们不能明确快递公司战略策划方案调整后新的业务流程是什么，就不会明确地知道将来快递公司的优势、劣势及机会与威胁到底在什么地方，也就无法进行 SWOT 匹配分析。其实在现实中，当人们对企业环境进行分析的时候，已经把假想的新的流程描绘在心里了，只是没有写在纸上而已。

步骤二：分析企业是否应该进行战略调整

在明确了企业未来可能的流程之后，接下来应该全面把握在这一新的流程中，企业所面临的机会、威胁及所拥有的优势和劣势，并在此基础上进行 SWOT 综合匹配分析。

比如，上文中的快递公司在明确了适应环境变化(鲜花需求)的新的流程以后，通过外部环境分析发现的确有新的市场机遇出现，但这显然对所有快递公司而言是一个共同的机遇，是否应该进行战略调整还要衡量其内部环境中的优势与劣势。

假设该快递公司通过内部环境分析发现，以前曾和一个鲜花供应商有过接触，而且建立了良好的关系，能够在同等的条件下采购到质量更好、价格更合理、供货更及时的鲜花。显然，与其竞争对手相比，快递公司在这个假设流程中的采购环节是具有优势的。在这种情况下，则可以考虑采用 SWOT 分析中的 SO 匹配(优势匹配机会)，调整自身的战略，实现这一假设的新的送花流程。

当然，从现实情况来看，即便企业发现了机会及与之匹配的优势，也不见得一定要调整自己的战略策划方案。这是因为企业战略是否需要调整是由企业内、外部多种因素和条件共同决定的，这些因素和条件可能包括企业的文化特征(如使命、愿景、价值观)、经营理念、风险偏好、品牌定位与历史传统、组织架构与治理结构、人员结构、领导风格、管理方式、人员素质及企业当时的资金状况等，企业领导者的战略格局与商业直觉也是影响战略调整的重要方面。

步骤三：进行企业内外部的组织变革

一旦企业的战略发生了变动或调整，其外部与内部的组织架构都要发生相应的变化。针对上例，首先分析快递公司的外部组织结构(也就是外部的供应链网络结构)是否发生了变化。快递公司如果进行了战略策划方案的调整，想要送花给消费者，必然需要将鲜花供应商加入原有的供应链网络，使其成为其供应链中的新成员。因此，供应链网络中的节点数量和节点之间的关系都会发生变化，如图 3-11 所示。

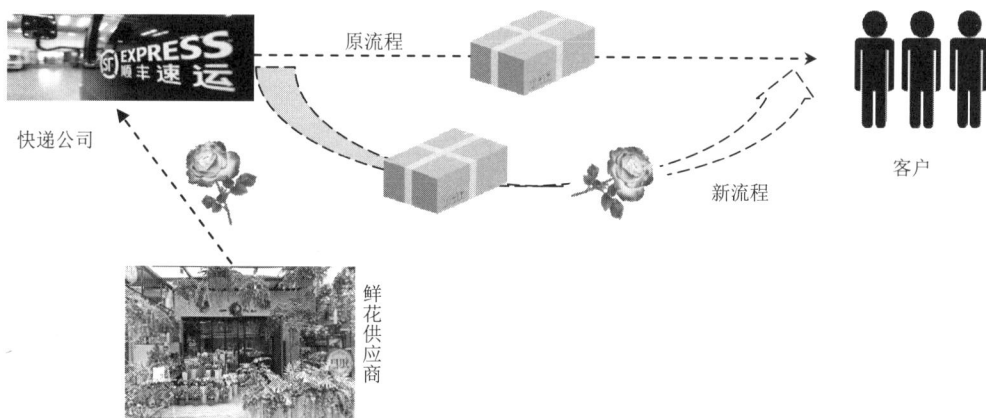

图 3-11　该快递公司的外部组织结构变化

其次，快递公司的内部组织结构是否也发生了变化？答案也是肯定的。一般来讲，做好企业的"组织"工作，需要从四个方面着手，即职位设计、部门划分、职权配置和人员安排。这四个方面中的任何一个发生变化，都反映出企业的组织发生了变化。

如果快递公司调整了战略策划方案，必将面对若干与鲜花处理有关的新任务。如何组织企业内部人员来完成这些任务，对组织提出了新的要求。例如，应该招聘新的员工来负责鲜花的采购、修剪、分配、捆绑等一系列工作，还是由现有的企业内部采购人员或快递人员来完成？是在企业内部新设立鲜花处理岗位，还是新组建一个鲜花采购与管理部门，抑或是把这一系列任务归属到以前的采购部门？所有这些问题都是快递公司在战略实施之前需要考虑清楚的，而要解决这些问题也就意味着快递公司内部的组织结构要发生变化。

可以认为，只要企业想实现不同于原先的产品或服务流程，企业的外部和内部组织结构就都要发生相应的变化。只有组织结构发生了变化，才能实施新的战略。

步骤四：对组织进行新的管理控制活动

在战略策划方案制定过程中，对于变化了的企业内外部组织架构，需要采用新的领导、管理和控制方式使其合理地运行。

先看企业内部，仍以快递公司为例。假设快递公司新招聘了一名鲜花处理人员，应该如何对他进行管理？其岗位应如何设置？他的绩效考核指标应如何设定？他与其他部门及其他人员之间的关系应如何协调？……所有这些问题都有待企业用新的管理和控制方式来实现。

再来看企业外部。这时快递公司必然要面对诸多如何管理和控制鲜花供应商的问题。例如，是和它建立短期的供应关系，还是建立长期的稳定关系，或者建立战略合作伙伴关系？和它签订什么样的合同最合适？对这个供应商应该如何进行绩效考评，如何进行激励？……这些问题都将反映在企业对外部组织(供应链网络)的管理及控制的变化上。

上述步骤完成之后，战略分析前假想的新的流程就能真正实现了。这时，已经实现的新流程才是适应环境变化要求的，反映了企业战略策划方案调整的完成。

上述四个步骤之间的关系如图 3-12 所示，它们构成了一个非常重要的循环关系，该循环关系是一个非常重要的企业策划分析工具。

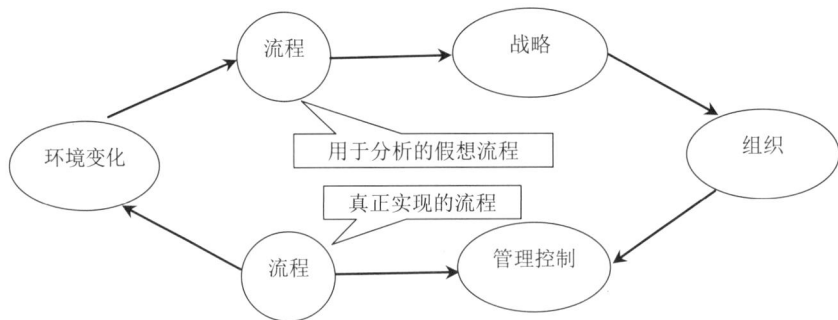

图 3-12　四个步骤之间的关系

该循环可以总结为：根据企业的环境变化(不管是企业外部环境变化，还是内部环境变化)，首先需要将适应环境变化要求的新的业务流程(假想的流程)描绘出来；在此基础上，再研究企业的战略、组织、管理、控制等方面应该如何变化和调整的问题。当所有的步骤完成后，企业才能真正实现这个假想的流程，而这个流程才是企业适应环境变化要求的新的流程。

在企业发展过程中，上述循环是随时发生、不断往复的。企业成长的过程也就是企业为了适应环境变化，不断调整自身战略、组织、管理、控制活动的过程，也就是不断调整自身经营活动的流程的过程。

经典案例

日本人是如何把信息变成财富的？

20 世纪 60 年代，我国刚刚开始开发大庆油田，在当时复杂的国际与国内形势背景下，这是保密的，就连国内人士也都不知道它的地址，更别说让外国人知道了。可最终日本商人还是知道了，而且消息非常准确。他们是怎样掌握了这一重大秘密的呢？是派了本国的特务，还是收买了中国人？都不是。他们靠的是对零零星星搜集到的关于大庆的公开资料进行了分析和预测。请看他们详细的分析、预测过程。

日本人看到中国画报封面上"王铁人"的照片，身穿大棉袄，冒着鹅毛大雪的场面，他们推测这可能是东北三省靠北边，否则不会下这么大的雪，但具体地点有待于进一步搜集资料和进行分析。当他们看到《人民日报》一篇报道说王进喜同志到了马家窑，说了一声："好大的油海啊！我们要把中国石油落后的帽子扔到太平洋里去。"这一下日本人乐昏了，真是"踏破铁鞋无觅处，得来全不费工夫"，马家窑就是大庆的中心。我国对日出版的《人民中国》杂志又报道说，中国工人阶级发扬"一不怕苦，二不怕死"的精神，大庆设备不用马拉车推，完全是肩扛人抬。日本人据此分析大庆车站离马家窑不远，远了就扛不动。地址被日本人推算准了，什么时候出油呢？他们又预测得分毫不差。1964 年，王进喜光荣地出席了第三届全国人民代表大会，日本人据此判定出油了，不出油王进喜就当不了人大代表。接下来，他们又根据《人民日报》上一幅钻塔照片上的钻台手柄的架势推算出油井的直径，根据油井直径和国务院政府工作报告中的资料来推算，把全国石油产量减去原来的石油产量，就是大庆的石油产量。在此基础上，他们很快设计出适合中国情况的石油设备。他们也料到我国必定要引进外国的技术及设备。等到我国向世界各国征求设计方案并购买设备时，其他国家没有准备，日本人却胸有成竹地向我国推荐他们的设计方案和设备。谈判当然很快成功，日本商人为此获利不少。

无独有偶，当我国在 20 世纪 70 年代末制定新的经济政策时，日本电子行业派驻我国的推销人员及时收集到了相关信息，研究了新的经济环境对消费者需求的影响，并深入调查了我国其他产品的价格，他们得出结论：中国人的消费水平将会迅速提高，但购买能力仍然有限。日本企业得到推销员的市场调查信息后，把早已停产的黑白电视机生产线重新开动起来，专门按我国的"电视制式"生产"适合中国观众收看"的电视机，全力以赴向我国推销，结果又大获全胜。

(资料来源：本书作者整理编写。)

思　考　题

1. 简述环境分析的层次。
2. 外部环境分析对于企业经营决策的重要性具体表现在哪几个方面？
3. 五种竞争力模型分别是什么？
4. 价值网的内涵是什么？
5. 什么是核心竞争力的本质？其评价标准是什么？
6. 内部环境分析的目的是什么？
7. 简述 SWOT 矩阵分析法。

第四章

战略策划实践

【学习要点及目标】

- 了解品牌的含义及如何进行品牌的市场切入。
- 掌握品牌战略策划的方法。
- 掌握 CI 的含义及表现。
- 了解广告战略的总体设计。
- 了解品类战略的原理及开辟新品类的方法。

凡战者，以正合，以奇胜。

——《孙子兵法·势篇》

巨大的承诺，是广告的灵魂。

——塞缪尔·约翰逊

一个好的品牌不仅是一种产品，更是一种理念。

——斯蒂芬·金

开篇案例

变与不变——华为的战略实践之路

华为 30 多年的跨越式发展过程，实质上也是华为打造品牌的过程。从规模、技术和管理三个维度，可将华为的发展过程划分为三个阶段：从 0 到 1 的懵懂阶段(1987—1994 年)，从 1 到 10 的追赶阶段(1994—2005 年)，从 10 到 100 的超越阶段(2005 年至今)。

一、懵懂阶段(1987—1994 年)

懵懂时期的华为，生存是第一要务。想方设法为客户创造价值让客户选择自己，是该阶段华为最朴素的认识，也是华为的初心。这个时期，坚决活下去的危机感驱动华为前行。

市场选择与业务路径：刚刚起步的华为，由于资源禀赋的匮乏，采取了代理海外产品模式，进入小型交换机市场。1989 年，任正非决定将从代理业务中获得的初始积累，投入到面向酒店和小型企业的小型交换机的自主研发上。1993 年，针对电信行业主战场——运营商市场的 2000 门数字程控交换机 C&C082000 开发成功，并在跨国电信巨头忽视的县级市场取得商用突破。

销售方式和客户关系：当时作为华为首席业务员的任正非，深切体会到生存的第一要务就是要维护好客户关系，做好售后服务，想方设法让客户满意。针对运营商市场的特点，华为开始着手在一些地方布点设立办事处，直接面对客户，提供快速响应服务。

逆向工程与模仿开发：华为的研发从零起步，从技术含量最低的小型交换机入手，采取"逆向工程"方式进行产品开发。华为这时期的产品研发属于模仿跟随型。

利益共同体与人才激励：处于创业期的华为，在吸引和留住人才方面，一是提供高于行业平均水平的报酬；二是描绘公司未来发展前景以激励员工；三是真诚兑现承诺。华为"工者有其股"的奋斗者激励机制的雏形就是在这一时期形成的。

二、追赶阶段(1994—2005 年)

在高速追赶期，华为应用的战略策划方法与原理主要有三个：一是全方位的构建式变革定位；二是注重可控性和有效性；三是围绕客户价值提升品牌价值。

市场选择与业务路径：这个时期，华为业务从固话网络业务扩展到移动网络业务，市场演进从农村到城市，从国内到国外。

销售方式与客户关系：一切以客户为中心、敬畏客户，是这个时期华为客户关系管理的最大特点。面对具有先发优势、品牌优势和产品优势的跨国企业，华为利用客户更新升级和扩容的机会从两个方面切入市场：一是价格优势；二是构建全面的客户关系。为了贴近客户、服务好客户，华为在全国各地设立办事处和地区部。截至 2000 年，华为在全国已有 200 多个地区部。客户有什么问题，一个电话华为就可以马上派人过去解决。即便不是华为设备的问题，工作人员也设法帮助解决。

文化建设与华为基本法：在此期间，华为重点进行系统化的企业文化建设，以及以 IPD 为先导的全面管理变革。任正非认为，资源会枯竭，唯有文化才会生生不息，认识到华为需要系统性和制度化地解决思想统一问题。为此，华为于 1998 年 3 月公布实施华为基本法，第一次系统地梳理了华为的核心价值观，纲领性地提出了华为经营管理的各项原则。虽然在基本法中没有明确提出"以客户为中心"的说法，但是，"以客户为中心"的思想一直贯穿基本法的始终。

IPD 变革与管理规范化：IPD 变革，是华为在管理上追赶世界先进企业的标志性事件，也是华为从"土狼"向"狮子"转变过程中的一个重要转折点。在这个阶段，除了 IPD 变革之外，华为还启动了一系列的管理变革来构筑公司规范化的管理体系。

紧跟型技术开发：1994—2005 年，华为主要采取技术紧跟型的研发策略。以 3G 技术开发为标志，华为的研发已经基本追赶上行业技术前进的步伐。

三、超越阶段(2005 年至今)

2005 年，华为开始从行业追赶者和挑战者向行业领先者过渡，从本土型公司向全球化公司过渡，进入全面超越阶段。在超越期，华为应用的战略策划方法与原理主要具有以下三个特点：一是以客户价值创造为核心的定位成为华为的自觉行为，华为的变革从必然王国走向自由王国；二是持续迭代优化以及全面集成融合；三是开放式变革。

梳理核心价值主张：从 2005 年开始，华为对由愿景使命、价值观和战略定位构成的核心价值主张，进行符合全球化公司要求的梳理。2017 年，将公司的愿景和使命重新定义为"构建万物互联的智能世界"。

全球市场与业务演进：2005 年以来，华为的业务规模沿着全球市场扩张和业务多元化两个维度持续快速增长。

突破创新与技术引领：华为一直高度重视研发创新，从经验教训中认识到基于客户价值创造的技术创新是研发商业成功的保证。在这个阶段，华为的技术研发具有以下三个特点：一是持续高强度加大战略性研发投入；二是瞄准前瞻性技术开发，引领行业；三是整合和利用全球研发资源。在反映技术领先水平的专利申请方面，2007 年以来，华为的全球国际专利申请(PCT)数量一直位列前茅，其中有五年处于全球第一的位置。华为已经是全球最大的专利持有企业之一，专利交叉许可成为华为重要的竞争优势来源。

持续管理变革与激发组织活力：随着业务全球化和组织大型化，面对复杂的和不确定的市场环境，华为构建全球协同的管理体系，持续管理变革，激发组织活力，"让听得见炮声的人呼唤炮火"，决策前移，快速响应市场。

夯实管理体系与持续迭代优化：2007 年，华为启动集成财经系统变革。2009 年，启动从线索到回款(LTC)的销售流程建设。随后，启动从问题到解决(ITR)的运营维护流程建设。2014 年，启动最后一个关键业务流程——从市场到线索(MTL)的营销流程的建设。至此，华为的主要业务流程建设完成，形成了以客户价值创造为核心，以市场到线索为龙头，以集成产品开发为重心，以集成供应链管理、集成财经管理和人力资源管理体系为支撑，适应全球化公司发展所需要的流程化管理体系和运作模式。

构建铁三角运作模式，激发组织活力：2009 年华为利用开展线索到回款(LTC)的变革之机，推动面向客户需求的铁三角运作模式变革。铁三角组织作为聚焦客户需求的一线共同作战单元，目的是聚焦一线，决策前移，简化管理，快速响应。

赋能平台与共享平台建设：2005 年，华为在原培训中心的基础上成立华为大学。战略预备队建设是华为大学的一项重要的赋能工作。战略预备队建设的目标就是聚焦企业能力短板，培育关键能力，快速集结资源，促进干部培养和人才循环流动，促进知识共享。

另外，华为在业务上构建三个云平台(客户体验云、解决方案云、知识云)支持一线人员的业务开展、知识共享和能力建设。同时，在世界主要区域共享平台的建设方面，华为通过协同和聚集业务与资源来提高全球运营效率，构建开放共生的合作伙伴生态圈。

2019 年起，由于美国及其盟友的制裁，华为手机在 5G、芯片等方面受到限制，导致手机销量逐年下降。2023 年 8 月 29 日，华为宣布 Mate 60 Pro 上架销售；2024 年第一季度，华为在中国的智能手机出货量重返第一的位置，这无疑是对企图用芯片技术遏制中国发展的国家的沉重打击。

2005—2024 年的十几年间，华为通过迎合全球化发展需要的核心价值主张体系的构建，以及对企业战略方向的把控，通过系统化的持续管理变革和组织活力的激化，实现了全面超越。

(资料来源：本书作者整理编写。)

今天的华为实现了华为当初提出的愿景目标"成为世界级领先企业"。华为的案例告诉我们，任何领域的战略策划都要为实践服务，战略策划是一个系统，这个系统内各个单元环环相扣，只有完成从战略机会的发现到战略阶段的展开，才能使战略目标的实现有较大程度的可预见性。

第一节　品牌战略策划

品牌是指企业及其所提供的商品或服务的综合标识。品牌是一种名称、术语、标记、符号或设计，或是它们的组合运用，其目的是借以辨认某个销售者或某群销售者的产品或服务，并使之同竞争对手的产品和服务区别开来。名牌是品牌的最终目标，许多企业家用毕生的心血去创造名牌。

埋藏在地下的宝石与普通石头没什么区别，是发现宝石并公之于世的人使宝石价值连城。同样的道理，世界上能成为品牌的企业和产品有无数个，但只有那些投入名牌怀抱的企业和产品才能戴上名牌的桂冠。

一、品牌战略策划的方法

创造品牌是一项重要的系统工程。企业可根据自身的状况，采取自创品牌、购买品牌、繁衍品牌等战略来创造品牌。

(一)自创品牌

自创品牌是一项既耗资又费力的艰难系统工程。这个工程包括五大步骤：树立自创品牌的观念，进行品牌的市场定位、品质控制、销售管理和市场推广。它们之间互相联系，互相影响，一损皆损，一荣皆荣。它们是创造品牌的主要因素。

1. 树立自创品牌的营销观念

企业对品牌的经营观念不是固定不变的，它会随着社会经济的发展和市场形势的变化而发展。从商品经济发展的历史来看，企业品牌战略策划的指导思想大体上有五种：品牌生产观念、品牌产品观念、品牌推销观念、品牌市场营销观念和品牌社会营销观念。下面分别进行介绍。

1）品牌生产观念

品牌生产观念是指企业的一切经营活动以品牌生产为核心，围绕着品牌生产来安排一切业务。

品牌生产观念适用于两种市场条件：一是市场产品供不应求，卖方竞争较弱，买方争购，没有太大选择的余地；二是产品成本和售价太高，只有从生产入手，通过提高效率、降低成本来降低售价，方能畅销。例如，20 世纪 70 年代以前，我国的一些品牌产品就是在供不应求的市场条件下用生产观念指导企业行为的产物。

随着经济的发展和竞争的加剧，仅仅重视生产的经营观念已不适应企业发展的需要，必须启用新的经营观念。

2）品牌产品观念

品牌产品观念是指企业的一切经营活动以品牌产品为核心，重点在于提高产品质量，创出产品特色。

品牌产品观念是一种与品牌生产观念相似的经营思想。它主张，只要产品质量好，就会顾客盈门；只要产品有特色，就会销路畅通。例如，我国一些企业抱着"酒香不怕巷子深"的古训不放，死守着"祖传秘方"和传统特色，尽管在过去曾赢得一时的竞争优势，但现在已根基不稳。

3）品牌推销观念

品牌推销观念是指企业的一切经营活动以品牌推销为核心。它假定如果企业不大力刺激顾客的欲望和购买兴趣，顾客就不会购买它的产品。因此，奉行品牌推销观念的企业一般都会建立专门的推销机构，启用各种推销招数，把品牌产品推向顾客。

品牌推销观念是生产观念的发展和延伸。但其本质仍是以生产为核心，"生产什么就销售什么"是这一观念的主旋律。

4）品牌市场营销观念

品牌市场营销观念是指企业的一切经营活动以消费者为核心。它主张首先了解消费者需要，按照消费者需要组织生产和经营活动。

品牌市场营销观念是企业经营思想的一次根本性的革命。它抛弃了原有的"制造产品并推销出去"的观念，而发展了"发现需要并设法满足他们"的观念。这种观念盛行于第二次世界大战后的欧美各国，与供过于求的买方市场相适应。

在这种观念指导下，才出现了真正属于消费者的世界品牌。因为企业在这种观念指导下，才有可能按照消费者的需求设计产品，核算成本，制定相适应的价格，使消费者对产品产生偏好，形成共同的好感。美国的麦当劳和 IBM 公司等企业就是用市场营销观念来创造品牌的，它们在市场营销观念指导下，在了解顾客需要基础上进行产品开发。

5）品牌社会营销观念

品牌社会营销观念是指企业不仅要满足消费者的需要和欲望并由此获得利润，而且还要符合消费者自身和整个社会的长远利益。

品牌产品不仅要优质，要符合消费者一时的需要，还要符合消费者的长远利益，更要符合社会利益，使其在消费者心目中形成一个完美的形象，否则就不是一个名副其实的品牌。

总之，无论是产品品牌，还是企业品牌，都是以消费者为基础的，消费者为品牌提供了生存和发展的空间。因此，企业在争创品牌过程中，一定要紧紧围绕着消费者这个核心。同时，社会形象如何，是决定能否成为世界顶级品牌的重要因素。纵观名列前几位的世界品牌，都有一个良好的社会形象。

2. 品牌的市场定位

消费者的偏好千奇百怪、千变万化，不同地区的消费者对品牌有不同的看法。任何一个品牌都不可能满足所有消费者的需求。因此，一个产品、一个企业在哪方面出名，是创造品牌的关键。企业必须首先定位，即须首先明确自己要在消费者心目中确定一个什么样的形象。

品牌的市场定位需要从分析市场机会入手，然后进行市场细分化、目标化，最后完成定位。

1）分析国际品牌的市场机会

市场机会是市场尚未满足的需要，是做生意赚钱的机会，也是创造品牌的机会。只有找到市场机会并抓住它，才能创造出品牌。成功希望越大的机会，竞争者越多，机会消失得也越快。谁能及时抓住像闪电一样的机会，谁才会成功。

市场上一切未满足的需要都是环境机会，但并不是一切环境机会都能成为某一企业的营销机会。例如，市场上需要高质量的图书，这是一个环境机会，但它并不是食品商的营销机会。营销机会是指对企业的营销活动具有吸引力、企业享有竞争优势和能获得差别利益的环境机会。换句话说，适合本企业的环境机会才是营销机会。

备受青年人喜爱的牛仔裤诞生于美国加利福尼亚淘金热时代。发明者李维·斯特劳斯最初抓住的营销机会就是满足淘金者对坚固耐用服装的需要，用褐色帆布裁剪出世界上最早的一批牛仔裤。后来他又改用一种叫"尼姆斯粗哔叽"的棉布来制作工作裤，染成了靛蓝色。不久后，裁缝戴维斯为了使裤口袋更结实，在裤口袋四角上钉上了铆钉。李维又抓住时机，立刻买下了这一发明，并于1872年申请了专利。最终他完善了"李维斯"牛仔裤，赚了大钱。虽然李维·斯特劳斯已于1907年逝世，但牛仔裤仍风靡世界，成了国际青年服。"李维斯"牛仔裤也成为世界品牌。

当然，现代市场远比李维·斯特劳斯所处时代复杂得多，营销机会的捕捉更需要建立在科学研究和定量分析的基础上。

2）选择品牌目标市场

品牌营销者在创造品牌前必须选好目标市场。具体地说，在选择营销机会以后，就要对创造品牌的产品和企业的市场容量、市场结构做进一步分析，逐步缩小范围，选出本企业及产品的目标市场。德国奔驰汽车公司是一个拥有百年历史的汽车制造公司。该公司生产的高级轿车奔驰600，选定的目标是政府要员和富豪，因此奔驰600轿车昂贵、豪华，现已成为许多国家元首和知名人士的重要交通工具。

选择目标市场包括三个步骤。

(1) 测量和预测市场需求。对所选定的市场机会，要具体测量和预测市场需求，诸如它能辐射的范围、包容的数量和持续的时间等。

(2) 进行市场细分。市场上的顾客是各种各样的，按照不同的需求特征把顾客分为若干部分，即把市场分为若干部分，称为市场细分化。例如，按性别可分为男性市场和女性市场；按年龄可分为老年市场、中年市场、青年市场和儿童市场；按收入和文化层次也可分出相应的市场。

(3) 选定目标市场。营销者在市场细分的基础上，选择一个或几个细分市场作为自己的营销对象，这些被选定的营销对象称为目标市场。在选定目标市场时，要考虑企业资源、产品、市场供求及竞争者战略等多种因素。

第二次世界大战结束时，日本尼西奇公司仅有员工30多人，生产雨衣、游泳帽、卫生带和尿布等橡胶制品，经营很不稳定。战后的经济恢复和发展为企业发展提供了契机。有一次，尼西奇公司的董事长多川博在考虑市场定位问题时，看到一份日本人口普查报告，得知日本每年大约出生250万个婴儿。如果每个婴儿每年用两条尿布，一年就需500万条；如果把眼光放到国外，市场就更大了。于是，多川博决心放弃尿布以外的产品，把尼西奇变成尿布专业公司，集中力量，创立品牌，最终取得了成功。现今尼西奇公司被称为"尿布大王"。

3) 定位

营销者在选定目标市场后，还要决定如何进入市场。寻求进入市场的突破口就是市场定位问题。一个企业可以有多种定位，诸如低价定位、优质定位、优质服务定位、先进技术定位等。但最根本的是建立它所希望的、对目标顾客具有吸引力的竞争优势。

(1) 定位营销的步骤。

① 确认潜在的竞争优势。全方位地获得竞争优势是困难的，因此不断发现潜在的优势，通过积少成多的方式获得竞争优势是非常重要的。

② 准确选择竞争优势。要放弃那些优势微小、开发成本太高的活动，而在具有较大优势方面进行扩展。例如一家公司有几个潜在优势可供挖掘，就要一项一项地进行优势对比分析。以目前市场上的方便碗面市场为例，现存碗面大多形成了批量生产，价格具有一定优势，各家技术不相上下，成本水平相似，质量相对均衡，服务水平一般。其中的某品牌碗面在维持原有价格、成本、质量和服务水平的基础上，加大了技术上的投资，推出了儿童面系列，树立了儿童食品企业形象，赢得了优势。

③ 准确地向市场传播企业定位观念。再强的竞争优势也不会自动在市场上显示出来。选定竞争优势后，企业就需要通过广告宣传将其定位观念传播开来，占据顾客的心智。例如，一家商店要确立优质服务的形象，首先要增加服务人员，并施以严格的培训，然后开始广泛宣传。

(2) 定位策略的选择。

定位策略的选择应贯穿整个定位过程。这些策略是多种多样的，任何一家企业，无论其规模大小，技术先进与否，产品种类多少，都能找到自己的市场位置。常用的定位策略有五种。

① 第一定位策略，即追求企业活动某一方面的第一位。常用的有销售量第一、营业

面积第一等。然而，只有在某一方面具有巨大优势的企业才能夺得第一，因此该策略不适合一般性企业。

② 加强定位策略，即在消费者心中加强自己现有的地位。这种定位策略适合那些竞争力较强、特性明显的企业和产品。

③ 空当定位策略，即寻找那些消费者重视而未被开发的市场空间。这种定位策略既适用于实力雄厚的企业，又适用于小型企业，但必须找准市场空位。同时，空位不是永存的，必须尽快巩固已有定位，夺得第一或前列位置；或是追求新的空当。

④ 为对手重新定位策略，即把竞争者占据在人们心中的位置重新定位。这种策略表面上是回避同位竞争，实质上是使竞争更为激烈，大多针对竞争者产品进行广告宣传。采取这种策略时要慎重，否则容易引起法律纠纷。

⑤ 高级俱乐部策略，即强调自己是某个具有良好声誉小集团的成员之一。如果企业不能取得第一或某种独特的属性，采取这种高级俱乐部策略，也不失为一种良策。美国三大汽车公司的概念就是由排位第三的汽车公司——克莱斯勒汽车公司提出的，其效果是使人感到三大公司都是最佳的。采用这种策略时应注意，过分扩大俱乐部范围不会取得理想效果。

3. 品牌的品质控制

德国奔驰汽车公司曾刊登过一则广告："如果有人发现奔驰牌汽车发生故障，被修理车拖走，我们将赠送他一万美元。"可见奔驰之所以成为国际知名品牌，与它的优良品质相关。品质是品牌成功的基础，没有精良的品质，就不会有众口皆碑的品牌。

1) 品牌的核心品质

品牌的核心品质是指顾客所要购买的实质性东西，它与一般产品略有不同。服装的核心是满足遮体和保暖的需要，而品牌服装的核心却是给人以美感与高贵感；食品的核心是满足充饥和营养的需要，而豪华名宴的核心却是给人以显富优越感。

2) 品牌的有形品质

营销人员必须把品牌核心品质转变为有形品质，才能卖给顾客，形成现实品牌。有形品质包括质量、功能、款式、包装等因素。

3) 品牌的附加品质

品牌的附加品质是指顾客在购买品牌产品时所得到的附加服务和利益，如提供信贷、免费安装、保修、保换和其他售后服务等。一般而言，品牌厂店的产品附加品质更为重要。

4. 品牌的销售管理

再好的产品，如果营销不当，也会砸了牌子。有些品牌，在国内市场刚刚开了个好头，就买来别人家的产品贴上自己的商标，一来二去，牌子砸了。有些企业在激烈的竞争中，步入竞相压价的误区，使品牌产品越卖越便宜，结果品牌产品成了积压货。可见，品牌需要科学的销售管理，甚至可以说有些品牌就是卖出来的。

1) 品牌价格的学问

给品牌产品定价大有学问。价格过高，容易得罪顾客，在创造品牌过程中需要慎重；价格过低，有损品牌身份。

在确定品牌价格时，首先要考虑各种影响因素。内部因素有营销目标、营销组合策略和成本等，外部因素有市场和需求状况、竞争状况和其他环境因素。在分析各种影响因素的基础上，选择品牌定价的方法。这些方法包括成本导向定价法、需求导向定价法和竞争导向定价法。

高档品牌常常采用需求导向定价法，即根据买方对产品价值的理解和需求强度来定价。这类定价方法主要是理解价值定价法，即根据顾客在观念上所理解的价值，而不是实际价值来定价。例如中国某内地市场中，一件欧洲品牌的男士衬衣售价约 500 元，国产品牌的衬衣售价约 180 元，而无名的普通衬衣则只卖几十元。这里的差价主要不是来自成本和质量，而是根据顾客所理解和认可的价值。某些商场商品的高价格也正是迎合了某些人的理解价值。

在选择品牌定价方法时，要注意运用各种品牌产品定价策略。诸如可以制定高价，以提高产品身价，身价一高自然就有了名气；也可以实行低价渗透，购买的人多了，也可以创出产品品牌。

教学案例

涨价与降价

休布雷公司在美国伏特加酒的市场中属于营销出色的公司。其生产的史密诺夫酒，在伏特加酒市场上的占有率达到23%。20 世纪 60 年代，一家公司推出了一种新型伏特加酒，其质量不比史密诺夫酒差，但每瓶价格却比它低 1 美元。这对史密诺夫酒显然是一种巨大的挑战。

面对这种挑战，休布雷公司摆脱了传统的竞争思维，采取了一个令竞争对手意想不到的反击策略。他们将史密诺夫酒的价格再提高 1 美元而不是降低 1 美元或更多。同时又新推出商标为"瑞色加"和"波波"的两种伏特加酒。前者的定价与竞争对手的新伏特加酒的价格一样，后者的价格则比竞争对手低得多。结果，休布雷公司不仅摆脱了危机，而且遏制了对手的发展势头。

休布雷公司的对策妙在何处呢？

第一，合理利用价格尺码，即高价意味着高质量，这是一种较为常见的消费心理。提高史密诺夫酒的价格无疑提高了它的身份，使其以休布雷公司产品中高档品的身份出现在消费者面前。此举不仅使竞争对手的新产品沦为一种更加普通的品牌，更值得注意的是，它还起着不给竞争对手抢先占领高档酒市场的作用。

第二，即使竞争对手的产品沦为普通品牌，也不能让其独霸。休布雷公司推出与竞争产品同价的"瑞色加"酒，无疑是在中价位酒或普通酒的市场上也要同竞争对手进行猛烈厮杀。

第三，如果休布雷公司仅采取上述两项战略措施，面对这种反击，竞争对手也可能把它的攻击目标再转向低价位伏特加酒市场，但休布雷公司也不给对手这种机会。"波波"酒的一同推出，无疑是抢先占领了低价位酒市场。

（资料来源：本书作者整理编写。）

2） 品牌分销的途径

在什么地方卖品牌，这是个值得研究的问题。同样的东西，在地摊上卖就被认为是处理品、次等品；在豪华商店卖就会被认为是高档品牌。因为在人们眼里，装饰豪华的店铺里出售的当然是高档品牌产品。

品牌在选择分销途径时要考虑多种因素，包括产品的特点、生产情况、市场情况和国家的有关法律规定。在分析决策过程中主要是确定分销渠道的长度和宽度。长度是指经过多少中间环节，宽度是指经同一个环节选用的中间商的数量。最后一步是确定要经过哪家中间商，要评估它的地位、声誉及在公众中的形象。

5. 品牌的市场推广

市场推广是品牌的美容室和传播器，它使企业和产品形象惹人喜爱，为人知晓。它像魔法一样，将默默无闻的企业和产品推向品牌金字塔的顶端。当人们闭上眼睛，想想美国，跳入脑海的常常是可口可乐和麦当劳；日本常常是松下；德国是奔驰；法国是圣罗兰和香奈儿。这一切，都有市场推广的功劳。

当然，市场推广不仅仅是公关活动，它包括促销的全部内容，即营销者将有关企业及产品的信息通过各种方法传递给消费者，促进其了解、信赖并购买本企业的产品，达到扩大销售的目的。它的实质是营销者与顾客之间的信息沟通过程。它的形式包括广告、人员推销、销售促进和公共关系。

总之，自创品牌是一项工程、一种事业。市场定位准确是品牌的"受孕"，品质控制和销售管理是品牌的"怀胎"，最后的市场推广则是品牌的"分娩"，哪一个环节出现差错品牌都不会"降生"。因此，谁想创造自己的品牌，谁就将时时处在"失败"的边缘，成功只属于具有创造精神和冒险精神的人。

(二)购买品牌

购买他人品牌，一是购置现成商号，包括品牌和企业；二是仅购买某个品牌的使用权。下面对两种方式进行详细介绍。

1. 购置现成商号的策划

如果两个奔跑速度相同的运动员处于不同的起点进行比赛，无疑是接近终点的起跑者最先到达终点。因为他处于起跑的优势点。对于比赛来说，起跑点不一致是不公平的。但对于市场竞争来说，起跑点不一致却是合理的。购置品牌就类似于寻求赛跑的优势起跑点，起点高才能发展快。因此许多企业家热衷于购置品牌。

1) 购置品牌的形式

购买品牌，是将他人的品牌转化为自己部分所有或是全部所有。前者是与某一品牌企业合并，共同推出有影响力的品牌；后者是将某一品牌企业买断，借助他人已有的声誉开拓自己的事业。

(1) 横向并购。

奔驰和戴姆勒是德国最大的两家汽车商。20世纪初，它们共同受到来自美国汽车商的威胁。1914年第一次世界大战爆发，处于中立地位的美国与交战各方交易活跃，汽车工业得到迅速发展，福特牌汽车大量涌进德国。为了摆脱竞争威胁，1926年，奔驰与戴姆勒进行合并，成立了戴姆勒–奔驰汽车公司(中国翻译简称奔驰汽车公司)，共同推出了"梅赛德斯"牌汽车，在世界汽车市场稳居一席。时至今日，奔驰在人们心中仍是一种等级、地位和权力的象征。

品牌企业的合并包括同等名声企业的合并，诸如奔驰和戴姆勒的做法，从而造就了更大的名声。同时也包括非同等名声企业的合并，一个名声不是很大的企业完全可以与一个名声很大但显现出衰落迹象的企业合并，用新企业的活力使老品牌重新焕发生机。例如吉利控股集团成功并购沃尔沃汽车。沃尔沃 2019 年全球销量为 70.5 万辆，不仅是首次突破70 万销量大关，更是连续第六年实现全球销量创纪录增长，相比并购前 2009 年沃尔沃汽车的 33.4 万辆，年销量翻了一倍。并购十年，沃尔沃汽车以日新月异的变化，每一天都在改写历史。

(2) 纵向并购。

纵向并购已不是简单的合并，而是出巨资购买著名的企业。其目的是迅速获取世界品牌产品及商标，而对所购公司的财产不是十分感兴趣。

20 世纪 80 年代，世界众多品牌纷纷易主，这与产品竞争日趋激烈有关。一个品牌的形成需要大量的资金和风险投资，事倍功半的现象屡见不鲜。一方面，一种新产品从投入开发研究到完成投产，需要七八年时间，而将其锤炼为世界品牌则需要十几年，甚至几十年的时间，资金投入之巨大，周期延续之长久，使诸多企业望而生畏。另一方面，产品更新换代的速度日益加快，一些新发明的孕育期在不断缩短。企业投入巨资开发的产品转眼之间就可能被市场淘汰，创造品牌的风险极大。这就迫使一些拥有实力的公司购买品牌企业，这成为一条创品牌的捷径。

2) 购置品牌的决策

购置品牌要等待机会，发现机会后进行具体分析，通过可行性研究后再决定是否购买。一般的决策程序为：分析品牌出售的原因，了解品牌的物质条件及所在市场的情况、品牌的金融状况和有关法律问题，以及评估品牌的真正价值等。

竞争激烈的市场瞬息万变，许多品牌在商海中浮沉，敏锐的企业家通过购买貌似萧条实藏生机的品牌，使这些品牌很快东山再起。当然也有许多人成了品牌破产的替罪羊，因此购买品牌一定要慎重从事。

2. 购买品牌使用权的策划

购买品牌商号固然是一条捷径，但这条路并不容易走。在正常情况下，除非经营不下去了，否则谁也不会心甘情愿地卖掉自己千辛万苦创建的品牌。另外，"壳""瓤"一块买，投资大、风险大，购买品牌后飞速发展者很少见。相比之下，租"壳"弃"瓤"——仅购买品牌使用权，是更为妥当的创品牌之路。

1) 购买品牌使用权的方法

购买品牌使用权的方法概括地说，就是分析所购品牌的特征、名声及市场状况，确定自己能支付的合理价格。签订合同后，按照品牌的质量、标志及其他要求，组织生产和经营。

(1) 熟悉品牌：熟悉品牌的各种情况后，才能估算出品牌的无形价值。

(2) 评估价值：决定购买品牌使用权后，就要考虑花多少钱才值得。评估品牌的无形价值是做出购买决策的基础，要考虑使用他人品牌能否带来利益，分析品牌主人开价的合理性，最终在双方互利的基础上达成协议。

(3) 按质生产：购买品牌使用权后，并非万事大吉，更重要的是按照品牌的要求组织生产。

(4) 推向市场：按照购买品牌使用权的要求生产出产品后，就要将其推向市场，进行价值效用检验，评估品牌产生的效应。

2) 购买品牌特许经销权

购买世界品牌特许经销权，有利于事业发展，但不利于创造自己的品牌，很可能会使企业成为有利无名的企业。特许经销权是指特许人允许特许经营者使用自己的生产方法、服务方法、商标或专利从事生产经营活动，并从中收取一定费用。特许经营者有权在指定地区生产经营特许产品。快餐、音像商店、保健中心、理发、汽车租赁、汽车旅馆和旅行社等服务业适合采取特许经销方式。

(三)繁衍品牌

品牌的创造常常需要竞争，但品牌的形成往往是合作的结果。特别是那些满足人们日常生活的用品，市场占有率是这些品牌的重要标志。想要实现产品的全球化，仅靠自己的力量需要经过艰难和漫长的过程，而采取多种合作方式，宣扬和推广自己的品牌，则会达到"借他人之腹怀自己之胎"的功效。

纵观世界品牌，除自创品牌之外，常常通过并购方式取得品牌商标，然后再通过多种合作方式繁衍品牌，向全球蔓延。假如将购买品牌视为创造品牌的第一步，那么繁衍品牌就是第二步。

1. 横向合作——可口可乐的扩展策划

可口可乐一百多年来的发展史令人着迷，人们挖空心思寻觅其中的奥秘。焦点集中在那神秘的配方上。不可否认，独特的配方是可口可乐成功的基础，但使其真正成为全球产品的重要原因，还在于数以百万计的饮料管理人员用机器将可口可乐原浆与苏打水混合在一起。其中，可口可乐的合作者付出了巨大的努力，做出了不朽的贡献。在一定意义上也可以说，可口可乐的发展史就是可口可乐公司与其他公司的横向合作史。

2. 特许繁衍——麦当劳、肯德基的成名策划

美国麦当劳、肯德基的专卖店几乎遍及世界各个角落。它们不仅开在市中心，也向郊区发展；不但开在高速公路旁，也向大学校园、公园、军营等人员密集地区渗透。其优质的服务、整洁明快的用餐环境和可口的快餐口味都享有盛誉。它们的成功有许多相似之处，其中最重要的一点在于它们都是特许专卖权的所有者，由此获得名声和利益。同时，特许专卖权的购买者们也依靠麦当劳和肯德基的名声获得了丰厚利润。

麦当劳的特许加盟制度有一套严格的标准和规范。

- 分店的建立。每开一家分店，麦当劳总部都是自行派员选择地址，组织安排店铺的建筑、设备安装和内外部装潢。
- 特许费用。特许经营者一旦与公司签订合同，必须先付一笔特许权使用费，总额为 2.25 万美元。其中一半现金支付，另一半以后上交。此后，每年上交公司一笔特许权使用费和房产租金，前者为年销售额的 3%，后者为年销售额的 8.5%。
- 合同契约。特许权合同使用期为 20 年。公司对特许店经营者负有以下责任：在公

司组建成立的汉堡包大学培训员工；管理咨询、协助经营、负责广告宣传、公共关系、财务咨询，提供人员培训所需的各种阅读材料、教具和设备等；向特许店供货时提供优惠。

- 货物分销。麦当劳公司不是直接向特许店提供餐具、食物原料，而是与专业供销公司签订合同，再由它们向各个分店直接送货。

麦当劳在海外发展连锁店主要采取三种方式。

- 直营方式：公司直接投资海外，建立分店。
- 特许经销：公司或子公司将经销权授予特许人，由特许人办店经营。
- 联合投资：公司投资 50%或 50%以下，其他股权由当地人投资。

二、品牌的推广策划

(一)品牌的市场切入点

品牌不是天生的，最初入市时都是无名小卒，市场上没有它们的席位，竞争中没有它们的优势。它们不能像已占领市场的老品牌那样，能对进攻和防御两种策略进行选择，它们无阵地可守，无城池可防，只有进攻一条路。

向哪儿进攻？一般有两大市场：一是空白的新市场，需要去创造；二是被占的老市场，需要去抢攻。前者虽不会遇到对手抵抗，但创建新城池并非易事；后者虽有建好的城池，但从别人手中夺下会异常艰难。对前者一般采取"钻空子"的战略，对后者则采取"揳钉子"的战略。

1. "钻空子"：创造新市场的顶级品牌

是开创一个新的市场，还是做旧有市场的分享者，这是顶级世界品牌与非顶级世界品牌的一个重要区别。在顶级世界品牌中，无论是 20 世纪初上市的产品，还是 20 世纪中期出现的品牌，几乎运用的都是"钻空子"战略。

随着社会的发展和人类的进步，人们的需求已发生了翻天覆地的变化，市场趋于无限制发展。在连日常生活都没有保障的情况下，人们最需要的无非粗茶淡饭、土布草鞋；生存有了基本保障后，人们开始追求鸡鸭鱼肉、绫罗绸缎；现代，人们渴望购买和消费的是电子产品、豪华轿车和花园别墅等。这种变化，除了人本身欲望的诱使之外，还由于厂商们不断推出新的产品。具体地说，一些品牌厂家在不断地创造着新的需求与市场，即创造世界上还没有的产品引发消费者的需求。

人们对各种商品的需求都可以归纳为某种欲望。换句话说，商人们拥有无穷无尽地创造产品的空间，来创造消费者各种各样的需求。人们无法对不存在的产品产生需求，但这并不等于他们没有潜在需要。小汽车、电视机、洗衣机、智能手机等种种产品问世后，马上就打开了人们需求的闸门。不创造需求，就不会有新产品的诞生。

2. "揳钉子"：分享旧市场的次级品牌

正像一个家庭中的孩子只有一个老大一样，每个行业中的霸主也只有一位。然而，并不是每个企业都能争占龙头地位。从市场容纳度和实际意义两方面看，分享市场也是创造品牌的途径之一。

先入市的企业已部分或全部占领了市场，后起企业想再打入，必须寻求市场缝隙，像楔钉子一样挤进市场。

(1) 价格侧击。低价是最明显的侧击形式。其优势在于适应顾客求廉的心理特征，动摇市场领袖者的地位，扩大自己的市场份额。

(2) 形象侧击。可口可乐是第一种可乐饮料，名气大、历史长，但也给人一种"老"的印象。年长者比较喜欢喝可口可乐，但年轻人有偏爱百事可乐的倾向。百事可乐公司抓住老人渴望年轻化的心理，在1961年开始了形象侧击战略。其广告语是："您想使自己年轻吗？请喝百事可乐吧！"其结果是可口可乐的消费者日渐减少，而偏爱百事可乐的人与日俱增。

(3) 口味侧击。口味本来是个人喜好问题，百事可乐公司却将其渲染为产品问题。它们于20世纪70年代中期别出心裁地掀起一场试饮百事可乐和可口可乐的侧击性活动。百事可乐甜度比可口可乐高9%，味觉的第一感觉当然对百事可乐有利。结果，百事可乐和可口可乐的欣赏者之比为3∶2。百事可乐公司把有利于自己的录像拿到电视台反复播放，一时间，百事可乐名声大振，销售量直线上升。

由于百事可乐公司多次成功地运用了侧击战略，市场份额迅速增大，百事可乐销售量有时竟然超过可口可乐，其品牌价值也向可口可乐靠拢。

可见，挤入市场不是硬碰硬，需要以己之长，克人之短；同时，取得成效后，不可盲目转移目标，而应集中兵力，进一步完善特色。这是后起品牌给我们提供的宝贵启示。

(二)品牌的市场扩展

人们在分析当今世界品牌时，常常会看到它们已遍布市场的各个角落，实现了最大程度的市场覆盖率。然而，这种结果并不是一步到位的。在切入市场阶段，企业往往采用集中营销战略，选取一个点进行重点开拓。一旦切入市场，站稳了脚跟，企业常采取差异营销策略，进行多方面的市场扩展，最终实现产品行销全球的目标。

1. 将气球吹大——内部膨胀策略

如果只扩展市场而不从内部进行实力扩充，企业最终不可能达到扩展市场的目的。扩展市场，需要从品牌企业内部延伸开始，具体来说包括品牌延伸和企业延伸。其核心是将提供给市场的这块蛋糕——产品做大，先把一个气球吹大，再考虑多吹几个气球的问题。

1) 品牌延伸

要进行品牌延伸策划，首先要弄清楚品牌决策策划。在品牌决策策划过程中，应决定产品要不要品牌。如果要品牌，需解决品牌归属问题，即是自创品牌，还是用中间商的品牌，或是购买使用他人的品牌，我们更为关心自创品牌。

2) 企业延伸

据统计，世界80%以上的品牌产品源自规模较大的企业，而行业集中化的企业造就了最著名的世界品牌。因此，企业是世界品牌的创造者，那些规模较大、专业性较强的企业是世界品牌的摇篮。企业延伸的深度与广度，制约着创造品牌的等级。

2. 多吹几个气球——外部扩展策略

气球吹到一定程度再用力吹气球也不可能很大，充气过多就会爆炸。发展的方法，是多吹几个气球,从外部进行扩充。对于品牌产品或企业来说,内部膨胀的目的是向外部扩张,即在空间上打开市场。

1) 点、线、面:战略性扩展策略

世界品牌在初入市场时,常向某一重要点进攻,取得成效后再向另一个点进攻,两点连成一线,接着攻下第三点形成面。各点广度延伸,最终布满各个角落。这种打点法可视为碉堡战。

碉堡战中的各种对抗策略并非全是互相排斥,可以在不同的战场采取不同的策略,也可以在不同的时机启动不同的竞争杠杆。品牌企业不要一味地追求某种策略,而是要根据实际情况加以选用。也不要片面模仿别人的做法,而是要努力注入自身色彩,采取机动灵活的战略战术。

2) 没有硝烟的争夺:非商业性扩展策略

诸多世界品牌在进行空间扩展时,常常带有很大的非商业性,使其所切入并扩展的新市场悄悄地打开,使目标消费者在毫无戒备的心理状态下接受陌生的品牌。这种方法在扩展异地市场时常被使用。

在第二次世界大战期间,可口可乐公司坚持每天供给每个美国军人一杯可口可乐,只需 5 美分。这不仅使可口可乐深深扎根于美军的生活,巩固了美国的市场,而且使可口可乐随美军走欧洲、进日本,开辟了众多的新市场。美军撤退以后,可口可乐却留了下来,建立了自己的滩头堡,成了国外许多地方能买到的首批美国产品之一。

可口可乐的顺利扩展,在于巧妙的策划。可口可乐不是以商人姿态,而是以爱国者姿态出现。首先赢得了美军的喜爱。不管士兵在任何地方作战,都有简易的装瓶厂跟随。可口可乐技师被授予与他们在公司薪金水平相当的荣誉军衔,被称为可口可乐上校。战时士兵对可口可乐的巨大需求,导致黑市价格飞涨。在第二次世界大战档案中充斥着要是没有足够的可乐将会发生何种灾难的描述,可口可乐成了第二次世界大战的功臣和最具知名度的爱国者。

3) 冒着"炮火"前进:商业性扩展策略

商业性扩展,即直接运用分销、广告和销售促进等手段进行扩展。尽管其商业性明显,但容易造成声势,迅速赢得消费者。世界品牌的扩展,常常是商业性和非商业性策划结合运用。

可口可乐切入中国市场,首先向经销商投放了一个巨大的诱饵,即免费向中国的几家粮油进出口公司提供可乐饮料的装瓶设备。条件只有一个,需要购买可口可乐公司的原浆。这无异于天上掉馅饼,大大地刺激了中国经销商的积极性,很快地打开了市场。市场打开后,可口可乐公司选择中国有实力的公司合资办可口可乐装瓶厂,组建分销公司,顺利而又迅速地使可口可乐饮料遍布中国的大街小巷。

教学案例

"三只松鼠"的品牌秘诀

"三只松鼠"品牌于 2012 年 6 月开始在天猫商城试运营,上线仅一个月,销售额就突破 2000 万元,一年的销售额轻轻松松就破了 1 亿元。2013 年 4 月,荣获"全国坚果炒货营销十强企业"称号;2013 年 8 月,荣获"2013 年中国创新产品十强"称号。2019 年 7 月

12 日，"三只松鼠"在深交所创业板上市，被誉为"国民零食第一股"。2019 年，"三只松鼠"全年销售额突破 100 亿元，成为零食行业首家迈过百亿元门槛的企业。2020 年 4 月 2 日，"三只松鼠"发布公告称，拟使用自有资金 4225.62 万元投资设立 4 家全资子公司，子公司业务包括酱腌菜、婴童食品、宠物食品以及礼品等。

这个品牌发展得如此之快是有什么秘诀呢？

该品牌的创始人章燎原接受记者采访时说，品牌为先、做足细节、用超预期的用户体验一环扣一环地吸引消费者，就是其打造"三只松鼠"品牌的秘诀。当买家打开"三只松鼠"的网店页面，首先映入眼帘的便是三只活泼可爱的卡通小松鼠。再往下拉，就是一串以松鼠名字命名的淘宝客服。在客服沟通上，"三只松鼠"大胆创新，一改过去淘宝"亲"的称呼，改称为"主人"，并以松鼠的口吻解答所有的问题。"主人"这一叫法，会立即使关系演变成主人与宠物的关系，客服妹妹扮演为"主人"服务的松鼠，这种购物体验就像在玩 Cosplay。这就意味着，顾客成了主人，客服就变成了一个演员，把商务沟通变成了话剧。而当买家收到坚果后，打开包裹也能发现带有"三只松鼠"LOGO 的购物袋、箱子、杂志等一系列配套物品。

章燎原说，现在网购的主力群体是年轻人，他们非常看重在互联网上的社交互动。而当品牌彻底拟人化以后，就可大大增强与卖家的互动性。在章燎原的一系列设计下，"三只松鼠"被成功地塑造成一个能给年轻人带来深刻印象的"卖萌"品牌。

(资料来源：本书作者整理编写。)

第二节　CI 战略策划

一、CI 的起源、发展与含义

20 世纪 30 年代的上海，南来北往的旅客一下火车，那烽火台般的水泥石墩上"40000"的字样便跃入眼帘。再看车站月台边停着清一色的墨绿色出租汽车，每辆车尾部喷涂的也都是"40000"这个同样的号码。不仅如此，走在街上，翻开报纸，打开收音机，无处不出现这个号码。这就是上海祥生出租汽车有限公司的电话号码。这个号码得天独厚，名扬浦江。特别是在上海掀起抵制洋货的热潮时，公司又打出了"四万万同胞请打四万号电话""中国人坐中国车"的口号，更让上海出租汽车业的同行们望尘莫及、自叹不如。

祥生公司将造型简单、书写统一标准的视觉符号——"40000"，通过各种传播媒介告诉社会大众，并且每一部出租车都是墨绿色，构成了企业的标准色，具有强烈的视觉识别效果。这就是我国早期企业识别系统的萌芽。

(一)CI 的起源与发展

视觉识别符号在我国很早就开始应用，像官服、旗帜、招牌、字号等，就是区别官与民、官大官小、一国与另一国、此店与彼店的特征，只是没有人对这种现象进行总结归纳，提升为一种理论来指导工作。

企业形象识别(CI)作为企业经营战略，是在 20 世纪 50 年代由 IBM 公司首先提出来的。

当时，IBM 公司已经取得较大的发展，不仅生产技术有了显著提高，战略经营思想也发生了巨大的变化。公司原有的标志、商标等视觉形象要素已经显得陈旧、缺乏统一性，不能很好地反映企业的特点。在这样的背景下，IBM 公司提出了改革并统一企业的视觉形象的 CI 战略。其主要内容是：通过对商标、标志及其他视觉形象的改革，使企业的特点在色彩、线条、造型设计等方面得到体现，并且实现系列化、标准化，从而使企业形象既有鲜明的个性，又能保持统一性和一贯性。IBM 公司认为，这样的视觉形象才能得到企业内外的认同，便于识别，能起到对内增强员工的向心力，对外显示公司个性、塑造产品形象的作用。

IBM 公司的 CI 战略收到了显著效果。到了 20 世纪 60 年代，CI 战略很快在其他外国企业中普及开来。在中国大陆，从 20 世纪 50 年代开始，民航、铁路都使用统一专用标志和规范字体，只是没有得到深化。现在航空、铁路都实行了 CI 计划，在机场、车站、售票处，以及车票、机票、信纸、信封、服装上都印有醒目的供识别的视觉符号。20 世纪 90 年代初，许多卓有远见的企业纷纷以巨资导入 CI 战略，如科龙集团、健力宝集团、康佳集团等。

上述企业的成功，得益于导入 CI 战略，那么什么是 CI 呢？

(二)CI 的含义、表现及 CIS 分类

1. CI 的含义

CI(Corporate Identify)是指企业文化的综合反映和外部表现，是企业通过自己的行为、产品和服务在社会公众心目中绘制的图景和造型，是公众以其直观感受对企业做出的全部看法和评价。美国企业比较偏重视觉识别的设计。日本企业在实践中不断丰富和完善了 CI 策划的内容，即在原来的企业视觉识别基础上，又加上企业的理念识别和企业的活动识别，这三者有机地构成了 CIS(Corporate Identity System)。

2. CI 的表现

一个企业在公众心目中的形象可以从产品形象、环境形象、服务形象和员工形象四个方面表现出来。

(1) 产品形象。产品形象是指产品的质量、性能、商标、造型、包装和名称等在消费者和社会公众心目中的形象，它是企业形象的基础。产品形象的好坏直接决定企业形象乃至整个企业的命运。产品不仅仅是企业盈利的媒体，而且是企业输出信息、显示对顾客责任感的载体。

(2) 环境形象。环境形象是指企业组织机构的工作、生产和生活给员工和社会公众留下的印象。

(3) 服务形象。优质的服务是树立良好企业形象的保证。现代的市场已由卖方市场转变为买方市场，在吸引顾客、超过同行业者的竞争中，服务越来越重要。

(4) 员工形象。企业经营的好坏与经营管理者(特别是最高层领导者)的能力、素质、魄力、气度和经营业绩给企业员工、同行和社会公众留下的印象关系极大。良好的管理者形象能增强企业的凝聚力，调动员工的积极性。而员工的技术素质、文化水平、职业道德和仪表装束等构成了员工形象，员工是企业的主体，员工形象直接决定商品形象，从而决定企业形象。

3. 企业导入 CI 的原因

企业为什么要导入 CI 战略呢？结合国内外 CI 发展的经验，我们可以发现以下五大主要原因。

(1) 企业追求差异化。为与同性质企业彼此竞争和避免企业形象的混淆，要想在竞争中脱颖而出，建立新形象、建立一套合适的 CI 视觉系统是必要的。

(2) 企业形象老旧，为使企业产品营销渠道扩大。老字号、老招牌的企业虽然在品质、信誉等方面已具代表性，但为追求产品在营销上有更广阔的空间，有时须重整企业形象，甚至改变商标或为企业重新命名。

(3) 企业国际化。大中型企业因资金充裕，可在国外市场一展身手，投资设厂、购置产业，进行跨国经营。为增强其在国际市场的竞争能力，需要一个完整的企业形象。

(4) 多元化投资经营。企业刚成立时，常常仅以某种产品和服务点的推广为其经营点，其产品名、字体和标志符号的表达也仅以其服务内容为基点。经过一段时间的发展，相关或附属于主要产品的内容增加了，为配合整体营销，扩大并提供给消费者更多的选择，企业可以导入 CI 战略，以多样产品销售为主导，建立各类符号标志并为关联企业命名。

(5) 企业的合并和体制改革。企业兼并、更名、股份制改造、产品品种增多或多元化经营，都需要研究一个完整的 CI 系统，以便树立新的企业形象。

在市场经济日益繁荣、企业之间的竞争日趋激烈的今天，企业科学合理地导入 CI 战略，对内可以增强企业员工的向心力，调动全体员工的工作积极性，使企业充满生机；对外则会使企业形象更加鲜明、充实、可信，更能获得社会大众的支持，为企业发展创造一个良好的竞争环境。

4. CIS 的分类

进入 20 世纪 80 年代后，人们认识到企业形象是由多种因素组成的系统工程。因此，人们对 CI 有了新的认识，并将其扩展为企业形象系统(CIS)，认为这是新时代有效的管理理论与方法。

CIS 理论认为，企业形象是一个系统，包括 VI(静态的视觉形象)、BI(动态的行为形象)、PI(产品形象)、SI(企业系统的其他要素形象)、MI(企业精神、理念形象)。CIS 对内有团结员工及树立统一的企业价值观念、思维方法的作用，可以加强企业组织的凝聚力和活力；对外可以树立企业独特而良好的形象，从而使企业得到社会公众的认同、理解和支持。因此，CIS 是企业战略的重要组成部分。

CIS 的核心是企业文化中的 MI，它体现在企业的经营理念和经营方针等方面。重新设计并构筑企业的 MI 并使其得到企业内、外的认同，对于实施 CIS 战略有重要的意义。

二、企业形象策划

(一)企业理念形象策划

理念识别(MI)是 CIS 战略运作的原动力和实施的基础，是企业经营的精神主导。完整的企业形象系统的建立，有赖于企业经营理念的确定。其内容包括企业对社会的使命，以及企业的经营策略、企业文化、方针和座右铭等。

现代行业形态的转变和其 MI 主导的改变、演进有着密切的关系。早期人类的经济行为是物物交换，后来由于货币的出现，经营形态也因而发生改变，个体户渐渐形成了合作式的商店。随着社会经济的不断发展，企业集团垄断市场，最容易显现的还是其经营和管理的理念。例如，1850 年法国的百货商店，1870 年美国的邮购式经营，1920 年自助式的服务和连锁商店的经营，1930 年超级市场的兴起。今天，这几种经营形态并存，使我们的生活多姿多彩。

由于行业经营形态的改革，MI 也不得不诉求于企业组织内部的改革，如人才的培训、组织功能的发挥、员工上下建立共识等，最后达成企业对社会的功能实现。

下面是国内、外两家企业理念识别的实例。

● 统一企业(中国台湾)

统一企业是以经营食品著称的企业。其 MI 的精神指标为"开创健康快乐的明天"，并秉承"三好一公道"(品质好、信用好、服务好、价格公道)的经营理念，塑造出值得信赖、正派经营的企业形象。

● 麦当劳(美国)

麦当劳是率先登陆中国的西式速食店之一，而且发展迅速。其成功的主要因素在于完整的经营手册。它以 MI、BI 和 VI 为主导，尤其是它的注重 QSCV 的经营理念，即品质(Quality)、服务(Service)、清洁(Cleanness)、价值(Value)，为很多人所喜欢。

企业理念作为企业经营的精神主导，其作用越来越受到现代企业的认同和重视。我们将从三个方面阐述如何进行企业理念策划。

1. 企业价值观策划

企业价值观是企业员工对本企业追求的战略方针和目标的认同感。不同的企业因其战略方针、目标及员工的素质不同而有不同的价值观。

(1) 人的价值高于一切。"有了人，什么奇迹都可以创造出来。"企业的成功，最有价值的因素不是物，而是人，因为有了人，才能造物。这种价值观重视的是对消费者的负责和对企业员工的培育，重视人本管理。

(2) 为社会服务的价值高于利润的价值。一方面，企业的使命、愿景和目标，在于向社会提供物美价廉的产品和优质的服务，利润只不过是社会对企业的一种报酬；另一方面，调动企业员工积极性最有效的指标，也不是利润指标，而是为社会做贡献的使命感。

(3) 企业知名度的价值高于利润的价值。企业知名度实质上是一种无形资产，用一部分利润来提高企业的知名度，最终会带来更多的利润；有损于企业知名度而获得的利润，永远不会给企业带来辉煌。

(4) 维持员工队伍基本稳定的价值高于赚钱的价值。一个繁荣时招聘员工、萧条时解雇员工的企业，不能留住人才，也不能形成企业共识。维持员工队伍的基本稳定，才能使企业东山再起。

(5) 用户的价值高于技术的价值。用户是企业的衣食父母，企业生产的目的是最大限度地满足用户的需求。企业生产的产品如果不被用户所接受，那么无论技术多么先进，功能多么齐全，终是一堆废物。

(6) 共同协作的价值高于单干的价值。现代企业大生产的社会性，要求企业共同协作。

小而全的单干，终会因什么也干不好而在市场竞争中被淘汰。

(7) 保证质量的价值高于推出新产品的价值。不急于将新产品投入市场，而是持观望态度，将他人的失误作为前车之鉴，不久便推出质量更好的产品。

(8) 顾客第一、员工第二、股东第三的价值。这一层次符合人的本性和社会整体利益。

上述八种企业价值观具有一定的代表性。企业可以根据实际情况进行变通，创造出具有自己鲜明个性的价值观，并付诸实施。

2. 精神标语策划

企业理念、企业价值观和企业精神怎样用简单明了、形象生动、个性独特和富有感召性的语言来表达呢？精神标语或叫企业座右铭，就是上面几条的高度概括，它通过各种传播媒体向公众辐射。下面列举几家知名企业有代表性的口号。

- 海尔集团：真诚到永远。
- 波音公司：我们每一个人都代表公司。
- IBM 公司：IBM 就是服务。
- 日产公司：品不良在于心不正。

怎样才能使精神标语独具特色、形象生动呢？下面介绍几种表达方式。

(1) 人名式表达。当企业出了英雄模范人物，而且事迹又广为传播时，用他的名字来表达企业精神，往往能收到体现个性、形象生动的效果。例如用"铁人精神"来表达大庆石油工人艰苦创业的精神，就很具特色，富有感染力。

(2) 品名式表达。这是用企业产品的商标名称来表达企业精神的方式。用产品商标来表达企业精神，必须符合两个条件：①该产品是名牌，在社会上有一定的知名度和美誉度，用它来表达企业精神能使员工产生自豪感；②该产品商标的名称和企业精神的内容能满足相似、契合等条件，从而能形象生动地将企业精神个性化。例如上海自行车厂生产的"永久"牌自行车，在国内外享有较高的知名度和美誉度，"永久"一词又和该厂的企业精神"永久为民"的内容相契合。如果把该厂的企业精神表示为"永久精神"，就属于品名式表达。

(3) 比喻式表达。同样是开拓创新，日本的索尼公司表述为"豚鼠精神"(豚鼠在茫茫的黑夜里总是不停地挖掘)。这种比喻式表达很生动，富有个性。索尼公司的开拓创新是要"干别人不敢干的事"，这需要暗地里持续不断使劲的"豚鼠精神"。

(4) 故事式表达。例如给企业精神取一个富有个性的名称，通过讲厂史中的一个故事来阐明其根据，并进一步展示它的内容，这就是故事式的表达。

(5) 主要式表达。不追求全面，而是把企业精神最主要的点特意表达出来，这就是主要式表达。例如上海第一钢铁厂的"一厘钱精神"，就把该厂少花钱多办事的艰苦奋斗精神提到了首位。

3. 信誉策划

企业理念的外在表现，主要体现在企业的信誉上。良好的信誉是企业最有价值的无形资产，就如前面所说的企业知名度一样，它所产生的效益是无法用价值来衡量的。

树立信誉，主要从质量、价格、合同、计量和服务等方面体现。"窗口"行业实行承诺服务，实质上就是树立企业的信誉。

总之，从企业价值观、精神标语和树立信誉三个方面策划企业理念形象，是比较有效的。企业可以参照上述内容，结合自己的实际情况，确定本企业的理念形象并加以实施。

(二)企业视觉形象策划

视觉识别是理念识别的具体化和视觉化。视觉识别的内容较多，涉及面广，效果也最直接。它的基本要素有企业名称、企业标志、企业与品牌标准字体及专用印刷字体、企业标准色、企业象征造型图案等。应用要素有产品、事务用品、办公室器具设备、招牌旗帜标志牌、制服、建筑外貌橱窗、交通工具、包装用品、广告传播和陈列展示等。

1. 基本设计系统

1)　企业名称

SONY 的成功要归功于它"改名换姓"和独特的企业识别系统。创立于 1946 年的"东京通信工业"才是 SONY 的真正"乳名"。目前的"SONY"最早是由"SOUND"(意为"声音")经过数次加工后，先转换成"SONNY"，到了 1955 年元旦，SONNY 公司才正式将 5 个字母浓缩成现在的 SONY。SONY 名称定案后，这个好读好记的响亮的名字开始走红海内外。

在企业即将组成或产品即将推向市场时，确定企业名称是很重要的。这里的企业名称不单指企业名，也包括品牌名、企业字体商标名和产品名。

面对今天多样化的社会形态和更多同类企业的竞争者，在命名策略上，企业需要进行更客观、更理性的市场分析，了解消费者的心理认同因素。企业名在市场的区别和定位，更是为了建立企业的个性，因此企业在命名的字意和字音上要深思熟虑。首先要研究企业本身，明白"你是谁"；其次弄明白你想要告诉别人(消费者)什么，要消费者对企业有怎样的形象认知；再次弄清楚你将做什么、提供什么(产品或服务)，并说明和竞争企业有何不同之处；最后要说明企业未来成长的形态结构。有了以上认识，我们就可深入研拟企业命名策略了。

好的命名必须在传达上具有"五易"：易了解、易读、易听、易记与易写。好的命名具备以下共同的条件：

- 简洁。外文或英文字母结构不宜过长，中文最好不超过四个字。
- 好发音、好念、好讲。外文发音不宜超过三个音节，咬文嚼字或不易发音的文字应避免。
- 好记忆。简单通俗、笔画少的文字，在命名时可得到很好的效果。
- 好联想。例如蒙牛、娃哈哈、万家乐等。
- 好写、好辨别。文字简洁，笔画简单，视觉识别度才高。

好的命名是企业、品牌迈向成功很重要的一步。企业名称大体可分为企业名、品牌名、企业字体商标名和产品名四大类。通常企业名同于品牌名，例如健力宝集团的品牌也为健力宝。确立品牌名和标准字体，有利于在市场竞争中获胜和市场占有率的提高，更有益于企业形象和产品权益受到法律的保护。

2)　企业标志

企业标志是用来表现视觉识别的基本要素,它与企业名称——用文字表现的识别要素是相辅相成的。建立企业形象的关键在于确定象征标志,用象征标志表示企业的特殊个性和信誉，确立企业与产品的差异性和表达其市场的销售地位。

作为视觉识别标志，商标是产品的符号化的标志。1963 年国际保护工业产权协会将商标定义为：能区别某人或某个群体的产品或劳务的标志，这一标志的特征来源于产品所标志的或所提供的性质。该协会还为发展中国家制定了一部商标法典范，将商标定义为：区别不同企业产品或劳务的明显标志。商标作为企业和产品的标志，注册后享有专用权，受法律保护。我们从这个定义可以看出，商标不只是产品的标志，也是企业的标志。

在商品经济社会，商标已成为产品或劳务的一个重要组成部分，在商品交换过程中，商标便形成了自身的价值。商标的价值不同于一般商品的价值，它既有经济价值，又有信誉价值。商标的价值由经济、信誉、专用权和艺术性四个方面组成。

大部分产品使用商标，但未必所有的产品都要使用商标。这几种情况可以不用商标：一是并不因为生产不同而形成不同特点的产品，如电、煤、木材；二是消费者习惯不认商标就购买的产品，如蔬菜、粮食；三是生产简单、选择性不大的产品，如日用小百货；四是临时性或一次性生产的产品。

当企业决定采用自己的商标时，需对采用商标的策略做进一步选择。

第一，采用同一商标策略。即企业所有产品使用一个商标，其好处在于节约商标设计费用，有利于消除消费者对新产品的不信任感。若有一个或几个产品能率先取得良好信誉，则有利于企业所有产品的销售。

第二，用个别商标策略。有两种形式：一是企业对不同的产品使用不同的商标；二是企业对不同的产品线使用不同的商标。后者对同一产品线内不同的产品项目而言，采用的是同一商标的策略。当企业产品类型多，而相关性小时，宜采用个别商标策略。这样企业商标的信誉就不会集中在某一商标上，个别商标的信誉不佳不会影响其他产品销售。

3) 企业标准色

所谓企业标准色，是指企业形象识别在色彩设定时，必须建立的色彩数据标示系统，以期达到企业使用颜色的标准化和统一化。例如麦当劳以黄色及红色为主导，以达到标准化和统一化的管理功能。在视觉识别中，标准色占十分重要的位置，确定的标准色要体现企业或产品的特性并能感染公众。

我们通常用印刷颜色表系统来标定标准色，即依据印刷中彩色制版分四色、各色所占的百分比来设定。这是印刷界和设计界最常用的方法。四原色为红、青、黄和黑。

企业识别设定的标准色有以下三种。

● 单一标准色。根据对色彩的知觉、感觉和企业的类别来确定。

● 复色。许多企业使用两种色彩以上的色彩搭配，使色彩呈现对比之美、律动之美，以加强企业色彩的亮丽及活泼感。

● 标准色加上辅助色。使用标准色加辅助色主要是因为大型企业旗下成立了许多关系企业或分公司，或为了以不同色彩标示不同产品，或是为了以不同色彩标示不同企业的服务内容。不同色彩的搭配也是为了满足广告上的视觉诉求。

在构思企业的标准色时，应充分把握和运用色彩的象征意义(即某一颜色意味着一特定的语言)，从而更好地表现企业的特性。

4) 企业象征造型图案

企业为了强化企业特性、产品特点或服务点，选定设计并塑造某一特定人物、动物、植物或卡通人物，表现企业的亲切感和通俗感，这种具象或半具象的造型图案叫企业象征造型图案，或叫企业吉祥物，或称商业角色。像麦当劳连锁店的麦当劳叔叔等就是有名的企业吉祥物。

企业象征造型图案可以根据其表现的内容划分为企业形象图案或产品形象图案。

企业形象图案，顾名思义，就是为创造企业的形象、提高企业的知名度而设计的图案。它能直接转化消费者对企业的印象。

产品形象图案，它以反映和代表产品的特征为宗旨，在市场竞争中对提高企业的品牌印象和竞争力起着很大的作用；尤其是新产品推入市场时，它的出现能给人们直接而清晰的印象，起到商品推销员的功能。同一个企业可以使用多个产品形象图案。

企业象征造型图案由于其视觉化的形象性高，比标志和品牌更容易引起人们的注意，而且不受文化程度、年龄、性别和国籍的限制，容易让消费者对企业和产品产生良好的印象。

企业象征造型图案应用十分广泛，取得了良好的促销效果，它在企业形象中的地位也越来越受到企业界和设计界的重视。

2. 应用设计系统

为更大限度地发挥视觉识别的作用，企业的名称、标志、标准字、标准色及企业象征造型图案等基本要素应尽可能在各种传播媒体上出现，如在产品、事务用品、办公设备、招牌旗帜标志牌、制服、建筑外貌橱窗、交通工具、包装用品、广告传播、陈列展示等方面。

(1) 产品形象设计。企业通过产品设计、装潢、包装、说明书、产品标牌等手段形成系列化的产品形象，使消费者在使用产品时也能感受到企业的形象。

(2) 企业办公用品的利用。办公用品(包括信纸、信封、名片、文件类、介绍信等)既有公务上的实用性，又有视觉识别的功能。企业的各种活动都少不了办公用品，企业的活动到了哪里，办公用品就会出现在哪里。企业办公用品的规范设计也有利于形成企业的形象。

(3) 制服系统的利用。员工的工作服、帽徽、胸章、厂服上统一使用企业标志、文字、色彩图形，以形成统一格调来体现企业的形象。

(4) 环境的创造。企业环境系统包括建筑物的外观、企业内的路标指示牌及企业内的购物环境等。利用企业高大、美观、别具一格的建筑物，为树立企业形象出力，形成了当今的一种潮流。当然，企业建筑物的环境不仅是为了显示实力，有时它还有一定的寓意。

(5) 运输系统的利用。运输工具的外观色彩和图形设计是一种流动的视觉识别设计，它的作用是在车辆行驶过程中向公众展示企业形象。这些运输工具包括运输车、小轿车、面包车、公共汽车等。

(6) 广告展示。广告展示是传播面最广、信息量最大、传播速度最快、形式多样的广告宣传方式。其内容包括路牌、样品、招贴、橱窗陈列、POP 广告(购买点广告)、报刊电台电视台广告、霓虹灯、体育运动广告、公共事业广告以及各式各样的礼品广告等。做广告时必须应用基本要素系统，以使公众感到醒目和便于记忆。

(三)企业活动识别策划

企业活动可分为企业对内活动和企业对外活动。企业对内的活动包括干部教育、员工教育等项目；企业对外的活动包括市场调查、产品销售、公共关系、广告宣传和促销活动等。企业参与社会事件和公益文化活动也属于活动识别的范畴，其目的主要在于赢得参与活动的社会公众的认同。

当企业理念确定之后，就要通过一定的途径把信息传递出去，让社会公众通过传播的信息认识企业、了解企业，从而达到树立企业形象的目的。

1. 对内活动识别策划

企业内部对全体员工的教育和培训及创造良好的服务工作环境，其目的在于为顾客提供优质产品和服务，从而树立良好的企业形象。好的服务形象不是一朝一夕能形成的，也不是某一个企业家一个人努力的结果，而是企业每位员工共同努力的结果。所以，企业形象的树立要依靠上至厂长、经理，下至每个员工的共同努力。企业员工的一切活动，包括接待顾客的态度、礼貌用语、服务技巧和仪表仪容等都影响着企业形象。员工优质服务的背后都有一个长期严格培训和科学管理的过程。

培训的内容主要是企业的各项标准，如技术标准、管理标准、服务标准，通过这些培训，使员工自觉将标准运用到自己的工作中。

怎样才能使员工的一切活动按标准去执行呢？方法是提高员工的敬业精神，增强企业的凝聚力。具体来说，要让员工在企业中有一种成就感和满足感。晋级、升工资、改善福利待遇是一方面，是实的；还有虚的一方面，如在员工中传唱企业歌曲，评选标兵、先进，在各种传媒上大力宣传等，能够激发员工的工作热情，提高其工作效率，从而将积极向上的企业形象表现在公众面前。

2. 对外活动识别策划

广告宣传、产品销售等对外活动识别，因功利性太强，人们见多了，已习以为常，印象不会深刻。企业要迅速提高知名度和影响力，树立良好的企业形象，赞助社会公益事业是一条有效途径。常见的赞助活动有以下几种。

- 赞助体育活动。这是企业常见的一种赞助方式，每届奥运会都是企业赞助的焦点。
- 赞助文化活动。它不仅可以培养与公众的良好感情，而且还可以大大提高企业的社会效益。例如每年春节的文艺晚会，许多企业为了在屏幕上露一下脸，不惜一掷千金。
- 赞助教育事业。
- 赞助社会慈善和福利事业。
- 赞助各类展览和竞赛活动。
- 赞助大的重点建设工程和社会工程，如"五个一"工程、希望工程等。
- 赞助学术活动。

三、广告战略策划

企业导入 CI 战略后，广告作为企业实施 CI 战略的一个组成部分，对广告"说什么"提出了新的要求和主张，即强调广告内容应保持统一性，这种统一性是由 CI 总战略所规定的，广告应注意延续和积累效果，着眼于塑造企业整体形象，而不是某一品牌形象。

广告策划是一门实用性很强的科学，可以理解为一种管理活动或一种管理手段。从现代广告学的理论出发，可以对广告策划作如下陈述：广告策划是广告人通过市场调查分析，利用已经掌握的知识，科学、合理地布局广告活动的进程，并预测市场态势和消费群体现在和未来的需求，以及未知状况的结果。

广告策划是一项复杂的系统工程，它把政治、经济、文学、技术、艺术等众多学科知识融为一体。在广告事业发达的国家，广告策划已成为一种科学的广告管理活动。生产过程的社会化，市场的细分化，消费需求的多样化，广告媒体的新型化、多样化、电子化，设计手段的现代化，以及广告作品的形象化等，促使我国广告经营单位在广告活动中的策划科学化，更加注重经济效益和社会效益，这是我国广告事业发展的必然趋势。

在广告战略中，值得注意的是广告的表现战略。它是以创意为中心，构思出广告主题的基本形象，同时还要对广告中的标题、副标题、引题、正文、画面、音响等一系列专题做出决策，并把上述表现战略与广告目标有机地结合起来，创作出感人的作品。

(一)广告战略思维

成功的广告战略来自正确的战略思想，而正确的战略思想则是正确思维的结果。对策划者来说，掌握科学的思维方法是进行正确决断、打开成功之门的钥匙。

战略思维是一种指向未来、选择未来、指导未来的思维活动，具有超前性和创造性。当然，这种对未来的超前认识不是凭空想出来的，而是建立在掌握一定材料的基础上的。也就是说，策划者要通过实践，把所掌握的材料经过由表及里、去粗取精的加工过程，由感性认识上升为理性认识，而这种理性认识就是形成广告战略思想的基础。

广告战略思想是引导广告运动达到目标的基本观念和思路，如提高产品的知名度、市场占有率，塑造产品或企业形象。以质量和服务取胜、以新奇取胜等思想谋略均是战略思想所包含的主要内容。总之，战略是一种思想，广告战略思想是广告战略的灵魂。

广告战略的制定是一个重要的策划过程。由于环境的影响和制约，不同企业的广告战略具有较大的差异性。我们可以根据已知的理论和实践，勾画出制定广告战略所遵循的一般程序。

第一阶段，对外部环境和内部环境进行周密的调查研究，发现问题的关键点，这是确定广告战略的前提。

第二阶段，确定目标。广告战略目标是广告战略的核心，也是现代广告运动各个子系统(广告设计、广告文案、广告媒体选择等)制定战略对策的依据。

第三阶段，选择战略重点。战略重点是广告战略中的关键部分。广告策划者只有抓准战略中的关键部分——战略重点，才有可能较好地实现战略目标。

(二)广告定位

广告定位是产品定位在现代广告活动中的反映。企业要宣传自身形象，或直接宣传自己的产品，达到推销的目的，都需要确定广告在竞争环境和市场上的位置。

1. 产品实力

产品实力是产品在其生命周期不同阶段所表现出来的竞争能力。一般来说，产品的生命周期可以概括为投入期、成长期、成熟期、衰退期四个阶段。企业有多个产品时，可以根据产品生命周期的原理，运用产品方位图(见图 4-1)，更好地确定产品的位置。

图 4-1 是用一个矩阵的形式，将企业的各种产品放在不同的象限里。矩阵的横轴是企业的相对市场占有率，即该企业产品的市场占有率与同类产品在市场上所占有的最大比率相比的结果；矩阵的纵轴为销售增长率，为该产品本年度与上年度的增长率。

图 4-1　产品方位图

在第Ⅰ象限，风险产品的相对市场占有率小，增长速度快，有一定的发展前途，相当于处于产品生命周期的投入期产品。第Ⅱ象限的求胜产品，相对市场占有率大，增长速度快，说明该产品已顺利发展，再努一把力便可以成为企业的拳头产品。该产品相当于处于产品生命周期的成长期产品。第Ⅲ象限的拳头产品，相对市场占有率大，增长速度慢，可以有较多的盈利支持风险产品进入求胜产品阶段。该产品相当于处于产品生命周期的成熟期产品。第Ⅳ象限的产品是疲软产品，它各方面情况都不太景气，类似于产品生命周期的衰退期产品。

2. 消费对象

广告是生产者和消费者之间的桥梁，它所传递的信息能否被消费者接受，取决于企业是否真正了解自己产品的消费者，否则广告做得再好也是白费力气。

从广告定位角度来看，消费者的性别、年龄、收入、受教育程度、职业、家庭婚姻状况以及购买动机等都是重要的定位依据。例如青年人在消费上追求时尚、新颖，喜爱能表现自我成熟和个性心理特征的产品，他们敢于冒险，希望引导消费潮流。正因他们对能突出他们形象的服装、电器和日用品十分敏感，爱屋及乌，连宣传这类产品的广告也会引起他们的极大注意。实际上，消费者对各种产品都有自己的定位。例如名牌旅游鞋在消费者心目中的地位比仿制名牌的旅游鞋高得多。为了提高产品在消费者心目中的地位，企业应通过广告使消费者相信自己企业的产品，重新对产品进行定位。

企业在分析产品实力和消费对象以后，则需要采取广告定位策略，即根据消费者心理活动的特点确定广告产品的方位，进行定向诱导，满足消费者的需求。广告定位的策略基本上有两大类。一是产品实体定位策略。它强调突出产品的新价值，使消费者了解广告产品与其他同类产品在功效、质量、价格和造型上的不同，体现产品的差别化。二是消费观念定位策略。它强调突出产品的新意义，改变消费者原有的心理，树立新的产品观。

(三)广告战略目标

广告战略目标是广告战略的核心。

所谓广告目标，是企业通过广告活动所要达到的目的。广告最基本的目标在于促进销售，除此之外，还存在着许多特殊目标。按照目标的不同层次划分，广告目标可分为总目标和分目标。总目标是从全局和总体上反映广告主所追求的目标和指标，而分目标是总目标的具体目标。按照目标所涉及的内容，广告目标可分为外部目标和内部目标。外部目标是与广告活动的外部环境有关的目标，如市场目标、发展目标。内部目标是与广告活动本身有关的目标，如广告预算目标、广告效果目标。此外，按目标的重要程度，广告目标可分为主要目标和次要目标。

广告目标既有具体的，也有抽象的；既有可控的，也有不可控的；既有长期的，也有短期的。广告战略目标就是具有全局性、长远性，带有指导性的广告目标。

广告策划者在确定目标时要遵循以下原则：一是目标要单一，抓住关键目标不放；二是目标要具体化、数量化；三是应考虑环境因素的影响；四是应考虑实现目标的可行性和合理性；五是应明确目标的期限。为了保证目标的实现，广告策划者在制定广告战略时要突出广告战略重点，这是实现广告战略目标的关键。

(四)广告战略总体设计

广告策划者在完成调查研究工作之后，便可根据调查的资料完成消费群体战略、广告创作战略和广告媒体战略的研究报告，并提出战略策划概述报告。到此，广告战略的总体设计就基本完成了。

1. 消费群体战略要点

- 确定目标市场，即划分消费群体的范围。
- 明确广告的诉求对象和潜在的广告对象。
- 把握消费者的特征，对消费者的生活方式、生活习惯、价值观念、收入水平、购买能力和消费心理等做出简要的说明。
- 明确消费者做出购买决策的全过程。
- 明确消费者对品牌的看法。
- 明确主要竞争对手。
- 要对竞争对手的广告宣传做出反应。
- 要掌握消费群体对产品的需求趋势和国家对商品生产和消费的政策，并做出评价。

2. 广告创作战略要点

创作战略是广告战略的重点，是进行创作的蓝图和行动指南。在拟定创作战略时，首先要回答为什么做广告、向谁做广告、做什么广告及如何传播广告等问题。广告创作战略包括如下内容：

- 准确的创作目标和广告对象。
- 明确创作目的最终是为了促销。
- 确定品牌在广告中的地位。
- 独特的创作意念和主题。
- 明确品牌能给消费者带来什么利益。
- 做出明确的承诺。
- 要对品牌进行"包装"，不要与竞争对手的品牌相似。

- 确定创作主题。
- 确定创作原则，把广告的真实性和艺术性融为一体。
- 对创作进行评价。

3. 广告媒体战略要点

随着科学技术的发展，大众媒体的数量与日俱增。不仅有报纸、杂志、广播、电视、路牌，还有互联网媒体，其中移动互联网时代的新媒体与自媒体方兴未艾。面对如此众多的媒体，到底选择哪一种媒体作为传播广告信息的工具呢？

广告媒体战略也同广告创作战略一样，首先要回答广告对象是谁，但两者采用的战略不同。广告媒体战略要点如下：

- 明确广告对象、媒体战略的任务就是将产品的对象和媒体的对象合二为一，即确定与广告对象相适应的媒体。
- 把握广告对象的特征。
- 明确广告的区域。
- 掌握媒体的频率，如报刊的发行量。
- 确定广告时间。
- 明确消费者对媒体的态度。
- 确定传播信息的方式。
- 确定广告预算。

教学案例

出其不意的小说广告

法国有一本惊险小说《卡米卡茨》准备在电视上做广告。为了使观众对该书有深刻印象，广告商大胆地制作了一部电视广告片。

这本书是通过著名节目主持人米歇尔·德尼佐在屏幕上向观众介绍书的内容来展开情节的。当他正向电视机前的观众讲述该书内容如何精彩、情节如何惊险时，突然有人冲进录像室，向德尼佐连开数枪。只听得啪啪几声枪响，主持人胸部中弹，血流如注，歪倒在沙发上。整个过程来得十分突然，仿佛真的遭到了暴徒袭击，因为主持人也真的被吓倒了。

当时电视机前的观众大惊失色，如临险境。一会儿，德尼佐苏醒过来，微笑着向观众致歉。至此，人们才醒悟过来，拍摄这种惊险的广告情节，是为了渲染惊险小说的奇特之处。很显然，宣传效果非常不错。

(资料来源：本书作者整理编写。)

(五)大企业与中小企业的广告战略

如果说广告活动是一场战争的话，那么赢得战争的胜利不是靠广告的数量，而是依靠卓越的广告战略。现代广告活动的成败取决于广告策划者在战略方阵中的位置。从宏观角度看，可以把企业的广告战略分为防御战、进攻战、侧翼战和游击战。

1. 防御战

防御战是指那些能左右市场的大企业在广告活动中所采用的一种战略。当一个企业在市场上处于领导者地位时，提高和巩固自己地位的有效方法是防止知名度、信任度的降低。而运用广告来巩固原有市场，反复宣传自己的品牌和企业，防止竞争对手渗透，是最佳的决策。这种防御性广告战略具有自我进攻的性质，当新产品问世时，采取自我进攻的方式往往能获得较好的效果。例如日本东芝电气公司在中国最初做的广告主题是："TOSHIBA，TOSHIBA，大家的东芝。"经过一段时间的宣传，该公司及其产品在我国消费者心目中留下了良好的印象。随着科学技术的发展、人们生活水平的提高，人们对电器产品也要求高质量、高技术。日本东芝电气公司适应这一变化，在推出新产品的同时推出了新的广告主题："TOSHIBA，TOSHIBA，新时代的东芝。"这种自我比较的宣传是为了保留原来的老主顾，具有防御性质，但对原有的产品又具有自我进攻的性质。

2. 进攻战

进攻战是中小企业在某一市场上所采取的广告战略，进攻的原则是突出自己产品的好处，针对一流企业产品的弱点和市场空白，以排山倒海之势让消费者转变态度。这种进攻具有一定的风险，因此，进攻一旦开始，就不能轻易停止，如果突然停止广告宣传，极大可能面临失败。当然，进攻战可以有间隔地进行，但不能停止。值得注意的是，发动进攻性广告宣传时，不要对准所有的竞争对手，要针对主要竞争对手的某一弱点而攻之，但要注意不能诋毁竞争对手。

3. 侧翼战

侧翼战是中小企业渗透市场的最好办法。对中小企业来说，要想与一流企业打一场全方位的广告战是不可能的，但从细分市场的某一薄弱地区发动一场有限的广告战是可能的，只要把握好时机，就会取得惊人的效果。

4. 游击战

游击战是小企业在广告活动中对付大企业的一种灵活战略。其特点是集中力量、攻击一点、拾遗补阙、机动灵活，在狭小的市场上达到推销单一产品的目的。也就是说，生意做到哪里，广告就做到哪里，其目的是争夺或分化大中型企业的市场份额。

教学案例

房地产广告策划

这是一个四十多年前的房地产广告策划案例。台湾振华公司在台北市区开发了 10 幢 7 层的住宅楼，每幢楼容纳 56 家住户，分别定名为梅花苑、兰苑、富苑、贵苑、菊苑、竹苑、福苑、绿苑、吉苑、祥苑，统称华南花园。

在前期销售中，虽然也进行了策划，并做了大量的广告宣传，但效果并不理想。他们遂重新选择了一家广告公司进行合作。该广告公司接受委托后并没有急着开始广告设计，而是先对市场进行调查、研究，对房子进行品位分析，再对策划方案进行细致入微的优化，并对广告的连续性、间断性、变化性等因素作了巧妙安排，最终制订出详细的广告计划。振华公司看过后，认为终于找到了真正令自己满意的广告公司。他们于 1976 年 8 月下旬开始实施新的广告策划方案，在各大报纸上接连刊出了第一期四则全页的大篇幅广告。

第一天第一则广告的大标题是"安全地带"，副标题是"住在这里妈妈可以放心让孩子在家门口玩！"接下来第二天第二则广告的大标题是"宁静时间"，副标题是"住在这里，汽车噪声再也不是一种威胁"。第三天第三则广告的大标题是"健康环境"，副标题是"住在这里，妈妈越来越年轻，爸爸的腰围也缩小了"。第四天第四则广告的大标题是"富贵人家"，副标题是"都说这里是旺山旺向、大富大发之地"。随着广告的刊出，公司也备妥一处"展示屋"做样品屋，欢迎有意者参观选购。

这四则广告刊出后，造成了轰动效应，梅花苑、兰苑两幢房屋很快售罄。他们立即用感谢启事形式刊出一则半版广告。接着又推出第二期四则半版广告，采用证言广告方式请买得满意的消费者说明"我为什么买华南花园"。第一则广告标题是"我实在想不到在台北市区，有这么好的安全绿街大厦群"，第二则广告标题是"如果说这里是小孩的乐园，一点都不过分"，第三则广告标题是"我是个生意人，打惯了算盘，算来算去，还是这里最划算"，第四则广告标题是"我们信得过他"。广告刊出后，菊苑、富苑、贵苑三幢共168户很快售完。

上述广告都是在8月份就全部完成。

经过一段时间后，9月底至10月上旬又陆续推出第三期广告；广告不是紧挨着接连刊登，而是隔几天刊一则。第三期广告诉求内容着重于商品的质量，专门介绍所采用的种种设备、公共设施与地下室，以"从窗外看华南花园"为主题，同时告知消费者："已有60多位客户都是一次性付款购买。福苑、绿苑两幢中112户仅剩62户。凡一次性付款者可享受八五折优惠。"以此增强消费者的信赖感。

10月下旬，再发出一则启事性广告，向订购者汇报在销售很快的情形下，开发公司在管理费、广告费、销售费、土地利息等方面节余了3000万元经费，决定将其转投资在社区内的公共设施上。这则广告虽然是安慰已订购者，但对有意订购而尚未订购者也能产生更大的鼓励，实际上起到了双重作用。

11月初，开发公司推出最后的吉苑、祥苑、竹苑三幢168户，为之推出第四期广告三则。这次仍采用全页的大篇幅，诉求内容重点谈价格，指出只要花一笔小数目，就可买到大厦群的一户。第一则的大标题是"假如66万可以买一个快乐的童年"。第二则的大标题是"假如66万可以让你不再住盒子屋"。第三则的大标题是"假如66万可以让家人更光彩"。广告刊出后，反响很不错，尤其是第一则和第三则的标题，很受消费者瞩目。

销售结束前的11月中旬，推出最后一期——第五期广告三则，仍用全页的大篇幅，这次广告内容是总结性的。第一则的大标题是"私人马路"，副标题是"只有华南花园，才有完全禁行车辆的安全绿街，这是你的私人马路"。第二则的大标题是"银婚快乐"，副标题是"住在这里即使结婚了25年，生活仍旧是多彩多姿的"。第三则的大标题是"再三叮咛"，副标题是"为了让你买到真正的好房子，我们还是再三叮咛：现在不买华南花园，以后没有机会了"。

广告到此为止。与此同时，销售伴随着广告的结束也圆满结束。

第三节　新品类战略策划

策划意义中的品类，被"定位之父"艾·里斯赋予了新的概念，叫作"心智中的小格子"，就是顾客从心智角度对不同产品的区分。

艾·里斯先生进一步指出，顾客的行为特征是"以品类来思考，以品牌来表达"。以品类来思考，是指品类驱动消费者进行选择和购买，消费者在购买决策的过程中往往先界定何种品类。比如当消费者想购买一辆汽车的时候，首先会面临燃油车、新能源车等不同品类的选择。当消费者确定购买某一品类的时候，往往说出的是代表此品类的品牌。

在消费者心智中首先相互竞争的并非品牌，而是品类。宝马与奔驰的竞争，实质是窄小灵活的驾驶机器与宽大气派的乘坐机器之间的竞争；可口可乐与百事可乐的竞争，实质是经典可乐与新一代可乐之间的竞争；茅台与五粮液的竞争，实质是传统酱香型高档白酒与现代浓香型高档白酒之间的竞争。

在此基础上，艾·里斯和伙伴一起形成了全新的战略思想和方法——品类战略系统，提出企业通过把握趋势、创新品类、发展品类、主导品类建立强大品牌的思想。品类战略颠覆了传统品牌理论强调传播，以形象代品牌、以传播代品牌的误区，为企业创建品牌提供了切实有效的指引。品类战略思想和方法也是定位学派现今最高级的战略方法，被广泛应用于策划实战领域。

一、基本原理

达尔文在其巨著《物种起源》中指出："分化"的力量使世界变得丰富多彩，世界万物皆源于"分化"，而"分化"是物种发展的必然趋势。达尔文用"生命的大树"描述物种起源，他认为生物的分化是实现进化的推动力：新枝条是怎么长出来的？是由老枝条分支出来的。新物种是如何诞生的？是由原物种分化而来的。

在自然界中，个体之间的竞争，优胜劣汰，改良品种。物种之间的竞争推动新物种的诞生。在商业社会，品牌之间的竞争改良商品的品质，品类之间的竞争则刺激旧品类日趋分裂——产生新品类。一个新品类的诞生，必须在消费者心中形成一个与现有品类不同的位置。分化的趋势就是极端化，就是专门化，绝对不可能中庸。比如：王老吉的去火凉茶，从茶饮料中分化出来，填补了消费者心中的一个空缺，形成了差异化，取得了成功；"九阳"豆浆机从果汁机中分化出来，开创新品类，形成新品类的领导性品牌；"云南白药牙膏"在传统牙膏的基础上添加了"白药"的成分，唤起了消费者"白药止血"的心智认知，使"云南白药牙膏"从常规牙膏中分化出来，开创了"药物止血牙膏"的新品类。

品类构建是建立在市场细分和目标市场策略的基础上的，它可以使企业和产品避免激烈的竞争困扰，以较低的营销费用，获得竞争性优势。传统营销没有把注意力集中在品类构建上，而是集中在开发现有产品新的顾客上。传统营销就是发现顾客的需求，然后提供比竞争对手更优质、更便宜的产品或服务来满足顾客的需求。而基于品类构建的新营销则是指——如果要打造一个新的强势品牌，应该想办法让产品或服务从原有品类中分化出去。通过原有品类的分化创造新品类，然后成为新生品类的第一个品牌，这是许多强势品牌或新生品牌成功的秘诀。

从商业和策划的角度看，分化为企业创建新品类，并创建强大的品牌提供了无数的机会，但是并不意味着这些机会都能最终落实为现实中的强大品牌。分化的趋势必须和企业正确的战略相结合，才能诞生新的品类和代表品类的品牌。

教学热点

重力法则

杰克·特劳特和艾·里斯在提出定位理论26年之后，终于定义了商界最为基本但一直未被发现和重视的"重力法则"——分化。他们指出，分化是商界的原动力，分化的力量使得新品类不断涌现从而促进了商业的发展。

在商界，技术、文化和传播环境的变迁创造了促使品类分化的条件。市场越成熟，竞争越激烈，分化的程度越高。

以计算机行业为例，最初是巨型计算机。巨型计算机诞生的时候，按照当时的预测，在以后相当长的时间内，其销量不会超过2000台。但是人们忽视了分化的力量。计算机行业迅速分化出台式机、笔记本、掌上电脑、软件、显示器、存储器等上百个相关品类，诞生了数十个全球性品牌，以及上万亿美元的市场。

其他行业亦是如此。

- 牛奶和果汁的分化。在中国，橙汁已经分化出浓缩橙汁(如汇源)、低浓度橙汁(如鲜橙多)、加钙低浓度橙汁(如酷儿)、含果肉的橙汁(如美汁源)等，牛奶不断分化出酸奶、纯牛奶、早餐奶、鲜奶、酸酸乳、高端牛奶、高端酸奶等。

- 口香糖的分化。口香糖分化为泡泡糖(如大大)、薄荷味口香糖(如绿箭)、无糖口香糖、洁白牙齿口香糖、尼古丁口香糖、益齿口香糖等；箭牌不断推出新品牌去占据分化品类，份额已经占到了全球市场的一半以上，长期主导着口香糖市场。

- 瓶装水的分化。在中国，瓶装水分化为纯净水(如娃哈哈)、矿泉水(如农夫山泉)、矿物质水(如天与地)、维生素水(如脉动)、高档矿泉水(如崂山)等。

- 感冒药的分化。包括感冒药(如感康)、长效感冒药(如康泰克)、日夜分服感冒药(如白加黑)、中西药结合感冒药(如三九感冒灵)、小儿感冒药(如护彤)等。

分化，这种看似简单并且十分明显的伟大力量，已在商界发挥出巨大的威力，认识并利用这种力量的企业，都取得了巨大的成功。

中国酒店业的分化刚刚开始。"如家"首先把握住了经济型连锁酒店的分支，成功在纳斯达克上市。随后"如家"的管理层再次把握分化的力量推出了"和颐"商务连锁酒店。"如家"创始人之一的季琦先生单飞推出了"汉庭"商务连锁酒店。并且季琦发现了在经济型连锁酒店之下的另一个机会，推出了定价99元的"汉庭"客栈连锁酒店。这是很好的分化机会，美中不足的是，这个新的品类错误地采取了汉庭品牌延伸策略。

(资料来源：本书作者整理编写。)

二、开辟新品类

(一)开辟新品类的方法

1. 通过科技创新开辟新品类

开创一个新品类最直接的方式是科技创新。科技创新分为两类：技术革命和技术创新。纯粹意义上的科技创新，往往具有革命性。革命性技术好比生物进化史上的基因突变，是一种剧烈的分化形式，革命性技术为创建品牌提供了强有力的基础。GE 就是由革命性技术创造的品牌。GE 的创始人——爱迪生是电灯的发明者，GE 正是借助这种强大的势能从照明起家，并成长为一个强大的品牌。

多数开创新品类的方式是技术创新而非源于革命性的技术，很多强大品牌也不是建立在革命性技术的基础之上。华为公司开创的"5.5G"、比亚迪公司开创的"刀片电池"等都是通过技术创新而非革命性技术开辟的新品类。可口可乐由一个药剂师调制而成，并非重大的发明，百事可乐、麦当劳、肯德基、星巴克、沃尔玛、宜家等大量的品牌都没有革命性技术。在快消品行业，技术创新一般都是工艺性的、配方方面的创新，比如啤酒行业纯生啤酒的创新就是对杀菌工艺的一次变革，从高温的巴氏杀菌，到低温膜过滤的变革，产品的本身没有大的变化，但在口味和新鲜程度上发生了改变。事实上，现实当中大量的新品类的诞生，并非来源于革命性的突变，而只是对现有技术进行较小的革新甚至是升级或改良，这对大多数企业而言，并非难事。相反，如果企业过度沉溺于技术革命，反而会让企业丧失许多创建强大品牌的机会。

2. 借助新概念开辟新品类

随着经济社会的不断发展，人类面临的问题不是越来越少而是越来越多，这也催生了层出不穷的新概念。人类社会面临的生态失衡问题、环境污染问题、气候变暖问题、老龄化问题等都为新概念的产生奠定了机会，而每个新概念都为创新品类建立了基础：不含脂肪、养生、绿色、低碳、低糖……

3. 根据用途开辟新品类

设计出创新产品，并将品牌定位于目前尚无理想产品可供的用途上，就能开拓出新的品类。创新出来的品类不是靠了解"典型"顾客，而是靠对产品用途的分析与把握。闲鱼网站不是针对"拍卖迷"设计的，而是为了帮助人们出售闲置的个人物品；建立百度网站的目的是查找信息，而不是为了服务于"搜索一族"。

(二)推出新品类的要点

1. 界定原定人群与原点市场

原定人群可能是品类消费的高势能人群，他们可能是某一品类的专家或重度消费人群，也就是人们常说的意见领袖。一旦得到这些高势能人群的认可，将对其他消费群体产生示范作用。

原点市场就是比较容易立足，同时便于面向未来发展的地方。理想的原点市场特点：在新品类的目标市场具有典型性和代表性；当地消费者对品类的消费基础好；消费观念比较成熟；接受度高；品类消费能力强；可以产生辐射效应。

2. 界定竞争对手并站在对手旁边

界定竞争对手和开创新品类一样关键。新品类通过针对原有品类展开攻击而进入心智，新品类把原有品类当成它的对手。所有新品类的市场都主要来自已有品类，心智中新品类的潜在位置，常被既有品类占据。确定已有品类为竞争对手，进行攻击，才能达到移开既有品类，进入潜在位置的目的。汽车发明之初，马车仍然是市场主流，因此汽车的主竞争品类依然为马车；绿茶品类的发展有赖于从可乐等主流饮料品类那里赢得市场。通过不断地分化，新的小品类不断从原先的大品类那里争取市场空间，发展壮大。

一旦确定了竞争对手，新品牌要做的就是尽量站在竞争对手旁边。你的竞争对手可能是某一品类，也可能是某一品牌。宝马把奔驰当作竞争对手，它就把自己的专卖店开在奔驰专卖店的隔壁；百事可乐把可口可乐当作竞争对手，百事可乐就占据了超市中可口可乐旁边的货架；一些中国快餐品牌在针对麦当劳和肯德基这样的西式快餐展开竞争时，就把店开在麦当劳或者肯德基的旁边。站在竞争对手旁边有两个重要的原因：第一，你的生意来源于竞争对手，所以，你必须在它出现的地方出现；第二，这样做可以给消费者一个强烈的暗示——"我是它的对手"，从而让消费者可以将品牌和竞争品牌(品类)联系在一起，并加以比较。

3. 使用新品牌

当品牌名称在心智中和某个品类紧密挂钩时，品牌就无法轻易移动。分化推动品类不断走向分支，如果企业欲主导两个不同分支，最佳选择是推出两个不同的品牌。在洗发水市场上，宝洁公司先后推出了多个品牌分别主导去头屑、柔顺、营养、黑发、直发、草本等分化品类，成功主导各自所在品类市场。蒙牛在新推出的高端牛奶品类身上，使用了新的品牌"特仑苏"。这是一个很好的策略，对在牛奶领域一贯使用单一品牌的蒙牛而言，这本身就是一种突破。

4. 命好名

每个创新品类的品牌实际都包含两个名字，一个品类名，一个品牌名。先有品类名后有品牌名。如果企业无法用简洁易懂的语言定义这个新品类，这个新品类就不太可能获得成功。"尖叫"为自己定义的品类最初叫作"情绪饮料"，"苗条淑女"为自己定义的品类叫作"心动饮料"。但是消费者心智中并不存在一个叫作"情绪饮料"或者"心动饮料"的品类，也无法理解这是什么东西。真正成功的品类，如"维生素水""葡萄糖饮料""绿茶""无糖绿茶"等，都是简洁、清晰的品类名。为品类取了简洁清晰的名称之后，就是选择暗示品类本质的品牌名。好的品牌名应包含以下特征：独特、简单、顺口、暗示品类，比如血尔、白加黑、喜力、护彤、帮宝适等。品类命名和为新品牌起名是截然不同的，品类名要求通俗、容易理解、具有通用性；品牌名则要求独特、简单、寓意品类的某种特性。品类名更为理性，而品牌名则需要有创意。

5. 首先考虑主流市场

新品类最初应该切入主流市场，这样有利于品类的推广和普及，其后才能不断分化出高端和超高端的分支。牛奶最先推出的时候是大众化的纯牛奶，然后才有酸奶以及更高端的牛奶。新品类首先考虑大众市场，包括考虑最主流的口味、产品形态，使品类有一个简单、清晰的定义。

6. 考虑好包装和颜色

推出新品类，包装和颜色策略常被忽视。包装采取和已有品牌一致还是不同方式，取决于所采取的品牌战略。开创对立品类的品牌，包装应该与既有领导者保持一致，但色彩应该对立；如果创新了一个全新的品类，包装和色彩都必须有所差异。

(三)主导新品类的六个关键

1. 确保心智中领先

开创新品类是手段，核心是要成为消费者心智中品类的代表，所以，最先进入市场并不意味着最早进入消费者心智，营销的主战场在认知。对于最先在市场上推出新品类的品牌来说，最担心的就是自己成了先烈而为竞品做了嫁衣，以及自己辛辛苦苦开创的新品类被竞品分享了大部分的市场成果。因此，在市场上推出新品类要避免由先驱变成先烈，品牌要做的是尽可能让每个人都知道你是品类的开创者和领导者，占据心智中第一。

2. 及时进化

市场竞争是一个长期的、动态的过程，一旦品类发展势头良好，新的竞争者必然加入，要确保品牌在品类中的地位，就需要跟上竞争步伐，及时进化。

3. 扩大品类

一旦品类代表的心智地位稳固，作为品类的代表和领导者，应承担起教育和推广品类的责任，才能在品类发展中获得最大的回报。

冷酸灵牙膏是一个值得关注的例子，它因开创"抗过敏"品类而成为一个地位稳固的牙膏品牌，但是冷酸灵的销售额在达到一定的数量后就徘徊不前了，甚至在一段时间内出现了下滑。冷酸灵的问题不是出在品牌上，而是出在品类上。冷酸灵面临的首要问题，是拓展品类空间。"抗过敏"是一个专业用语，消费者不清楚什么症状属于牙齿过敏，而"冷热酸甜，想吃就吃"是一个笼统的概念，冷酸灵应该不断地教育顾客，什么是牙齿过敏的症状，而这些时候应该使用冷酸灵。另一个问题是，模仿领先者的形象正在摧毁冷酸灵独特的品类特征。冷酸灵正在放弃传统的蓝白色，开始模仿高露洁和佳洁士的包装，甚至还跟进高露洁和佳洁士推出类似"冰爽"的牙膏。这些举措逐渐把冷酸灵带向歧途。

4. 引入竞争对手

扩张品类策略的另一个要点就是引入竞争对手，同行并非冤家，新品类如果没有竞争对手的加入，来共同开拓市场、教育消费者，很难形成气候。

张裕葡萄酒于 2001 年申请注册了"解百纳"商标，并最终获得了批准，于是张裕要求其他企业停止使用"解百纳"一名。其他葡萄酒企业联名上诉，国家市场监督管理总局最终判定该商标为张裕独有，依据是从专业上来看"解百纳"并非通用名。张裕应该为这个结果而高兴吗？事实上对于张裕而言，这是一个糟糕的结果。判定一个名字是否通用名的问题，从专业技术角度的分类实际上没有多少意义，重要的是从顾客心智角度来看，"解百纳"是一个品类名而非品牌名。张裕应该借助这场官司大力地传播自己品类原创者的身份，确保自己在该品类的领先地位，然后放弃该商标，鼓励更多的企业生产"解百纳"，扩大品类影响力，做大这块蛋糕。

在引入竞争对手方面更加高明的做法，是企业主动推动分化，主动推动内部竞争。当一个品牌占据了某个品类市场的主导份额之后，企业主动推出第二品牌，创造新的机会点，这是领导品牌的最佳选择。

2014 年特斯拉公司宣布要开放所有电动汽车专利。特斯拉免费放开专利的逻辑，简单讲无非希望更多参与者加入。如果整个电动车市场发展不起来，特斯拉单靠自己产品的新与奇吸引消费者，恐怕难以持久。

5. 发展定位

定位的作用是不断地为品类寻找最优的市场空间和市场认知，但定位并非一成不变，随着品类的发展，它需要不断升级，为品类寻找更大的市场空间。

可口可乐的发展历程证明了这一方法的重要性。起初可口可乐是一种治疗头痛的药水，如果可口可乐一直坚持该定位，那么就不会有今天的庞大销售额与市场占有率；其后，可口可乐被重新定位为"醒脑提神的饮料"，这个定位使可口可乐在诸多饮料中脱颖而出，风行全美，时至今日。可口可乐作为醒脑提神的饮料在美国依然具有广泛的认知，很多青少年依然通过饮用可口可乐来醒脑；最后，可口可乐以"全球最时尚的饮料"的潜在定位成功进入包括中国在内的全球市场，成为全球销量最大的饮料品牌。

6. 分化品类

分化是商业发展的动力，也是品类发展的动力。分化创造了新品类，同时也推动新品类成长壮大，并走向成熟，进入新的分化，诞生下一个新品类以及下一个代表品类的新品牌。任何一个品类都不可避免地会成为老品类并面临新品类的竞争。

三、为新品类定位

有人认为，阿芙代表精油品类，那么阿芙的定位就是"精油"。同理，九阳的定位就是"豆浆机"。这种认识混淆了品类与定位的区别，把品类等同于定位。定位的目的与作用，是为了让品类获得最佳的心智认知优势，推动品类和品牌成长。因此，如果企业通过前面介绍的方法开创新品类之后，接下来一个重要的工作就是为新品类定位。

(一)选择竞争参照系

选择合适的参照系具有重大的意义，因为参照系决定了消费者将会对品牌产生哪些联想，而这些联想就构成了品牌的相似点和差异点。在某些情况下，参照系是同一类产品中的其他品牌。

影响参照系选择的一个因素是产品在生命周期中所处的阶段。当一种新产品刚刚推出时，它通常会把其他竞争产品作为参照系，以使消费者迅速了解新产品是什么，以及它能帮助消费者实现什么目的。但到了产品生命周期的后期，新的增长机会和威胁就会在该产品类别之外出现。因此，参照系的转变就势在必行了。

联邦快递的例子真实反映了这种演化过程。开业之初，联邦快递推出的"次日送达"快递业务就是一个清晰的差异点，它明显区别于美国邮政总局提供的传统邮递业务。后来，市场上出现了其他次日送达的快递公司，于是新的竞争对手构成了新的参照系。此时，联邦快递重新调整了定位，决心在速度和可靠性两方面超过对手。这一新的差异点就体现在该公司"使命必达"的广告词中。然而，正当联邦快递还在小心翼翼地提防其他快递公司时，形势却起了变化，最为严峻的一部分竞争来自文件传输的其他形式。例如，很多原本通过快递业务次日送达的文件，现在可以通过传真或者电子邮件来传送，而且更快、更便宜。当参照系扩展到传真或者电子邮件时，联邦快递推行的"快捷送达"这个差异点就失去了意义，所以很有必要开发一个新的差异点。在新的参照系下，联邦快递可以选择在安全性、保密性上寻求差异化，而联邦快递大力宣传的包裹跟踪系统正好可以支持这种差异化战略。这样一来，联邦快递不仅能把自己与传真和电子邮件区别开来，而且也能与其他次日送达的快递公司划清界限。

(二)充分利用相似点

新品类定位的第二个重要问题是如何处理与竞争对手所共有的品牌特性。现实中总会出现这样一些情境，你的品牌必须在某些方面与竞争对手的品牌"旗鼓相当"。所以，有效的定位不仅需要考虑品牌的差异点，还必须考虑该品牌与其他产品的相似之处——我们称之为相似点。一旦选定了初始参照系，你就要想清楚一个问题：如果你希望令消费者认为你的产品在这个参照系内是合理和可信的，那么你的产品必须具有哪些相似点？假如一家银行不能提供支票和储蓄业务、保险箱、旅行支票等服务，顾客就不可能认为这是一家真正的"银行"。只有满足了这些最低要求，你才能够参与竞争。

就像联邦快递的做法所揭示的那样，在推出基于创新品类的新品牌的时候，营销战略制定者通常都认识到确定相似点的重要性。但是，随着新品类的创新性增强，要把它框进某个既有的参照系并满足这个参照系的最低要求，其难度也会增大。

(三)确定品牌利益点

品牌必须予人以独特的利益点，这些利益点必须能够把品牌与同一参照系的其他品牌区别开来，这是品牌定位成功的关键。同时，你要确保这些利益点之间不会自相矛盾。在顾客看来，如果某个品牌拥有某项利益点，就意味着它不会拥有另外的利益点。例如，我们很难把品牌定位成"不贵"，同时又宣称它"质量最好"。如果宣称品牌既有营养而且味道很好、马力强劲而且驾驶安全、无处不在而又独一无二、变化多样而又简单明了，这样的品牌定位所包含的利益点彼此就是负相关的关系。

(四)保持长青

随着品牌趋于老化，策划人员面临的挑战在于确保它与时代同步，并能够满足消费者不断变化的需求。达到这一目的的方法有多种。在某些情况下，品牌拥有足够深刻和丰富的定位，可以使这一品牌历久弥新。

但是，在另外一些情况下，长期沿用同样的差异点或者利益点并不能保持品牌的吸引力，这时就需要加深和丰富品牌的内涵。你必须更清晰地展示该品牌与消费者的目的有何关联，你需要洞悉促使消费者使用该品牌的原动力是什么。然后，就可以对品牌进行再定位，使差异点成为品牌的精髓，并暗示该差异点能帮助消费者达到其目的。这个过程我们称之为"进阶"。

在进阶过程中，首先向消费者传达的是产品的具体属性，然后再逐渐上升到更加抽象和概括性的含义。这种方法在某公司的手机系列广告中得到了很好的体现。最初，广告片重点介绍的是独特的手机特征，这保证了通话服务的可靠性。到了第二阶段，广告分析了可靠通话服务的重要性，那就是消费者不必再担心为等待某个重要电话而被困在办公室。下一阶段的广告可能要围绕着一个更具概括性的含义：让消费者获得更大的行动自由。

经典案例

抢占品牌广告宣传良机——中外企业品牌推广的不同布局

2000 年 12 月 5 日下午 2 时，中美双方在四川卧龙为即将赴美旅居的一对大熊猫举行了交接仪式。中国野生动物保护协会副会长王复兴将这对大熊猫的身份证——有大熊猫近身照的身世档案交到了美国华盛顿国家动物园园长露茜·斯皮尔曼女士手中。

经中美两国政府批准，由中国野生动物保护协会向美国华盛顿动物园提供一对出生在四川卧龙的大熊猫——"添添"和"美香"。前来迎接"添添"和"美香"的露茜·斯皮尔曼女士称，美国人民正殷切盼望着这对中国友好使者的到来！

为确保大熊猫此行的安全与舒适，尽量缩短时间，承担这次运输任务的美国联邦快递公司，早在 3 个月前就与中美双方官员和有关专家进行了仔细磋商，将"国宝"赴美的行程安排精确到了分钟。这次行程的具体安排为：2000 年 12 月 6 日清晨 6 时，两只大熊猫乘卧龙保护研究中心的两辆专用货车，从卧龙准时出发，9 时 30 分到达双流国际机场。经短暂停留后，11 时它们将登上"熊猫一号"专机，从双流机场起飞，向东飞行，穿越太平洋，跨过国际日期变更线，预计在美国当地时间凌晨 3 时抵达阿拉斯加安克雷奇；在安克雷奇加油补给，办理过关手续后，"熊猫一号"将换上新的机组人员，计划降落在华盛顿 Dulles 国际机场。"熊猫一号"到达美国首都华盛顿国际机场后，弗吉尼亚州警察和华盛顿区警察将专程护送"国宝"离开机场，直奔美国国家动物园。在整个行程中，将有 3 名机组人员、3 名搬运工人、3 名美方专家、2 名中方专家、3 位美国"探索频道"的记者，共计 14 人陪同。

这次"国宝"赴美，引起了中美双方的极大关注，美方的"探索频道"全程直播了大熊猫的美国之旅，中国中央电视台也在 2000 年 12 月 6 日直播了国宝从卧龙到登机的全过程，美国《华盛顿邮报》等媒体都派记者重点报道了这一重要事件。日本共同社、英国路透社等几十家国外媒体的记者也一直追踪报道此事。这是一场发生在中国的罕见的熊猫新闻大战，很显然这是一个难得的策划点，国外企业紧紧抓住了这个"点"大树形象，巧用"国宝"唱戏。在美方提供的用来运装大熊猫的特制集装箱上，印有"探索频道""富士公司""联邦快递"三个标识。在这场中美两国的新闻大战中，众多的中国读者和观众都知道了"探索频道""联邦快递"等国外媒体和国外企业。然而在这个万众瞩目的事件中，却不见一家国内企业露面。

"联邦快递"免费提供了一架专机运送熊猫，仅运费一项就耗资 50 万美元；"富士"则提供了 750 万美元赞助；"探索频道"用 500 万美元买断了"添添""美香"在美的十年独家报道权……这些著名企业和媒体为何如此舍得花钱？其根本原因是这一事件"点"上有巨大的关注效应。

据卧龙保护研究中心的一位相关人士称，这次国内外媒体来报道的人数之多，实在是出人意料。中心本不想惊动这么多的记者，好让大熊猫安静地走，但谁知国外提供赞助的企业在半个月前就将这一消息通过媒体捅了出去，结果来了如此多的记者，简直无法招架！通过这一事件可以看出国外企业在树立企业品牌形象上可谓煞费苦心。

与国外企业形成鲜明对比的是，"国宝"故乡的企业反应迟钝，仿佛没有回过神儿来，守着国宝"发呆"，以致浪费了一张如此好的"熊猫牌"。

"添添""美香"在卧龙赴美前的兽舍是一个相当好的宣传媒介，仅仅半个月，先后有来自国内外近30家媒体聚焦在这个地方，仅中央电视台就派出了3个摄制组在此拍摄。然而，在关注度如此高的地方，居然没有一家国内企业想到利用它来作宣传。从大熊猫的生养地——卧龙到机场也有很长的距离，运送大熊猫到机场的货车车身也是一个很好的"媒介"。试想，如果哪家企业事先能与这对国宝联系起来，其离开四川、在美旅居、十年后返回国内，都将是关注度极高的事件，这对提高和扩大企业知名度大有益处。

就此事件也有人发出感慨：大熊猫这一品牌是大自然赐给中国的无价之宝，但长期以来中国企业，特别是四川的企业都没有打好这张牌，实在令人可惜！现在一些国内企业比较喜欢花很大的价钱请歌星、影星来扩大自己的品牌知名度，却极少有人愿意利用大熊猫来做文章。当今世界，动物保护、生态保护广为全球关注，企业多多参与这些方面的公益事业，将对树立企业品牌形象大有帮助。

2023年11月8日，在海外漂泊了23年之久的"添添"和"美香"，带着它们的"小奇迹"荣归故土——成都，飞机落地的那一刻，您是否又想起了它们离开时的情景呢？

（资料来源：本书作者整理编写。）

思 考 题

1. 品牌营销者在创造品牌前必须选好目标市场，选择目标市场的步骤有哪些？
2. 企业导入 CI 的原因是什么？
3. CIS 的分类有哪些？
4. 开辟新品类的方法有哪些？

第五章

战略的选择与制定

【学习要点及目标】

- 理解战略选择的模型含义、了解电子商务模式的类型。

- 了解公司层、业务层发展战略配置与构造。

- 领会战略选择与战略评价的方法。

- 掌握战略决策的原则。

- 了解影响战略选择的因素。

- 掌握战略策划方案制定的方法与程序。

凡用兵之法，将受命于君，和君聚众，交和而舍，莫难于军争。军争之难者，以迂为直，以患为利。

——《孙子兵法·军争篇》

水之形避高而趋下，兵之形避实而击虚。

——《孙子兵法·虚实篇》

开篇案例

加强产业纵深一体化——格力的战略选择之路

珠海格力电器股份有限公司成立于 1991 年，于 1996 年 11 月 18 日上市。格力电器公司作为一家专注于空调产品的大型电器制造商，致力于为全球消费者提供技术领先、品质卓越的空调产品。格力电器在全球建有许多生产基地与再生资源基地，覆盖了从上游零部件生产到下游废弃产品回收的全产业链条。截至 2025 年，该公司的"格力"牌空调业务遍及全球 100 多个国家和地区。格力电器公司已经成为世界知名企业。

作为家电巨头，从格力电器的发展过程中我们几乎可以看到 20 世纪 90 年代以来中国市场经济的变化历程。从冠雄塑胶厂与海利空调厂合并为格力空调器厂开始，格力从一个年产值不到 2000 万元的小厂，历经三十多年，成为中国家电巨头和全球著名空调品牌。但如今高度竞争的商业环境迫使许多企业家必须升级思维，重新进行战略选择来打赢心智战。格力电器公司开始在专业化与多元化之间进行战略调整，布局新能源汽车、加减格力手机、上马口罩业务等就是格力电器公司多元化战略选择的开始。

在格力电器不同的历史发展阶段有着不同的战略选择。

一、创建空调精品品牌的专业化发展阶段(1991—2000 年)

格力电器公司在初创期，产销量均受限制，随后开发了一系列适销对路的产品，抢占了市场先机。之后该公司开始以抓质量为中心，格力产品在质量上取得了竞争优势，创出了"格力"这一著名品牌。1997—2000 年，公司狠抓市场开拓，董明珠独创了被誉为"21 世纪经济领域的全新营销模式"的"区域性销售公司"，成为公司制胜市场的"法宝"。随着生产能力不断提升，形成了规模效益，通过强化成本管理，为公司创造最大利润。从此公司效益连年稳步增长，产量、销量、销售收入、市场占有率一直稳居国内行业领头地位。

纵向发展战略选择：20 世纪 90 年代中国空调市场消费潜力巨大，同时市场也处于诸侯纷争、品牌混战的局面。此时格力电器公司基于对空调行业未来发展趋势的科学研判，选择了企业价值链上端与下端共同延伸的发展战略。

横向发展战略选择：空调市场出现价格混战，行业之间竞争激烈，我国消费者倾向于外国品牌。格力电器公司认识到，要取得竞争优势，必须创建市场高度认可的品牌，意识到质量的重要性。随后公司狠抓质量，提出"出精品、创名牌、上规模、创世界一流水平"的质量方针，实施"精品战略"。

企业内部发展战略选择：为了实现精品战略的目标，格力电器公司开始建立和完善质量管理体系，出台"总经理十二条禁令"，推行"零缺陷工程"。公司注重提高空调技术含量和产品质量，争创行业优势。良好的产品质量、独特的营销策略、精湛的技术创新、崭新的人才培养均为格力电器公司走空调专业化发展道路奠定了良好基础。

这一阶段，格力电器公司营业收入逐年递增，2000 年净利润同比增长高达 11.22%，净资产收益率达到 15.75%，均高于同行。可见，在这个阶段格力电器公司的战略选择是成功的，企业实现了价值链的优化，取得了竞争优势。

二、掌握核心技术，做强做大的专业化发展阶段(2001—2008 年)

格力电器公司提出"争创世界第一"的发展目标，加大拓展国际市场的力度，向国际化企业发展。2005 年，公司家用空调实现了销售量世界第一的目标，成为全球家用空调"单打冠军"。格力电器公司在成功实现"世界冠军"的目标后，继而提出"打造精品企业、制造精品产品、创立精品品牌"战略，努力实践"弘扬工业精神，追求完美质量，提供专业服务，创造舒适环境"的崇高使命，朝着"缔造全球领先的空调企业，成就格力百年的世界品牌"的愿景奋进。

进入 21 世纪，一大批二、三线品牌逃离空调市场或被并购，市场逐渐发展到以海尔、格力、美的等几大品牌主导的局面，品牌产品集中的趋势已显现。强者与强者之间的竞争，谁拥有核心技术，谁就具有核心竞争力，谁就更强大。2000 年格力开始加大对核心技术研发的投入，使得技术上有了重大突破，其中创造的我国首台拥有自主知识产权的大型中央空调离心式冷水机组，彻底打破国外几家企业对离心机技术的长期垄断，该产品被专家评定为达到"国际领先"水平。同时，公司对其管理进行创新，全面导入卓越绩效管理模式，逐步形成以卓越绩效为管理结果导向、六西格玛管理方法的企业经营管理模式。深化营销创新，完善销售体系，努力拓宽产品销路，从而在国内外市场上同时取得了快速增长。

这一阶段，格力电器公司营业收入逐年递增，2008 年净利润同比增长高达 65.6%，净资产收益率飙升至 28.12%，均高于同行。可见，在这个阶段格力电器的战略选择也是成功的。

三、引领科技创新，深化产业纵向发展阶段(2009—2011 年)

经过对前期发展战略的正确选择及有效实施，格力电器公司得到了持续稳健的发展，具备了独特的竞争优势，然而同行中其他国内外大品牌也具备强劲的竞争优势。此时，格力电器公司选择了引领科技创新，深化产业纵向发展战略。公司一方面利用积累的雄厚实力，扩大空调产品市场，同时深化产业纵向发展以形成产品产业链优势，相继开发出多品种规格产品，以满足消费者的各种需求；另一方面，向上延伸产业链，自主研发生产空调的核心零部件。

科技在进步，消费者需求在升级。格力电器公司提出做好制冷技术的前瞻性、基础性和先进性研究，保持"掌握一代、研发一代、储备一代"关键核心技术的领先优势，特别是节能、低碳、环保等核心科技。

这一阶段，格力电器公司的营业收入逐年递增，2011 年营业收入同比增长 37.35%，净资产收益率高达 34.00%，均高于同行。可见，在这个阶段，格力电器公司的价值链优化与发展战略选择顺应了市场需求，进而取得了竞争优势。

四、以空调专业化为主的多元化发展阶段(2012 年至今)

随着国内移动"互联网+"、物联网、大数据等技术的飞速发展，互联网大数据以无可阻挡的势头覆盖着每一个行业，改变人们的思维方式和行为模式，并影响着全球家电业的发展和变革。2020 年，董明珠开始试水抖音直播带货，根本原因在于很多企业慢慢开始重视这样的战略机会。在互联网经济及新的商业模式冲击下，智能家电的发展日新月异，各种新技术、新材料不断涌现，这无疑给格力电器公司的战略选择带来了新的挑战。

格力电器公司长期专注于走空调专业化发展之路，这种聚焦战略使得企业获得技术、品牌、管理、规模、成本等多方面的竞争优势，这些均为企业的转型提供了强有力的保障。面对新的挑战，格力电器公司从 2012 年开始逐步布局多元化发展战略。2016 年 7 月 23 日，在第二届中国制造高峰论坛上，董明珠首次正式宣布格力进入多元化时代，这标志着格力电器公司从专业化发展向多元化发展的重大转变。

格力电器公司加强产业纵深一体化，以技术为导向，"深度广度"齐头并进、"横向纵向"两翼齐飞，逐步实现专业化中的产品多元化的发展战略。公司制定了清晰的发展战略：一方面，构建智能家电生态系统，发展智能家居；另一方面，建设垂直产业链，塑造多个世界品牌。公司在以空调产业为支柱的同时，大力开拓发展新能源、生活电器、工业制品、模具、手机、自动化设备等新兴产业，将公司从单纯的家电制造企业，向新能源行业及装备制造企业拓展，实现多元化发展。为此，格力电器公司通过联盟和并购等多种形式，欲实现战略层面、业务层面、职能层面的领先地位，以实现双边与多边协同共享、互利共赢的目标。

事实上，一路狂奔的格力，自 2015 年起业绩开始大规模跳水。2015 年营业收入出现大幅度下滑，同比下滑 28.17%；净利润也从 2014 年的 141.55 亿元降至 2015 年的 125.32 亿元，同比下滑 11.46%。有学者认为，格力电器营收在一年内大降的原因，既在于主营业务过于集中和单一，还在于格力电器的多元化扩张之路过于缓慢。在董明珠看来，业绩缩水是过度依赖空调品类的结果，因而才开启多元化战略。

然而，另外一些学者认为，无论是家电行业的品类拓展，还是跨界卖手机、卖车，格力均遭遇了"滑铁卢"。格力显然忽视了一个事实，在用户的心智中，格力等于空调，任何试图改变用户心智认知的尝试都很难成功。无论口罩、冰箱、手机还是汽车，都会使消费者对格力的品牌认知日益模糊。现代商业战争是在心智中打响，显然格力的思维还停留在产品时代，认为凭借自身产品创新能力和执行力就能有所作为，却忽视了消费者的心智认知和市场上已有的竞争对手。过去几年内，格力扩展的小家电、净水器、热水器、手机、新能源等多个领域均被冠以"格力"之名，也使得格力品牌不断延伸。而品牌延伸，是企业最容易踏入的致命"陷阱"，在这一点上，格力昔日竞争对手春兰空调的失败当引以为戒。1990—1997 年，春兰空调连续 8 年全国产销量第一，是国内家喻户晓的"中国空调大王"，而当时格力还只是春兰的"跟随者"。然而，从 90 年代中期开始，在空调领域傲视群雄的春兰开始多元化转型，这不仅让它错失空调行业的黄金发展期，更被格力、美的赶超，最终在 2018 年宣布停产。关于这一点，学者们均认同如今格力的多元化之路，与当年的春兰如出一辙。虽然格力并未放弃空调主业，然而对其他领域的极速扩张正在影响其在空调领域的优势地位。

格力电器公司的净利润与净资产收益率均出现大规模下滑，由此可见，这一阶段格力电器的战略选择是不成功的。

（资料来源：本书作者整理编写。）

通常一个大型公司其战略是分层次的，即分为公司层战略(发展战略或总体战略)、业务层战略(竞争战略或 SBU 战略)与职能层战略。公司层次的战略关注的是如何通过配置、构造和协调公司在多个市场上的活动来创造价值。业务层次的战略所要解决的问题是如何在一个具体的、可以识别的市场上取得竞争优势。职能层次战略所要落实的是如何在各自的职能领域采取有效的行动以实现总体战略与竞争战略的战略部署。公司层次与业务层次的战略是真正意义上的战略层面，而职能层次的战略属于战术层面。可以说，公司层与业务层战略是目的，而职能层战略是手段。

在新时代，中国构建新发展格局在扎实推进。新发展格局以现代化产业体系为基础，经济循环畅通需要各产业有序链接。在增强国内外大循环的动力和活力的前提下，要深化要素市场化改革，建设高标准市场体系，从而进一步推动形成开放、多元、稳定的世界经济秩序，为实现国内国际两个市场资源联动循环创造条件。

格力电器的案例告诉我们，如何根据企业的内外环境选择行之有效的战略策划方案，常常是许多企业高层管理者面临的一个重要问题。有效的战略策划方案既需要感性的洞察，又需要理性的分析。一方面，企业要想有智慧、有勇气地做正确的事，就要靠类似格力电器公司董明珠式的企业高层管理者所具备的战略思维能力；另一方面，还应对企业面临的内外环境进行全面而深入的分析，能利用外部市场的机遇来减少不利因素的影响，并利用自身的优势来克服劣势。在充分发挥企业战略决策者的战略性思维与洞察力的前提下，借助恰当的分析工具来对众多的战略策划备选方案进行选择，并将选出的方案具体化，形成相应的战略策划方案，这对决策者正确决策无疑有着重要的帮助作用。

第一节　战略选择的基本模型

战略策划的一个基本的命题是如何通过资源的调配创造或维持竞争优势，从而获取超过行业平均水平的投资收益率(即超额利润)。基于如何获取超额利润这个问题，本书提供两种基本的战略选择模式：行业结构模式和资源结构模式。前者是一种"机会决定"的模式，后者是一种"资源与能力决定"的模式。也就是说，要么通过选择并进入有利的行业，来获得超级利润；要么通过增加企业的竞争优势，来获取超额利润。

一、行业结构模式

行业结构模式(I/O 模式)认为，超额利润是一种"机会带动"的增长方式，而获取超额利润的关键在于外部环境，也就是说，企业获得高于平均水平的投资收益率的根本原因来自企业所处的外部环境，而其中最重要的是与企业所选的行业特点相关的因素。

哈佛大学教授迈克尔·波特在其《竞争战略》一书中提出了"五力模型"，即行业环境分析的结构化方法及"三种通用竞争战略"，充实了战略分析理论框架。从经济学的角度分析，行业结构模式有以下四个经济学假设条件：①外部环境的压力和限制决定了获取超额利润的战略方案；②在同一行业竞争的大多数公司拥有相类似的资源，并且采取相似的战略；③即使公司间存在资源的差异，随着资源的自由流动，这种差异性会逐渐变小；

④组织的决策者是理性的，致力于追求利润的最大化。

I/O 模式主张公司必须在有吸引力的行业中竞争，必须寻找有最高潜在利润的行业，学会怎样利用其资源结合行业的结构特点选择与实施战略。行业的赢利潜力取决于该行业的竞争强度及其背后的结构性因素。行业潜在利润来自"五力"的较量。以行业结构模式为基础的战略建立的步骤，如图 5-1 所示。

I/O 模式对于机会多而竞争不激烈的环境有较好的适用性。研究结果表明，美国约 20%的企业利润是由其行业或其选择运作的行业决定的。以十几年前国内的房地产行业为例，在以前的"中国十大暴利行业"的评选中，房地产行业每年都高居榜首，各种富豪排行榜上，房地产行业的富豪占据了半壁江山。有媒体评论，改革开放以来，从来没有哪一个行业像房地产行业这样盛产亿万富翁。国内从事多元化经营的企业不少都涉足房地产也就不难理解了。

二、资源结构模式

尽管 I/O 模式从某种程度上强调了企业所处的外部环境的重要性，但忽略了企业所拥有的资源和能力的差异。事实上，即使在同一行业，企业间盈利水平也有很大的差异。20 世纪80 年代，理查德·鲁姆特在其研究中发现，行业内长期利润率的分散程度比行业间利润率的分散程度要大得多。他认为，最重要的超额利润源泉是企业具有的特殊性，而非行业间的相互关系。在过去的几十年里，由于环境的复杂多变和资源的可创造性与质异性，组织逐渐将重心转移到公司内部。

资源结构模式(RBT 模式)认为，超额利润是一种"能力带动"的增长方式，而获取超额利润的关键在于组织拥有不同的资源和能力，也就是说，企业能否获得高于平均水平的投资收益在很大程度上取决于企业的内部资源和能力特点。

从资源基础理论的起源及发展看，最早明确提出的资源基础观念(RBV)是塞尔兹尼克所提出的组织"独特能力"。最早赋予 RBV 理论的应是彭罗斯，她于 1959 年在其所著的 *The Theory of the Growth of the Firm* 一书中，首先根据经济理论探讨了公司资源与公司成长间的关系，使得 RBV 不再只是观念上的争论，更具有了经济理论的支持。直到沃纳费尔特的论文于 1984 年获得 SMJ 年度最佳论文后，RBV 才获得学术界的首肯。格兰特于 1991 年提出了资源基础理论(RBT)，该理论连接了资源与战略，并提出了两个战略层次的论点：①在公司战略方面，探讨资源决定企业活动的行业或地理疆界所扮演的角色；②在竞争战略方面，

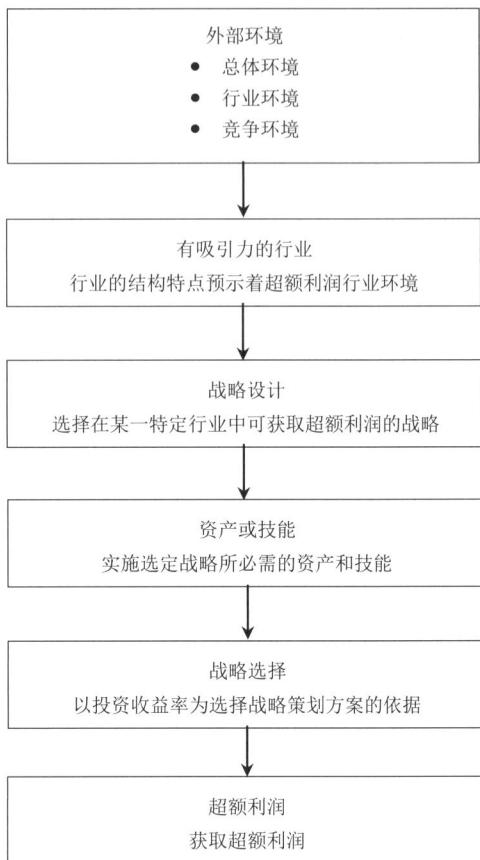

图 5-1　获取超额利润的行业结构模式

探讨资源、竞争与利润之间的关系。RBT 为战略策划开拓了新的研究方向。RBT 强调企业内在的资源与能力，该理论的核心是从企业的"异质性"去观察企业内部的能力及资源，而这正是企业战略发展和转型的重要基石。

从经济学的角度分析，RBT 有以下假设条件：①获得高于平均水平的投资收益率是因为其拥有独特的资源和能力；②资源和能力难以模仿与转移。在该模式看来，任何一家企业都是不同的资源和能力的特定组合，企业通过不断获取不同的资源并发展独特的能力获得核心竞争力，并且这种资源和能力不能在企业间自由流动，资源的差异性形成了不同的竞争优势。

值得注意的是，单个的资源可能无法创造竞争优势。生产设备、专利技术、营销能力、有才能的管理人员等都属于单个的资源。假如一家公司有很强的生产能力，产品质量也不错，营销能力却很差，再好的产品销量恐怕也上不去，因为"酒香不怕巷子深"的年代早已过去，宣传和推广与质量本身一样重要。只有资源有效整合才能产生竞争优势。同时，并非所有的资源都可以成为竞争优势的基础，只有当某种资源和能力是有价值的、稀缺的、难以模仿并无法替代的，这种资源和能力才能获取超额利润回报。

以资源结构模式为基础的战略建立的步骤，如图 5-2 所示。①分析企业内部的资源，确定在行业中相对其他竞争者的优势和劣势；②确定企业已有的能力；③分析企业有哪些具有竞争优势的能力；④选择能获取超额利润的有潜力的行业；⑤制定战略策划方案，充分利用现有的市场机会，赚取超额利润。

2024 年 2 月，苹果公司突然宣布放弃原定于 2025 年前后发布的高级别自动驾驶汽车项目——AppleCar。这一决定意味着一个历经 10 年、投入超过 100 亿美元、集结了 2000 余名行业精英的造车战略被放弃了。苹果公司放弃造车是一种审时度势的战略选择。研究表明，从长期来看，行业环境和企业内部资产都影响着企业的经营业绩。因此，为了形成企业的愿景和使命，明确随之而来的战略选择和执行过程，企业必须同时运用行业结构模型和资源结构模型。实际上，二者是相互补充的，行业结构模型关注企业外部环境，而资源结构模型则聚焦于企业内部。

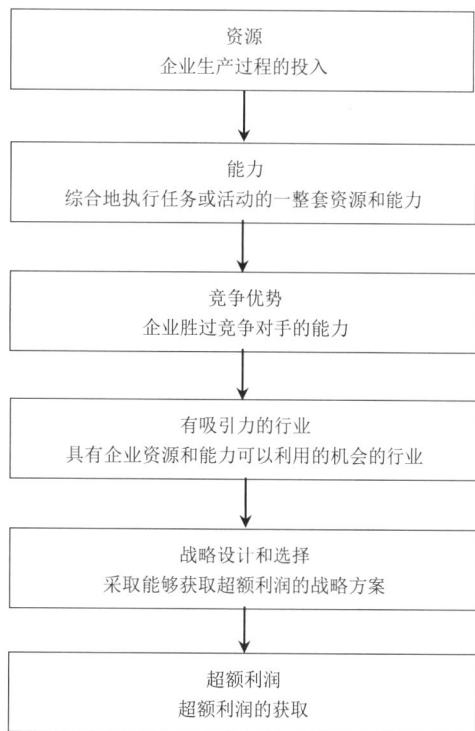

图 5-2　获取超额利润的资源结构模式

三、商业模式

管理大师彼得·德鲁克曾指出，当今企业之间的竞争，不是产品之间的竞争，而是商业模式之间的竞争。在经济日益信息化和全球化的今天，选择什么样的商业模式正日益受到人们的高度重视。

(一)商业模式的含义

商业模式来自企业界的实践，其理论基础来源较多，这是由于商业模式本身就是一个综合概念。

商业模式是指企业为了实现其客户价值的最大化，把能使企业运行的内部资源和外部相关要素进行有效整合，形成一个完整、高效率、具有独特核心竞争力的企业运行系统，并通过最优的实现形式满足客户需求，实现客户价值，同时形成使企业实现持续盈利目标的整体方案。

(二)商业模式的特征

成功的商业模式具有如下共同特征。

1. 有效性

商业模式的有效性，一方面是指能够较好地识别并满足客户需求，做到客户满意，不断挖掘并提升客户的价值。另一方面是指通过模式的运行能够提高自身和合作伙伴的价值，创造良好的经济效益。同时，也包含具有超越竞争者的元素，体现为竞争全过程的竞争优势，即商业模式应能够有效地平衡企业、客户、合作伙伴和竞争者之间的关系，既要关注客户，又要企业盈利，还要比竞争对手更好地满足市场需求。

2. 整体性

好的商业模式至少要满足两个必要条件：第一，商业模式必须是一个整体，有一定的结构，而不仅仅是一个单一的组成因素；第二，商业模式的组成部分之间必须有内在联系，这个内在联系把各组成部分有机地关联起来，使它们互相支持，共同作用，形成一个良性的循环。

3. 稀缺性

好的商业模式属于社会稀缺资源，这在中国显得尤为突出。一份好的商业计划书之所以能够吸引数千万元的风险投资，是因为其中的商业模式具有如资本一样的稀缺性和潜在价值。

4. 差异性

差异性是指既具有不同于原有的任何模式的特点，又不容易被竞争对手复制，保持差异，取得竞争优势。这就要求商业模式必须具有相对于竞争者而言较为独特的价值取向，以及不易被竞争对手在短时间内复制和超越的创新特性。

5. 适应性

适应性是指其应对变化多端的客户需求、宏观环境变化以及市场竞争环境的能力。商业模式是一个动态的概念，好的商业模式必须始终保持必要的灵活性和应变能力。

6. 可持续性

企业的商业模式不仅要难以被其他竞争对手在短时间内复制和超越，还应保持一定的持续性。商业模式的相对稳定性对维持竞争优势十分重要，频繁调整和更新不仅会增加企业成本，还易造成顾客和组织的混乱。这就要求商业模式的设计具备一定的前瞻性，同时还要进行反复矫正。

7. 生命周期性

世界上任何事物的发展都存在着生命周期，商业模式也不例外。任何商业模式都有其适合的环境和生存土壤，都会有一个形成、成长、成熟和衰退的过程。

(三)电子商务模式

在当今商业模式日趋多元化的时代，电子商务在一定程度上冲击着传统商业模式。电子商务模式就是指在网络环境中基于一定技术基础的商务运作方式和赢利模式。随着其应用领域的不断扩大和信息服务方式的不断创新，电子商务的类型也层出不穷，主要可以分为以下四种类型：

- 企业与消费者之间的电子商务(Business to Consumer，B2C)。
- 企业与企业之间的电子商务(Business to Business，B2B)。
- 消费者与消费者之间的电子商务(Consumer to Consume，C2C)。C2C 商务平台就是为买卖双方提供一个在线交易平台，使卖方可以主动提供商品上网拍卖，而买方可以自行选择商品进行竞价。
- 线下商务与互联网之间的电子商务(Online to Offline，O2O)。这样线下服务就可以用线上来揽客，消费者可以用线上来筛选服务，还有成交可以在线结算，很快达到规模。该模式最重要的特点是推广效果可查，每笔交易可跟踪。

目前发展较好的电子商务平台有很多，例如淘宝、亚马逊、拼多多、京东商城、抖音等。这些专属电子商务平台通过展示自己的产品和信息，提供物美价廉的产品和便捷贴心的服务，吸引众多顾客。在此过程中，一方面，电子商务平台使越来越多的顾客享受到其便捷性所带来的乐趣；另一方面，低成本运营为商家带来丰厚的利润，这样的互惠模式为电子商务的发展奠定了基础。

商业模式是一系列涉及运营、营销以及资本的复杂体系结构，其中每个环节的有效运作都是商业模式成功的必要条件。随着人们对商业模式重要性的认识，对商业模式的理论研究不断深入，在各种观点中越来越多的学者倾向于用系统的观点全面研究商业模式。相信随着商业模式应用的日益广泛、深入，关于商业模式的选择研究也会不断跃上新台阶。

第二节　公司层发展战略的配置与构造

公司层战略，也称发展战略或总体战略，它是由企业的战略意图及使命产生的，是指一家公司在多个行业或产品市场中，为了获得竞争优势而对业务组合进行选择及管理的行为。公司层战略的实质是如何通过配置和协调多种经营活动来为公司创造价值，使公司整体实力超过其各部门实力简单相加的总和。

一般就企业战略层面而言，战略发展需要加以系统的思考与规划。企业战略策划过程是一个将总体战略与 SBU 战略综合考虑的过程。在战略形成过程中，战略决策者需要考虑的是：我们现在在何处？我们想到哪里去？如何到达那里？

一、专业化战略

(一)专业化战略的含义与分类

专业化战略是稳定型与扩张型战略中广泛采用的一种战略类型。它专门生产单一的或少数几种产品或服务，面向单一的市场，不开发或很少开发新产品或服务，这时企业主要通过市场渗透和市场开发，来实现生产规模的扩大和利润的增长。正如本章开篇案例中所讲述的格力电器公司初期选择的战略一样，专业化战略，通常属单一经营，它是指企业只有一种产品，或虽有少数几种产品但企业销售额的 95%以上来自某一种产品的情况。

(二)专业化战略的利弊

专业化战略有许多优点：①因产品和市场单一，业务比较单纯，领导和员工全力投入，这就享有专业化的优势，熟能生巧，专能出精，就可将某一企业"做透""比别人做得更好"。②因产品品种少，有可能加大生产批量，赢得经验曲线效益和规模经济效益，获得低成本优势；或者在产品质量、性能、服务上狠下功夫，形成自己的特色，获得差别化优势。③因业务比较单纯，在技术和管理上遇到的问题较少，平时有问题就着力解决；遇到突发性危机，一般也能从容应对，平稳度过。例如，日本 YKK 公司，其拉链产品(一个小产品)自 20 世纪 70 年代末成为全球拉链销量冠军至 2018 年，共获拉链专利 1514 项，2018 年的营业收入约合 30 亿美元，2020 年完成 129 亿条拉链产量。

然而对于一般行业来说，专业化战略也有风险：如行业规模受到限制，则会束缚企业优势的发挥。例如世界著名的太阳镜生产商 Oakley，在该行业内极为成功，但因太过于专一，其发展潜力远未充分发挥出来，因而决定跨入运动服行业。随着科技的进步，人民生活水平的提高，消费倾向的改变，社会对产品或服务的需求也在不断变化。如果企业现有产品或服务的市场衰退，就会遭遇危机，这对于科技发展速度快、产品寿命周期短的行业和企业来说，就更为重要。正因为如此，企业需要密切关注外部环境的变化，保证有必要的新产品储备以应对变化，或在必要时改变战略。即使由其产业性质决定而采用专业化战略的那些企业，为求得更快地发展，也可以考虑选择下述的某种战略。

二、企业一体化战略

(一)一体化战略的含义

一体化战略又称企业整合战略，是指企业利用自己在生产、技术和市场等方面的优势，沿着价值链条的纵向或横向方向，不断扩大其业务经营的深度和广度来扩大经营规模，提高利润，使企业不断发展壮大。一体化可以是参与行业价值链所有阶段的全线一体化，也可以是参与行业价值链某些阶段的部分一体化。企业进行一体化的方式可以是在行业价值链中的某个阶段自己独立创办有关经营业务，也可以是并购一家已经开展某些活动的公司。如果实施一体化战略所产生的成本节约足以保证额外的投资或足以产生以差别化为基础的竞争优势，那么一体化战略就能为企业带来真正的利润回报或战略回报。

(二)一体化战略的类型及利弊

一体化战略包括纵向一体化战略和横向一体化战略，其中纵向一体化战略又包括前向一体化战略和后向一体化战略。

1. 纵向一体化战略

1)　前向一体化战略

前向一体化战略就是沿着企业当前业务的输出端(价值链下端)的有关活动向下延伸的战略，即企业自行生产其生产链上的下游产品，向产品的深加工或向流通领域发展。例如，运输、销售、维修和售后服务等，都是围绕输出端的活动。在实施该战略时，企业以初始提供的产品或服务为基准，将企业的经营领域沿着企业经营链条向前延伸，使企业的业务活动更加接近最终用户。一般是生产原材料或半成品的企业，根据市场需要和在生产技术可能的条件下，充分利用自己在原材料和半成品方面的优势及潜力，决定由企业自己制造成品或与制造成品的企业合并，组建新的经济联合体，以促进企业的不断成长与发展。德国奔驰汽车公司就是在两位创始人发明和制造发动机的基础上发展起来的。前向一体化战略的实现方式主要有自建、收购、合并和特许经营等。

前向一体化战略的优点：能使企业控制销售和分配渠道，有助于消除库存积压和生产下降的局面；当分销商利用企业产品获得高额利润时，通过前向一体化战略可以增加企业利润；通过前向一体化战略，企业可以通过建立全国性的市场营销组织机构，利用规模经济获得较低的总成本，增加企业利润；实施前向一体化战略的企业可以扩大在该行业的规模和实力，从而达到某种程度的垄断控制，获得超额利润。

2)　后向一体化战略

后向一体化战略是沿着与企业当前业务的输入端(价值链上端)有关的活动向上延伸，即企业自行生产其生产链上的上游产品。例如，原材料、劳动力、能源和设备都是制造商重要的输入要素。在实施该战略时，企业以初始提供的产品或服务为基准，将企业的经营领域沿着企业经营链条向后延伸，发展企业原有产品生产经营所需要的原料、配件、能源及包装业务领域的经营，即发展原有生产经营业务的配套项目。如果企业产品在市场上拥有明显的优势，就可以继续扩大生产，打开销售；如果外购供应跟不上或成本过高，影响企业的进一步发展，企业就可以依靠自己的力量，扩大经营规模，自己生产材料或配套零部件；也可以向后兼并供应商或与供应商合资兴办企业，组成联合体，统一规划和发展。后向一体化实现的方式主要有自建、收购和合并等。

后向一体化战略的优点：通过后向整合，企业能对所使用原材料的成本、质量和可获得性拥有更大的控制权；当企业供应商拥有超额利润时，后向一体化战略可以节约企业成本；通过后向一体化战略，企业可以建造大型的生产工厂，利用规模经济获得较低的总成本，增加企业利润；实施后向一体化战略的企业可以扩大在该行业的规模和势力，从而达到某种程度的垄断控制，获得超额利润。

3)　纵向一体化战略的缺点

纵向一体化战略的缺点：企业规模变大，增加了退出壁垒；企业需要更多的投资，需要掌握多方面的技术，而且管理也会变得复杂化；由于纵向产品之间的相互关联和牵制，不利于新技术和新产品的开发;由于生产过程中各阶段生产能力不平衡,从而导致某些阶段生产能力不足而某些阶段生产能力过剩。

2. 横向一体化战略

横向一体化战略是指企业与处于同一经营领域的其他企业或经营单位进行一体化的战略,即企业市场经营范围的扩张是发展与原有产品和业务同类的产品或业务,它们之间虽属同类,但在功能、用途方面可能有所差异。选择横向一体化战略不会改变企业原有的主营业务,只会使企业经营的产品或业务的品种增多,市场占有率增加,规模扩大,收益增加。横向一体化的实现方式主要是适当延长产品线或通过并购实现横向扩张,以获取同行竞争者的所有权或加强对其的控制。

横向一体化战略的优点:有利于资源和能力的流动;扩大了企业规模,获得了规模经济性,提高了企业产品的市场占有率和市场覆盖面,提高了赢利水平;直接竞争者的合并可以避免设备重置,有利于提高生产率;有利于企业迅速扩张生产能力。

横向一体化战略的缺点:兼并或收购可能会引起同行企业之间的冲突,可能会使企业背上沉重的包袱,可能会遇到一系列管理问题,可能会使企业受到政府法规的限制。

(三)实施一体化战略应注意的问题

第一,一体化战略会增加企业在行业内的投资,对于实力不强的企业来说会增加经营风险,使企业不能将资源用在更有价值的地方,甚至引起企业资金短缺而陷入困境。

第二,一体化战略会迫使企业依赖企业内部活动而不是外部供应源,这会降低企业满足顾客产品种类方面需求的灵活性。

第三,一体化战略需要解决价值链各个阶段平衡生产能力的问题,因为价值链各个部分最有效的生产运作规模可能不一样,在每个活动交界处都达到完全的自给自足是特殊情况而不是一般情况。对于某项具体的活动来说,如果其内部能力不足以供应下一阶段运作的需要,差值部分就需要从外部购买;如果内部能力过剩,就必须为内部过剩部分寻找顾客;如果产生了副产品,必须妥善处理。

第四,一体化战略所涉及的不同业务需要不同的关键成功因素。如果企业选择的业务与它们最擅长的业务不相符合,那么一体化战略就不能为企业的核心业务增值,反而会削弱企业的核心竞争力。

第五,一体化战略的最大缺点是实施该战略的企业会深深陷入某一行业之中。如果跨越行业价值链体系的几个阶段的经营运作不能建立优势,那么选择一体化战略就是失败的。

三、企业多元化战略

多元化战略是指企业以全新的产品进入一个全新的行业和市场。采取多元化战略通常意味着所进入的行业、市场和产品与原先的行业、市场和产品有很大的不同。

多元化战略可以简单地分为关系型多元化与非关系型多元化。关系型多元化是指新进入的业务与原先的业务之间存在着很多关联,例如,具有类似的产品、技术或分销渠道。若新旧业务之间的联系越多,则关联的程度越高。非关系型多元化是指新旧业务之间没有此种关联性存在。

(一)关系型多元化

关系型多元化的特点是企业将现有的资源、能力与核心竞争力延伸或转移到其他业务中。因此，关系型多元化主要是在发挥规模经济效益。关系型多元化所进行的转移包括共享活动与能力转移。共享活动主要存在于实体资源中，如厂房、设备与渠道。若从价值链的角度来看，很多的主要活动(如入厂配送、生产作业与出厂配送)，都可能存在着共享活动的机会。通过主要活动共享，能够创造出核心竞争力。例如，某家厂商可能在卫生纸业务、餐巾纸业务和纸尿裤业务上共享生产设备和原材料的供应。但是，共享活动也可能产生某些不利因素。例如，由于某些单位可能觉得其他单位从这些共享活动中获得的利益更多，因此容易造成不同业务间的冲突。此外，共享活动可能导致与绩效挂钩，不同业务间的绩效会互相影响。另外，共享活动间存在的联系也会使某些业务在某些战略上受到牵制而无法发挥作用。不过，大部分的观点还是支持共享活动的，认为共享活动可以提升企业的产出价值，同时也可降低风险。

能力转移偏向某些无形的能力，如制造技能和管理能力。若某项业务存在着某种独特的技术、知识、经验与专业，则可将此种能力转移到类似或其他相关联的业务中。通过这样的转移可以强化其他业务的竞争优势，进而创造收益。

总之，关系型多元化利用不同业务间可能存在的战略匹配或协同产生更大的竞争优势。这种战略匹配或协同可能存在于研发、技术、供应链、制造、分销、营销、管理以及行政等活动中。不过，关系型多元化也会造成管理复杂度与协调成本增加的问题。另外，如果不同业务之间并不存在战略匹配或协同，那么绩效反而会更差。

(二)非关系型多元化

非关系型多元化主要通过财务经济来创造价值。财务经济是指通过对企业内部与企业外部的投资来改善财务资源的分配。非关系型多元化产生的财务经济包括两类：第一类财务经济来自有效的内部资源分配，是通过发展多元化的业务组合将各种不同风险的业务包含在同一组合内，以降低整个企业的财务风险；第二类财务经济是经由业务的收购或出售对其资产进行结构调整，以增加整个企业的价值，这类财务经济主要是在外部市场中产生的。例如，以低价将一些业务购入，并进行重整，最后再以高价卖出，因此产生利润。当然，这种方法包括出售企业旗下的某些绩效不佳的业务，以改善企业整体的投资效益。

成功的非关系型多元化可以带来一些利益。当原来的业务已经趋于成熟或受到严重的竞争威胁时，通过非关系型多元化可以寻求进一步成长的机会。

不过，非关系型多元化也存在着一些缺点，例如，由于所投资的行业不同，管理高层可能缺乏相关的行业知识，同时也不一定具备相关的管理知识与能力，因此经营上的挑战很大。另外，在非关系型多元化下，往往过分关注财务目标与短期绩效，因此很容易造成只关心眼前利益，缺乏长期的战略眼光。

一般地，企业可以利用图5-3来说明各种多元化战略的适用情形。图5-3的水平方向是业务间的作业关联度，垂直方向是企业总体关联度。当两种关联度都较低时，企业比较适合采用非关系型多元化来实现财务经济效益；当两种关联度都较高时，很少能产生能力，反而可能出现规模不经济的现象；在企业的总体关联度高而业务间的作业关联度低时，可实现规模经济,宜采用关系型多元化;在企业的总体关联度较低而业务间的作业关联度高时,偏向采用垂直整合(又称纵向一体化)的方式,以增加市场的力量。

图 5-3　多元化战略的使用情形

(三)多元化的优点

多元化主要通过以下方式创造超额价值。

1. 较好的内部治理机制

内部治理机制是指管理高层治理或管理企业内的人员与下级部门的方式。如果管理高层在一般管理上具有杰出的表现,也就是他们具有管理方面的突出能力(包括创新能力、组织设计能力、战略管理能力等),那么这种能力可以移转至其他业务。虽然多元化可能进入完全不同的行业,但是这些公司治理能力是所有企业都需要的,因此可以预期在不同行业产生同样优良的绩效。对于那些面临一般管理问题的企业而言,若能引入成功的内部治理机制,则有机会大幅改善经营绩效,因此这类公司是非常合适的多元化标的。

2. 增强企业的竞争力

多元化可以通过共享活动和转移能力来增强企业的整体竞争力。若不同的业务之间具有共享活动,则可以减少投资金额。多元化战略能在不同业务间转移能力和核心竞争力,使其发挥更大的价值。例如,将一个信誉卓著的知名品牌在其他业务领域投入使用,这样的转移使该品牌和其他业务的产品都可以创造出更多的价值。

首先,除共享资源与转移能力外,多元化还能利用不同的业务与市场间的相互辅助进行更有效的竞争,以产生更多的协同,因此,适当的多元化战略可以实现规模经济效益。

其次,当不同业务存在着共同关联活动时,多元化可以实现规模经济与经验曲线的效果,如共同生产与共同采购。另外,即使是非关联性多元化也可以达成财务经济效益,例如,经由有效的内部资本分配与企业重组来达成财务上的经济效益。

3. 通过中和效应来保持战略竞争力

企业可以通过多元化中和竞争者的市场力量,例如,借助取得与竞争者相类似的经销渠道来中和其优势。此外,有时采用多元化是为了遵守法律上可能的规范(如公平交易法或税法)。另外,多元化可以改善过去的低绩效,以脱离不再需要或缺乏吸引力的行业。例如,某行业并不被看好,因此转而进入一个较有发展潜力的行业,传统行业的厂商进入高科技行业就是一个典型的范例，或者利用多元化取得某种稀缺的有形资源或无形资源。这些措施一方面可以通过中和效用削弱竞争者的战略竞争力；另一方面可相对增强自己的竞争优势。

(四)多元化的限制与缺点

若业务单位数目越多，则企业的复杂性越强，管理高层面临的挑战也越大。若多元化程度越高，则各业务间的整合与协调的难度越大，成本也越高。此外，在多元化的过程中，也可能因为隔行如隔山，再加上相关信息缺乏或错误，因此导致潜在的风险很大。所以，企业应注意有没有过度多元化的问题。多元化的适当程度因企业而异，因为每个企业在管理多元化方面的能力并不相同。有时，虽然没有过度多元化的问题，但多元化的程度太高，导致高层主管无法深入每家公司，容易偏重财务控制，而非依赖战略控制。如此一来，将会偏向短期绩效，而牺牲了长期绩效。多元化很容易使组织过度膨胀，导致效率降低，即大型组织的管理成本超过了规模经济带来的成本降低。由于大型组织会偏向于采取科层体制的控制方式，因此很容易僵化而失去弹性，导致创新力下降，当然也就影响了企业的长期绩效。有时企业多元化只是来自管理高层本身的私心，例如，管理层通过多元化来扩张企业，以增加管理层的薪酬与声誉。有时，有些管理层担心以后可能面临失业风险，实施多元化后，虽然某个业务失败，但因为多元化的结果，最后还有一些业务存在，所以仍能保住工作。关于各种多元化方式可能产生的绩效，一直是战略策划与战略管理领域颇受重视的课题。有研究发现，多元化程度与其绩效间存在着一种抛物线关系，即在中度的多元化程度时，绩效最佳。若一个公司由单一业务的战略走向关系型多元化，则绩效会上升；若它们从关系型多元化走向非关系型多元化，则绩效会下降。

四、企业国际化战略

(一)国际化战略的动机

很多原因都能促使企业选择国际化战略，下面介绍最为明显的 4 种动机。

1. 现有资源的使用和新资源的开发

一般来说，企业都希望将业务拓展到其他新的市场(尤其是国外市场)，以实现资源利用过程中的规模经济和范围经济。公司可以利用自身的知名品牌进入新的世界市场。公司通常会通过人们所谓的社会资本——联盟和关系网中的伙伴进入世界市场，并在其中进行有效竞争。有时候，一些公司进入世界市场是为了获得新的资源。比如说，他们可能会为了获得珍贵的原材料、独特的知识或者成本低廉的劳动力而寻求进入世界市场。

举例来说，在中世纪，凭借自身的政治和军事力量，意大利成功地以威尼斯、热那亚和佛罗伦萨为基础，发展成为大型的国际商贸和银行业中心。在那一段时期，意大利是连接欧洲和亚洲的主要贸易枢纽。然而，自从土耳其人在 1453 年夺取了这些贸易途径之后，欧洲各国政府开始寻求新的通往远东的海洋路径。这也是西班牙政府支持克里斯托弗·哥伦布进行航海的原因。当时哥伦布从欧洲出发向西航行，期望找到如前所描述的路径。最终哥伦布在美洲成功找到了新的供应来源，这一发现也导致了欧洲国家对美洲的殖民统治。

2. 寻求拓展或发展新市场

当公司在本土市场发展成熟以后，往往会寻求进入世界市场，以此增加销售额和利润。国际化扩张可以抵挡公司风险，这种抵挡作用主要体现在：公司向全球扩张后，可以在多个市场进行经营，降低了公司单单依靠任何一个市场而产生的风险。为了更具体地说清国际化战略使用规模之广，你可以想一想周边有多少你使用的产品(例如，汽车、音响和服装)是由国外公司生产的。这就充分说明了世界经济的全球化性质。

3. 提高竞争能力

有些企业进入国外市场是为了提高与主要竞争对手竞争的能力。这些企业可能会以此来发展规模经济或范围经济，从而能够更有效地在其经营的所有市场中进行竞争。这些企业也可能以此来预防或减少竞争对手得到发展竞争优势的机会。举例来说，可口可乐公司和百事可乐公司都是积极进行全球扩张的企业，它们努力在全球各个市场发展竞争优势。当然，这两家企业都会努力阻止对方在全球市场中形成竞争优势。想想结局会是什么样。无论是百事可乐公司还是可口可乐公司，如果在世界市场中形成了显著的竞争优势，那么它就会将赚取的额外利润用于其主要市场——美国，从而最终打败对手。百事可乐公司40%的销售额来自国际市场。又如，美国卡特彼勒公司和日本小松公司都是生产挖掘机的企业，这两家公司在全球市场中进行竞争的情况和上两家公司非常相似。因此，通过使用国际化战略提高竞争能力，公司就有可能阻止竞争对手在任何一个国家或地区形成显著的竞争优势。

有趣的是，另外一些企业追求国际化利润是为了避开来自本土的激烈竞争。在日本本国的汽车市场中，由于众多汽车制造企业(例如，丰田、本田、尼桑、马自达、三菱、铃木、斯巴鲁和大发)同在当地市场进行竞争，因而竞争的势态非常紧张。所以，日本汽车公司向国际市场扩张也是迫于本土市场过于紧张的竞争形势。由于日本汽车公司的参与，使得美国本土的两大汽车制造商——福特公司和通用公司在美国市场曾经一直亏损。

4. 发展核心竞争力和进行学习

当一家公司在本土市场将某个核心竞争力发展为竞争优势时，就很可能将这种竞争优势用于国际市场。研究结果表明，与物质资产方面的优势(例如，财产)相比，由知识资源构成的核心竞争力发展而来的竞争优势能够帮助公司在世界市场获得更大的扩张规模。如果这些竞争优势蕴藏在研发部门，那么它们就成为这家公司以创新能力打入国际市场的敲门砖。

向其他企业学习也是公司进行国际扩张的一个重要原因。公司往往会在有人才聚集行业(例如，半导体制造业、芯片制造业)的国家进行投资，这些公司选择进入国际市场是为了获得生产和制造工艺方面的知识。比如说，很多大型的制药企业、芯片制造企业都和国外同行结成了联盟，其原因就是为了能够学到与新药研究、芯片研究有关的技术和知识，从而能够使它们在本土市场上制造和推广新的药品。

我们已经介绍了影响公司使用国际化战略的各种动机，也了解了国际扩张潜在的风险。接下来，我们将介绍几种能够帮助公司进入世界市场的战略。

(二)国际化战略的类型

公司在选择某种国际化战略的时候，可能会考虑两个重要问题：提高全球性效率的需要和将产品或服务在某个国家的市场中实现本土化的需要。一般说来，公司如果能将其当前的产品或服务在多个国家的市场中进行销售，就能实现提高效率的目的。相比之下，公司必须将产品或服务在某一具体国家的市场中实现本土化，才能更好地满足每个国家市场对其产品或服务的不同要求。

想要提高全球性效率的公司可能会将生产线和分销体系设置在成本费用低廉的国家。比如说，某个公司可能会选择在劳动力成本很低的一个国家进行经营。公司还可以通过建立多家工厂来形成规模经济，从而满足多个国家的消费者对产品的需求。还有一种方法就是，公司可以通过扩大各国的生产线实现范围经济，从而降低生产和营销所消耗的成本。

在某些国际市场中，通过将其产品本土化以满足当地消费者的口味和需求，公司会实现更成功的经营。例如，肯德基餐厅就会根据当地的文化和顾客的口味喜好对其食品进行本土化改革。在亚洲市场，肯德基的菜单中会有更多的鱼类餐品，减少了鸡肉餐品。同样，不同的语言也会带来新的挑战。例如，中国台湾就将百事可乐公司的广告语"Come alive with the Pepsi generation"翻译为"世代活跃起来"。然而，这样的翻译看起来却成了"百事将使你的世代祖先活过来"的意思。肯德基的广告语"Finger licking good"则被翻译成了"吃掉你的手指头"。

图 5-4 中的二维矩阵(纵向的维度表示企业战略要满足提高全球性效率的需要，而横向的维度则表示企业所采用的战略要能使其将其产品或服务在不同的国家市场中实现本土化)向我们展示了不同类型的国际化战略，我们将逐一介绍图中所列的 3 种战略。

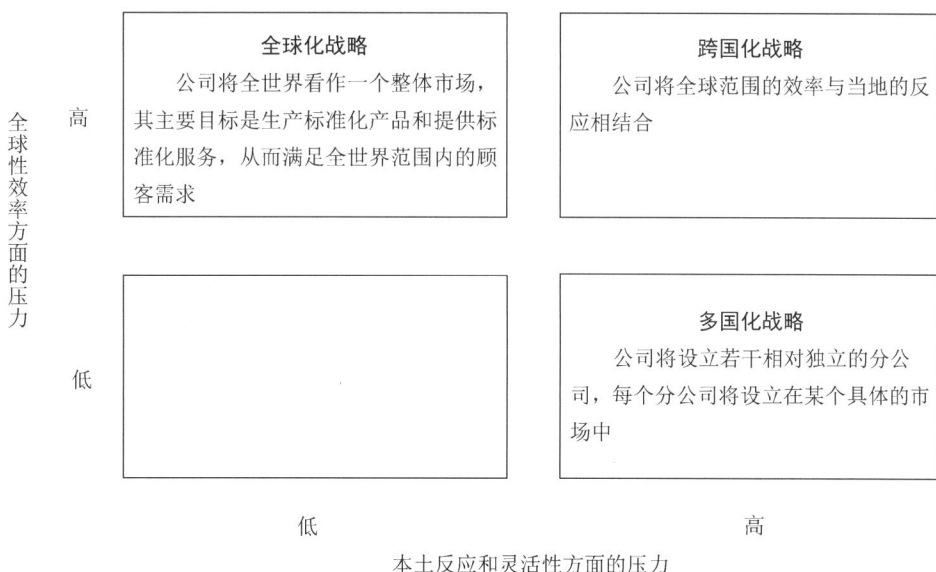

图 5-4　国际化战略的类型

1. 多国化战略

多国化战略是指公司为了在不同的市场生产和销售独特产品而制定的行动纲领。为了用好这一战略，公司将建立起相对独立的经营分公司，每个分公司只为某个具体的当地市场开发特别产品。每个分公司都有权自由设计营销的宣传方案和经营技巧，从而最有效地满足当地顾客的需求。如果不同的国家市场之间能形成鲜明的产品差别，多国化战略就会行之有效。然而，母公司和国外子公司之间的协调成本是很高的。由于每个分公司必须对当地市场负责，因此母公司赋予子公司的管理者很大的职权。第二次世界大战期间，由于技术难以交流和转移，许多跨国公司都使用了多国化战略。由于欧洲国家之间存在文化和语言方面的区别，许多欧洲公司也采用了此战略，以便能够在欧洲的各个国家进行经营。

21 世纪初，法国汤姆逊半导体公司转变为一家全球性的国防和航空电子集团，并取名为泰雷兹集团。泰雷兹集团通过运用多国化战略在全世界范围内成功获得了诸多合同。泰雷兹集团成为除法国之外的 6 个国家的本地供应商，这些国家包括英国、荷兰、澳大利亚、南非、韩国和新加坡。通过收购和建立合资企业，泰雷兹集团还在继续扩大经营规模。比如说，该集团在 2006 年成功收购法国阿尔卡特集团，后期还与印度的萨姆泰尔集团实现了合资经营，以便在印度生产和销售航空电子设备。

2. 全球化战略

全球化战略是指公司为了在不同的市场中生产和销售标准化产品而制定的行动纲领，使用这种战略的公司将通过中心办公室在全世界开发、生产并销售标准化产品。执行全球化战略的公司所追求的目标是在生产和营销方面形成规模经济，以及范围经济和地理优势。由于全球化战略需要世界范围内的统筹协调，生产和营销战略一般会由各事业部的总部统一制定。梅赛德斯—奔驰(Mercedes-Benz，戴姆勒公司的一个事业部)就是在多个全球市场通过执行全球化战略来销售其产品的。因为梅赛德斯—奔驰产品的质量和可靠性有着公认的口碑，此战略对于该公司来说非常有效。另外，由于选取好的地理位置对于关键顾客和市场以及财务资源的获取有着至关重要的作用，公司可能会将其总部迁至国外。还需要记住的一点是，执行全球化战略的公司有时候会在向当地顾客推销标准化产品的过程中遇到种种困难。

3. 跨国化战略

跨国化战略是指公司为了在不同的市场生产和销售既独特又达到一定标准化水平的产品而制定的行动纲领。采用这种战略时，公司试图将全球范围效率带来的益处，与能够对某一国家或地区的市场做出快速反应的优点结合起来。此战略既要求集权又要求分权。例如，宜家公司是一家全球性家具制造企业，它使用的就是跨国化战略。在执行此战略的过程中，宜家公司在依靠全球范围内生产和分销标准化产品的基础上，还制定了一种被称为"民主设计"的体制，通过这种体制，公司可以在当地市场进行新产品的设计和宣传。这样一来，宜家公司就能够在当地市场提供符合当地顾客品位的产品。宜家公司已经成为世界家具生产和销售的领军企业，是美国市场排名第一的家具零售商。事实上，10%的美国家庭至少拥有一件宜家产品。虽然管理跨国战略有一定的难度，而且实施成本较高，但是这往往是一种能有效促进企业学习的国际化战略。集中和分权之间形成的平衡往往会形成一种公司文化，那就是企业将更加注重子公司之间的知识转移以及组织管理技能的跨国扩散。执行多国化战略的公司使用的是分权组织结构，这种结构使得知识在子公司之间较难转移。另外，全球化战略注重的是决策制定，这就无形中阻碍了新知识的获得。实施全球化战略的公司不会从各国市场学习过多的知识，原因在于它们最主要的还是集中精力在每个市场销售和宣传现有的产品，而不是从各个市场学习新知识以对产品进行改革。

五、企业虚拟经营战略

企业虚拟经营既是网络经济的产物，又是网络经济发展的重要表现。

(一)概念

虚拟经营作为一种新型的企业战略经营模式，是指企业在组织上突破有形的界限，为了达到共享技术、分摊费用以及满足市场需求的目的，通过信息技术联成的临时网络组织。采取虚拟经营战略的虚拟企业，虽然具有生产、设计、营销、财务等功能，但企业内部没有完整的执行这些功能的部门。企业仅保留最关键的功能，而将其他的功能虚拟化。

要正确理解虚拟经营的概念，必须注意以下两点：

- 虚拟经营的精髓是企业将有限的经济资源集中于关键性的、高附加值的功能上，而将次要的、低附加值的功能虚拟化，从而发挥自身最大的优势并最大限度地提高竞争能力。从价值链的角度看，世界上无论大企业还是小企业，没有一家会在所有的业务环节都具有竞争优势。所以，为保持和强化核心业务，使企业更具竞争力，企业可只保留最关键的核心业务环节，其他在本企业资源有限约束下无法做到最好的环节，让其他企业去做。

- 虚拟经营作为一种全新的经营战略模式，是对传统企业那种自给自足式生产经营的一次革命，是新型的、独特的经营模式和管理方式的融合。虚拟经营所实现的企业经营扩张是技术、生产、管理和销售等功能的延伸扩大，而不是追求对这些功能的载体的最终占有。只要这些载体的功能与企业整合，为其所用，实现企业销售规模的扩大、新产品开发速度的加快、企业利润的增加，企业扩张的目的就实现了。企业规模的大小，不再主要以资产和组织规模的大小为衡量尺度，而是主要以销售额、利润额的多少为衡量尺度。

如今，虚拟经营在世界范围内广泛应用，并深入社会与技术经济相关的各个领域。许多国际知名品牌企业，正是通过虚拟经营创造了辉煌的业绩。比如：全球最大的运动品牌制造商耐克公司，自身并不拥有制造工厂，而是全部委托给劳动成本低廉的发展中国家的企业代为加工生产，公司只负责产品的设计和市场营销；美国的波音公司，作为世界知名的飞机制造公司，其本身只生产座舱和翼尖，其他都是靠虚拟经营来完成的。

(二)虚拟经营的运作形式

1. 外包加工

任何企业不可能在所有业务环节都有竞争优势，所以当某一环节不具有比较优势，而这一环节又不是企业的核心功能时，将此业务外包给有优势的其他公司，以提高企业的整体竞争优势。

2. 共同加工

当企业本身并不擅长某一方面的工作又不易外包时，几个公司可共同组成一个作业中心，共同分担经营成本。

3. 虚拟销售

通过整合外部的销售力量或销售网络为自己所用，以扩大或完善自己的销售网络，或将下属的销售网络剥离，使其成为独立法人资格的销售公司。这样，公司不但可以节省一大笔管理成本和市场开拓费用，而且使本公司能专心致力于新产品开发和技术革新，从而保持公司的核心竞争优势。

4. 虚拟管理

企业可将一些职能部门的管理工作委托给一些专门的管理机构，如信息管理、招聘和培训、应收账款管理。

(三)虚拟经营的竞争优势

企业虚拟经营独特的运营方式、时间和机遇导向的经营特点使它与传统经营方式相比，具有如下竞争优势。

1. 集聚企业核心竞争力

企业实施虚拟经营时，把多家公司的核心资源集中起来为我所用，通过虚拟联合，用最快的速度、最低的成本，实现生产能力的扩张和放大。由于仅保留最关键功能，而将其他的功能虚拟化，一方面，企业可以借助外部的人力资源，来弥补自身智力资源的不足；另一方面，可以把有限的资源集中在附加值高的功能上，从而避免出现企业的部分功能弱化而影响其快速发展，为企业扩张创造了多、快、好、省的途径，也使企业自身的核心竞争力得到巩固和发挥。

2. 协同企业间竞争关系

在一个虚拟组织中，组织成员之间是一种动态组合的关系，虽然也有竞争，但它们更注重于建立一种双赢的合作关系，相互之间以协同竞争为基础，资源和利益共享、风险共担、各展其长、各得其所。企业间从排斥性竞争走向合作性竞争已是竞争战略发展的必然趋势。

3. 提高市场响应速度

虚拟经营运作方式高度弹性化，核心企业的整体运作更有效率，能在最短时间内对市场做出反应，且更为敏捷有效，实现了超越空间约束的经营资源的功能整合。

4. 避免重复建设

虚拟经营不是以单位进行资源配置，而是在全社会范围内优化配置，将虚拟经营节约的投资，投向企业战略环节的建设，增强企业竞争能力，减少了"大而全""小而全"企业，提高了企业的专业化水平，有利于企业精细化管理。

(四)虚拟经营战略的实施

虚拟经营作为一种新型的、高弹性的企业经营模式，对于提高企业的应变能力、促进产品快速扩张、发挥市场竞争优势具有重要的作用。企业在实施虚拟经营战略时，必须妥善处理好下述四个问题。

1. 关键性资源的掌握

无论选择何种形式的"虚拟"，都必须建立在自身竞争优势的基础上，必须拥有关键性资源，必须根据环境的要求把有限的资源应用到"创造财富的关键领域"上，如产品的设计、研发能力、销售网络等，以自身的核心优势为依托，确保自己居于主导地位，以免受制于人。对于企业来说，生产经营活动中的各个环节，哪些可以虚拟，哪些不可以虚拟，是十分重要的问题。因为如果企业将自己的战略环节进行虚拟经营，不仅达不到企业扩张的目的，甚至会使整个企业"虚脱"。

2. 知识产权的保护

企业实施虚拟经营时，有时只负责产品总体设计和生产少数部件。这样一来，合作厂家很容易掌握关键技术，从而为仿制打开方便之门。这时重要的防范措施就是依靠专利等知识产权的保护，确保自己在"动态企业联盟"中的利益。

3. 核心竞争优势的培育

任何一种虚拟经营策略的实施，都要建立在自身竞争优势的基础上，都要有自己的核心竞争优势。有了这种优势，才会有对资源的整合力量，实施虚拟经营策略也才会有可靠的基础，与虚拟对象的合作才能长期稳定，并能不断吸引新的虚拟对象加入队伍。企业自身的条件与优势，以及企业在发展过程中已经形成的竞争优势环节，是企业确定战略环节的重点。

4. 无形资产能量的释放

虚拟经营离不开无形资产，像专利权、商标权、行销通路、品牌、商誉、客户忠诚度、信息管理系统等无形资产是企业虚拟经营成功制胜的法宝。随着市场经济的发展，无形资产的作用越来越明显，在企业资产中所占比重越来越大。一家企业拥有的无形资产数量多少、价值高低决定了企业在虚拟经营中的权重和驾驭能力。

六、蓝海战略

(一)蓝海战略的含义

蓝海战略，就是指企业突破红海的残酷竞争，不把主要精力放在打败竞争对手上，而主要放在全力为买方与企业自身创造价值飞跃上，并由此开创新的"无人竞争"的市场空间，彻底摆脱竞争，开创属于自己的一片蓝海。

蓝海战略要求企业突破传统的血腥竞争局面，拓展新的非竞争性的商场空间。与已有的、通常呈收缩趋势的竞争市场需求不同，蓝海战略考虑的是如何创造需求，突破竞争。

蓝海战略是以创新为中心的战略，强调的是寻找或开创无人竞争的、全新的市场空间和全新的商机，即通过开发新的思维来创造新的改变。

一个典型的蓝海战略的例子是太阳马戏团。在传统马戏团受制于"动物保护""马戏明星供方砍价"和"家庭娱乐竞争买方砍价"而萎缩的马戏业中，太阳马戏团从传统马戏面向儿童观众转向成年人和商界人士，以马戏的形式来表达戏剧的情节，吸引人们以高于传统马戏门票数倍的价格来享受这项前所未见的娱乐。

(二)蓝海战略与红海战略的比较

"蓝海战略"是相对"红海战略"而言的。红海战略是在已有的市场空间中竞争，而蓝海战略是开创无人争抢的市场空间。总而言之，红海战略是在价格中或者在生产中竞争，是生产力的竞争；蓝海战略的关键就是开创新的需求，开创新的市场空间，通过价值创新来获得新的市场空间。蓝海战略与红海战略的比较如表 5-1 所示。

表 5-1　红海战略与蓝海战略比较

红海战略	蓝海战略
在已经存在的市场内竞争	拓展非竞争性市场空间
参与竞争	规避竞争
争夺现有需求	创造并攫取新需求
遵循价值与成本互替定律	打破价值与成本互替定律
根据差异化或低成本的战略选择，把企业行为整合为一个体系	同时追求差异化和低成本，把企业行为整合为一个体系

第三节　业务层竞争战略的配置与构造

业务层战略，也称竞争战略或 SBU 战略，是指在激烈复杂的市场竞争中，企业根据外部环境和内在条件，如何制定和实施一系列克敌制胜的战略，给予顾客较之竞争对手更多的价值，从而取得相对于竞争对手的优势——竞争优势。

竞争优势就是企业拥有超过行业平均赢利水平的能力。从图 5-5 可以看出，企业的赢利性同时依赖于行业条件和它成功地创造出超过竞争对手的价值。而企业相对于竞争对手创造的价值数量，依赖于其相对于竞争对手的成本定位和差异化定位。

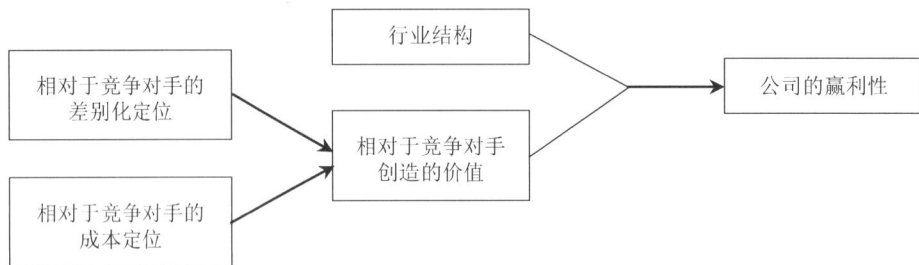

图 5-5　竞争优势框架

一、一般性竞争战略

每个企业都会有许多优点或缺点，任何的优点或缺点都会对相对成本优势和相对差异化产生作用。成本优势和差异化都是企业比竞争对手更擅长应用五种竞争力(来自竞争对手、潜在进入者、替代品、供方、买方的作用力)的结果。将这两种基本的竞争优势与企业相应的活动相结合，就可导出可让企业获得较好竞争位置的三种一般性战略，即成本领先战略、差异化战略和集中化战略。

(一)成本领先战略

成本领先战略的目标，是想方设法建立一个单位成本比竞争对手更低的成本结构。一般来说，实行成本领先战略的企业依靠以降低成本为主要目标的商业模式实现竞争优势和超过平均水平的利润率。要成为成本领先者，企业就需要充分发掘和利用能够产生成本优势的任何源泉，并且销售的产品也应该是标准化、不加任何装饰的。

成本优势是一切竞争战略的基础，不论采取何种战略，都离不开成本控制的能力。

1. 成本领先的来源

一般而言，企业成本优势主要来源于以下几种情况。

1) 规模经济和规模不经济

公司规模被广泛用于解释成本优势产生的来源。当公司规模(用产量衡量)的扩大能带来较低的成本(用每单位产出的平均成本来测量)时，就存在规模经济。规模经济一般指由于生产专业化水平的提高等原因，使企业的单位成本下降，从而形成企业的长期平均成本(Long-Run Average Cost，LAC)随着产量的增加而递减的经济，如图 5-6 所示。长期平均成本曲线是每单位产出的最小平均成本，公式为：

$$LAC = \frac{LTC}{Q}$$

其中，LTC(Long-Run Total Cost，长期总成本)是生产每一可能性产出产量下所需的最小的总成本，Q 是产量。企业的不断扩张，会使企业的最小成本随产出产量的变化而调整。

长期平均成本曲线是 U 形的。随着公司产出的增加，单位产出的平均成本呈下降趋势，直到达到规模经济与规模不经济的拐点(当产量为 X 时，达到最优产出点)，而过了该拐点之后，单位产出的平均成本又开始上升。U 形曲线下降的那部分，是因为随着产出的增加，劳动越来越专业化，专业化使员工的工作能力越来越高，那么在工作中浪费的成本越来越低，也就会产生较高的生产效率。U 形曲线上升的那部分，是因为专门设计的生产机器比一般机器更具有生产效率，在高产出水平上，这种机器进行生产的耗费机会较大，会导致监督管理成本的增加速度快于产量增加的速度，如图 5-6 所示。

如同规模经济能够构成大公司的成本优势一样，当规模太大时，规模不经济实际上也增加公司的成本。如果产量超过了最优产出点时，将导致单位成本的上升，此时，行业中较小规模的公司(产出接近最优水平)也可能取得成本优势。规模经济发生在长期成本增加，且边际成本不断下降的阶段；规模不经济发生在长期成本增加，且边际成本不断上升的阶段。当一个企业既不存在规模经济，也不存在规模不经济，那么此时长期成本曲线的边际成本不变，称之为规模经济不变。

2) 经验差异和学习曲线的经济性

在某特定行业，公司成本优势的来源可能取决于累计产出水平。在某些情况下，那些对生产某一产品或者服务有着丰富经验的公司会在行业中获得最低的成本，从而获得成本优势。学习曲线又称熟练曲线，是一种动态的生产函数，最早在飞机制造业被观察到。研究表明，当飞机的累计产出增加一倍，每架飞机的劳动力成本会以 20%的比例下降。学习曲线描述了累计产出和成本之间的联系，如图 5-7 所示。

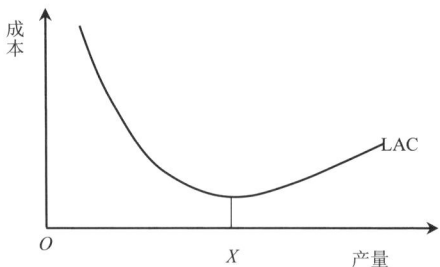

图 5-6　长期平均成本曲线　　　　　图 5-7　学习曲线与生产成本

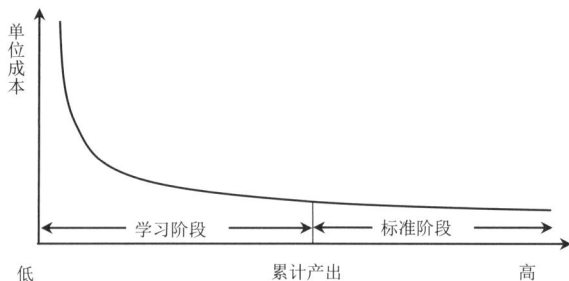

学习曲线反映在产品的生产过程中，随着累积产量的增加，产品单位工时(成本)会逐渐下降，但当累积产量达到一定数量后，产品的单位工时(成本)将趋于稳定。通常把学习曲线反映出的这一生产规律称为学习效应。

学习效应，是指当一个人或一个组织重复地完成某一项产品生产(任务)时，完成单位产品所需的时间会随着产品生产数量的增加而逐渐减少，然后会趋于稳定。根据统计分析，生产单位产品消耗的时间和累积产量的关系呈指数关系，如图 5-7 所示。此曲线包含两个阶段：一是学习阶段，该阶段单位产品的生产时间随产品数量的增加而逐渐减少；二是标准阶段，该阶段单位产品的生产时间基本稳定，学习效应可以忽略不计。

- 学习曲线与规模经济。学习曲线反映的是累计产量和单位平均成本之间的关系；规模经济描述的是，在某给定时间上产量和单位平均成本的关系。在长期平均成本曲线中，如果公司规模扩张过快，则会产生规模不经济现象；而在学习曲线模型中，随着累计产量的增长，单位成本会不断下降，直到达到技术上可能存在的最低成本。

- 学习曲线与成本优势。尽管研究表明，学习曲线现象广泛存在于各行各业，即累计产出增加会导致单位成本的下降。但到 20 世纪 80 年代，一个日益突出的问题引发了研究者对学习曲线模型的质疑。为什么在同一行业，不同企业的学习曲线也可能完全不同？有的企业学习速度很快，而有的企业根本就不存在想象中的学习曲线？寻找不同组织学习曲线差异的根源，成为一个亟待解决的难题。

- 学习曲线与竞争优势。由于学习效应的存在，随着产品生产数量的增加，生产效率不断提高，市场的先进入者可以利用学习效应促使生产成本不断降低，构建行业市场的进入壁垒，从而确立成本竞争优势。然而，通过学习曲线建立的竞争优势有可能是非常短暂、脆弱的。在技术条件、设备生产能力、原材料、劳动力价格一定的情况下，学习曲线的成本优势是有限的。同区域的生产者，其技术条件、设备生产能力、原材料、劳动力的价格水平基本接近，这意味着，经过一段时间后，同行业生产者通过学习曲线获得的最低平均单位成本可能是相同的(或相近的)。此外，由于公司为获得市场份额而投入的费用与为获得市场份额而降低的生产成本大致是相等的。因此，通过获得市场份额，而快速获得学习效应，产生的经济效益可能差强人意。

3)　生产要素成本

以最低成本获得生产要素的能力也能为企业在同行业内带来低成本竞争优势。生产要素指企业实现商业活动时所投入的要素，包括劳动、资本、土地和原材料等。企业如果能获得低成本要素，就有可能获得低成本优势。因而，对生产要素的合理配置就显得尤其重要。不过，生产要素在配置过程中，也可能出现生产要素拥挤现象，也即在特定生产条件下一种或多种投入要素增加到一定程度时，由于投入过多造成生产阻塞而导致产出降低的现象。此外，对低成本劳动力的过度追求有可能导致道德困境。

4)　与规模无关的技术优势

在行业内，成本优势的另一个可能来源是企业用于管理经营活动的各种技术。研究表明，大公司更可能拥有基于技术的成本优势，因为大公司更可能具有形成规模经济的能力。那么，与规模无关的技术优势如何体现呢？在同等规模情况下，企业可以通过技术进步和技术转移将原有学习曲线向下方移动而获得，如图 5-8 和图 5-9 所示。

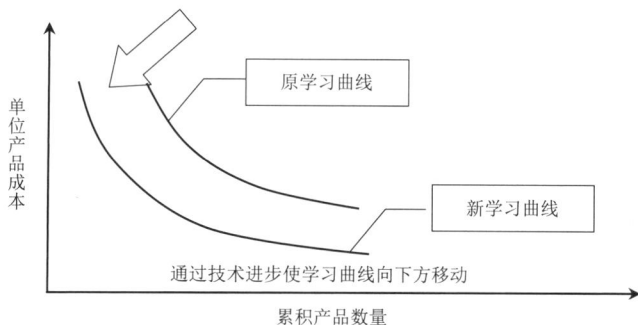

图 5-8　借由技术进步使学习曲线向左下方移动获得成本优势

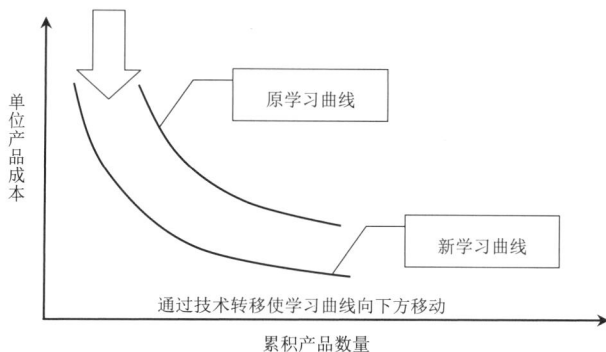

图 5-9　借由技术转移使学习曲线向左下方移动获得成本优势

技术进步，主要从不同的装备技术水平上，获得相对于竞争对手的成本优势；而技术转移，则是将生产装备向欠发达国家输出，依靠当地国家的低成本人力资源，或靠近原材料供应地的优势，取得针对本国竞争对手的成本竞争优势。

2. 成本领先的优点

成本领先战略的优点表现在以下几个方面。

- 在与竞争对手的斗争中，企业由于处于低成本地位，具有进行价格战的良好条件，竞争对手往往无法与之比拼价格，竞争对手一般不主动采取价格战。然而即使竞争对手在竞争中处于不能获得利润、只能保本的情况下，该企业仍可获益。
- 面对强有力的购买者要求降低产品价格和提高质量的压力，处于低成本地位的企业虽然减少收入仍可以有利润赚取，但与此同时成本较高的企业则无法继续经营，从而成本领先企业地位将会因此增强。
- 在争取供应商的斗争中，由于企业的低成本，相对于竞争对手具有较大的对原材料、零部件价格上涨的承受能力，因此能够在较大的边际利润范围内承受各种不稳定经济因素所带来的影响；低成本企业能形成规模经济，其对原材料或零部件的需求量大，增大了议价能力，更有可能获得廉价的原材料或零部件，同时也便于和供应商建立稳定的协作关系。
- 面对潜在的进入者，成本领先企业积累了丰富的高效运作经验。同时，由于存在规模经济容易形成进入障碍，削弱了新进入者对低成本的进入威胁。另外，低成本低价格已将行业的利润削薄，对行业新进入者形成了一定的壁垒。
- 在与替代品的斗争中，低成本企业有较大的降价空间。可以通过削减价格的办法吸引和稳定现有的顾客，使之不被替代产品所替代。

3. 成本领先的缺陷

成本领先者借助于低成本保护自己。但是，成本优势并不是"万能"的，它也存在着一定的缺陷，并且实行低成本战略也会存在一定的风险。

(1) 出于效率和成本的考虑，成本领先企业往往只针对量大面广的共同需求，进行大批量少品种的生产，所需投资较大。企业必须具备先进的生产设备，才能高效生产，以保持较高的劳动生产率。同时，由于企业集中大量投资于现有技术及现有设备，自然就提高了退出壁垒，因而对新技术的采用以及技术创新反应迟钝，甚至会采取排斥态度，导致企业的现有优势因时代的进步和科学的发展而丧失。

(2) 技术变革会导致生产过程工艺和技术的突破，使企业过去大量投资和由此产生的高效率失去优势，并给竞争对手造成以更低成本进入的机会。成本领先企业的低成本成功，也会让竞争企业纷纷效仿，模仿的难易程度取决于企业成本优势的来源途径和手段。

(3) 成本领先战略不适用于需求数量少，并且个性化需求强烈的市场。企业可能将过多的注意力集中在生产成本上，导致企业忽视顾客需求特性和需求趋势的变化，忽视顾客对产品差异的兴趣。

(二)差异化战略

当企业为顾客提供独一无二的产品时，除价格低廉外，顾客能够感到这些东西对自己来说很有价值，那么这家企业就已经与竞争对手区别开来了，这就是差异化。差异化的目标就是通过创造一种顾客认为重要的、有差别的或独特的产品或服务来获得竞争优势。

1. 差异化的来源

实现产品差异化的途径多种多样，但归根结底，都是为了使客户提升对企业产品或服务的感知价值。一般而言，实现产品差异化的来源有以下三大类。

1) 产品或服务的属性

可以从产品特色、产品复杂性、产品推出的时机以及公司地点四个方面出发来提升客户的认知。实施产品差异化，最常见的方式就是改变产品特色。产品复杂性的不同，会使客户(消费者)认为一些公司的产品比另外一些公司的产品更富有价值，因此，产品复杂性成为产品差异化的一个重要来源。在新兴行业，先进入者往往能成为行业技术标准的制定者，占据行业非常有利的地位。这种先入优势，常常使顾客认为行业先进入者的产品或服务优于后进入者。此外，公司的地点也非常重要，比如，为什么在中国大陆建造迪士尼乐园首选上海，而不是其他城市？

2) 公司和顾客的关系

从公司和顾客的关系入手，通过产品定制、客户营销以及营造产品声誉也可获得产品差异化。产品定制是指根据用户的个性化需求来量身打造产品。目前，在很多行业，产品定制已成为产品差异化的重要来源。客户营销，是指企业利用存量客户信息，为增加客户销售支出和提升客户价值，而进行的一种主动营销方式。客户营销已成为企业改变顾客认知的一种重要手段。公司和顾客之间最重要的关系莫过于公司产品在市场上的声誉。事实上，产品声誉只是公司和顾客之间形成的一种复杂社会关系。产品声誉一旦形成，就可以维系很长时间。

3) 公司内部和公司之间的联系

公司职能部门之间的联系，公司与其他公司的联系、产品组合、分销渠道，以及服务和支持也是企业获取产品差异化的重要源泉。研究表明，那些能够成功建立跨学科团队来开发新产品的公司，往往具有较强的结构能力，即运用组织结构去协调不同研究领域的能力。相比缺乏此类能力的公司而言，拥有这种能力的公司往往能开发出好的新产品，更好地实现产品差异化。除公司内部资源与能力的整合之外，公司与公司之间也可以进行产品或服务的联合。比如，公司可以在电视节目、电影中植入广告，将产品和电视节目、电影进行品牌关联。另外，进行产品组合也是获取产品或服务差异化的一个不错选择。比如常见的集购物、餐饮、休闲和娱乐于一体的商业步行街。此外，公司内部和公司之间的联合会影响到企业的分销渠道，而分销渠道也是产品差异化的重要来源。最后，产品也可以通过与产品相关的服务和支持来实现差异化。

2. 差异化的优点

与成本领先战略不同的是，差异化战略的实施所创造的竞争优势相对更容易保持。因为，一个企业的差异化往往都是基于企业较强的创新能力与极好的企业文化，而竞争对手模仿这些"软要素"的难度相对更大。这也是目前很多企业都在寻找一个独特的定位并实施差异化战略的原因。具体说来，差异化战略可以为企业创造以下优势。

(1) 可以降低环境与竞争对手的威胁。差异化战略为企业开拓了一个新的生存空间，从而绕开了同行业企业间激烈的同质化竞争。当然，此时环境的威胁及竞争对手的威胁也就大大降低了。

(2) 可以提升品牌忠诚度。实践表明，当差异化战略是基于顾客的特定需求时，往往能留住顾客，并创造较高的顾客转化成本。这样一来，对新进入者形成了强有力的进入障碍，进入者要进入该行业需花很大气力去克服这种已有的忠诚性。

(3) 可以提升企业的盈利能力。差异化一般能将消费者关注的焦点从价格转移到特定需求上来。当这种需求给消费者带来心理上的压力时，他们就会心甘情愿地为此支付一定的溢价。那么，企业就可以比竞争对手有更大的赢利空间。

(4) 有利于降低消费者的议价能力。如果我们的产品是独特的，那么消费者就无法找出类似的产品来比较价格。此时，企业也就掌握了产品定价的主动权。

3. 差异化的缺陷

差异化战略并不是在任何情况下都能创造出竞争优势，差异化自身也存在一些缺陷。

(1) 差异化一般与高成本相联系。企业为了实现差异化，就必须进行深入的市场调查及需求分析、产品设计、品牌宣传等。一旦企业差异化失败，那么这些投入都是无法收回的。由此可见，差异化的风险还是比较高的。

(2) 差异化战略有可能诱使企业过分关注不断细分的消费需求。尤其是当大部分的企业都在实施差异化战略时，如果我们为了实施差异化而差异化，就很可能走进死胡同了。这不仅不能创造优势，相反地还会给企业造成损失。

(3) 差异化战略在赢得特定市场的时候，也意味着失去了更广阔的市场空间。毕竟有特定需求的顾客只是少数。为此，企业在早期的差异化定位时必须要充分权衡成本与收益。另外，在产品定价的时候还必须考虑到消费者是否具有支付能力及是否愿意为此支付溢价，否则，即使我们的产品能最大限度地满足消费者需求，也可能因为不被认同而使企业走向失败。

(4) 当消费者需求变化较快时，由差异化所产生的优势在短期内就会消失。当我们把目光聚焦在特定消费者身上，我们只有为他们提供"量身定做"的产品时，企业所创造的价值才能最终转化为赢利。如果消费者需求变化较快，就要求企业不断地进行产品改良。此时，企业面临的创新压力与成本压力很有可能耗尽企业的元气。

(三)集中化战略

集中化战略也称为聚焦战略，是指企业的经营活动集中于某一特定的购买者集团、产品线的某一部分或某一地域市场的一种战略。这种战略的核心是瞄准某个特定的用户群体、某种细分的产品线或某个细分市场。在集中化战略下，公司通过为客户创造较高的转换成本，从而产生长期的可持续性价值。

1. 集中化战略的分类

按照集中化战略所关注的焦点不同，可将其进一步细分为集中差异化战略和集中成本领先战略。

(1) 集中差异化战略。

集中差异化战略，就是将企业服务的目标消费者锁定在某一特定领域，他们可以是某一特定地区或是具有某种特定消费需求特点的消费者。如此一来，企业就可以将有限的资源集中用于"突破"这一细分市场，为目标消费群体提供"量身定做"的专业化的服务或产品。这也是在"微利时代"企业创造良好业绩的关键法宝之一。

与总成本领先战略和差异化战略不同的是，集中差异化战略追求的是在特定目标市场上的良好业绩，而不是整个行业范围的。这就使得企业的目的性相当明确，企业所有的职能工作也是紧密围绕这一目标来开展的。因此，集中差异化战略能将企业有限的资源集中用于一点上，比起那些服务于整个市场而无特色的企业来，业绩自然就要好很多，最重要的是，消费者对企业的忠诚度还相当得高。

在实施集中差异化战略时，首先企业一般会根据消费者的特定需求来调整企业提供的产品或服务，因此，企业对于消费者需求的变化就有快速的反应能力。其次，企业在实施该战略的过程中，由于一贯专注于某一特殊领域，因此在该领域一般都具有很强的专业技能。这种特殊的专业技能，对于其他的模仿者而言是一个很难跨越的鸿沟，自然也就构筑起了企业竞争优势的保护屏障。

集中差异化战略的实施必须具备以下条件：

● 有很强的学习能力和研究能力，能根据消费者的特定需求生产出适合销路的产品。

● 有较强的创造能力和营销能力，能在特定领域树立 "市场专家"的企业形象。

● 企业各部门能密切合作，能紧密地围绕战略目标开展组织活动。

虽然集中差异化战略能树立与众不同的专家形象，但是如果一旦企业的定位失败，不能获得市场的认可，那么企业的风险将是相当巨大的。此外，如果企业不能持续关注这一特定领域，并适时地调整和创新，那么由此战略所创造的优势也只能保持一时。

(2) 集中成本领先战略。

集中成本领先战略同集中差异化战略一样，都是满足某一具体的或特定的细分市场或利基市场的需求。企业采取集中成本领先战略，通过专注于某一特定的细分市场或特定的产品可以获得规模经济，而分散资源超出它所专注的市场或产品就不能得到这种规模经济。其目的是比竞争对手，特别是定位于更广泛市场范围的竞争对手更好地服务于目标细分市场的顾客。集中成本领先战略取决于是否存在这样一个顾客细分市场，满足他们的要求所付出的代价要比满足整体市场其他顾客的要求所付出的代价小。在以下情况下集中成本领先战略最具吸引力。

● 目标小市场足够大，可以盈利。

● 小市场具有很好的成长潜力。

● 小市场不是主要竞争厂商成功的关键。

● 采取集中成本领先战略的公司拥有有效的服务目标。

● 采取集中成本领先战略的公司凭借其建立起来的顾客商誉和公司服务来防御产业中的挑战者。

2. 集中化战略的优点

(1) 集中化战略便于集中使用整个企业的力量和资源，更好地服务于某一特定的目标。

(2) 将目标集中于特定的部分市场，企业可以更好地调查研究与产品有关的技术、市场、顾客以及竞争对手等各方面的情况，做到"知彼"。

(3) 战略目标集中明确，经济效果易于评价，战略管理过程容易控制，从而带来管理上的简便。

3. 集中化战略的缺陷

(1) 由于企业全部力量和资源都投入到了一种产品、服务或一个特定的市场，当顾客偏好发生变化，技术出现创新或有新的替代品出现时，就会发现这部分市场对产品或服务需求下降，企业就会受到很大的冲击。

(2) 竞争者打入了企业选定的目标市场，并且采取了优于企业的更集中化的战略时，就会给企业带来风险。

(3) 产品销量可能变小，产品要求不断更新，造成生产费用的增加，使得采取集中化战略的企业成本优势被削弱。

二、竞争战略的选择

在选择竞争战略时应遵循以下两个原则：一是从三者之中选择其一；二是从经营单位具体情况出发。

(一)从三种竞争战略中择一

在讨论集中化战略时已经指出，集中化战略是成本领先战略或差异化战略在市场某一部分上的运用。因此，这里只讨论成本领先战略和差异化战略的选择。

大部分成功的企业有一个共同特点，就是在成本领先与差异化二者之中取得了某一方面的竞争优势地位。也就是说，它们在成本领先(价格)与差异化(质量)二者之中选择一个方面，全力以赴，直到全面胜利，避免同时追赶两个目标，造成资源分散。企业或者是致力于降低成本，利用价格优势，增加销售额，扩大市场占有率以获得较高利润；或者是大力推进差异化，在本行业提供技术水平最高、质量最好的产品或最佳的服务。

从理论上来说，不能同时追求成本领先战略和差异化战略，这是由两种不同战略所要求的条件决定的。采用成本领先战略的企业就应该在所有的生产环节都实行彻底的合理化，除成本控制外，最重要的是讲求产品的大批量，以充分利用大机器生产标准的产品。相反，采用差异化战略的企业必须有特别的工艺、设备与技术，同时为了使用户了解本企业的这种"差异"，或者让本来是标准品的产品在消费者心目中树立"差异"的形象，企业在销售方面还要组织耗资巨大的广告宣传和产品推销活动。这一切决定了产品差异化必然与成本领先发生矛盾冲突。理论上说，同时追求这两个目标的企业往往在竞争中失败。但是在实践中，也有少数企业在两个方面都取得了成功。

因此，在成本领先和差异化两方面选择其一并不是绝对的原则。在具体选择时，企业还可以考虑下面的几种组合：

- 一个经营单位可以在不同的产品线上采取不同的竞争战略。例如，奔驰公司在轿车线上采取差异化战略，而在卡车线上采取成本领先战略。
- 一个经营单位可以在价值链的不同活动上采取不同的竞争战略。例如，可以在生产环节上采取成本领先战略，而在销售和售后服务上采取差异化战略。
- 一个经营单位在不同时期可以采取不同的竞争战略。例如，当行业处于投入期和成长期时，可以采用成本领先战略；而行业处于成熟期时，则采用差异化战略。

(二)从经营单位具体情况出发选择战略

除上述的"三者选一"的基本原则外，竞争战略的选择还须考虑下列这些因素。

1. 经营单位所面临的生产力与科技发展水平

在一个高度发达的经济系统里，一方面由于企业之间的激烈竞争，另一方面由于居民收入随生产力发展而迅速提高，成本领先战略在很大程度上失去了意义，此时差异化战略更有效。相反，在经济较落后的情况下，则应重视成本领先战略以刺激需求。

2. 经营单位自身的生产与营销能力

一般来说，规模较小的经营单位生产与营销能力比较薄弱，应选择集中化竞争战略，以便集中经营单位的优势力量于某一特定顾客、特定地区或特定市场；如果经营单位的生产能力较强而营销能力较差，则可考虑运用成本领先战略；如果经营单位营销能力强而生产能力相对较弱，则可考虑运用差异化战略；如果经营单位的生产与营销能力都很强，则可考虑在生产上采取成本领先战略，而在销售上采取差异化战略。

3. 经营单位产品的市场寿命周期

通常在产品的投入期或成长期，为了抢占市场防止潜在加入者的进入，经营单位可采用成本领先战略，以刺激需求，使经营单位处于低成本、高市场占有率、高收益和更新设备投资四者的良性循环中。而到了产品的成熟期与衰退期，其消费需求呈多样化、复杂化与个性化，这时经营单位应采取差异化或集中化战略。

4. 经营单位的产品类别

不同的产品需求对价格、质量、服务等方面有不同的敏感度。第一，资本品与消费品。一般说来，资本品很多都是标准品，如钢材、标准机械等，在保证基本质量的前提下，价格将成为竞争中最重要的因素，因此经营单位应采取成本领先战略。但对资本品中的专用机械类，非常强调售后服务，所以，对此应采取差异化战略。消费品是非专家购买，绝大多数消费者都是依靠广告宣传、产品包装及价格等来确定是否购买，所以，对生产消费品的经营单位来说，应尽量使产品在服务和市场营销管理方面差异化。第二，日用品与耐用消费品。日用品由于人们几乎每天都消费，反复少量购买，因此应采取成本领先战略；耐用消费品是一次购买、经久耐用的产品，这些产品的质量与售后服务非常重要，因此经营单位应采取差异化战略。

(三)"夹在中间"及其出路

前面论述的三种一般竞争战略是企业对付竞争力量的有效战略。未能在上述三个方面来开展竞争的战略就属于"夹在中间"战略，又叫中庸战略。采取"夹在中间"战略的企业处于非常不利的战略地位。这样的企业缺乏高的市场占有率、资本投入及实施其他三种战略的途径，这可能是由于受含糊的企业文化及一套相互矛盾的组织设计或激励体系的影响所致。总之，处于这种状况的企业几乎肯定是只有较低的盈利性，因为它们既丢失了需要较低价格而大量购买的顾客，又不能与采取差异化战略和集中化战略的企业相竞争。

处于"夹在中间"地位的企业要想改变不利的战略局面，就必须进行根本性的战略转变。它要么采取措施来达到成本领先战略的目的(这需要大量现代化的投资，甚至占有较高的市场占有率)，要么使自己面向一个特定的目标(集中化战略)，或者取得某种程度的独特性(差异化战略)。对这三种战略的每一种选择要依据企业的能力和局限来做出，因为成功地实施每一种战略都需要不同的资源、长处、组织设计以及管理风格等，很少有企业适合于三种战略的要求。

以投资收益率代表盈利性指标，在一些行业中，盈利性和市场占有率二者之间存在着"U"形曲线关系，如图 5-10 所示。在"U"形曲线的 A 部分，较低的市场占有率也能获得较高的投资收益。在这部分的企业一般采取集中化战略或差异化战略，因这两种战略都与较低的市场占有率相联系。在 C 部分的企业有较高的市场占有率，也带来较多的投资收益。处于这部分企业大都采取成本领先战略，因为成本领先战略与较大的产品生产和销售累计数量相联系，所以也就具有较高的市场占有率。C 部分的企业也并非都采取成本领先战略，如 IBM 公司、SONY 公司等均证明，采取差异化战略有时也能获得较高的市场占有率和较多的投资收益。而在 B 部分的企业具有中等的市场占有率，却带来最低的投资收益效果。原因在于 B 部分的企业采取了中庸战略，这是一种含糊不清战略，它不能使企业在上述三种有效战略的任何一个方向上发展，因而具有最低的效益。

市场占有率与盈利性存在 U 形曲线关系的另一个含义是，较小的企业能够选择集中化战略或差异化战略，较大的公司能够选择成本领先战略或差异化战略，因此这两类企业都是最有盈利性的企业。而中等规模的企业，由于其市场占有率的中等性，可能具有最低的盈利性。因此，对任何类型的经营单位，要想具有较高的投资收益率(盈利性)，要么采取成本领先战略或差异化战略来达到较高的市场占有率；要么放弃追求全行业范围的高市场占有率，而采用集中化战略或差异化战略来追求特定目标市场上的较高市场占有率。

需要指出的是，图 5-10 中的 U 形曲线关系并非存在于每一行业。在一些行业，不可能存在集中化战略应用的机会，唯一的选择是成本领先战略，如许多大宗商品的情况即是如此。而在其他一些行业，竞争非常激烈，取得高于平均收益的盈利的唯一途径是采取集中化战略或差异化战略。因此，选择什么样的战略还要看行业的特点。

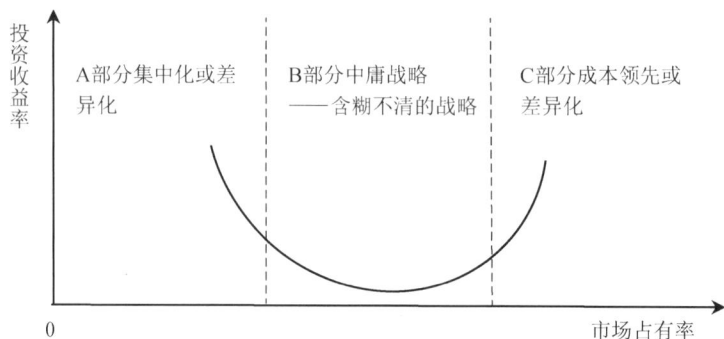

图 5-10　市场占有率与盈利性的关系

三、竞合演化与博弈

(一)竞合演化

传统的管理观念认为"商场如战场"，因此商业竞争必须胜负分明，你死我活。近年来，管理学界提出了一套全新的竞争概念，叫作"竞合"，要求企业之间在竞争之余，要讲求合作。所谓"竞合"，是结合了"竞争"和"合作"两个本来是水火不相容的概念，这个新概念是近些年来最重要的商业经营理论之一。

竞合理论认为，企业的真正目标，是追求本身的盈利，击败竞争对手只不过是手段，因此企业要以"利润"而非"胜利"为荣。通过与同业合作，可吸引更多数量的顾客，能使整个行业人人受惠，这才是皆大欢喜的双赢策略。

市场的强者不要以为把弱者赶尽杀绝，便可以独霸一方，"竞合"的主要精神在于共同创造价值。市场竞争往往非常激烈，因此"竞合"的一个主要功能，是与竞争对手制造声势，寻求机会，改变游戏规则，防止新的竞争对手加入。

"竞合"虽然是崭新的理论，但早已经有不少此类型的合作形式，比如一家石油公司加价，其他的石油公司放弃以低价来增加市场占有率，反而也加价，这就是因为几家跨国的石油企业早已应用了"竞合"的市场策略。各大石油公司经过多年的竞争，已经明白了企业必须充分利用各种关系与同业合作，才能在市场上创造最大的价值。"竞合"理论使管理者更加明白合作的重要性，更符合企业的长期利益。

(二)竞合与博弈

"竞合"理论与另一个近些年来非常流行的概念和理论，即"博弈"也有紧密关系。

商业究竟是战争还是和平？如果是战争，那胜利的定义就是对手必须一败涂地。但情况似乎不总是这样。在当今企业竞争的现实中，我们可以看到许多曾经的竞争对手之间缔结了某种形式的战略联盟。在中国，这种趋势在具有政策性进入壁垒的行业尤其明显。比如在银行业和金融业，外国公司开始与它们明日的本土敌人开派对舞会。花旗集团更是迫不及待，已经与上海浦东发展银行喜结良缘，它们的信用卡业务在上海地区正飞速发展。这就是竞合，它由竞争和合作两个词汇组成。在竞合时代，我们首先要面临的困惑是：敌人是不是也可以成为朋友？这就是博弈中的合作。

看下面这个博弈局面。在一个 20 人的博弈中，每个人都坐在自己的小隔间里，彼此不通信息，且前面都有一个按钮。规则是：如果大家都能等待 10 分钟，那么每个人都会得到 1000 元，但若有人在 10 分钟之内按了按钮，那这个按了按钮的人就能得到 100 元，其他人则一无所得，博弈就此结束。这个博弈是这样推理的：如果你是聪明的，你会等待 10 分钟后拿 1000 元奖金。但如果有一个博弈者再稍微聪明一点，他会认识到，如果有任何一个人先按了按钮，那自己就会空手而归，因此他就会决定自己先按按钮。以此类推。

这里，我们看到有两大隐含假设：第一，不合作是背离；第二，聪明一点就会不合作。但是只要改变一下思路，可把这两个假设变成：第一，合作是背离；第二，是否背离取决于博弈的选择空间。

这里描述的博弈情形，比较贴近商业世界的竞合现实。按照博弈的思路，我们可以用商业的语言对同业合作的行业条件做一个简要的归纳。

第一，市场足够大，或者具有诱人的增长空间。对于新兴市场，不论就技术而言还是就地理而言，都会促进同业合作。

第二，产品差异性越大，越有可能促成合作；越同质化的市场，越可能趋向于高度竞争。在众多的行业中，IT 服务业可能最具差异化竞争特点，而它也的确表现出非常具有同业合作精神。

第三，产业技术变化速度越快、越具有不确定性，同业合作的可能性越大。技术突破和革命最可能改变一个行业的生态环境，当生态环境发生大的变化时，大家可能一块儿遭到淘汰。同业竞争者可能会联合起来一道回避风险。在此方面，电力行业和 IT 行业的对比就是鲜活的例子。

第四，行业内商业知识和经营知识的隐性程度越高，越可能出现合作。知识的隐性程度与行业创新的复杂程度有关。比如制药行业就是一个高度创新的行业，在这个行业里，同类企业进行研发合作是非常普遍的。

教学案例

美国柯达竞争战略的选择

20 世纪 70 年代初期，美国柯达公司生产的彩色胶卷采取突然的降价策略，在国际市场上抛售彩色胶卷，不少国外同行企业难以招架这一强大冲击，纷纷破产，柯达公司因而垄断了 90%的彩色胶片市场。

20 世纪 80 年代中期，日本胶卷市场被富士所垄断，市场占有率将近 80%。柯达进军日本市场之前，对日本市场进行了深入的调查分析，精心确定了商业战略。他们不是采取降价策略，而是采取涨价方针，因为他们了解到日本人更多的是重质不重价。为此柯达公司以高于富士 1/2 的价格推销柯达胶卷，采用高价政策打响牌子，进而与对手富士一争高下。经过 5 年多的角逐，柯达终于被日本人所接受，成为与富士胶卷二分天下的强手。

第四节　战略选择与匹配

一、战略选择的必要性与影响战略选择的因素

企业战略策划方案的选择是企业一项重大的战略决策，是战略决策者通过对若干种可供选择的战略策划方案进行比较和优选，从中选择一种最满意的战略策划方案的过程。但在很多情况下，往往被选择的最满意的方案在与企业实际情况相结合时，由于企业存在种种困难而不得不选择比较满意的战略策划方案，而将最满意方案作为今后更长远的目标去争取。

(一)战略选择的必要性

企业战略策划方案的选择是指在民主协商的基础上，综合考虑实施战略策划方案所付出的成本、所能获得的收益及风险程度三个因素，来选择最适合企业目前的发展战略。

在大多数情况下，战略策划报告提供给决策者的方案不止一种，而是多种，战略决策者必须根据自己的专业知识、业务水平、实际经验等从中进行取舍。由于企业战略的制定是影响企业生存发展的关键，因此一个企业在一定时期内必须根据自身的资源等实际情况，有重点地实施一种战略策划方案或一组战略策划方案。如果不加挑选地去实行任意一种可行的战略策划方案，势必会极大地影响企业的经营发展方向，甚至会导致企业灭亡。

(二)影响战略选择的因素

影响企业战略选择的因素可以分为外部因素和内部因素。外部因素是企业进行战略选择的间接因素，而内部因素却是企业进行战略选择的直接因素。一个企业最终的战略选择，往往是内外部因素共同作用的结果。

1. 企业战略决策者的影响

1) 企业战略决策者对待外部环境的态度

没有任何企业能够离开外部环境而独立存在，因此，企业的战略选择必然要受到竞争对手、顾客、政府、社会等外部环境的影响。由于外部环境中的关键要素会对企业各战略方案的相对吸引力产生较大的影响，因此企业战略决策者在进行最终战略策划方案的选择时，不得不考虑来自企业外部环境中的各利益集团的压力，考虑企业的顾客与地方社团、一般公众、供应商、政府机构等对企业的期望与态度。

同时，外部环境这一客观现象又依赖于决策者的主观理解，因此，决策者对外部环境的态度影响着对战略的选择。处于同一环境中的同一公司，不同的决策者选择的战略策划方案可能截然不同。

在计算机刚刚问世不久，几乎所有人包括 IBM 总裁都认为只有硬件才能赚钱，而盖茨却看到了软件市场的前景，于是创立了微软公司，其发展远远超过硬件巨子"蓝色巨人"IBM等大型计算机公司。

2) 企业战略决策者对待风险的态度

由于战略策划是对未来的一种规划，因此未来的不确定性便决定了任何战略策划方案在实施完成之前都会有风险，战略决策者对风险的态度影响着战略选择的决策。

如果战略决策者乐于承担风险，企业通常采取进攻型的战略策划方案，投资于高风险的项目，以此来获得较高的收益，企业也往往会因此得到发展的机会。现在出现的众多民营航空公司的战略决策者多数属于这一类型。

如果战略决策者认为冒较高的风险会对企业造成较大的损失，企业通常会采取保守型的战略策划方案，使企业在稳定的行业环境中发展，而拒绝承担那些高风险的项目。中国的很多老字号企业，诸如同仁堂药店就是始终如一地奉行保守型的竞争战略来使企业长盛不衰的，而史玉柱恰恰是凭借着敏锐的洞察力和敢于承担风险的心态，"豪赌"于高科技生物产品，最终创造了辉煌的巨人集团。

3) 企业战略决策者的需要和价值观

战略决策者的需要和价值观对企业战略策划方案的选择也起着重要的作用。一个极有吸引力的战略策划方案如果不能满足战略决策者的需要或违背了其价值观，被选中的可能性就很小；相反，即便是一个较差的战略策划方案，如果能够很好地满足战略决策者的需要或与其价值观相符，也有可能被选中。

2. 企业过去战略的影响

对大多数企业而言，新的战略往往是在过去的战略基础上进行选择的。由于企业在实施原有战略时，投入了大量的时间、精力和资源，因此在选择新的战略时会自然地倾向于选择与原有战略相似的战略。战略策划方案的选择在一定程度上是一种战略演变的过程。

3. 企业文化的影响

企业所选定的战略策划方案与企业文化能否很好地匹配，对于该战略策划方案的成功实施关系重大。在随后所讲的对 QSPM 矩阵中权重的确定，就渗透了大量的组织文化的因素，同时也反映了企业对待战略问题的价值观。

战略策划方案的选择如果与企业文化完全匹配，虽然会对战略的成功实施产生极大的支撑作用，但同时必然会阻碍对那些具有创意和赢利潜力的战略策划方案的选择。越成功的企业，对其成功经验越迷恋，对环境变化的适应性也就越差。

如果战略策划方案的选择与企业文化不相适应，虽然可以应对环境的变化，但是共同的信念、强大的组织文化会大大增加成功实施该项战略的风险。不注意方案与企业文化的关系，脱离企业文化的要求进行战略管理，特别是当企业选定的战略与企业文化可能发生强烈冲突的情况下，对战略策划方案的选定一定要慎而行之。

企业在进行战略调整时，往往会陷入是外聘专业人才还是提拔内部人员这种困境。靠自身培养出来的人员虽然对公司十分了解，但是由于其自身也深受固有的企业文化的影响，瞻前顾后，很难有所突破，最后使得公司进行战略调整的意义不大；而外聘的人才虽然能够摆脱公司企业文化的影响，但是选择的战略策划方案和企业文化的紧密性越小，在实施过程中受到的阻力就会越大，成功的可能性也就越小。

4. 企业内外不同利益主体的影响

企业是由多个利益主体组合起来的，其战略的选择必然要考虑到企业内外的不同利益体的相关利益。

从企业外部来讲，政府和其他社会团体希望其承担更多的社会责任，顾客希望能够得到物美价廉的产品和服务。

从企业内部而言，股东们希望采取扩张型的战略来获得更优惠的分红；高层管理者希望采取保守型的战略来使企业稳步发展，他们追求的是最大的合理效用，希望付出一份劳动便得到一份报酬；中层管理人员往往受到其个人视野以及其所在单位的目标和使命的影响，通过推荐那些低风险、渐进式推进的战略来获得升迁的机会；职能人员追求的是改善劳动条件，提高工资待遇，增加福利，所以他们的选择总是更适合于自身的目标，上报那些可能被上司接受的方案而扣下不易通过的方案；在进行战略策划报告评估时，处于不同部门的人会从自身利益出发来评价战略策划方案。

事实上，不同的利益主体在一定程度上都会利用自己手中的权力来影响最后的战略选择，最后选定的战略是一个各利益主体权力均衡的结果。在高度集权的企业里，一个权力很大的高层管理者往往会利用手中的权力来促使实施其倾向的战略策划方案，有时很多关键的决定都是由一把手力排众议而做出来的；而在分权程度较高的企业中，战略的选择通常都会广泛地参考各方面的意见。

此外，围绕战略决策的关键问题将会存在很多不同的基于共同的利益而形成的正式与非正式团体，这些团体在战略的选择上往往倾向于首先关心小团体目标，然后才考虑企业的整体目标。这样原有的战略策划方案经过讨价还价，形成一个新的方案，在企业内部便形成了一个新的力量均衡点。到最后，各种内外压力都集中在企业战略管理者身上，从而影响他们对战略的选择。

自从联想收购了 IBM 公司的 PC 部分后，如何更好地对全球客户服务进行整合便成为联想的首要任务。经过仔细地权衡后，联想高层终于决定外聘有着较多经验的职业经理人主管此项重要业务，而不是从联想内部进行提拔，也正因此，其主要竞争对手戴尔的四位高管相继跳槽到联想并担任重要职务。

5. 其他因素的影响

1) 时间因素

时间对战略选择的影响主要表现在三个方面：第一，有些战略必须在某个时限前做出，由于受信息和能力的影响，这种选择往往是很紧急的。第二，战略出台的时机问题。实践表明，一个本来很好的战略，如果出台的时机不当，也不会收到很好的效果。第三，战略产生效果的时间是不同的，企业着眼于长远的前景，如果企业管理者关心的是近三年的经营问题，他们就不会去考虑五年以后的事情。

2) 社会责任和道德因素

企业在选择战略时，还必须考虑企业伦理、社会责任和道德因素。毫无疑问，消费者权益保护、均等就业机会、员工的健康和安全问题、产品的安全性、控制污染以及其他以社会因素为基础的问题，都会对企业的战略选择产生或多或少的影响。

例如由非政府组织 SAI(社会责任国际)制定的 SA8000(社会责任标准)是一个用来规范企业生产行为的标准，虽然对企业来说并没有强制性的约束力，但它正被欧美国家越来越多的采购商所看重，并以此作为选择供应商的标准。SA8000 是以保护劳工权利等为主要内容的管理标准体系，其宗旨是确保供应商所供应的产品符合社会责任标准的要求，主要规定了 9 个方面的内容：童工、强迫性劳动、健康安全、结社自由、集体谈判、歧视、惩戒性措施、工作时间、报酬及管理体系等。在国内很多供应商都受到这个标准的限制而得不到更多发展的机会。

二、战略匹配的方法

战略策划框架第一阶段被称为"信息输入阶段"，概括了制定战略所需要输入的信息；第二阶段被称为"匹配阶段"，利用第一阶段输入的信息，通过将关键内部及外部因素排序而制定可行的战略策划方案；第三阶段为"决策阶段"，对第二阶段得出的若干个备选战略进行评价，为最终战略的选择提供客观的基础，如图 5-11 所示。

图 5-11 战略策划的框架

在市场经济的经营活动中，每个企业都如同在战场上作战的士兵一样，他们的每一次交手都是权衡了对手和自己的优势、劣势、机会和威胁，从而做出战略匹配，这就像是双方甚至多方的一次博弈的过程。在市场经济这个大的游戏当中，精明慎重的玩家们相互揣摩、相互牵制，分析他们的本质特征，都是在一定规则之下各参与方的决策较量。本书在考虑了众多战略影响因素的前提下，为读者提供了几种战略匹配的方法。

(一)盈亏分析法

1. 盈亏分析的概念和原理

盈亏分析又称盈亏平衡分析、量本利分析。该方法是解释业务量(产销量、数量)、成本(固定成本和变动成本)、价格和利润(税前利润)之间的内在规律性联系的数量分析方法。

(1) 盈亏临界点。企业往往需要预先知道本企业在一定的市场销售价格和生产成本下，每年最低需要生产或销售多少产品才能保本，生产或销售数量达到多少时才会盈利，即需要知道本企业的盈亏临界点。盈亏临界点是指企业不盈也不亏时的销售量(产量)或销售收入，它是企业的销售收入和成本支出恰好处于均衡状态的一个标志。

(2) 盈亏分析。即通过计算，确定企业盈亏临界点。盈亏分析的基本原理是：在盈亏临界点，成本与收入相等，既无利润也无亏损。当销售量或销售收入超过该点时，企业将盈利；低于该点时，企业将发生亏损。

产品的生产成本(C)可分为两类：一类是固定成本(F)，指不与产品数量多少直接相关的费用。其中包括固定资产的折旧费、企业管理费等。另一类是变动成本(V)，指与产品数量多少直接相关的费用，它随着产品数量的增大而增大。其中包括直接用于生产的原材料、燃料、动力和直接生产工人的工资等费用。它可用单位产品的变动成本(CV)乘以产品数量(Q)求得。

产品的销售收入(R)，取决于市场价格(P)和产品的销售量(Q)，即 $R=P\times Q$。企业的盈利(E)为企业的销售收入减去相应的生产成本，或为企业的销售收入减去相应的固定成本与变动成本之和，即

$$E=R-C$$
$$=R-(F+V)$$
$$=P\times Q-(F+CV\times Q)$$
$$=P\times Q-CV\times Q-F$$
$$=Q(P-CV)-F$$

当盈亏相等，即 $E=0$ 时，此时的 Q 为盈亏临界点的产量。

$$Q=F/(P-CV)$$

$P-CV$ 即为单位边际贡献，它可以用来补偿固定成本。当固定成本补偿完毕后，每多销售一件产品产生的边际贡献就成为利润。

2. 盈亏分析在确定型战略匹配中的用途

● 在给定产品售价、固定成本和变动成本的情况下，可以确定生产或销售多少产品(业务量)可以达到保本，即确定利润为零的企业的销售水平。由此，也可确定在利润确定的情况下的企业的销售水平。

- 在预计销售量、售价、变动成本和固定成本已定的条件下，可以确定盈亏平衡点和预期利润，从而确定企业经营的安全程度。
- 在销售量、成本和目标利润已定的条件下，确定企业产品的售价。
- 在销售量、售价和目标利润已定的条件下，确定产品的变动成本和固定成本。

3. 应用举例

【例】某公司准备购置一台新型机床，折算为一年的固定成本需 20000 元，生产每件产品的变动成本为 0.6 元，销售价格为 1 元。问：是否应该购置这台机床？

应用盈亏分析求解：

$$Q=F/(P-CV)$$
$$=20000/(1-0.6)$$
$$=50000(件)$$

这说明，当产量大于 50000 件后，每多销一件就有 0.4 元的盈利。假如新购置的这台机床，年生产能力大于 50000 件，而市场对产品的需求也超过 50 000 件，那么，企业就应该购置这台机床。

(二)SPACE 矩阵分析法

SPACE 矩阵分析法(即 strategic position and action evaluation matrix，战略地位与行动评价矩阵)是第二阶段另一种重要的匹配方法。SPACE 矩阵的轴线采用了两个内部因素——财务优势(Financial Strength，FS)和竞争优势(Competitive Advantage，CA)，以及两个外部因素——环境稳定性(Environmenta Stability，ES)和行业优势(Industry Strength，IS)。矩阵的横、纵坐标分别由竞争优势(CA)、行业优势(IS)和财务优势(FS)、环境稳定性(ES)所构成，它们将整个矩阵分成了进取、保守、防御和竞争四个象限，如图5-12所示。

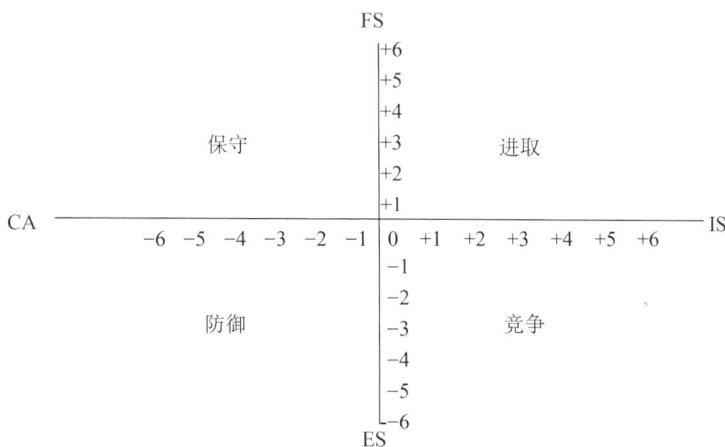

图 5-12　战略地位与行动评价矩阵

其中，财务优势(FS)可以用投资收益、杠杆比率、偿债能力、流动资金、现金流动、市场的方便性和业务风险等指标来衡量；环境稳定性(ES)可以从技术变化、通货膨胀率、需求变化性、竞争产品的价格范围、市场进入壁垒、竞争压力和价格需求弹性等方面来考虑；竞争优势(CA)可以从市场份额、产品质量、产品生命周期、用户忠诚度、竞争能力利用率、专有技术知识和对供应商和经销商的控制等方面来评价；行业优势(IS)可以用增长潜力、赢利潜力、财务稳定性、专有技术知识、资源利用、资本密集性、进入市场的便利性、生产效率和生产能力利用率等指标来评价。

建立 SPACE 矩阵通常包括以下几个步骤：第一，分别选定构成财务优势(FS)、竞争优势(CA)、环境稳定性(ES)和行业优势(IS)的影响因素，即构成变量。第二，对构成 FS 和 IS 轴的各个变量给予从+1(最差)到+6(最好)的评分；对构成 ES 和 CA 轴的各个变量给予从−1(最好)到−6(最差)的评分。第三，分别将各个数轴的变量评分相加，再分别除以变量总数，从而得出 FS、CA、IS 和 ES 各自的平均分数。第四，将 CA 和 IS 的平均分数相加，并在横轴上标注出来；将 FS 和 ES 的平均分数相加，并在纵轴上标注出来。第五，在 SPACE 矩阵中自原点至横、纵轴数值的交叉点画一条向量。

这个向量所在的象限表明了企业可采取的战略类型：进取型、竞争型、防御型或保守型。

- 在进取象限，企业可以利用自身内部优势和外部机会，来克服自身的劣势，同时回避外部的威胁。可以采取市场渗透、市场开发、产品开发、后向一体化、前向一体化、横向一体化、混合多元化、集中多元化、横向多元化或组合式战略。
- 在保守象限，企业更适宜采取市场渗透、市场开发、产品开发和集中多元化经营的战略。
- 在防御象限，更适合采取紧缩、剥离、清算和集中多元化战略。
- 在竞争象限，可以采取后向一体化、前向一体化、横向一体化、市场渗透、市场开发、产品开发及合资战略。

下面以某航空公司为例来具体说明 SPACE 矩阵的运用，如表 5-2 和图 5-13 所示。

表 5-2　某航空公司的 SPACE 矩阵的评分表

	评 分 人				平均得分
	总经理	人力总监	财务总监	营销总监	
财务优势(FS)					
投资收益	4	3	4	3	3.5
偿债能力	2	2	2	3	2.25
现金流动	3	4	3	3	3.25
退出市场	2	3	2	3	2.5
业务风险	4	5	4	4	4.25
合计					15.75
竞争优势(CA)					
市场份额	−3	−3	−2	−2	−2.5
产品质量	−2	−3	−2	−3	−2.5
用户忠诚	−3	−3	−4	−4	−3.5
专有技术	−5	−5	−5	−4	−4.75
控制	−5	−6	−6	−5	−5.5
合计					−18.75

续表

	评 分 人				平均得分
	总经理	人力总监	财务总监	营销总监	
环境稳定性(ES)					
竞争压力	−4	−3	−4	−4	−3.75
进入障碍	−3	−3	−2	−2	−2.5
需求弹性	−2	−3	−3	−3	−2.75
通货膨胀	−1	−1	−1	−1	−1
技术变化	−1	−2	−2	−2	−1.75
合计					−11.75
行业优势(IS)					
资金密集	5	5	5	4	4.75
财务稳定	4	5	5	5	4.5
增长潜力	5	6	5	5	5.25
利润潜力	5	5	5	5	5
技术诀窍	4	5	4	5	4.5
合计					24

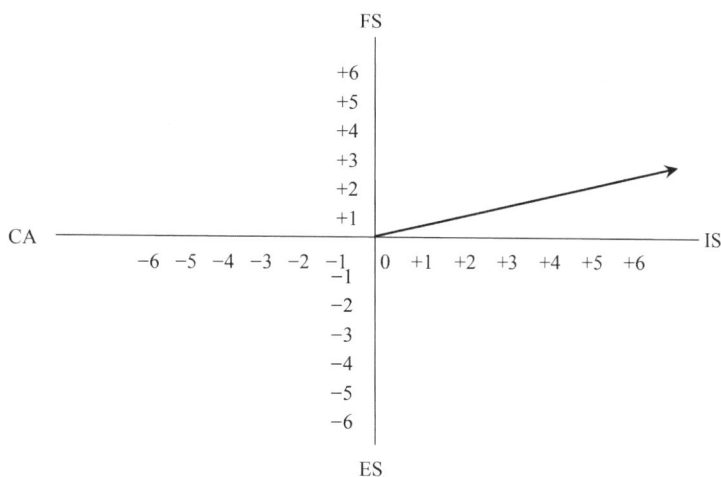

图 5-13　某航空公司的 SPACE 矩阵

结论：

(1) FS 平均值为：15.75÷5=3.15

CA 平均值为：−18.75÷5=−3.75

ES 平均值为：−11.75÷5=−2.35

IS 平均值为：24÷5=4.8

(2) 横轴：4.8−3.75=1.05

纵轴：3.15−2.35=0.8

从图 5-13 可以看出，该航空公司应该采取进取型的战略。

SPACE 工具对风险予以了特别的关注，它非常适合风险较大的行业或对风险非常敏感的企业使用。SPACE 将财务优势与环境稳定性这对指标独立出来作为一个纵轴,对风险因素做了单独的分析与考虑。

(三)GS 矩阵分析法

GS 矩阵分析法(大战略矩阵)是另一种战略匹配的重要的工具,它以竞争地位和市场增长作为两个评价的数值,把整个矩阵分为四个象限,各类企业均可按照评价的数值来确定企业所处的象限,从而选择适合企业发展的战略。多元化企业可按照其主业在行业中的竞争优势和行业增长率来进行分析,如图 5-14 所示。

市场增长迅速

第Ⅱ象限
1.市场开发
2.市场渗透
3.产品开发
4.横向一体化
5.剥离
6.结业清算

第Ⅰ象限
1.市场开发
2.市场渗透
3.产品开发
4.前向一体化
5.后向一体化
6.横向一体化
7.集中化多元经营

弱竞争地位 ———————————————————— 强竞争地位

第Ⅲ象限
1.收缩
2.集中化多元经营
3.横向多元经营
4.混合式多元经营
5.剥离
6.结业清算

第Ⅳ象限
1.集中化多元经营
2.横向多元经营
3.混合式多元经营
4.合资经营

市场增长缓慢

图 5-14 大战略矩阵

- 企业处于第Ⅰ象限时,行业的市场增长非常迅速,竞争力也很强。此时企业更适合选择加强型的战略,如市场开发、市场渗透和产品开发等;如果企业的资源没有被充分利用,则可考虑进行后向、前向和横向一体化;如果企业的产品过于单一,也可考虑进行集中化多元经营。

- 企业处于第Ⅱ象限时,表明目前的市场增长迅速,但企业处于比较劣势的竞争地位,如果企业选择继续加强此业务的经营,则可以采取加强型的战略,如市场开发、市场渗透和产品开发;如果企业选择放弃此项业务,则可采取剥离和结业清算的战略。

- 企业处于第Ⅲ象限时,表明企业在增长缓慢的行业竞争中处于不利的竞争地位,企业必须剥离此项业务以避免损失进一步加大,可考虑的战略有收缩、集中化多元经营、横向多元经营、混合式多元经营、剥离和结业清算。

- 企业处于第Ⅳ象限时,表明企业处于强势竞争地位,但主业所处的行业增长缓慢,企业可考虑采取集中化多元经营、横向多元经营、混合式多元经营和合资经营等战略。

如在 SPACE 矩阵分析中的某航空公司，其在增长迅速的市场中处于中等竞争地位，比较适合第Ⅰ、Ⅱ象限的战略。

第五节　战略决策与方案制定

在我国，《孙子兵法》中就有"定计"之说。所谓"定计"才能"必胜"，说的就是决策正确才能取得胜利。在《史记·淮阴侯列传》中，也有"成败在于决断"的论断。美国学者 P. 马文曾经做过这样一个调查，他向一些企业的高层管理者提出以下三个问题："你每天最重要的事情是什么？""你每天在哪些方面花的时间最多？""你在履行职责时感到最困难的是什么？"结果 90%以上的高层管理者的回答都是两个字——决策。人们在实践活动之前，总要根据目标，明确做什么和怎样做的问题。决策是人们行动的选择，而行动则是决策的执行。正确的决策决胜千里，错误的决策南辕北辙。

很多人认为做出选择是战略决策的主要工作，实际上它仅仅是决策的一个组成部分。

一、战略决策的定义

关于决策有很多种描述，学者们仁者见仁、智者见智。决策有狭义和广义之分。狭义地说，决策是在几种行为方案中做出抉择；广义地说，决策还包括在做出最后抉择之前必须进行的一切活动。

战略决策是为了达到某种既定战略目标，运用科学的理论、方法和手段，制定若干战略策划方案并从备选战略策划方案中进行选优，予以实施的一系列分析判断过程。

这一定义表明：①战略决策要有明确的目的；②战略决策是在某种条件下寻求优化目标和优化达到目标的手段；③战略决策应当有若干有价值的、可行的备选方案；④战略决策是要进行方案的评价并选择一个满意的方案；⑤战略决策应理解为合理地设计、分析、比较、选择与决定方案的整个过程。

战略决策涉及企业的一些重大问题，决策实施需要的时间长、涉及的范围广，决策者的责任也很大，因此主要由组织的高层领导来负责进行。

应该指出，战略决策不同于我们个人所做出的决定。第一，战略决策是许多人共同劳动的产物，而不是由个人做出的决定。第二，战略决策是由组织的领导者做出的，不是组织中任意一个人可以做出的。例如，在一个企业中，决策由董事长、总经理、企业法人代表等高层领导者做出，只有他们才具有做出决策的资格。第三，战略决策一旦做出，组织成员必须遵照执行，不能讨价还价。第四，战略决策具有超前性。战略决策立足现实、规划未来，所以无论从观念、行动方案上都必须面向未来，预见到现在的方案对未来环境的适应性。

二、战略决策的原则

(一)系统性原则

在战略决策过程中必须遵循系统性原则。系统性原则要求把整个战略决策看成一个系统，以全面的、相互联系的、发展的观念来观察和了解问题，以系统的整体目标为核心，反对用片面、孤立、静止的观点看问题。在战略决策过程中要正确处理整体和局部的关系、内部和外部的关系、当前利益和长远利益的关系，要以长远的眼光看待企业盈利和损失，从战略的高度进行决策，权衡、协调系统目标，形成整体优化。

(二)满意原则

战略决策遵循的是满意原则，而非最优原则。对决策者来说，要想使决策达到最优必须做到：①容易获得与战略决策有关的全部信息；②真实了解全部信息的价值所在，并据此制定所有可能的方案；③准确预期到每个方案在未来的执行结果。

但在现实中，上述这些条件往往得不到满足。具体来说：①组织内外存在对组织的现在和未来都会直接或间接产生某种程度影响的因素，但决策者很难收集到反映这一切情况的信息；②对于收集到的有限信息，决策者的利用能力是有限的，因而决策者只能制定数量有限的方案；③因为任何方案都是在未来实施，而人们对未来的预测和认识并不全面，从而决策时所预测的未来状况很可能与实际的未来状况相出入。现实中以上这些情况决定了决策者很难做出最优决策，只能做出相对满意的决策。

(三)科学性原则

战略决策的科学性原则要求决策必须建立在客观规律的基础上，使决策符合事物的客观实际。为此，决策者必须进行认真的调查研究和科学的预测。通过对历史和现状的调查，了解过去和现在的真实情况，进行科学的预测，能够对未来做符合实际的估计。科学的战略决策要有科学的程序、步骤和方法。科学的程序能保证战略决策过程井井有条，不至于发生混乱无序的状况。

(四)民主性原则

战略决策涉及的问题多、范围广，具有高度复杂性，单凭个人的知识和能力很难做出有效的决策。实现战略决策的民主化，必须推行参与管理，让群众参加到管理机构中去，并且在发表自己的观点和看法时能够畅所欲言。在决策中贯彻不分职务高低、人人平等的原则，杜绝以势压人、以权压人的现象。要实现民主化，决策程序和方法的选择也必须贯彻民主性原则，按照民主的原则和程序讨论问题、解决问题，不能一个人说了算。

(五)责任原则

我们说在战略决策过程中要耐心听取群众的意见，决策者在广泛听取群众意见的基础上，必须根据自己的知识、经验、职权做出决策。决策者应该对决策后果负责，不能对国家和人民的财产利益掉以轻心。为了能够获得良好决策结果，国家应该建立经营者决策责任制，明确决策者在决策过程中的作用和地位，规定他们应承担的责任以及造成严重损失进行赔偿的办法。只有这样才能使决策者认真听取群众意见，理智地对战略决策方案做出抉择，改变决策好坏与决策者无关的状况。

(六)反馈原则

由于事物的发展和客观条件的变化，或因原来的战略决策考虑不周，使实施结果可能偏高(低)于预定目标。反馈原则是指根据变化了的情况和实践结果,对初始决策做出相应的调整和改变,使战略决策趋于更加合理。反馈原则是实现动态平衡、提高战略决策质量及实现战略决策科学化的重要保证。

三、战略决策的依据

信息是决策的基础,只有掌握了历史、现状和未来信息,并以此作为战略决策的基础,才会做出科学的决策。即在科学决策中掌握大量的信息才能系统地对信息进行归纳、整理、比较、选择和加工,才能去伪存真、由表及里地对各种资料进行分析,为战略决策提供全面、系统、准确、及时和可靠的信息。

显而易见,管理者在进行战略决策时离不开信息,信息的数量与质量直接影响决策水平。这要求管理者在决策之前及决策过程中尽可能通过各个渠道收集信息,以此作为战略决策的依据。但是应当注意的是,这并不意味着管理者必须不计成本地收集各类信息。管理者在决定收集信息的类别、数量、信息的出处等问题时应进行成本—收益分析。只有当收集的信息所带来的收益(因决策水平提高而给组织带来的利益)超过为此而付出的成本时,才应该收集信息。信息量过大固然有助于充实决策条件,提高决策水平,但对组织而言不具有经济性;信息量过少容易使管理者无从决策或导致决策达不到应有的效果。因此,适量的信息是战略决策的依据。

四、战略决策的方法

在战略决策过程中,我们对初步选出的战略策划方案,还需要一套较完整的体系或标准来对其进行检验和评价,最后被付诸实施的战略策划方案往往都是经过了多重的检验。

一般来讲,检验标准的制定往往要考虑战略与目标、外部环境、企业内部资源和能力以及战略实施之间的协调一致性问题。只有经过检验,能够发挥出优势、抓住机会、克服劣势、避开威胁的战略策划方案才是优选的战略。

(一)战略决策的定性评价法

通过战略选择的方法可知,一个企业根据外部环境的机会、威胁和自身条件的优势、劣势,可能会有多种可供选择的战略策划方案。然而现实的复杂性使得企业在制定战略时要考虑众多因素,其中有很大一部分是无法量化的,因此,战略评价主要采用定性评价法。

定性评价法的主要步骤如下:
(1) 根据检验标准,拟定若干具体问题。
(2) 回答上述的这些问题以考察战略符合标准的程度。
(3) 评价优劣并决定其取舍。

然而,实际中的困难是即使问题问得再多,也不可能包罗无遗,而且也不是每个战略都适合回答所有这些问题。如何对问题进行取舍,完全凭借着战略决策者对影响战略的各种因素进行权衡和把握。这也是战略定性评价法最大的缺点。

(二)战略决策的 QSPM 矩阵法

在有些情况下，也可以对战略策划方案进行定量化的评价，从而选择出最有效的战略。QSPM(Quantitative Strategic Planning Matrix，定量战略计划矩阵)是对备选方案做出评价，从定量的角度来评判其优劣程度。

建立 QSPM 矩阵通常包括以下几个步骤：

(1) 对先前分析得到的关键外部机会与威胁和内部优势与劣势，给出相应的权重。

(2) 将得出的匹配的战略备选方案填到矩阵顶部的横行中。

(3) 确定每一组备选方案的吸引力分数(Attractiveness Score，AS)。根据所考察的关键因素与备选战略的关系给出评分。评分值在 1~5 之间，根据机会、威胁、优势和弱势来分别确定。具体定义见表 5-3。

表 5-3　吸引力分数说明

分数	机　会	威　胁	优　势	劣　势
5 分	充分抓住机会	很好地应对威胁	充分利用优势	很好地弥补劣势
4 分	较好地把握机会	较好地应对威胁	较好地利用优势	较好地弥补劣势
3 分	把握机会程度一般	应对威胁能力一般	利用优势程度一般	弥补劣势程度一般
2 分	不能较好地把握机会	不能较好地应对威胁	不能较好地利用优势	不能较好地弥补劣势
1 分	完全没有抓住机会	完全不能应对威胁	完全不能利用优势	完全不能弥补劣势

(4) 计算吸引力总分(TAS)。吸引力总分(Total Attractiveness Score，TAS)表示各备选战略的相对吸引力。吸引力总分越高，战略的相对吸引力就越大。

(5) 计算吸引力总分和。它是通过将 QSPM 矩阵中各个备选战略的 TAS 总分相加而得。分数越高，表明战略越具有吸引力。

值得注意的是，由于 QSPM 矩阵是对备选方案进行对比评价，因此 AS 评分应该横向进行，即对某一因素在各个备选方案间进行比较。此外，并不是每一个在战略匹配阶段所涉及的可行性的战略都要在 QSPM 战略中得到评价，战略制定者应该凭借自身良好的直觉性判断选择进入 QSPM 矩阵的战略。

QSPM 矩阵涉及了战略上重要的取舍问题，企业应该充分利用有限的资源来达到最大的输出效果，对长、短、利、害等要素进行综合的评价，同时可以评价多种战略或战略组的数量，而且要求战略制定者在决策过程中将有关的外部和内部因素结合在一起考虑。在这里，由于外部因素和内部因素的总权重为 1，因此可以看作外部因素和内部因素同等重要，这是一种风险中性的反映。决策者可以根据风险偏好，通过调整权重的大小来调整内外部因素的关系，如果企业集团倾向于进取型，可以将外部因素权重设得高一些，相反如果企业内部倾向于稳重型，则可以将内部因素权重设得高一些。

此外，QSPM 把战略决策者们的主观判断定量化，使各方观点、判断都在一个平台上完好地呈现出来，更有助于帮助决策团队达成共识。

然而，QSPM 矩阵总是要求做出直觉性判断和经验性假设，因为权重的设定和吸引力的分数往往要靠经验来判断。同时，由于 QSPM 是建立在战略策划的第一阶段(信息输入阶段)、第二阶段(匹配阶段)的基础上的，因此 QSPM 的准确度往往要依赖前两个阶段的准确度，这也限制了 QSPM 结果的精确度。

五、战略策划方案的制定

战略策划方案的制定就是从多个战略策划方案中选择一个令人满意的方案。没有一定数量和质量的可供选择做比较的方案，就难以辨认其优劣，也就不可能做出科学的决策。

在若干个备选方案确定后，决策者要根据上述决策原则与方法对各备选方案进行分析和评价。在分析比较各种备选方案时，应根据所要解决问题的性质，考虑每种方案的预期成本、收益、不确定性和风险等因素，预测客观环境中对组织的前途命运影响较大的因素，采用定量分析和定性分析的方法，按照科学的评价标准，结合决策的目标、组织的资源和方案的可行性，对各备选方案的优劣进行综合评价，找出各方案的差异，并初步研究各方案实施后可能出现的结果和潜在问题，对备选方案进行优选，最终确定战略策划方案。

方案选优，就是在对各个可行性方案进行评估的基础上，由决策者通过总体平衡、对比分析后做出科学判断，选出令决策者满意的最优方案，即做出决策。挑选备选方案可以采取三种基本方法：经验、实验模型研究和分析。逐一来看：其一，在某种程度上，经验是最好的老师，然而，把经验作为未来行动的指南可能是危险的，因为经验不一定适用于新的问题，但是经验作为决策分析和选择的基础可能是有用的；其二，我们知道，在科学研究中经常采用实验的方法，而管理人员能够确保某些计划的正确性的唯一方法就是去实验各种备选方案，当然这样的成本巨大；其三，在战略策划方案制定时，方案选优的一个重要步骤就是做一个模拟问题的模型，同时将运筹学的方法作为生产和经营管理的重要决策手段。

值得注意的是，"最优"是在一定范围之内，各种备选方案是相比较而言的，并不是绝对的。正是在这种意义上，可以认为最优决策是没有的，只是某种理想。认为只要决策"足够满意"即可，主张用"满意"代替最优。因此，在制定战略策划方案时，要选择有利于达到既定目标、体现了最大利益、容易实行的备选方案作为战略策划方案。

经典案例

错误的战略选择开启下坡之路——摩托罗拉陷入战略选择迷途

21 世纪初，摩托罗拉一直是引领尖端技术和卓越典范的代表，享有全球最受尊敬公司之一的尊崇地位。它一度前无古人地每隔 10 年至少开创一个工业领域。公司成立 80 多年来，发明过车载收音机、彩电显像管、全晶体管彩色电视机、半导体微处理器、对讲机、寻呼机、大哥大(蜂窝电话)以及"六西格玛"质量管理体系认证，它先后开创了汽车电子、晶体管彩电、集群通信、半导体、移动通信、手机等多个产业，并长时间在各个领域没有对手。

就是这样的一家有着显赫历史的企业，在 2003 年手机的品牌竞争力还排在全球第一位，但到了 2004 年就被诺基亚超过，排在了第二位；到了 2005 年又被三星超过，排到了第三位。摩托罗拉 2008 年第一季度全球手机销量下降 39%，手机部门亏损 4.18 亿美元，与上年同期相比亏损额增加了 80%。

事实证明，摩托罗拉在过去不同时期的战略选择过程，也是摩托罗拉逐步走下坡路的过程。

早年为了夺取对世界移动通信市场的主动权，并实现在世界任何地方使用无线手机通信，一些以摩托罗拉为首的美国公司在政府的帮助下，于 1987 年提出新一代卫星移动通信星座系统——铱星。

铱星系统的技术在当时的卫星通信系统中处于领先地位。铱星系统卫星之间可通过星际链路直接传送信息，这使得铱星系统用户可以不依赖地面网而直接通信，但这也导致系统风险大，维护成本相对于地面也高出许多，整个卫星系统的维护费一年就需几亿美元之巨。

谁也不能否认铱星的高科技含量，但用 66 颗高技术卫星编织起来的世纪末科技童话在商用之初却将自己定位在了"贵族科技"上。铱星手机价格每部高达 3000 美元，加上高昂的通话费用，它开业的前两个季度，在全球只发展了 1 万用户，这使得铱星公司前两个季度的亏损就达到了 10 亿美元。尽管铱星手机后来降低了收费，仍未能扭转颓势。

同时，在特定时期选择错误的营销战略，使得摩托罗拉进一步迷失了产品开发方向，走上了错误的道路——不考虑手机的细分发展，3 年时间仅依赖 V3 一个机型。没有人会否认 V3 作为一款经典手机的地位，正是依靠 V3，摩托罗拉 2005 年全年利润提高了 102%，手机发货量增长 40%，摩托罗拉品牌也重焕生机。尽管 V3 让摩托罗拉复苏，更让摩托罗拉看到了夺回市场老大的希望。然而，摩托罗拉过分陶醉于 V3 带来的市场成功。相关研究显示，2005 年以前是明星机型的天下，一款明星手机平均可以畅销 2～3 年，而在 2005 年之后，手机市场已成了细分市场的天下，手机行业已经朝着智能化、专业拍照、娱乐等方向极度细分，而摩托罗拉似乎对此视而不见。在中国市场，2007 年摩托罗拉仅仅推出 13 款新机型，而其竞争对手三星则推出了 54 款机型，诺基亚也有 37 款。

在新品跟不上市场需求的情况下，降价成了摩托罗拉为提高销量不得不选择的战略。许多摩托罗拉的忠实用户把摩托罗拉手机称为"(价格)跳水冠军"。以 V3 为例，从刚上市时的 6000 多元的高端时尚机型跌入 4000 多元的白领消费群，再到 2000 多元的普通时尚消费群，直到停产前的 1200 多元低端消费群。短期的大幅降价让不少高端用户无法接受，同时也对 V3 的定位产生了质疑，结果就是对摩托罗拉品牌彻底失去信任。

手机消费者在手机厂商的培育和自发发展下，需求变化日益飘忽不定。消费者对手机的要求已经不仅仅局限在外观方面，苛刻的消费者更多地开始关注手机的配置、功能特色等内在技术因素。以技术见长的摩托罗拉本不应在技术方面让消费者失望，但是现实还是让消费者失望了。从手机零售卖场那些列出来的一目了然的参数中，摩托罗拉的像素、屏幕分辨率、内存几乎都落后于诺基亚等竞争对手的同类机型。自从推出 V3 之后，摩托罗拉发布的绝大部分新品手机无论是 U 系还是 L 系，甚至是 K 系就再也抹不去 V3 的影子，尤其是其金属激光蚀刻键盘设计。V3 的键盘设计的确是经典，但再经典的东西被反反复复无数次拿出来用，也会引起消费者的视觉疲劳，甚至产生抵触情绪，尤其是对于那些换机用户。

而摩托罗拉此时的组织结构也不能支持摩托罗拉在战略选择中向前发展的需要了。摩托罗拉是一个很重视产品规划的公司，此前摩托罗拉每开发一款新产品，通常先提前数月预测消费趋势。但在快速升级换代的手机行业，制造商们试图提前数月预测消费者需求是非常困难的。

再加上摩托罗拉是一家技术主导型的公司，工程师文化非常浓厚，这种公司通常以自我为中心，唯"技术论"，从而导致摩托罗拉虽然有市场部门专门负责收集消费者的需求，但在技术导向型的企业文化里，消费者的需求很难被研发部门真正倾听，研发部门更愿意花费大量精力在那些复杂系统的开发上，从而导致研发与市场需求脱节。

另外，摩托罗拉内部产品规划战略不统一、不稳定，使得上游的元器件采购成本一直降不下来。摩托罗拉每一个型号都有一个全新的平台，平台之间大多不通用，这就带来生产、采购、规划上的难度。即使是全球顶级通信设备商，同时运营好系统设备和手机终端两块业务，也是一项"不可能完成的任务"。

摩托罗拉副总裁吉尔莫曾说："摩托罗拉内部有一种急需改变的'孤岛传统'，外界环境的变化如此迅捷，用户的需求越来越苛刻，现在你需要成为整个反应系统的一个环节。"

2014年10月，摩托罗拉被中国联想收购，2015年初Motorola宣布回归中国，并随后在中国市场发布了一系列产品。不过从结果来看，摩托罗拉未能迅速适应此时中国手机市场正在进行的渠道、用户需求、品牌营销等方面的重大变化，市场表现有些"叫好不叫座"。

2018年5月，联想集团宣布重大组织调整，把PCSD(个人电脑和智能设备业务集团)和MBG(移动业务集团)整合成立为IDG(智能设备业务集团)。其中，联想手机中国区业务正式加入联想中国，组织架构和人员调整也被外界视为联想中国手机业务"重新出发"的起点。以"智慧联想 服务中国"为愿景推动了联想在智慧渠道、智能物联等方面的一系列变革，联想手机业务加入联想中国，可以更好地借势形成合力，而不再是单打独斗。

2019年年底，摩托罗拉正式发布了首款折叠屏手机Motorola Razr 2019。Motorola Razr 2019采用了上下折叠的翻盖设计，展开后内屏采用6.5英寸876×2142分辨率刘海屏，副屏为2.7英寸800×600分辨率。2019年12月26日开始预购，2020年1月9日开始发货。

从把联想手机中国区业务加入联想中国，成立IDG开始，摩托罗拉在中国"重新出发"的战略选择就已经开始。只有经历过"至暗"时刻并完成"翻转"的企业，才能真正在市场寒冬下淬炼出"逆风奔跑"的能力。联想中国面对的显然是5G、人工智能和智能物联时代的新机遇，从这个角度来看，摩托罗拉新的战略选择，不仅必要，而且非常及时。

(资料来源：本书作者整理编写。)

思 考 题

1. 商业模式的含义是什么？
2. 什么叫电子商务模式？电子商务的类型分为哪几种？
3. 什么叫虚拟经营？虚拟经营的运作形式有哪些？
4. 蓝海战略与红海战略的区别是什么？
5. 影响企业战略选择的因素有哪些？
6. 什么叫盈亏分析？盈亏分析在确定型战略选择与决策中的用途有哪些？
7. 什么叫战略决策？

第六章

战 略 实 施

【学习要点及目标】

- 了解战略实施的主要任务。
- 掌握战略实施的基本原则。
- 了解组织结构与战略的关系以及组织结构的发展模式。
- 了解战略实施的领导管理理论。
- 理解战略创新的含义与特征。

除非战略被认真、系统地实施，也除非战略制定者决意致力于取得好的经营成果，否则一切精力将被用于为昨日辩护，没有人会有时间开拓今天，更不用说创造明天。

——彼得·德鲁克

昔之善战者，先为不可胜，以待敌之可胜。不可胜在己，可胜在敌。故善战者，能为不可胜，不能使敌之可胜。故曰：胜可知而不可为。

——《孙子兵法·行篇》

哲学家们只是用不同的方式解释世界，而问题是改变世界。

——卡尔·马克思

开篇案例

突破与裂变——京东的战略实施之路

2017 年 1 月，京东集团董事长兼 CEO 刘强东在集团年会演讲中明确表示，京东过去 12 年一切归零，将从科技零售转向零售科技，未来一切的核心是技术。2017 年为京东的战略元年。

刘强东所说的过去 12 年，是指京东从 2004 年进入电商领域至 2016 年年底的这段时间。在这 12 年间，京东经历了中国电商行业高速增长的超级红利期，以电商零售起家的京东，在电商初期的草莽时代，企业组织更类似于军队，员工数量众多，纪律严明。

规模、增速与执行力，是京东早期发展过程中的关键词。据了解，京东在人事考核指标方面非常明确，诸如九宫格晋升淘汰机制、两下两轮、8150 原则、Backup 原则等，清晰明确的奖惩机制保证了组织对京东战略的实施能力。

2014 年上市前夕，京东集团进行内部人事调整，密集投资并高速扩张。在电商流量红利大势下，外部管理能力叠加内部执行力，再加上倾注于物流等基础设施所形成的服务壁垒，京东上市前的 GMV 保持翻倍增速：2012—2014 年 GMV 增速分别为 124.2%、71.2% 和 107.3%。

2017 年，刘强东及京东管理层发现中国电商行业在经过萌芽期、基础建设期、快速发展期之后，已然进入成熟期。相对应的电商平台流量格局已定，线上红利逐渐消失。2016 年，移动购物市场增速首次低于 100%。2016 年年底，阿里推出新零售概念，带领电商向线下进军。

同样是在 2017 年年初，刘强东在年会演讲中发出向零售科技转向的呼声。同年 7 月，刘强东再发表一篇长文——《第四次零售革命》，正式提出了京东的新一轮战略，其理论框架包括无界零售、零售即服务和积木型组织三个核心概念。在刘强东看来，"无界零售时代"零售基础设施将变得极其可塑化、智能化和协同化，从而实现成本、效率和体验的升级。

京东内部零售革命的战略内涵体现在，从"一体化"走向"一体化的开放"，最终成为以零售为基础的技术与服务企业。所谓一体化开放，就是京东去中心化，向碎片化场景开放；以零售为基础，就是京东多年来在电商领域积累的基础设施；技术与服务，涉及包括供应链、物流、营销、售后等相关技术沉淀的大量资产。换言之，京东要从传统零售电商平台拓展至更多的行业、更多的客户，提供基于零售的技术和服务，包括物流、金融、营销、数据等环节。

　　它本质上涉及一个"吃甘蔗"理论，但又不是传统意义上的"吃甘蔗"。消费品行业包括创意、设计、研发、制造、定价、营销、交易、仓储、配送、售后这"10 节甘蔗"，其中前 5 节的利润归属于品牌商，后 5 节的利润归属于零售商。京东想要做的是，通过将自身最出色的基础设施模块化，并开放出来，向合作伙伴提供更好的基础设施服务。显然，京东最终想实现的是与合作伙伴共创价值。

　　在刘强东发表《第四次零售革命》一个月之后，京东又在日本召开战略会议，并在这次战略会议中推出了"中台"概念。所谓中台，对应着"积木型组织理论"，它来源于乐高积木的标准化砖块——通过统一的接口，数千块乐高积木能够拼装成任何造型。与此类似，业务丰富的企业，其产品和服务也能够化为积木，通过统一的接口，拼接为客户所需的任何解决方案。

　　经历了前 12 年的沉淀之后，京东恰恰拥有这样的能力：营销、金融、数据、物流、技术……但此前这些能力都深度耦合在京东自身的系统中，可以说是一块块完全个性化、无法复用的拼图，而积木型组织必然要求对接客户的前端组织能够敏捷响应需求，因此位于前端与后台之间的"中台"便至关重要，它需要将企业业务能力标准化，并具备协作能力。

　　刘强东提出"中台"概念后，带来了京东集团组织架构的调整。在 2017 年召开的京东战略会议结束之后，京东商城便成立技术中台。2018 年 1 月，京东商城原有 10 个事业部按照品类整合为大快消、电子文娱与时尚生活三大事业群，京东三位元老接领帅印。随后，2018 年 8 月，京东商城整合成为创新、销售、平台、技术、营销、客服售后及业务支持七大虚拟板块，类似业务进行融合以提高效率。最终，中台概念的全面落地是在 2018 年 12 月，至此，京东商城分为前台、中台、后台三个部分。前台部门包括平台运营业务部、社交电商业务部、生鲜事业部、新通路事业部、拍拍二手业务部；中台部门包括 3C 电子及消费品零售事业群、时尚居家平台事业群、生活服务事业群、技术中台和数据中台、商城用户体验设计部及其他支持服务等；后台部门包括商城财务部、商城各业务部门 HRBP 团队及新成立的 CEO 办公室。

　　一个明显特点是，此次调整首次从组织架构上突出了中台的位置。按照前中后台结构预想，前台是离客户最近的部门，负责洞察市场、产品创新及精细化运营，中台则发挥着为前台提供专业能力的共享平台职能，后台是指基础设施建设，拥有专业化、服务意识等特点。

　　围绕中台的设置，有业内分析人士评论道："'中台'的存在，是为了提炼各前台的共性需求，把后台产品做成标准化组件供前台部门使用，同时作为'变速齿轮'匹配前后台速率，产品更新迭代更灵活、业务更敏捷。"

　　新成立的大中台在京东商城的业务中随即发挥作用。以数据中台为例，数据中台的核心包括数据基础层、数据服务层、数据应用层。在数据基础层的建设方面，京东建立了统一的采存算大数据平台，有节奏地合并数据集市，形成统一的大集市。在数据服务层，京东正在搭建一套公共的数据标签体系，为各个数据应用场景赋能。同时，数据中台向各数据应用层提供数据模型能力，通过商品数据治理形成更准确的商品画像。最后在数据应用层，京东数据中台推动前台统一了数十个数据产品，建立了统一的数据口径和数据看板。

　　需要注意的是，与京东商城进行前中后台调整节奏相仿，京东数科(原京东金融)与京东物流也在几乎同期做着调整。2018 年 1 月，京东金融从后台将 2B 与 2C 业务明确分离。2018

年 9 月，京东金融正式更名为京东数科，在前端划分出多个独立子品牌，包括京东金融、京东城市、京东钼媒、京东少东家和京东农牧，这其实是按照场景与客户类型进行了区分。物流集团则打造 1844 的组织架构，其中 1 是指大中后台，是实施营销、进行人力财力规划的主体，844 是指包括 8 大核心业务、4 大成长业务和 4 大战略业务在内的前台，实行"合伙人 Big Boss"机制，从而实现划小经营、决策前置。

自 2017 年开始酝酿调整，直至如今，京东的变化在财报数字中开始有所体现。京东集团 2019 年一季度不仅净收入与净利润超预期，运营利润率亦同比提升 1.7%～2.7%，超出市场预期 187.1%，创下上市以来的最高利润。

需要注意的是，京东的中台布局是其对外提供技术和服务的基础，唯有如此，才能高效应对 B 端的服务需求。2019 年 618 期间，大量品牌商、渠道商通过京东智能供应链实现了精细运营，通过京东开放物流实现了高质量服务。这些均基于京东智能供应链、京东物流多年积累的模块化，进而实现流畅、灵活的对外开放。

经历了 2017 年的战略元年，2018 年可以看作是京东的组织元年，意为围绕新一轮战略进行组织架构调整的启始之年。它是一个"进行时"的概念，集团层面的组织架构重组与调整得以明确，京东集团由京东零售、京东物流、京东数字科技三大子集团和多个业务板块组成。

京东在发布 2019 年首季财报后，京东健康集团正式亮相，成为京东旗下第三只独角兽。有京东方面人士表示，大健康未来将成为京东较为重点的布局领域。

但这还并非终局，京东战略实施与组织架构调整还在继续。正如微软的战略调整虽然起始于 2015 年，但在随后的几年中，微软一直没有停止实施新战略的调整步伐。今天的微软，其影响力和市值在美国科技界保持在数一数二的位置，与几年前那一轮的组织架构调整密切相关。

京东的未来布局思路可总结为突破与裂变两块。所谓突破，是指在现有零售生态中扩展用户与业务，这也是当前京东零售集团向下沉市场、社交电商等分支的发展轨迹；裂变则是全新的脉络，涉及技术、物流、数科等领域的对外拓展与输出。

无界零售下的社交电商与下沉市场，正是电商行业未来的方向所在。

（资料来源：本书作者整理编写。）

三分策划，七分执行。战略策划方案一经选定，就应把相关信息传递给执行人员组织实施。战略策划方案的实施是战略管理至关重要的一步。如果没有把确定的战略策划方案付诸实施，并且没有有效地执行实施，再好的战略策划方案也无法达到预期的战略目标。

企业一旦选择了合适的战略策划方案，战略活动的重点就从战略策划转移到了战略管理阶段。战略管理并不是轻而易举的过程，正如京东集团上述的战略实施与管理之路一样，它涉及公司治理的完善、组织结构的调整、内外部资源的配置、企业文化的建设及战略控制与变革等一系列问题。公司治理决定企业为谁服务、由谁控制、风险和利益如何在各个利益集团中分配等一系列根本性问题，而这些问题直接关系到整个公司的经营效率，关系到公司战略实施的成败。通过合理的利益风险分配、有效的监督机制及权力制衡机制、激励机制，公司治理能在很大程度上解决由于契约的不完整性而产生的委托代理问题，从而为公司对战略实施过程进行有效的管理提供了有效的平衡工具。因此，公司治理在战略管理中起着关键性作用。公司治理的设计从最高层着手，解决核心管理层的激励、监督、控制及权力制衡问题，为企业战略实施奠定一个有形的、高效的领导体制和运行机制。

第一节　战略实施概述

如果说战略策划是设计一套最佳行动方案，那么战略管理就是实施这套方案的过程。战略实施，就是将战略策划方案转化成实际行动并取得成果的过程。

一、战略实施的主要任务

(一)编制战略实施计划

战略实施计划就是将战略策划方案分解为项目、政策和预算、职能层战略等。组织中的各个管理层级要按照自上而下的原则对战略目标进行分解，在每个层面上制订详细的战略实施计划。彼得·德鲁克指出，高层管理的首要任务就是制定与实施战略。他认为要通过企业的使命来思考管理的任务，要随时思考：我们的企业是什么样的企业？它应该是什么样的企业？战略实施计划不仅可以避免实施过程中出现混乱局面，而且可以让企业所有人员有明确、具体的工作目标。在编制战略实施计划时，必须为每个战略实施阶段制定分阶段目标，并相应地制定每个阶段的措施和策略等。

一般的战略实施计划包括以下内容：第一，制定任务进度安排。包括分解企业总体战略目标，明确进度计划和分阶段目标，并分析论证既定时间框架下的可行性。第二，制定分战略。在对总体战略目标进行分解后，就需要制定各事业部和各职能部门的分战略，并进一步制定相应的实施措施和策略。第三，明确工作重点和工作难点。明确企业在不同时期、不同阶段和企业各个部门的工作重点和难点，明确工作的先后顺序，以便有针对性地重点推进企业战略的实施，保证战略目标的实现。

(二)建立与战略相适应的组织结构

"组织"是战略执行中最重要、最关键的要素之一。完善而有效的组织结构不仅能为资源或要素的运行提供最为适当的空间，还可以弥补或缓解资源、要素等方面的缺陷。一个好的企业战略只有通过与其相适应的组织结构去执行才能起作用，因此，战略决定组织结构，组织结构必须按照战略目标的变化进行调整。如今的企业处在动态变化的环境中，企业面临的内外环境越来越复杂，经营战略调整或变革的步伐更加紧凑，在此环境下，企业更应该根据新的战略来调整旧的组织结构，以期获得更大的效益。

(三)配置企业资源

资源配置是战略实施的重要内容，企业在战略实施过程中必须保证资源的优化配置。企业资源的配置包括外部资源配置和内部资源配置两个方面。外部资源配置是指企业利用外部资源保证战略实施，比如外部的公共关系资源、物力资源等。内部资源配置包括两部分：第一，在组织不同部门之间，如不同的子公司、分公司、分厂以及不同业务或部门之间如何分配资源；第二，在同一部门内部如何分配资源。内部资源包括人力资源、物力资源和财务资源。由于资源的配置受到诸多因素的限制，而且很难具体量化，这就造成企业的资源配置和战略实施不匹配情况的发生。因此，在战略实施过程中如何根据企业战略和实际情况配置合适的资源也是一个很关键的问题。

(四)发挥领导者的主导作用

企业领导者的能力和作用是战略得以有效实施的重要保证。领导是决定一个组织兴衰的关键因素，同时也是战略计划贯彻实施的决定性因素。发挥领导者的作用具体表现在两个方面：首先是领导者对战略实施的支持。这种支持包括制定战略计划、配置企业资源、改进组织结构等内容。其次是领导者能力与战略的匹配。由于不同的战略对战略实施者的知识、价值观、技能及个人品质等方面有不同的要求，因此，只有领导者的能力与所选择的战略相匹配才能促进战略的有效实施。这种匹配包括总经理的能力与战略类型的匹配和总经理班子中每个成员能力的相互匹配。

(五)处理好战略实施与企业文化的关系

从战略实施的角度看，企业文化既要为战略实施服务，又有可能制约着企业战略的实施。一方面，企业文化的特点要求企业战略必须符合企业的文化背景，否则会妨碍企业战略策划方案的实施；另一方面，原有的企业文化可能不适合现有战略，从而制约战略的实施。到底是"企业文化追随战略"还是"战略追随企业文化"，在这一问题上，一种观点认为，企业为实施战略而改变企业文化，需要付出巨大代价；另一种观点认为，企业，特别是发展迅速行业中的企业，必须改变企业文化，使之适应战略实施的需要，并成为企业发展的动力之一。在处理战略实施与企业文化的互动关系时，要注意以下三点：首先，注意战略与任务的衔接问题。战略与任务的衔接就是必须要让主要的变化与企业的基本使命相衔接，要让现有内部人员去填补由新战略产生的位置空缺；要对那些与公司目前文化不相适应的变化予以特别关注，保证现存的价值观念与规范的主导地位。其次，注意要围绕文化进行管理。当公司的战略实施与企业文化不一致时，就需要围绕文化进行管理。其基本点就是要实现公司所期望的某些战略变化，但不与现存的企业文化直接冲突。最后，要注意对战略的调整。当公司文化与战略存在较大冲突时，企业首先需要考虑是否有必要对战略进行调整。

(六)适当的战略调整或战略变革

如果新制定的战略策划方案在战略实施中出现较大偏差，企业应考虑采取纠正措施或实施权变计划。在战略实施过程中，一旦推断出公司外部环境带来的机会或威胁可能造成的后果，则必须对战略进行调整或变革。企业在实施战略调整或变革过程中可以采取如表 6-1 所示的三种模式。

表 6-1　战略调整或变革的三种模式

模　式	含　义	特　点
常规模式	企业按照常规的方式去解决所出现的偏差	费时较多
专题解决模式	企业就目前所出现的问题进行专题重点解决	反应较快，费时较少
预算计划模式	企业事先对可能出现的问题制定权变计划	反应最快，费时最少

二、战略实施的基本原则

(一)适度合理性原则

1. 对总体战略目标的实施保持适度合理性

企业战略策划方案制定经常会受到信息、决策时限以及认知能力的限制，这就造成企业战略可能不是最优的。另外，在战略实施过程中，由于企业外部环境及内部环境的变化较大，对新战略的实施也不一定按照既定计划执行。因此，只要总体战略目标以及主要的战略目标得以实现，就应当认为战略的制定和实施是成功的。战略实施过程不是一个简单的执行过程，而是需要全体人员的配合，需要执行人员的大胆创造和变革。在创造和变革的过程中，战略的某些内容或特征有可能改变，但只要不妨碍总体战略目标的实现，就是合理的。

2. 对各种矛盾的协调保持适度合理性

战略实施过程可能涉及组织结构的调整或企业文化的改变，这就会造成一些矛盾和冲突。为此，企业的高层管理人员要对这些矛盾和冲突加以协调，寻求各种解决方法，而不是去寻求绝对的合理性。只要不损害总体战略目标的实现，这些矛盾和冲突是可以接受的。所以，要对战略实施过程中的各种矛盾的协调保持适度合理性，这样才有利于战略的实施。

(二)统一指挥原则

企业的高层领导对企业战略策划方案的理解最为深刻，他们掌握的信息最多，对企业战略各个方面的要求以及相互联系了解得更加全面，对战略意图体会最深，因此，战略的实施应当在高层领导人员的统一领导、统一指挥下完成。只有这样，其战略计划的制定、资源的配置、组织结构的调整、企业文化的建设、信息的沟通及控制、激励制度的建立、战略的调整或变革等各方面工作才能相互协调。

(三)权变原则

由于企业内外部环境的变化，战略策划方案在实施过程中出现偏差在所难免。战略实施过程本身就是解决问题的过程，但如果企业内外部环境发生重大变化，以致原定的战略不可能实现，就需要对战略策划方案进行重大调整或重新制定战略，这就是战略实施中的权变问题。权变的观念要求企业识别战略实施中的关键变量，并在这些关键变量的变化超出一定范围时提出调整方案。企业应该对可能发生的变化及其可能造成的后果做好充分的准备，以使企业具有快速的应变能力。

三、战略实施的模式

(一)指挥模式

指挥模式的特点是战略制定者和执行者分开，高层管理人员只是关注战略的制定，一旦企业制定满意的战略，高层管理人员便指挥下属执行，而自己不参与。这种模式适合于高度集权、环境相对稳定、资源较为充裕的小型企业，对信息条件要求较高。

这种模式的优点在于决策时间短、效率高，缺点在于不能适应快速变化的环境。由于战略制定和战略执行者分开，可能造成战略执行与既定战略相脱节的情况。同时，由于战略执行者处于被动执行状态，也不利于企业战略目标的实现。

(二)变革模式

变革模式的特点是高层管理人员更加关注战略实施，他们通过建立一个机构来推动战略的实施。为此，在高层管理人员的主导下，组织会进行一系列变革。例如，建立新的组织结构、塑造新的企业文化、重新进行资源配置等。这种模式适合于稳定行业中的小型企业。

这种模式虽然保障了战略的实施，但是缺乏灵活性；同时由于这种模式是自上而下地实施战略，不利于调动员工的积极性。

(三)合作模式

合作模式的特点是负责制定战略的高层管理人员和其他相关人员运用头脑风暴法，采取集思广益的方式制定战略。高层管理人员在其中充当了参与人和协调人的角色，他们力求采纳各方面意见，保证战略制定的科学性。同时，他们也参与战略的实施工作。

这种模式的优点在于集思广益，能够收集各方面意见；同时，战略制定人员也参与战略实施，增加了实施成功的可能性。缺点在于制定的战略可能带有倾向性，集体决策可能流于形式，同时也会影响决策效率，从而降低了战略的经济合理性。

(四)文化模式

文化模式的特点是扩大了合作模式的范围，将企业的基层员工也吸纳了进来。高层管理人员对战略实施充分授权，企业高层领导运用企业文化的手段，不断向企业全体成员灌输战略思想，建立共同的监督机制和行为准则，使所有成员在共同的文化基础上参与战略的实施。

这种模式的优点在于使每个员工都参与实施，有利于战略的实施工作。缺点在于需要耗费较多的人力和时间，并且要求基层人员具备一定的知识水平。同时，文化的形成需要很长的时间，一旦形成又难以改变，在企业战略进行调整或变革时，文化也许会成为绊脚石。

四、战略实施中的资源配置

(一)影响资源配置的因素

所谓资源配置，就是将人、财、物、技术等在企业内部进行分配。企业在战略实施过程中应当保证资源的有效配置，这样才能保证战略的有效实施。然而在现实中，往往有一些因素影响着资源的有效配置，致使战略的实施缺乏资源支持。

1. 资源保护机制

资源保护机制是指由于人、财、物、技术等各项资源由专门部门负责开发、保护和管理，部门管理人员担心资源分配上出差错而承担责任，往往十分谨慎地对待资源请求，不能及时地把资源分配到战略实施中最需要的部门。

2. 个人价值偏好

个人价值偏好是指主管资源分配的管理人员按个人预期进行分配，如果个人预期与资源需求不一致就会出现人为障碍。

3. 互惠利益

当重大的决策有利于某些部门时，他们会结成同盟，积极支持该项决策；相反，如果这些决策对这些部门不利时，他们会结成同盟，反对该项决策，从而影响决策方向，阻碍资源分配。

4. 战略的不确定性和不完整性

由于战略的实施效果难以确定，因此资源分配人员宁愿进行短期的资源分配而不愿意进行长期的资源分配。另外，战略本身的缺陷和不完整性也会造成资源的缺乏或浪费。

(二)企业战略资源分配的内容

1. 人力资源分配

人力资源分配包括三个方面的内容：第一，为各个战略岗位配备管理和技术人才，特别是对关键岗位的人员的选择；第二，为战略实施建立人才及技能的储备；第三，在战略实施过程中，对整个队伍综合力量的搭配和权衡。

2. 资金分配

企业一般采用预算的方法来进行资金分配，一般有零基预算、规划预算、灵活预算、产品生命周期预算四种预算方法。在资金分配中应该遵循两个原则：首先要根据各单位、各项目对整个战略的重要性来设置资金分配的优先权，以实现资源的有偿高效利用；其次是努力开发资金分配在各战略单位的潜在协同。

(三)战略导向资源配置

战略性资源是稀缺的、有独特价值的、不可模仿的资源，主要是指知识、信息等无形资源。战略导向资源配置一般是指稀缺性战略资源的配置。

1. 战略导向资源配置的层次和方式

企业战略导向资源配置通常在两个层次进行，第一个层次是公司层，第二个层次是职能部门、事业部等中间层。公司层战略资源配置主要是指在企业内部不同部门或组织之间进行资源分配，这些部门或组织可能是企业的职能部门，也可能是业务分部、地区性分部或独立事业部。公司层战略资源配置根据企业总体资源变动情况可以分为三类，具体如表 6-2 所示。中间层战略资源配置主要是指在一个企业中的职能部门或事业分部的内部进行资源分配，中间层的战略资源配置要注意资源确认、与现有资源的一致性和资源之间的一致性这三个问题。

表 6-2　公司层战略资源配置分类

类　型	分配方式	含　义
资源不变型	公式化分配	企业使用一个公司作为分配的出发点。例如，在公共服务组织内部，收入可能按照每人多少来分配
	自由讨价还价分配	公司总部和部门、组织分部之间通过讨价还价确定资源配置额度，讨价还价后确定一个结果
资源增长型	总部分配	集中划定优先领域，由组织总部来进行资源分配
	公开竞争分配	组织总部通过公开竞争来分配资源
	有约束的竞价方式	各个组织或部门可以竞价要求额外的资源，但要在组织制定的标准和限制范围内进行
资源下降型	上级分配	部分企业中的再分配，简单地由上级来决定
	公开竞争分配	以公开竞争的方式实现再分配
	有约束的竞价方式	资源从一个领域转到另一个领域

2. 资源配置的共享性

资源配置的共享性是公司层战略资源配置面临的最大困难之一。从整个公司来看，不同部门之间存在大量的资源重复使用、资源浪费等情况。要解决资源配置共享性问题，需要企业不同组织、不同部门之间具有战略协作意识，同时，需要公司总部在资源分配上提供集中指导。

经营层资源计划与战略的匹配如图 6-1 所示。

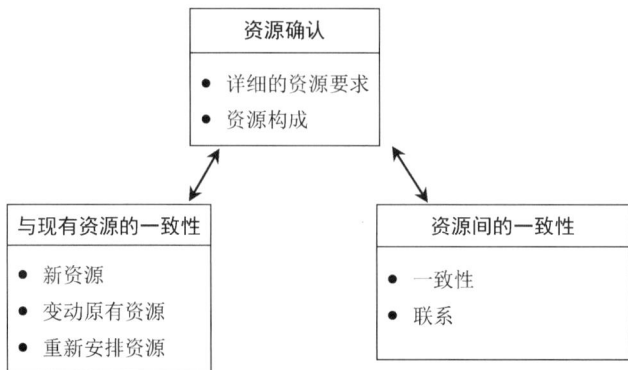

图 6-1　经营层资源计划与战略的匹配

(四)关键战略活动资源配置

1. 人力资源的分配

为关键战略活动配置人力资源,具体体现在企业的人力资源开发过程中。配置步骤为:第一,根据关键战略活动确定特定的人力资源计划和人才需求;第二,吸引、招募和选拔符合需要的独特人才;第三,对新进的员工进行培训和潜力开发;第四,为战略性人力资源提供富有竞争力的报酬,加强对人力资源的绩效和薪酬管理。

2. 独特技能和能力的分配

企业需要建立具有独特竞争优势的人才队伍和构筑竞争对手难以模仿的竞争优势,要实现这两个目标,不仅需要配备具有独特技能和能力的人才,更需要配置竞争对手无法匹配的核心技术和专业技能。

第二节　战略实施的组织结构管理

组织结构管理是战略实施中必然要面对的基本问题,战略的成功实施需要得到组织上的保证。只有当企业的各种因素相互适应和相互匹配时,战略实施才更有可能取得成功。这就意味着,为了达到战略目标,管理者必须取得战略与其内部因素之间的匹配。

一、组织结构的定义及其与战略的关系

(一)组织结构的定义

组织,是为了实现特定目标而由分工协作的人及不同层次的权力和责任制度所构成的集合。组织结构,是组织成员为了实现组织总体战略和组织目标而分工协作,在职权、职责等方面所形成的结构体系。组织结构与战略具有密不可分的联系,是决定企业战略成败的关键因素之一。事实上,组织结构不仅是战略实施的主要工具,而且从一开始就影响了战略的形成和选择过程。正因为如此,组织结构与战略的关系一直是战略管理研究的重要课题之一。

(二)组织结构与战略的关系

美国哈佛大学商学院教授钱德勒通过对美国70家大型公司,特别是通用汽车公司、杜邦公司、新泽西标准石油公司和西尔斯·罗布克公司经营发展史的研究,发现公司战略与组织结构具有以下关系:当企业选择了某一新战略后,由于管理人员在现行组织结构中拥有既得利益,或不了解经营管理以外的情况,或对改变组织结构的必要性缺乏认识,使得现行结构不能立即适应新战略而发生变化。直到行政管理的问题暴露,企业效益下降,才将改变组织结构问题纳入议事日程。当组织结构变革以后,保证了战略的实施,企业的获利能力就会大幅度提高。由此就得出一个广为引用的结论——"战略决定结构,结构紧随战略"。该过程可以用图6-2来表示。

```
┌──────────┐     ┌──────────────┐     ┌──────────────┐
│ 企业战略  │ ──▶ │ 出现新的管理问题 │ ──▶ │ 组织绩效下降  │
└──────────┘     └──────────────┘     └──────────────┘
     ▲                                        │
     │                                        ▼
┌──────────────┐     ┌──────────────┐
│ 组织绩效得到改进 │ ◀── │ 建立新的组织结构 │
└──────────────┘     └──────────────┘
```

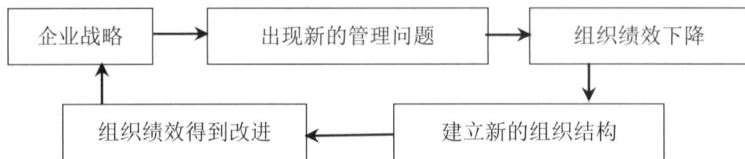

图 6-2　钱德勒的战略—组织结构关系图

虽然人们一致认为，组织结构应当适应和服从于企业战略，但对最优的组织结构设计却缺乏一致的意见。以前对某些企业是相当合适的组织结构，现在可能不再适用。一般认为，寻求类似战略的企业倾向于采用类似的组织结构。

- 单一业务和主导业务的公司(即公司主要在一个行业领域经营)，应当按照职能式的结构来组织。
- 生产相关产品或服务多样化的公司，应组织成事业部的结构。
- 生产非相关产品或服务多样化(复合多样化)的公司，应组织成复合式(或控股公司)的结构。

根据上面的讨论，可以对战略与组织结构的关系下一定论，即组织的结构要服从于组织的战略。这就是说，企业拟定的战略决定着其组织结构类型的变化。当企业确定战略之后，为了有效地实施战略，必须分析和确定实施战略所需要的组织结构。因为战略是通过组织来实现的，要有效地实施一项新的战略，就需要一个新的或者至少是被改革了的组织结构。如果没有一个健全的、与战略相适应的组织结构，所选择的战略就不可能被有效地实施。战略与组织结构的这种主从关系具有重要的意义，它指明企业不能从现有的组织结构的角度去考虑企业的战略，而应根据外界环境的要求去制定战略，然后再根据新制定的战略来调整企业原有的组织结构。

战略与组织结构的主从关系表现在以下 4 个方面：

- 管理者的战略选择规范着组织结构的形式。
- 只有使组织结构与战略相匹配，才能成功地实现企业的目标。
- 组织结构抑制着战略，与战略不相适应的组织结构将会成为限制、阻碍战略发挥其应有作用的巨大力量。
- 一个企业如果在组织结构上没有重大的改变，则很少能在实质上改变当前的战略。

(三)战略的前导性与组织结构的滞后性

企业作为一个开放系统，总是处于不断变化着的外部环境之中。相对于企业外部环境的变化而言，战略与组织结构做出反应的时间是有差别的，先做出反应的是战略，而后组织结构才在战略的推动下对环境变化做出反应。这样就形成了战略的前导性和组织结构的滞后性。

1. 战略的前导性

战略的前导性指企业战略的变化要快于组织结构的变化。这是因为，企业一旦意识到外部环境和内部条件的变化提供了新的机会与需求时，首先是在战略上做出反应，以此谋求经济效益的增长。例如，经济的繁荣与萧条、技术革新的发展，都会刺激企业发展或减少现有的产品或服务。而当企业自身积累了大量资源时，也会据此提出新的发展战略。当然，一个新的战略需要组织结构做出相应调整或变革；否则，难以发挥新战略的功能和作用。

2. 组织结构的滞后性

组织结构的滞后性是指组织结构的变化速度常常慢于战略的变化速度，尤其在经济迅速发展时期更是如此。造成组织结构滞后性的原因主要有两个方面：来自组织的阻力和来自个体的阻力。

1) 来自组织的阻力

在组织结构的调整与变革过程中，原有组织本身具有一种阻碍力量。组织一旦形成，其稳定性就会发生作用，避免组织因产生剧烈震动而陷入混乱或无政府状态。具体而言，来自组织的阻力包括以下几方面。

- 结构惯性。组织所有的结构、制度、机制等具有稳定性，当新战略制定以后，新、旧结构的更替需要一定的时间。
- 有限的变革点。组织由一系列相互依赖、相互作用的关系组成，要改变某一个子系统，也要相应地改变其他子系统；否则，此子系统的单独变革是无效的。
- 群体惯性。组织群体具有稳定性和惯性，即使群体中的个体接受了组织结构的调整和变革，群体依然可能成为阻力。
- 对专业知识的威胁。组织结构的调整和变革，有可能威胁到某些部门和群体的既有专业知识，从而形成阻力。
- 对已有权力关系的威胁。在组织结构调整和变革过程中，需要重新分配权力，对长期以来形成的权力关系造成威胁，从而引发阻力。
- 对已有资源分配的威胁。因为资源是有限的，组织结构的调整和变革将重新分配资源，从而引起某些部门和群体的不满和抵触。

2) 来自个体的阻力

- 习惯。面对组织结构的调整和变革，个体往往会以惯常的方式做出反应，从而产生阻力。
- 安全。在原有组织结构中越感到安全的个体，就越可能阻碍结构的调整和变革。
- 经济因素。组织结构的调整和变革可能导致收入降低或带来其他经济方面的影响，因而造成经济恐慌。
- 对未知的恐惧。组织结构的调整和变革常以模糊性和不确定性来代替已知的事物，个体由于对未知事物具有恐惧感而产生抵触。
- 选择性信息加工。为了保护知觉的完整性，个体常常有意地对信息进行选择性加工，忽视那些挑战自己已有信息世界的信息，从而形成抵制。

二、组织结构的发展模式

组织结构是部门划分、管理层次与管理幅度的确定、集权与分权关系的确立等一系列管理决策的产物。确立组织结构各要素的不同方式，会使组织结构呈现不同的形式，即组织结构形式。战略和组织结构的发展模式如图 6-3 所示。

```
┌──────────┐    ┌──────────┐    ┌──────────┐    ┌──────────┐    ┌──────────┐
│ 简单结构 │───▶│ 销售增长 │───▶│职能制结构│───▶│ 规模扩大 │───▶│多部门结构│
└──────────┘    └──────────┘    └──────────┘    └──────────┘    └──────────┘
```

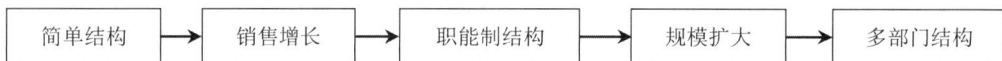

图 6-3　战略和组织结构的发展模式

(一)简单结构

简单结构(见图 6-4)又称直线制结构，其所有者兼经营者直接做出所有主要决定，并监控企业的所有活动。这种结构涉及的任务不多，分工很少，规则也很少，整个结构很简单。一般来说，简单结构适合提供单一产品、占据某一特定地理市场的企业。我国很多民营企业在创办初期都曾采用过这一组织形式，因为这些企业在创办时只有几个人，多是亲朋好友，采用这种结构不仅提高了工作效率，而且降低了管理费用。一般来说，具有简单结构的公司会选择集中成本领先战略或集中差异化战略。

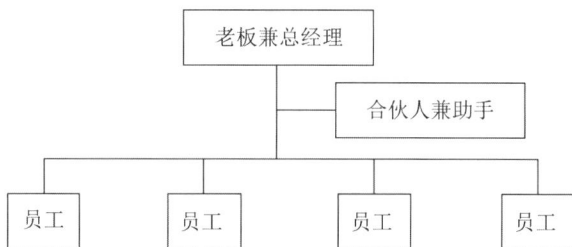

```
                    ┌──────────────┐
                    │  老板兼总经理 │
                    └──────────────┘
                          │
                          │    ┌──────────────┐
                          ├────│ 合伙人兼助手 │
                          │    └──────────────┘
           ┌──────┬───────┼───────┬──────┐
        ┌──────┐┌──────┐     ┌──────┐┌──────┐
        │ 员工 ││ 员工 │     │ 员工 ││ 员工 │
        └──────┘└──────┘     └──────┘└──────┘
```

图 6-4　简单结构

(二)职能型结构

职能型结构是一种由一名 CEO 及有限的公司员工所组成的结构，在重点的职能领域(如生产、财务、营销、研发、工程和人力资源等)配备职能层次的经理。职能结构允许职能分工，从而方便了知识共享和观点的发展。由于不同的职能方向会阻碍沟通和协调，CEO 的中心任务就是为了企业的整体利益而整合各个业务职能部门的决策和行动。职能型结构有利于多元化水平较低的业务层战略和一些公司层战略(如单一的或主导的业务)。当组织从一个小公司成长起来以后，一般可以采用职能型结构；在更加复杂的组织内，各子部门可能也要按这种结构来管理。典型的职能型结构如图 6-5 所示。

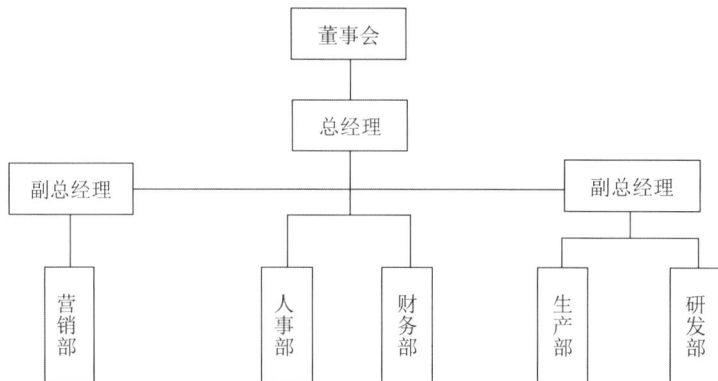

```
                    ┌──────────┐
                    │  董事会  │
                    └──────────┘
                          │
                    ┌──────────┐
                    │  总经理  │
                    └──────────┘
              ┌───────────┴───────────┐
        ┌──────────┐            ┌──────────┐
        │ 副总经理 │            │ 副总经理 │
        └──────────┘            └──────────┘
              │                       │
        ┌─────┴─────┬─────┐     ┌─────┴─────┐
     ┌────┐     ┌────┐┌────┐  ┌────┐     ┌────┐
     │营销│     │人事││财务│  │生产│     │研发│
     │部  │     │部  ││部  │  │部  │     │部  │
     └────┘     └────┘└────┘  └────┘     └────┘
```

图 6-5　职能型结构

职能型结构的优点有以下几个：

- 可以在职能范围内实现规模经济，同一职能部门的同事可以通过相互学习来提高专业度。
- 集中的战略控制。
- 权责清晰。

职能型结构的缺点有以下几个：

- 合作困难。
- 在制定战略时更强调本部门的利益。
- 鼓励部门间的竞争。
- 战略竞争可能会很缓慢。

(三)多部门型组织结构

多部门型组织结构通常是指根据地区、产品或服务项目、用户和生产工序或业务过程的不同来划分的组织形式，如图6-6所示。这种组织结构在美国仅次于职能制结构而被普遍采用。在多部门型组织结构中，职能业务活动在总公司和各自独立的分部两个层次进行。当组织增长时，需要细分它们的行为来处理可能在生产、地域或业务等方面出现的大量的多元化问题。

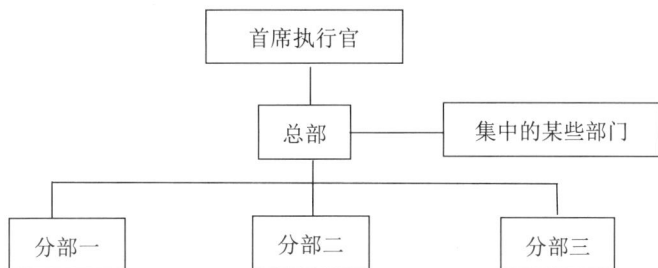

图 6-6 多部门型组织结构

20 世纪八九十年代，绝大多数大公司放弃了职能式结构以实施分散化管理，并加强经营责任制，多部门型组织结构日益盛行。

多部门型组织结构的优点有以下几个：

- 集中关注业务领域。
- 解决了职能合作问题。
- 可以衡量部门的业绩。
- 能够培育未来的高级经理。

多部门型组织结构的缺点有以下几个：

- 职能重复，并提高了管理费用。
- 形成了各部门之间的利益冲突。
- 与总部关系出现问题。

多部门型组织结构又分为事业部制结构、混合结构和母子公司。

总的来说，没有哪一种组织结构能适合于所有的企业。德鲁克认为，必须为特定的战略选择一个特定的组织结构。所以，首席执行官必须逐渐达成战略和组织结构之间的适当匹配，而不是寻找一个最优的组织结构。

(四)组织结构的最新发展

自 20 世纪 90 年代以来，企业竞争环境发生了很大的变化，企业为了寻求竞争优势采用了全球化、信息化、全面质量管理、再造工程、时间管理等方法，以提高企业的生产率、产品质量和竞争能力。在这样的国际大环境下，企业的结构形态也变得更加多样化，下面简单介绍目前最为流行的几种组织结构。

1. 虚拟组织

20 世纪 90 年代的一个重要趋势是：一些公司决定只从事自身擅长的活动，将剩余的部分交给外部专业机构或专家来处理，这种做法称为"资源外取"。虚拟组织采用的是网络型的组织结构，如图 6-7 所示。在一些快速发展的行业，如服装业或电子行业，这种结构甚为流行，在诸如钢铁、化工等行业，一些企业也逐渐向这个方向转变。

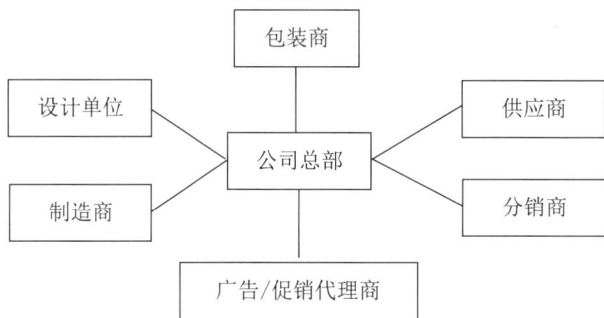

图 6-7　网络型组织结构

虚拟组织的建设有个逐渐深化的过程，可分为三个阶段：第一阶段表现为组织内部工作单元的调整；第二阶段则上升到组织级别；第三阶段扩展到跨多个组织，开始利用组织外的资源促进自身的技术创新。

虚拟组织一般通过电子手段保持各部门之间的联系；在外包的职能部门，公司会保留有限的员工；公司总部主要的工作是制定战略计划、政策以及协调公司与承包企业的关系。这种组织结构的优点是可以减轻行政成本，应变能力很强；缺点是公司对各承包企业的控制有限。

现在互联网的构建形式类似于未来虚拟组织的结构，可以肯定未来的组织结构将会更多趋向于采用这种模式。与 20 世纪金字塔形的组织结构相比较，21 世纪的组织结构就好像一张网，一张扁平、纵横交错的网，将伙伴、雇员、签约人、供应商和客户紧密地联系在一起，参与者的依赖性将越来越强。

2. 族群组织

族群组织的特点是将公司的员工组合成若干个成员为 20～50 人的族群，每个族群包括不同职能的员工，他们紧密结合，通过团队全力负责一个项目。族群组织的基本单位是自我管理型团队，这种自我管理型团队是 20 世纪 70 年代一些半独立的工作团队进一步发展的产物。

自我管理型团队(也称自我指导团队)中的队员拥有不同的专业技能，他们轮换工作，团队生产整个产品或提供整个服务。自我管理型团队对员工的要求很高，员工之间的配合与领导素质至关重要。

3. 学习型组织

管理大师杰克·韦尔奇创造了"无边界"组织，他描述说，这样的组织能提炼知识、分享知识并能充分地使用知识创造最大的价值。要想赢得全球范围内的竞争优势，创建学习型组织变得越来越重要。学习型组织认为不断开拓进取、改变组织结构的目的在于创造新的核心能力。组织的变革需要有利于学习、知识共享、创造机会，同时还能自我更新。如宝洁公司，其新的组织结构就把新产品工作团队、经理智囊团等机构包括在内，而且能够保证员工有充裕的时间行使他们的职能，这样就能够实现跨职能部门的合作，因而有助于开发新产品，激发创造力。

未来的组织将更具有灵活性，组织成员将跨越正式组织结构形式的限制进行频繁的非正式沟通，这也就要求所建立的组织结构满足这种沟通需求，并强调其价值和重要性。

三、职能制组织结构对业务层战略实施的保障

企业通过业务层战略与职能部门进行匹配，运用适当形式的职能制组织结构来支持业务层的成本领先战略、差异化战略以及成本领先/差异化整合战略的实施，进而达到实现公司业务层战略的目标(见表 6-3)。

表 6-3　业务层战略和对应的组织结构

业务层战略	组织结构	关键部门	总体结构	控制重点
成本领先战略	职能型结构	运营	机械的	产出控制
差异化战略	职能型结构	研发和市场	有机的	行为控制
成本领先/差异化整合战略	职能型结构	产品和客户	机械的	文化控制

不同形式的职能制结构会使企业有所差别，主要表现在以下三个方面：专门化、集权化和规范化。

- 专门化是指完成工作所需专业职位的形式和数量。一个组织越是进行细致的专业分工，就会具有越多的纵向等级层次，拥有越多的部门，组织单位的地理分布越是广泛，这样组织的复杂性就越高，从而协调人员及其活动也就越困难。
- 集权化是与分权化相对的概念，是指决策权保留在公司高层经理人手中的程度。在某些组织中，决策权集中在组织的高层手中，而在另一些组织中，决策权则分散在组织的各个层次。
- 规范化是指公司通过正规制度和程序管理组织活动的程度。通过规范化，不同的公司规范员工行为的程度也不尽相同。

(一)运用职能制组织结构实施成本领先战略

成本领先战略是指通过有效途径，使企业的全部成本低于竞争对手的成本，以获得高

于同行业平均水平的利润。低成本战略的核心是要在行业中建立单位产品成本最低的竞争优势，其关键是生产制造部门。通过学习曲线和高市场占有率等来获得规模经济的优势。除此之外，职能部门之间、上下级之间的沟通、协调控制费用也应最低。因此，为了实现低成本战略，通常采用职能型组织结构，因为职能型组织的分化水平和整合水平都比较低，组织趋于扁平化，所以其组织管理、运作水平也相对较低，如图6-8所示。

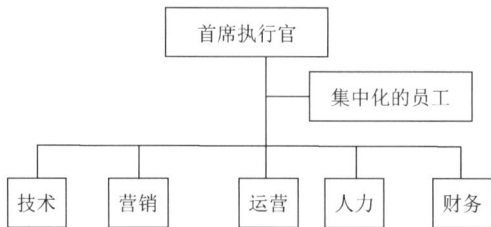

图6-8　实施成本领先战略的职能制结构

(二)运用职能制组织结构实施差异化战略

差异化战略的核心是要使自己的产品(整体产品的概念，包括品牌形象、服务、企业形象等)与众不同。为此，差异化战略要求企业具有较强的市场营销能力，以使企业对市场需求具有较高的敏感性，能够及时发现市场机会。同时，广告、服务也需要差异化，还有创新，尤其是产品创新，即研发能力。权力相对分散成为此结构的一个重要特征，如图6-9所示。差异化战略要求在各职能部门之间建立密切的协作关系，因此，这种结构不具有高度的专业化。

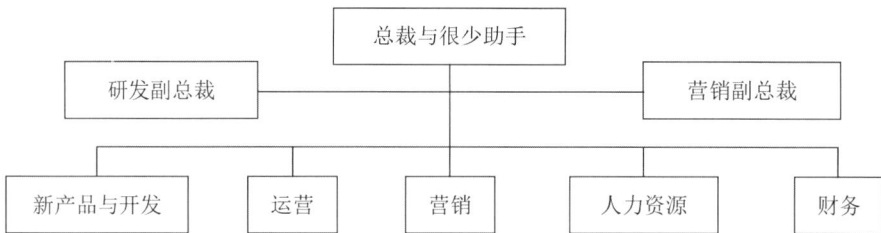

图6-9　实施差异化战略的职能制结构

(三)运用职能制组织结构实施成本领先/差异化整合战略

成本领先/差异化整合战略的目标针对的是某个特定的顾客群、某产品系列的某一个细分区段或是某一个地区市场。它侧重的是在细分的同时在成本上比竞争者(采取差异化的同类企业)有一定的优势，这的确有一定的难度。但随着柔性制造系统的产生，生产制造部分的刚性瓶颈问题得到了解决，由变换产品种类而引起的成本已不再像过去那么严重地影响此类企业；同时，再加上各部门之间的协调，如跨部门的团队，有的企业已经能够有效地实施成本领先/差异化整合战略。

为了降低生产成本和运作成本，以及向特定的目标顾客提供个性化产品和服务，组织必须具有足够的弹性和灵敏度，因此，实施成本领先/差异化整合战略的企业通常选取职能型的组织结构。一般来说，这类企业的组织结构规模较小，职能型的组织结构完全可以满足企业的这些要求，为企业的细分市场提供个性化的产品和服务。

建立部门之间的横向联系对实施成本领先/差异化整合战略的企业来说是很重要的，但更重要的是运用这种组织结构创造出一种企业文化，使部门之间能够自愿地沟通协作，并致力于创造成本和差异化两方面的优势。实际上，一个好的企业文化最难以模仿，也最不容易形成。

四、多部门组织结构对公司层战略实施的保障

前面讲了业务层战略与职能层组织结构的匹配，下面我们会讨论公司层战略和多部门结构的匹配，在这里，你将看到多部门结构是如何对公司层战略提供保障的。钱德勒指出，企业不断成长后必将导致产品多样化或市场多样化，或二者兼有。总的来说，多部门结构有其共同的特点，但对于不同的企业来说，其具体的组织结构还是要依其具体的公司层战略以及其经营内容来决定。

(一)与相关约束型多元化战略相匹配的合作式多部门结构

相关多元化是指公司即将进入的业务领域与现在正开展的各项业务之间有着明显的关联关系，如相似的技术、共同的市场和分销渠道、共同的生产流程、共同采购等，这些相关业务之间的价值活动能够实现有效共享。实施相关约束型多元化战略的企业在各业务之间共享产品、技术和分销渠道，因此各项业务之间的联系非常重要。部门之间能力的共享有助于公司进一步发展，而部门之间能力的共享又依赖于合作，由此产生了多部门的合作。整合机制的有效运用支持了无形资产和有形资产的合作共享，这一点越来越重要。在这种实施相关约束型多元化战略的企业中，可能会形成将职能和业务产品两者结合起来的矩阵组织结构。尽管矩阵组织很复杂，但是有效的矩阵结构能提高公司各个不同部门之间的协调性。

对实施相关约束型多元化战略的企业来说，采用如图 6-10 所示的多部门合作形式的组织结构可能是一种较好的选择。它把企业想要强调的职能都集中在公司总部，下面的各个产品部在接受公司总部领导的同时，还在各产品部之间达成信息的共享，以此获得最大的市场利益。由于部门经理的报酬与部门的业绩息息相关，因此，在进行业绩评估的时候必须将共享的战略资产也作为评估标准，这样有利于减少部门间的冲突。这种合作形式的组织结构强调共享的企业文化。

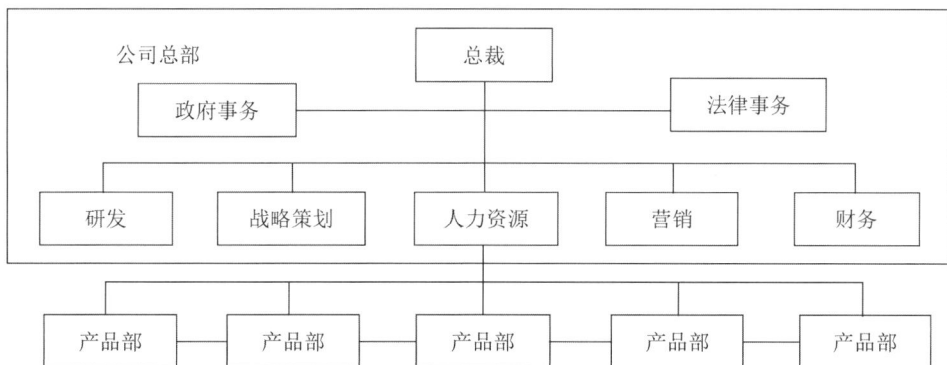

图 6-10　实施相关约束型多元化战略的多部门合作形式结构

(二)与相关联系型多元化战略相匹配的事业部式多部门结构

多部门结构中的事业部形式的战略事业单元至少有三个组成层次，如图 6-11 所示，第一个层次是企业总部，第二个层次是事业部，第三个层次是部门群。这种结构通过对各类业务分布的协调和对各战略业务部职责的明确规定而促进战略的实施。多部门结构事业部形式的缺点是增设了一个管理层，造成了管理费用的增加，以及集团副总裁的职责不是很明确。不过，和此结构的优点相比，事业部形式所具有的促进协调和强化各部门之间责任的作用更加显著。

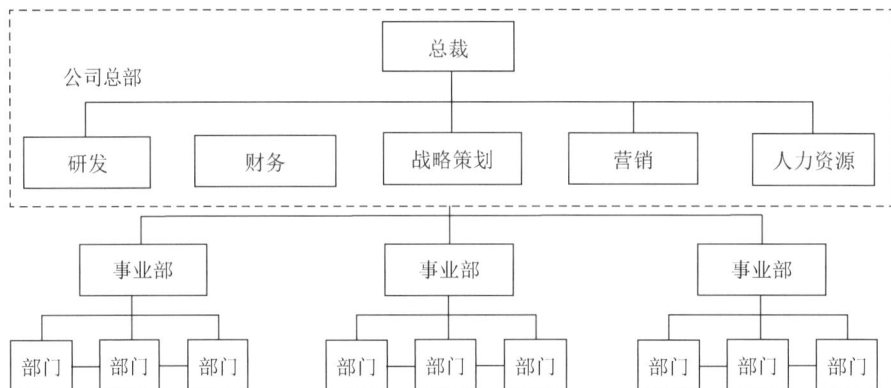

图 6-11　实施相关联系型多元化战略的事业部结构

在多部门事业部结构中，可以看到，各个事业部内是有着密切联系的，而在各个事业部之间却没有互相联系。每个事业部是由具有相似产品或技术的部门组合起来的，这样就极有可能产生规模效应。

在公司实施战略决策的时候，总部的战略策划对下面的事业部来说会起到很重要的作用。对于单个的事业部来说，事业部经理可以对自己的业务部门进行财政预算以更利于内部的整合，相对于员工来说，只需接受事业部的执行官而不是总部人员的战略指导。

公司总部员工对于事业部起顾问的作用，而不是像合作形式那样直接介入产品战略。事业部之间能力的共享是多部门事业部结构的重要特征。

(三)与非相关型多元化战略相匹配的竞争式多部门结构

竞争形式是强调对公司内不同部门基于企业资本的竞争而实行控制的一种组织结构。运用竞争形式结构的企业一般是组织内各部门的业务完全不同，因此不用再共享企业的竞争优势，如营销能力和渠道控制能力等。竞争形式结构还缺乏部门之间整合，不同于前面两种形式的多部门结构，它更强调的是企业内部的高效资本市场和竞争机制，如图 6-12 所示。

为了强调竞争，竞争形式结构的企业更多的是从审计、财务以及法律事务上对各部门进行管理，每个部门不仅要在同行业竞争，还要与本企业内部的部门竞争，因此，公司以投资报酬率作为评估在各分部之间分配和调拨资源的比例的依据，并决定要不要退出对某个部门进行的投资。表 6-4 为对与公司层战略相匹配的几个组织结构进行的对比。

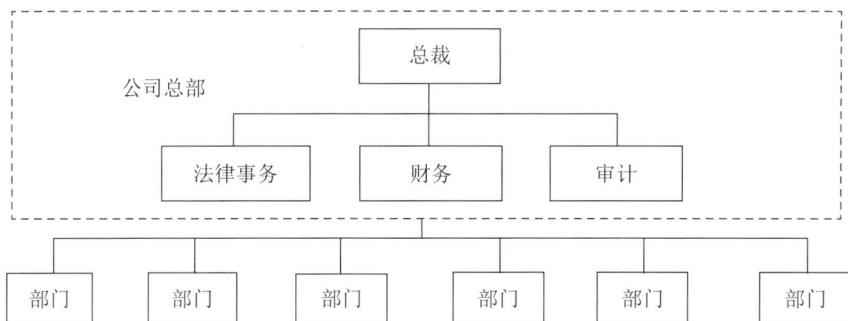

图 6-12　实施非相关多元化战略的竞争形式结构

表 6-4　与公司层战略匹配的组织结构的比较

经营战略	相关约束型多元化战略	相关联系型多元化战略	非相关型多元化战略
组织结构	合作形式结构	事业部制结构	竞争形式结构
工作重心	公司总部	各事业部	各分部
分部绩效评价	由整体决定	综合考虑	仅与各部门相关

五、国际化经营的组织结构

实施国际性战略的企业往往希望在海外的市场上开辟一块领土以实现利润最大化。无论企业的地理范围扩大多广，产品市场延伸多远，企业的组织结构都一定要适应公司的整体战略。当然，恰当的匹配能推动企业的全球化竞争策略，以及帮助企业不同业务的有效合作和控制；不匹配的组织结构必然会阻碍企业的全球化进程。

一般而言，跨国公司越大，其组织结构就越复杂。事实上，任何一个跨国公司都有产生、发展、壮大、衰退的生命周期。在不同的发展时期，公司战略的重点不同，组织结构也有其不同的结构性特点。跨国公司所采取的组织形式基本上与其所处的发展阶段相适应。跨国公司的发展大体经历了以下四个阶段(见图 6-13)：第一阶段为起步阶段。在此阶段，大的外贸公司、大的企业或是企业集团到国外直接投资，设立一些贸易型分支机构，这种对外直接投资是出口贸易在投资领域的延伸，是贸易扩大的结果。第二阶段为初步发展阶段。设在国外的贸易公司开始向生产性公司转化，以利用当地的廉价资源占领当地的市场份额为目标，获取生产和经营利润。第三阶段为进一步发展阶段。外贸公司已经发展为中等规模以上的跨国公司，在国外普遍建立子公司，业务范围和公司的竞争能力进一步增强。第四阶段为成熟阶段。国家、企业和企业集团进行大规模的投资活动，这时的跨国公司已经具备相当的实力。

图 6-13　从国内经营公司发展为跨国公司的进化过程

跨国公司在跨国经营发展过程中，其组织结构模式的发展趋势呈以下几种类型：第一，跨国公司地区总部制度盛行。跨国公司地区总部制度是指在总部制定的全球经营战略的框架下，从区域级层面对区域内数个国家的子公司各项活动(生产、销售、物流、研发)进行统筹管理和协调，并负责制定公司区域性经营战略的组织形式。随着跨国公司经营向全球化发展，其组织形式也发生了重大变革，引入地区总部制度并在世界主要投资区域设立地区总部成了组织形式变革的主流。第二，跨国公司组织结构的扁平化、柔性化趋势。扁平结构是指组织规模已定，管理跨度较大，管理层次较少的一种组织结构形态，它的优点是信息的传递速度快，信息失真的可能性也较小，而且有利于下属主动性和首创精神的发挥。由于信息技术的飞速发展，各种信息网络相继问世，公司内部信息网也很发达，导致了跨国公司组织中形形色色的纵向结构过于复杂，中间管理层被迅速削减，这样管理跨度扩大，组织结构呈扁平化趋势。第三，跨国公司组织结构内外部网络化。内部网络组织管理体制是跨国公司组织结构的一大创新，在此体制下，跨国公司采取了全球一体化的经营方式，将研发、生产、销售等环节根据不同的区位优势分布于全球各地，把所有分支机构联结成统一的一体化经营网络，这样使分散于世界各地的研发、生产、销售等活动能够服务于企业的全球发展战略。它的核心是通过人力资源、软技术和信息在跨国公司全球系统内的自由流动，开发新型管理关系。

第三节　战略实施的领导管理

一、领导与战略领导者

(一)领导的内涵

对于领导(lead，leadership)，通常有两种理解，一是指领导行为或领导活动，二是指在组织中的地位。一般对领导的定义，主要针对前者，而不是后者，因为领导的职位是体现领导活动的，但同时领导职位并不能完全代表和反映领导活动。

人们对于领导的概念曾经有过许多解释。例如：

- 领导——经由意见交流的过程所实现出来的一种影响力，以达成某些目标。

——坦南鲍姆

- 领导——是一种说服别人热忱的追求，以确定目标的能力。

——费德勒

- 领导——在某种条件下,经由意见交流的过程所实行出来的一种达到某种目标的影响力。

——罗伯特

- 领导——一种说服他人热心于一定目标的能力。

——戴维斯

- 领导——对组织内群体或个人施加影响的活动过程。

——斯托格狄

● 领导——影响人们自动为达到群体目标而努力的一种行为。

——泰瑞

(资料来源：本书作者整理编写。)

上述种种对领导的定义虽然不尽相同，但他们所强调的要点却有共同之处，他们都强调，领导主要是靠影响力引导人们去实现共同目标。由此可见，领导就是领导者通过一定的方式，对被领导者施加影响并共同作用于客观对象，以实现既定的战略策划方案或某既定目标的行动过程。

(二)战略领导者

战略领导者是指具有战略管理思想和战略能力，掌握战略实施艺术，指导企业开拓未来的企业高层决策群体。一般说来，战略领导者是企业的高层管理人员，包括董事会、高层经理人、战略管理部门等。

(三)第五级领导

领导的概念随着组织需求的变化而不断演变。也就是说，战略实施的领导环境因素影响着哪种领导方式最有效，以及哪些类型的领导者最被社会所称赞。技术、经济环境、劳动条件、社会和文化习俗都起着一定的作用，近年来对领导风格有重要影响的是环境的动荡和不确定性。

第五级领导是管理者能力层级中的最高层级，如图 6-14 所示。第五级领导者最重要的特质是不自负，并有强烈的愿望去做对组织最有利的事情。谦逊意味着不炫耀、谦虚而不自大、不骄傲。与具有强烈的自我意识和野心的伟大领导者的形象不同，第五级领导者往往看起来是腼腆和谦让的。第五级领导者承担错误、不良后果或失败的全部责任，却把成功归于其他人。第五级领导者基于坚定的、远不止盈利的价值观来建设组织，带着坚定不移的决心去做从长远来看有助于公司成功的任何事情。

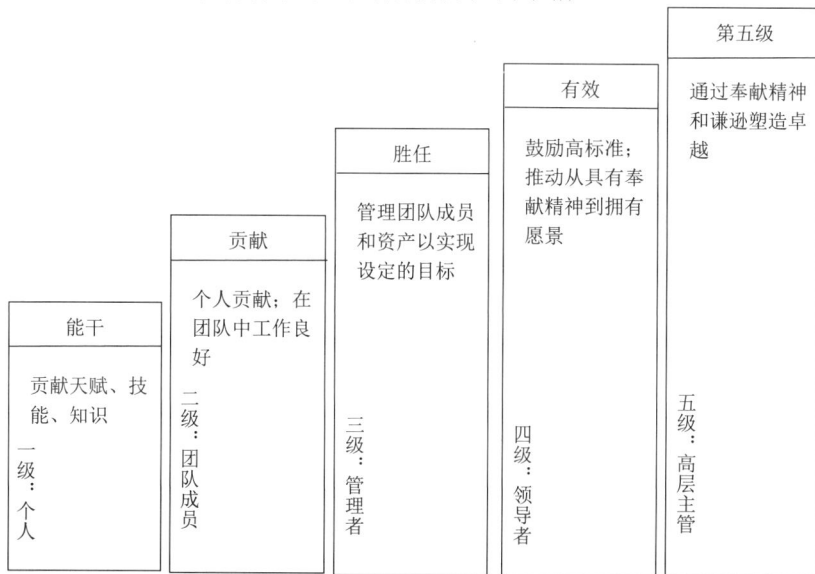

图 6-14　第五级领导

第五级领导者在整个组织范围内发展一个坚实的领导班子，即使他们离开公司，公司依然可以正常运营。相比较而言，以自我为中心的领导者往往会使其接任者管理失败，因为如果公司失去他们之后表现不佳，就是对这些领导者伟大业绩的证明。第五级领导者希望每个人都发挥他们最大的潜能，而不是建设一个"一将功成万骨枯"的公司。

二、领导的有效性

战略实施的领导的有效性不仅与领导者的特性、素质和行为有关，而且与被领导者的特性和素质，以及所处的环境有很大的关系。要提高战略实施的领导的有效性，应从以下几方面入手。

(一)从领导者自身入手

明确组织对领导工作的要求，科学配备领导班子(集团)，不断地提高领导者的素质和掌握领导艺术等。

领导者是领导战略实施活动的主体，是集权、责和服务于一体的人。领导者要用好职权(惩罚权、奖赏权、合法权)，充分发挥权威(模范权、专长权)的作用。按照特性(素质)理论的要求，不断地提高自身的素质，使自己在政治素质、知识素质、能力素质和身心素质等方面具有较高的水平。具体要注意以下四方面的问题。

1. 明确组织对领导工作的要求

作为一个有效的领导者，要及时为组织成员指明目标，并使个人目标与组织目标保持协调一致；要与领导过程中所发布的命令一致，即实行统一指挥；要加强直接管理；要加强组织内外信息沟通联络，保证沟通渠道的畅通；要掌握激励理论，运用适宜的激励方法，调动员工的积极性；要不断地改进和完善自己的领导方法。

2. 加强领导班子(集团)结构建设，全面提高领导班子(集团)的整体效能

为提高领导的有效性，领导班子结构是否合理是至关重要的。领导班子结构是指为了实现领导班子的预定目标，把不同类型的领导者按照一定的程序和比例进行有机的组合。领导班子结构是否合理，对一个组织的效能有很大影响。领导班子不仅要求个体优秀，而且要求班子整体达到最佳组合，这就需要研究领导班子的合理结构。根据领导班子合理结构的基本标准，即领导班子的稳定性、高效性和自我适应性等的要求和不同层次的任务，选择不同类型的领导者，使领导班子结构达到合理化。一个合理化的领导班子应该具有以下特征：梯形的年龄结构；互补的知识结构；配套的专业结构；叠加的智能结构；协调的气质结构。

3. 科学地运用领导艺术

现代组织在复杂多变的环境中生存和发展，要求组织的领导者不但要运用科学的理论和方法进行工作，而且必须具有高超的领导艺术。所谓领导艺术，是指领导者在行使领导职能时，所表现出来的技巧。它是建立在一定知识、经验基础上的非规范、有创造性的领导技能。领导艺术具有随机性、经验性、多样性和创造性的特点。

4. 提高领导者(领导班子)的素质

领导者的素质水平是影响领导活动效果的最重要因素之一。面对市场的激烈竞争和领导队伍的状况，尽快地提高领导者的素质水平，是整个领导活动的关键一环。

提高领导者的素质不外乎有两条基本的途径，即理论学习和亲身实践。亲身参加认识世界和改造世界的实践，是领导者素质培养和提高的最基础和最关键的环节。一方面，领导活动不同于抽象的理论研究，它必须实实在在地去解决具体问题。因此，领导者分析问题和解决问题的能力素质只有在解决问题的具体实践中才能够形成和提高。另一方面，在充分肯定实践途径的同时，也必须看到，理论学习这一途径的重要性和相对独立性越来越突出。这是因为，在现代的组织活动中，要解决战略实施当中所产生的种种矛盾和问题，需要有一整套专门的科学知识，这些知识是不能够从个体的日常经验和意识中自然而然地产生的。于是，战略实施之前的理论学习就变成一个非常突出的问题。理论学习和亲身实践这两条途径必须辩证结合，不可偏废。

(二)从被领导者入手

被领导者是在战略实施中领导活动的基础。光有高水平的领导者而没有一定水平的被领导者与之相配合，领导工作也不会有效。领导者应根据被领导者不同的个性、能力、经验、知识、价值观、对自主的要求、职业倾向、期望和士气等，采取多种多样的措施和不同的领导方式，来调动被领导者的自觉性、主动性和积极性。例如：对自主要求强烈、很了解和熟悉本职工作的被领导者应适当放权，并给予指导而不是指令，即采取参与式的领导方式；而对于能力、经验较差的被领导者，应该采取指令性和示范式的领导方式。

(三)从任务结构和组织情境入手

1. 任务结构

任务结构主要包括任务明确程度、复杂程度、工作方法、有无信息反馈、奖酬方式。领导者应根据不同的任务结构，对被领导者采取不同的领导方式。例如，对执行简单、常规性任务的被领导者，应采取以人为中心的领导方式，这样会给被领导者带来工作的满意感，就能产生较高绩效，最大限度地调动他们的积极性。因为，这样能补偿他们工作本身的单调和机械。对于承担复杂的、没有先例工作的被领导者，应采取以任务为中心的领导方式，讲清任务的性质，使他们能专注于任务本身，调动他们潜在的能力，于是就会产生较高绩效。

2. 组织情境

组织情境包括组织文化、正规程度、灵活性、人际关系、组织声誉、奖酬机制等。例如，有的合资企业规定一律不以头衔称呼，意在创造一种平等的工作气氛。根据具体情况不同，采取相应的措施，形成一个和谐平等的环境，最大限度地调动人的积极性，以获得领导工作的高绩效。

三、领导理论

(一)领导特性理论

领导特性理论主要是通过研究领导者的性格、品质方面的特征，来预测具有什么样的个性特征的人能成为有效的领导者。《孙子兵法·计篇》指出"将者，智、信、仁、勇、严也"。《论语·阳货》指出"能行五者于天下为仁矣"。所谓"仁"就是"恭，宽，信，敏，惠。恭则不侮，宽则得众，信则人任焉，敏则有功，惠则足以使人。"

许多西方学者根据自己的研究提出了各自的观点，他们的研究主要集中在以下几个方面：身体特征、背景特征(教育、经历、社会关系等)、智力特征(智商、分析判断力)、个性特征、与工作有关的特征(责任心、首创性、毅力、事业心等)、社会特征(指挥能力、合作、声誉、人际关系等)。

综上所述，领导者有六项特性不同于非领导者，即进取心、领导愿望、个人诚信、自信心、智慧和渊博的知识。

- 进取心：包括对成功的强烈渴望，不断地努力提高自己，精力充沛，对自己所从事的活动坚持不懈，永不放弃。
- 领导愿望：他们有强烈的权力欲望，喜欢领导别人，而不是被别人领导。强烈的权力欲望驱使他们试图去影响别人，并在领导过程中获得满足和利益。正如拿破仑所说："不愿当将军的士兵不是一个好士兵"。
- 个人诚信：言行一致，诚实可信，据此与下属间建立起相互信任的关系。
- 自信心：自信能让领导者克服困难，在不确定的情况下善于做出决策，并能逐渐将自信传给别人。
- 智慧：领导者必须有足够的才智来搜集、整理和解释大量的信息，高的学历在职业生涯中是重要的，但最终还是有关组织的业务专长更重要。
- 渊博的知识：一个有效的领导者对其公司、行业和技术问题有清楚的了解，广博的知识能使他们做出富有远见的决策。

(二)行为理论

行为理论主要研究领导者在战略实施当中的行为及其对下属的影响，以期寻求最佳的领导行为，也就是要回答一个领导人是怎样领导他的群体的。行为理论中最有影响力的是连续统一体理论、管理方格理论、菲德勒模型、领导的生命周期理论等。

1. 连续统一体理论

坦南鲍母与施密特提出了领导连续统一体理论。坦南鲍母和施密特认为，很难说哪种领导方式是正确的，领导者应当根据具体情况，考虑各种因素选择某种领导方式。领导方式多种多样，按领导者授予下属自主权的程度划分，从专制型到民主型之间，存在多种过渡形式，如图 6-15 所示。

- 领导者做出决策并予以宣布，这是最极权的模式。经理发现一个问题后，考虑各种可供选择的解决办法并从中选定一个，向下属宣布，要求执行，不给下级任何参与决策的机会。

● 领导者向下属"推销"其决策。

● 领导者提出想法并征求意见。

● 领导者提出初步方案，征求意见后修改。

● 领导者提出问题，接受建议后再做决策。

● 领导提出限制条件由集体决策。

● 领导允许下属在上级规定的范围内做决策。

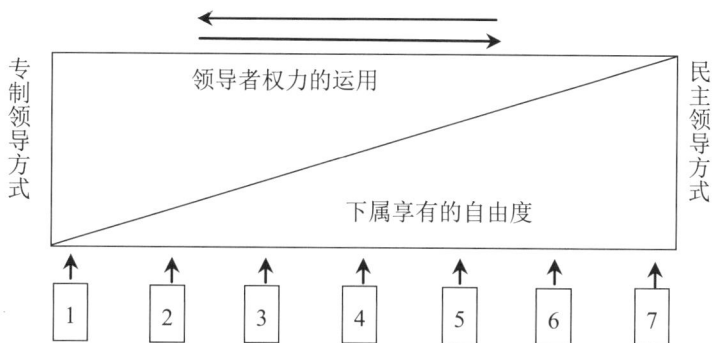

图 6-15　从专制型到民主型之间的多种过渡形式

领导行为连续统一体从左到右，领导者权力的运用逐渐减少，下属的自由度逐渐增大，从以工作为重逐渐变为以关系为重。从图中可以看出，依据领导者授予下属权力的程度不同，决策的方式就不同，形成了一系列领导方式。

2. 管理方格理论

管理方格理论是 1964 年由美国管理学者布莱克和莫顿研究提出的。他们以企业为例，研究组织的五种领导风格。他们用纵坐标表示"对人的关心"，用横坐标表示"对生产的关心"，将两个坐标轴划分为 9 等份，于是便形成了 81 种领导方式的"(9，9)图"，如图 6-16 所示。管理方格图适应性很强，准确性也很高。

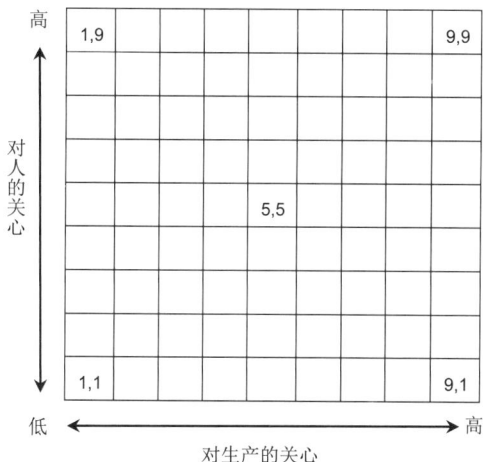

图 6-16　管理方格理论图

布莱克和莫顿在提出方格理论的同时，还列举了五种典型的领导风格。

(1，1)型：为贫乏型管理，领导者既不关心生产，也不关心人。表现为只做最低限度的努力来完成任务和维持士气。

(9，1)型：为任务型管理，领导者非常关心生产，但不关心人。其特征是把工作安排得使人的干扰因素为最小来谋求工作效率。

(1，9)型：为俱乐部管理，重点在与人们建立友好关系，领导者重视对职工的支持和体谅，营造轻松愉快的组织气氛和工作节奏。但很少考虑如何协同努力去达到企业的目标，生产管理松弛。

(9，9)型：为战斗集体型管理，领导者不但注重生产，而且也非常关心人，把组织目标的实现与满足职工需要放在同等重要的地位。既有严格的管理，又有对人高度的关怀和支持。强调工作成就来自献身精神，以及在组织目标上利益一致、相互依存，从而导致形成互相信任和互相尊敬的关系。

(5，5)型：为中游型管理，通过兼顾工作和士气两个方面，来使适当的组织绩效成为可能，同时使职工感到基本满意。

在这五种类型的管理形态中，布莱克和莫顿认为(9，9)型是最有效的管理，其次是(9，1)型，再次是(5，5)型、(1，9)型，最次是(1，1)型。

可见，管理方格是一种区别管理形态并将其分类的有效工具，但它并没有告诉我们为什么一个管理类型会落在方格的某个区域。布莱克和莫顿也承认，要知道这些，必须追究基本的原因，如领导者和追随者的人格、管理者的能力及其所受的训练、企业环境，以及会影响领导者和追随行为的情景因素等。

3. 菲德勒模型

美国管理学家菲德勒提出的权变理论认为，领导工作是一个过程，在这个过程中，领导者施加影响的能力取决于群体的工作环境、领导者的风格和个性及领导方法对群体的适合程度。用公式表示为：

$$S=f(L,F,E)$$

式中，S 为领导方式，L 为领导者特征，F 为被领导者特征，E 为环境特征。

菲德勒开发了最难共事者(Least Preferred Coworker，LPC)问卷，用以测量个体是任务取向型还是关系取向型。

菲德勒相信影响领导成功的关键因素之一是个体的基本领导风格，因此他首先试图发现这种基本风格是什么。为此，他设计了 LPC 问卷，问卷由 16 组对应形容词构成。菲德勒让作答者回想一下与自己共事过的所有同事，并找出一个最难共事者，在 16 组形容词中按 1～8 等级对他进行评估。菲德勒相信，在 LPC 问卷的回答基础上，可以判断人们最基本的领导风格。

如果以相对积极的词汇描述最难共事者(LPC 得分高)，则作答者很乐于与同事形成友好的人际关系。也就是说，如果你把最难共事的同事描述得比较有利，菲德勒称你为关系取向型。相反，如果你对最难共事的同事看法不很有利(LPC 得分低)，你可能主要感兴趣的是生产，因而被称为任务取向型。菲德勒运用 LPC 工具可以将绝大多数作答者划分为两种领导风格。

菲德勒列出影响领导效果的关键"情景因素"有 3 个，即领导者与被领导者的关系、工作任务的结构与领导人所处职位的固有权力。

- 领导者—成员关系。领导者对下属信任、信赖和尊重的程度。
- 任务结构。工作任务的程序化程度，即工作任务规定的明确程度(即结构化或非结构化)和部下对这些任务的负责程度。
- 职位权力。领导者拥有的权力变量(如雇用、解雇、晋升和加薪)的影响程度。

菲德勒模型的下一步是根据这三项权变变量来评估情境。领导者—成员关系或好或差，任务结构或高或低，职位权力或强或弱，将三项权变变量总和起来，便得到八种不同的情境或类型。从三个条件齐备的最有利情景到三者都缺的最不利情景，每个领导者都可以从中找到自己的位置。对于各种情景，只要领导风格与之相适应，都能取得良好的领导效果。

菲德勒模型指出，当个体的 LPC 分数与三项权变因素的评估分数相匹配时，则会达到最佳的领导效果。菲德勒研究了 1200 个工作群体，对八种情境类型的每一种均对比了关系取向和任务取向两种领导风格。他得出结论：任务取向的领导者在非常有利的情境和非常不利的情境下工作得更好，而关系取向的领导者则在中度有利的情境下干得更好，如图 6-17 所示。

环境特征	领导者—成员关系	好				差			
	任务结构	高		低		高		低	
	职位权力	强	弱	强	弱	强	强	弱	弱
		1	2	3	4	5	6	7	8
	领导类型	非常有利的环境				非常不利的环境			

图 6-17 菲德勒模型

总之，有大量的研究对菲德勒模型的总体效度进行了考察，并得到了十分积极的结果，也就是说，有相当多的证据支持这一模型。但是，该模型目前还存在一些欠缺，需要增加一些变量来加以改进。另外，在 LPC 量表以及该模型的实际应用力方面也存在一些问题。比如，LPC 的逻辑本质尚未被很好地认识，一些研究指出作答者的 LPC 分数并不稳定。另外，这些权变变量对于实践者来说过于复杂，在实践中很难确定领导者—成员关系有多好，任务的结构化有多高，以及领导者拥有的职权有多大。

4. 领导的生命周期理论

美国学者卡曼提出了领导的生命周期理论，后由赫塞和布兰查德进一步发展。这是一个重视下属的权变理论。他们认为，依据下属的成熟程度选择正确的领导风格会取得领导成功。

该理论指出了有效的领导形态和被领导者的成熟度有关。当被领导者的成熟度高于平均水平时，应采用低关系、低工作；当被领导者成熟度一般时，应采用高关系、高工作或低工作；当被领导者成熟度低于平均水平时，应采用低关系、高工作。这里的成熟不是指年龄和生理上的成熟，而是指心理和人格上的成熟。它被定义为对成熟感的动机、负责任的愿望与能力，以及具有与人群关系方面的经验和受过相当的教育。每个人都要经历从不成熟到逐渐成熟的发展过程，工作群体中工作人员的平均成熟度也有一个发展过程，即由不成熟、初步成熟、比较成熟到成熟，分别用 M1、M2、M3、M4 表示。这就是被领导者成熟度发展的"生命周期"。

根据下属的成熟度和组织所处的环境，领导的生命周期理论如图 6-18 所示。

M1(不成熟)：下属缺乏接受和承担任务的能力和愿望，他们既不能胜任又缺乏自信。

M2(初步成熟)：下属愿意承担任务，但却缺乏足够的能力，他们有积极性但没有完成任务所需的技能。

M3(比较成熟)：下属具有完成领导者所交给的任务的能力，但没有足够的动机。

M4(成熟)：下属能够而且愿意去做领导要他们做的事。

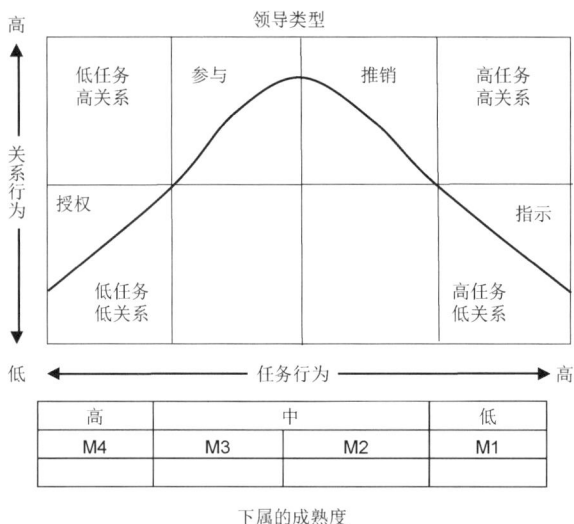

高	中		低
M4	M3	M2	M1

下属的成熟度

图 6-18　领导的生命周期理论

领导的生命周期理论认为，如果被领导者从不成熟趋于成熟，领导行为就从指示、推销、参与到授权。赫塞和布兰查德的四种领导风格与管理方格论的四个"角"极为相似，情境理论与管理方格论大体相同，二者的主要差异只是将(9，9)型的内容("一种适合于所有情况的风格")作了改动。他们认为管理方格论强调的是对生产和员工的关注，是一种态度维度，而情境领导模式却相反，强调的是任务与关系的行为。尽管赫塞和布兰查德有这样的辩驳，但它们之间确实差异很小。如果认为情境领导理论是在管理方格论基础上的改进，它反映了下属成熟度的四个方面，就更易于加深对它的理解。

四、领导的新观点

(一)领导艺术

现代社会中的组织，常常是一个由多种因素组成的比较复杂的社会组织，它不可能脱离整个社会。因此，这就对组织中的主管人员在战略实施中的领导方法提出了更高的要求，同时也决定了主管人员的工作在很大程度上是创造性的，领导艺术就是富有创造性的领导方法的体现。在履行指导与领导职能的过程中，科学是与艺术相互结合、彼此交织在一起的。主管人员要具备灵活运用各种领导方法和原则的能力，才能率领人们克服前进道路上的障碍，顺利实现战略策划方案预定的目标。

有关领导艺术的内容，目前尚无统一的看法，归结起来有如下几种。

1. 用人的艺术

1）善于发现人才

组织的领导者如何发现人才，如何发现每一个组织成员的特长，关键是领导要把发现人才当作管理工作的重中之重，把人才的发展同组织的发展放在同等重要的位置思考。更重要的是重视建立发现人才的机制，以利于人才的发现和成长。

著名管理学大师韦尔奇曾经说过："一个组织中，必定有20%的人是最好的，70%的人是中间状态的，10%的人是最差的。这是一个动态的曲线，即每个部分所包含的人一定是不断变化的。一个合格的领导者，必须随时掌握那20%的人的动向，并制定相应的机制从70%的'中间者'中发掘有特长的人才，从而使20%的优秀者不断地得以补充与更新。"可见，韦尔奇在择人艺术方面更为注重在制度的保证下，从公司内部发现优秀的员工。

2）用人之长，容人之短

每个人都是优点与缺点的结合体，领导用人一定要用人之长，容人之短。此外，组织在用人时需要量才使用，把工作需要和个人能力很好地结合起来，使每个人兢兢业业地做好本职工作。

日本有名的企业家松下幸之助曾说："绝不容许基于私人的感情用人。"他主张，领导者"最好用七分的功夫去看别人的长处，用三分的功夫去看别人的短处。"在提拔干部时，对方只要60分就可以提拔，若要等到90分或100分时才提拔就会错过机会。他主张重用那些能力强于自己的人。只有这样，才能打破企业内部干部与工人的界限，不求全责备，把有真才实学的职工及时地提拔到适当的岗位，从而发挥他们的潜在才能。

3）尊重人才，充分信任

中国有句谚语：疑人不用，用人不疑。诚信是领导与组织广大成员的交往之本，是长期真诚合作的感情基础。信任能够激发人才的责任心和成就感，使人才积极主动发挥自己的优势，在实现其自身价值的同时推动组织不断发展。

4）人才使用效益

把人才用在关键岗位上，讲求人员与职位的最佳配置、人员与人员的最优组合，使人员整体配置的社会效益大于个人效益的总和，即"1+1>2"。

5）不断进行人才更新

领导要学会及时、慎重、果断地淘汰富余人员。如果组织建立了合理的人才选用机制，那么淘汰富余人员不会对组织员工队伍的稳定构成威胁。

6）树立发展的人才观

发展的人才观包含两层含义：一是在人才的选择上有发展的眼光；二是在人才的使用上有发展的思想。大力提倡开发式使用人才，即边使用边培训，边锻炼边提高，使人才的智慧和素质不断完善，这样培养出的人才对组织的忠诚度才有保障。

7）重视个人素质，也要重视群体互补效应

任何工作和科学研究一样，必须把"不同类型的头脑"结合起来，取长补短、相互促进，切忌把同一类型的人才凑在一起。

2. 履行职能的艺术

履行职能的艺术主要包括沟通联络、激励和指导的艺术。如沟通联络要把握好沟通联络的方法，了解沟通联络的类型，针对完成任务的性质及实现目标的要求，运用不同的沟通联络方法进行沟通联络。同时，要特别注意非正式沟通对企业领导成效的影响。在领导活动中，信息的沟通要明确完整，力求表达得清楚准确，努力消除下级人员的思想顾虑，积极地解决各种形式的问题。

3. 决策的艺术

决策是从两个以上可供选择的方案中选择最佳方案的过程。在非程序化决策的过程中，主管人员的决策技能起了重要的作用。人们在一定经验的基础上，对未来事件的判断具有远见和洞察力，主要反映在及早察觉组织发展的有利条件和不利条件，依靠周密思考，集中群众的正确意见，做出既有事实根据又先于别人想到的不寻常的战略决策。

把握领导决策艺术时要注意以下几个方面：

- 慢条斯理和雷厉风行。制定决策时慢条斯理，认真调查，搞明关键，为做决策创造条件；实行决策时雷厉风行。
- 弄清实质，抓住要害。
- 多谋善断，集思广益。
- 以变应变，抓住时机。
- 抓好信息，增强预见。

4. 授权的艺术

所谓授权，就是上级将若干工作委托给下属完成，同时赋予其一定的权力，由下属相对自由地采取行动。

除了遵循因事择人、视能授权，按照预期成果授权，按职责与职权相适应程度授权，授权必须彻底等原则外，授权时要把握好授权的艺术。

- 在可能的范围内，尽量把工作交给下级去做。这样既能调动下级的积极性，又能节约领导者时间，使其处理更重要的问题。
- 所授权工作的难度应该比承担工作的人平时表现出的能力大些，以增强其奋进精神。
- 公开授权。有关人员都了解谁被授权执行某任务，以便提高被授权者的威信，使被授权者有压力，有紧迫感。
- 授权后，上级应注意强调下级的工作绩效，而不应过分计较下级实施工作中的手段。
- 除非事前协调好，否则，上级不应将本应由两位或两位以上下级共同完成的工作交给其中一人去完成，以免扬此抑彼，造成矛盾。
- 上级授权应由简到繁，循序渐进地进行。
- 上级不应姑息迁就被授权者的"反授权"行为。
- 上级授权之后，应对被授权者进行工作追踪，一是为了了解被授权者的工作进度；二是要求被授权者按时提交工作进度报告，以便上级进行控制。

5. 协调人际关系的艺术

企业是个复杂的集合体，企业内部员工之间、上级与下级之间、部门之间等总是存在着这样与那样的关系，这些关系能否处理得当直接关系到企业凝聚力的大小。另外，领导的最终效果取决于领导者和被领导者对指示、命令的理解和执行情况，良好的人际关系对加强这种理解是不容置疑的。通过领导活动，处理好企业中的正式组织与非正式组织关系，如各层次、各部门、各环节、各利益集团的关系，是领导活动的目的。

作为一个睿智的领导者，要想协调好人际关系，除了要有相应的制度保障外，还可以参考以下方法。

1）转移注意力法

当领导者面对一个非处理不可的事情时，不去直接处理，而是先搁一搁，去找其他问题。从表面上看，这种方式有悖于常理，实际上并不是真的不管，而是通过其他事情转移大家的注意力，等到大家关注的焦点不在这件事上时，便可主动出击，问题也会迎刃而解。

2）无为法

《老子》第五十七章，"我无为而民自化，我好静而民自正，我无事而民自富，我无欲而民自朴"，此"无为、好静、无事、无欲"皆"无为"之本。老子的"无为"主张本质上是有为，是依道而有为。也就是说，无为的思想体系，是要与自然规律相结合而自我约束，相生相长，循自然规律就是无为。世上有许多事都有其产生消亡的自然规律，人与人之间一些小的摩擦，公司内部的流言蜚语，很多不需要专门解释，否则会越描越黑，事与愿违。如果能顺其自然，便会自然消失。

3）换位思考法

凡是正面难以处理的问题，领导者可以灵活运用"逆向"思维的方法换位思考，换个角度看问题，领导者应设身处地考虑是否理解了别人、尊重了别人，也许就能找到合理的解决办法。

4）缓冲法

当事情难以处理时，往往就是矛盾激化最严重的时候，矛盾双方或当事双方情绪激动，互不相让，再聪明的领导有时也难以决断。这时应像铁匠打铁一样，善于掌握火候，急于求成反倒会事与愿违，领导者应当学会以柔克刚、以静制动，往往会事半功倍。

6. 运筹时间的艺术

领导者的工作时间可分为两部分：一部分为可控时间；另一部分为不可控时间。有效地利用可控时间，变不可控时间为可控时间，缩小不可控时间的比重，对领导者意义重大。制定企业合理定额，完善企业各项规章制度，运用先进的管理方法和手段对企业进行管理，都可以提高领导者的时间利用率。

总之，领导艺术建立在主管人员个人经验、素养和洞察力的基础上，认真讲求领导艺术，有助于提高工作的有效性，有助于密切主管人员和员工的关系。在这样的环境中，能够形成一个有集中，又有民主；有纪律，又有自由；有统一意志，又个人心情舒畅的崭新局面。

(二)领导的柔性化

在知识经济条件下，现代领导呈现出柔性化的发展趋势。所谓柔性化领导，就是指在研究人们心理和行为的基础上，依靠领导者的非权力影响力，采取非强制命令的方式，在人们心目中产生一种潜在的说服力，使其自觉服从和认同，从而把组织意志变为人们自觉行动的互动过程。组织和社会的发展是由领导者与被领导者共同推动的，而不是主要由领导者推动的。因此，现代领导者要善于通过沟通、协调、激励等方法，依靠其非权力影响力实现下属内心的服从和认同，实现平等、理解、尊重基础上的心灵感召和互动。

因此，从某种程度上可以说，并不存在一种"最好"的领导行为，一切要以时间、地点、条件为转移。例如，专制式的领导方式在一定条件下也可能是有效的方式。领导者的任务，在于学会各种领导方式，以便"一把钥匙开一把锁"，针对不同的被领导者、不同的环境采取相应的领导方式。

第四节　创新与战略创新

纵观人类发展历史，创新始终是推动一个国家、一个民族向前发展的重要方式，也是推动整个人类社会向前发展的重要方式。在激烈的国际竞争中，要实现我国新质生产力等的持续健康发展，必须依靠创新驱动，创新是引领发展的第一动力。

改革开放四十多年来，我国经济的高速发展主要是依靠土地、人力、资源等生产要素来驱动的，现在仍然依靠这些显然是难以为继的。同时，我国经济发展中产业层次低、结构不合理等矛盾日益凸显。所以必须转变发展方式，依靠战略创新来跨越中等收入陷阱。

正如西门子所说："只要你精力旺盛，你就在成长；一旦你成熟了，你也就开始腐烂了。只有不断地寻找新的生长点和发展点，你才会不断地前进。不管你有多大年纪，只要你保持创造的欲望，你就能像孩子般地充满活力。只有坚信自己是可以创造的人，才可能有所创造。西门子公司就是在不断地创新中向前迈进的。创新固然需要巨大的风险，但是任何一家成功经营的企业都离不开创新这个核心。我们公司从一开始就将创新作为企业的灵魂。"正是不断地创新、创新、再创新，才有了西门子公司今天的成就。

一、创新与战略创新概述

(一)创新的含义

1912 年，美籍奥地利经济学家熊彼特在其著作《经济发展理论》中首次提出"创新"的概念。他认为，所谓创新就是要"建立一种新的生产函数"，即"生产要素的重新组合"，把一种从来没有的关于生产要素和生产条件的"新组合"引进生产体系。这种新组合包括引进新产品、采用新技术、开辟新市场、控制原材料新的供应来源、实现工业的新组织。熊彼特的创新概念包含的范围很广，不仅涉及技术性变化的创新，还包括非技术性变化的组织创新，在创新领域具有开拓性，在整个西方经济学说史上占有重要的地位。在当时，熊彼特的创新理论被同期的"凯恩斯革命"理论所淹没，并未得到广泛的重视。直到 20 世纪 50 年代，随着科学技术的迅速发展，技术变革对人类社会和经济发展产生了极大的影响，人们才开始重新认识创新对经济增长和社会发展的巨大作用，并开始研究创新的规律。20 世纪 60 年代，美国经济学家华尔特·罗斯提出了"起飞"六阶段理论和"技术创新"的概念，并把"技术创新"提高到"创新"的主导地位。随后，人们对技术创新进行了深入的研究，大体可以分为三个阶段。

第一阶段是 20 世纪 50 年代初到 60 年代末，在新技术革命浪潮推动下，技术创新研究迅速复兴，逐步突破新古典经济学的局限与束缚，开始兴起对技术的变革和技术创新的研究。迈尔斯和马奎斯是主要的倡议者及参与者。在其 1969 年的研究报告《成功的工业创新》中将创新定义为技术变革的集合，认为技术创新是一个复杂的活动过程，从新思想、新概念开始，通过不断地解决各种问题，最终使一个有经济价值和社会价值的新项目得到实际的应用。到 70 年代下半期，技术创新的界定进一步拓宽，在 NSF 报告《1976 年：科学指示器》中，认为技术创新不仅包括将新的或改进的产品、过程或服务引入市场，并将模仿和不需要引入新技术知识的改进这两类创新划入技术创新的定义范围。在这一阶段，创新尚处于新研究领域的开发阶段，研究比较分散，尚未形成完整的理论框架，研究方法以案例分析总结为主。

第二阶段是 20 世纪 70 年代初至 80 年代初，有关技术创新的研究持续升温。在这一阶段，技术创新研究从管理科学和经济发展周期研究范畴中相对独立出来，初步形成了技术创新研究的理论体系。其中，厄特巴克的创新研究独树一帜。他在 1974 年发表的《产业创新与技术扩散》中提出，与发明或技术样品相区别，创新就是技术的实际采用或首次应用。缪尔塞则在 80 年代中期对技术创新概念做了系统的整理分析，他认为技术创新是以其构思新颖性和成功实现为特征的有意义的非连续性事件。英国著名学者弗里曼从经济学角度对技术创新进行了思考。他认为技术创新在经济学上的意义只是包括新产品、新过程、新系统和新装备等形式在内的技术向商业化实现的首次转化。在这一阶段，研究的具体对象开始逐步分解，出现了对创新不同侧面和不同层次内容的比较全面的探讨，包括对技术创新的定义、分类、起源、特征、过程机制与决策、经济与组织效应等，并逐步将组织管理行为理论、决策理论等多种理论和方法应用到技术创新研究中。

第三阶段是 20 世纪 80 年代初至今。这一阶段，技术创新的研究呈现出研究综合化、重点专题深入研究、注重研究内容和成果对社会经济技术活动的指导作用三个特征。诸如技术创新的预测和创新活动的测度评价、创新组织建立的策略和规范、政府创新推动政策的跟踪分析、对某一行业的技术创新或某一项技术创新发生与发展的全过程的分析等实用性强的研究课题，受到普遍关注，并注重技术创新研究成果的转化。

可见，在相当长的一段时间内，人们常常将技术创新当作创新的所有内容。但是，技术创新不能代表所有的创新，技术创新只是创新的一种表现形式，是众多创新中的一种。

综上所述，创新是指以现有的知识和物质，在特定的环境中，改进或创造新的事物(包括但不限于各种方法、元素、路径、环境等)，并能获得一定有益效果的行为，而不仅仅包括工艺方法等技术创新。

简单来说，创新有三层含义：一是更新；二是创造新的东西；三是改变现状，就是对原有的东西进行改造、改革和发展。创新的本质是突破，即突破旧的思维定势、旧的常规戒律。创新活动的核心是"新"，它或者是产品的结构、性能和外部特征的变革，或者是造型设计、内容的表现形式和手段的创造，或者是内容的丰富和完善。

(二)创新的特征

创新是突破性的实践活动，它不是一般的重复劳动，更不是对原有内容的简单修补，它具有目的性、变革性、新颖性、超前性、价值性五个特征。

1. 目的性

任何创新活动都有一定的目的，这个特性贯穿创新过程的始终。创新特别强调效益的产生，它不仅仅要知道"是什么""为什么"，还要知道"有什么用""怎样才能产生效益"。所以，创新是一个创造财富、产生效益的过程。

2. 变革性

创新是对已有事物的革新，是一种深刻的变革。创新是一个动态的过程。在知识经济条件下，唯一不变的就是一切都在变，而且变化得越来越快。因此，任何创新都不可能是一劳永逸的，只有不断地变革和创新，才能适应时代的要求。

3. 新颖性

创新是对现有的不合理事物的扬弃，革除过时的内容，确立新事物。创新不是模仿、再造，因此，新颖性是创新的首要特征。具体来说，新颖性包括三个层次：一是世界新颖性或绝对新颖性；二是局部新颖性；三是主观新颖性，即只是对创造者个人来说是前所未有的。

4. 超前性

创新以求新为灵魂，具有超前性。这种超前是从实际出发、实事求是的超前。因此创新可能成功，也可能失败，这种不确定性导致了创新的风险。因此，对创新活动提出只准成功、不许失败的要求是不切实际的，只能通过科学的设计与严格的实施，来尽量降低创新的风险。

5. 价值性

创新有明显、具体的价值，对经济社会具有一定的效益。创新可以重新组合生产要素，从而改变资源产出，提高组织价值。对于企业来说，创新利润是最重要、最基础的部分，也只有创新利润才能够反映企业的个性。

(三)创新对于企业发展的意义

1. 世界变化越来越快

20世纪上半叶，一项技术从发明到商业成功往往需要几十年的时间。20世纪下半叶以来，技术创新的周期越来越短。20世纪上半叶，电话走进50%的美国家庭用了长达60年的时间，而互联网进入美国家庭只用了5年。摩尔定律和吉尔德定律验证了技术创新周期加快的趋势，即"单位面积芯片的存储量每18个月增加一倍""主干网的宽带将每6个月增加一倍"，如表6-5所示。

表 6-5 历史上重大发明创新经历的时间

技术或产品	发明年份	创新年份	周期(年)
日光灯	1859	1938	79
罗盘指南针	1852	1908	56
拉链	1891	1918	27
电视	1919	1941	22
喷气发动机	1929	1943	14
复印机	1937	1950	13
蒸汽机	1764	1775	11
涡轮发动机	1934	1944	10
无线电报	1889	1897	8
三级真空管	1907	1914	7
DDT	1939	1942	3
氟利昂冷却剂	1930	1931	1

2. 创新是企业发展的动力源泉

今天，企业处于快速变革的环境中，面临着越来越高的不确定性，企业的生命周期进一步缩短。10 年前的《财富》500 强中，将近 40%的企业已经销声匿迹；而 30 年前的《财富》500 强中，60%的企业已被收购或破产。1900 年入围道琼斯指数的 12 家企业，只有通用电气一家坚持到了今天。同时，我们仔细解读常青树型企业的长寿经，不难发现，百年企业的价值观和企业精神的核心只有一个词——创新。只有创新，才能使企业拥有生生不息的生命活力，不断地适应或者影响周围的环境，永葆企业青春。

著名创新管理专家乔·蒂德教授指出，企业通过创新可以获取不同的战略优势，如表 6-6 所示。

表 6-6 企业创新类型与战略优势

创新类型	战略优势
新颖型	提供独一无二的新产品或服务
能力转移型	重塑竞争游戏规则
复杂型	提高技术学习壁垒和难度
稳健设计型	延长现有产品及工艺生命周期，降低总成本
持续渐进型	持续降低成本并改进性能

随着知识经济时代的来临，越来越多的企业发现，仅有良好的生产效率、足够高的产品质量甚至高度的灵活性已不足以保持市场竞争优势，创新日益成为企业生存与发展的不竭源泉和动力。企业管理的演进模型见表 6-7。

表 6-7 企业管理的演进模型

时 间	市场需求	企业管理焦点	主导企业类型	管理特点
20世纪60—70年代	价格	生产效率(降低成本)	效率型企业	福特制(标准化、大批量)
20世纪80年代	价格+质量	效率+质量	质量型企业	全面质量管理
20世纪90年代	价格+质量+多品种+速度	效率+质量+灵活性+响应市场速度	灵活型企业	柔性生产线+零库存
20世纪90年代后期至今	价格+质量+多品种+速度+独特性	效率+质量+灵活性+响应市场速度+创新性	创新型企业	全面创新管理

3. 信息时代来临

21世纪以来，在互联网技术的支持下，一种新的创业形式出现了，它的特征是产品本身和销售渠道全部是虚拟的。此类初创企业往往只需要数千美元和几周时间就能够成立运营，完全不像传统企业需要数百万美元甚至更多的投资和多年准备才能开始经营。因此，全球虚拟型初创企业的数量每年都在以惊人的速度增长。

更为重要的是，在信息技术浪潮的冲击下，曾经以实体店销售实体产品为特征的整个商业体系如今正大举转变为通过互联网销售。同时，以往通过实体店与实体方式销售的许多产品本身也虚拟化了，比如图书、唱片、影碟、电影等。

在过去的十几年中，适用于实体产品和实体渠道的传统经营规则和管理手段如今已经失效。企业越是接近网络/移动渠道和网络/移动产品，则其改变、测试、优化产品和解决方案的速度就越快。一个现实情况就是，现在基于互联网技术的新企业，如果实现了产品与渠道的虚拟化，它们收集信息和做出响应的速度要比通过实体渠道销售实体产品的企业快100倍。这也就是为什么像Facebook、Google等企业，过去十年的发展速度甚至超过了大多数工业企业在20世纪100年中的发展速度。

在倡导新质生产力的今天，信息技术的发展日新月异，已经逐渐开始重塑整个人类的社会生活形态，在人工智能与算力、自动驾驶与机器人、量子通信、太空探索、基因技术、可控核聚变等领域，都涌现出一批革命性的创新型公司。这些创新型科技公司势必引领人类的科技文明进入更高层次，可能将使人类生活的方方面面发生深刻的变革。

(四)战略创新

战略创新是企业成长方式的创新，通过产品、服务和商业模式的创新，改变商业游戏规则，并创造新的用户价值。企业管理者必须改变传统思维的束缚，敢于打破游戏竞争规则，加快企业核心竞争力的创造，使企业灵活面对各种问题，维持企业的可持续发展。

战略创新是全景式的、多层次的创新方法。首先，战略创新包含着传统和非传统的商业战略方法，采用"行业远见""用户洞察"和"战略协调"的视角，并与许多传统的方法和模型相结合。其次，战略创新采用发散式的、愿景式的思维探索行业长期发展的可能性，并通过深刻贯彻以取得短期的商业绩效。战略创新与传统战略的区别见表6-8。

很多企业依赖于创造性的偶然性突破培育创新，也有一些企业采用渐进性的创新方法。

战略创新是一种全面、系统的方法，它聚焦于突破性或者离散性的创新结果。创新之所以变得具有"战略性"，是因为其具备了目的性和重复性，并推动消费者价值的急剧提升。战略创新既有纪律性，也具有创造性，促进了业务流程的变革和企业的成长。

创新所带来的良好工作条件，曾经给每个人的生活带来了尊严。然而，随着新质生产力时代的到来，这些技术创新的典范失去了往日的荣耀。技术发展的"蛙跳"现象，意味着会有更新、更高效的技术出现。

从传统的战略视角已经很难对一些创新现象做出解释，例如苹果与华为手机的创新。与第二次工业革命时期相比，创新的形态正在发生巨大的改变。无论采用突破性创新，还是蓝海战略以及其他创新理论，都难以清楚地阐述苹果与华为手机的创新对于商业模式和创新管理的意义。现在，颠覆性创新越来越成为战略创新的核心概念，实施颠覆性创新的企业可以从高端或者低端细分市场切入，通过缓慢积累向普通大众市场渗透。蓝海战略也包含了颠覆性创新的思维，但是蓝海战略侧重高低端市场的组合，通过提升与降低等手段组合，提升用户价值。通俗一点来看，小米手机的创新是实施蓝海战略而不是颠覆性创新。小米手机通过提升产品的性能，剔除不必要的价值链环节，从而找到自己的蓝海市场。苹果手机的创新更多可以从商业模式的角度理解，商业模式阐述用户价值、目标市场，以及价值如何创造和传递、期望的成本和收益。从技术的角度看，苹果手机几乎没有一项技术称得上颠覆性的，但是通过供应商、运营商、用户等不同利益相关者的整合，逐渐形成了自己的商业逻辑。

表 6-8　战略创新与传统战略的区别

传统战略	战略创新
现在到未来的导向，今天是起点	从终点开始，把未来的机会带回现在
规则制定者	规则破坏者
接受已经建立的商业边界和产品类别	寻找并创造新的竞争空间和领域
聚焦于渐进性创新	寻求突破，进行破坏性创新
依据传统的线性商业计划模型	把流程纪律和创造性灵感进行对接
把传统资源作为输入	从非常规资源寻求灵感
寻求明确表达的用户需求	寻求那些难以表述的用户需求
技术驱动	用户需求驱动
采用一劳永逸的组织模型	尝试不同形式的创业型组织结构

二、颠覆性创新

(一)颠覆性创新概述

1. 颠覆性创新的定义

颠覆性创新理论是哈佛大学商学院的克莱顿·克里斯坦森教授提出的，旨在描述新技术(革命性变革)对公司的影响。1997 年，克里斯坦森在《创新者的困境：当新技术使大公司破产》一书中，首次提出了颠覆性技术。他说，反复的事实让我们看到，那些由于新的消费供给范式的出现而“亡”的企业，本应该对颠覆性技术有所预见，但无动于衷，直至为时已晚(见图 6-19)。

发端于非主流市场，经过不断发展，最终削弱主流市场产品竞争力的创新，即为颠覆性创新。显然，所谓颠覆性创新，其基本过程就是基于新概念或技术的新应用，以新产品或新服务替代传统产品或服务，并在相关领域产生革命性变革，从而带来新的领域性增长。

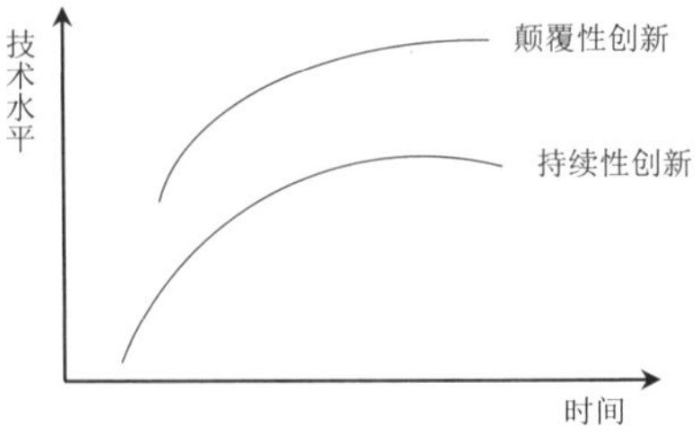

图 6-19　颠覆性创新和持续性创新

颠覆性创新可以从低端和高端两方面切入。从低端切入，颠覆性创新通过把复杂性技术简化，以低成本的商业模式，实现价值网络的经济性。颠覆性创新的商业模式逐渐从非主流市场向主流市场渗透，它的一些模式在主流市场看来可能会显得“不怎么样”，但是对于非主流市场而言，却已经“足够好”。从高端切入，则瞄准超越现有市场需求的定位，引领消费趋势，创造新的用户需求(见图 6-20)。

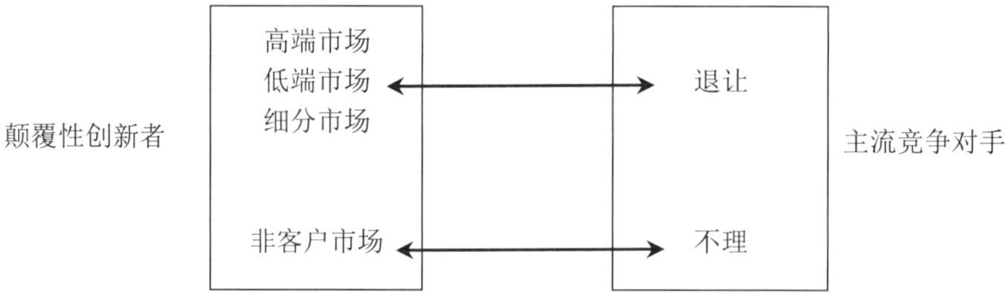

图 6-20　颠覆性创新竞争的不对称性

2. 颠覆性创新与持续性创新的比较

持续的研发投入促进企业创新。然而，企业当前能力优势的利用终将被耗尽，企业必须打破原有的创新公式，开发新的竞争优势。企业必须能够意识到当前的能力正在下降，并增加探索性研发投入，在合适的时间开发新的核心能力。所以，企业必须把握创新的时机，适时从持续性创新切换到颠覆性创新轨道上来。

许多企业依旧在技术转型和跳跃过程中失败的主要原因是技术动态性和组织惰性的影响。由于技术路线的动态性，企业很难在众多的竞争性技术方案中做出抉择。在许多技术中，企业很难判断哪个技术会胜出，并形成“主导设计”。此外，组织惰性和互补性资产限制了企业在不同技术路线之间自由地切换。例如组织的流程、惯例等，都是围绕原有的旧技术开展的，还有互补性资产也是围绕原有技术设置的，这些都限制了企业采用新技术的意愿。

持续性创新是以主流市场的高端消费者为目标，这些消费者往往要求得到性能更好的产品。颠覆性创新或破坏性创新则通过引入与现有产品相比尚不够好的产品和服务，或者提供比较简单、更加便利与廉价的产品，吸引处于次要市场的不太挑剔的消费者，甚至是非消费者。

只专注于他们认为该做的事情，如服务于最有利可图的顾客，聚焦边际利润最诱人的产品项目，那些大公司的领导者一直在走一条持续创新的道路，而恰是这一经营路线，为颠覆性新技术埋葬他们敞开了大门。这一悲剧之所以发生，是因为现有公司资源配置流程的设计总是以可持续创新、实现利润最大化为导向的，这一设计思想最为关注的是现有顾客以及被证明了的市场面。然而，一旦颠覆性创新出现(它是市场上现有产品更为便宜、更为方便的替代品，它直接锁定低端消费者或者产生全然一新的消费群体)，现有企业便立刻瘫痪。为此，他们采取的应对措施往往是转向高端市场，而不是积极防御这些新技术、固守低端市场，然而颠覆性创新不断发展进步，一步步蚕食传统企业的市场份额，最终取代传统产品的统治地位。持续性创新和颠覆性创新在研发活动方面的差异，如表6-9所示。

表6-9　持续性创新和颠覆性创新在研发活动方面的差异

比较项目	持续性创新	颠覆性创新
创新目标	创新目标维持与加强现有市场地位	改变游戏规则，实现跨越
重点	原有产品成本的降低和性能的提高	开发新产业、新工艺、新产品
技术基础	现有技术的开发、利用与研究	探索新技术
商业计划	创新开始即制订计划	基于探索性学习而演化
新思想产生与机会识别	在前一创新末期产生	偶发于整个生命周期
主要参与者	正式、交叉功能的团队	具有多种功能知识的个人、非正式网络
过程	正式的阶段模型	早期为非正式的柔性→后期为正式的柔性
组织结构	在业务单位内部运转的跨功能项目小组	思想→孵化器→目标驱动的项目组
运营单位的介入	早期的正式介入	早期的非正式介入→后期的正式介入

3. 颠覆性创新的特征

创新理论认为，技术存在"蛙跳"：行业技术曲线会在某一时刻突然发生跳跃，从渐进式创新向突破性创新演变。突破性创新一般是破坏性的，柯达、诺基亚等企业的失败，就是不能及时进行技术转轨的结果。当行业技术发生了跳跃，一些企业不能从原有的技术轨道转向新的技术轨道，那么失败难以避免。很多被创新颠覆的对象，都是没有及时完成跳跃。

对于企业来说，跳跃时机的判断很难。不少企业对于突破式创新的理解存在误区，以为技术跳跃是由某个企业在特定时间完成的。实际上，技术突破绝对不是单一企业闭门造车的结果，而是行业不断发展的必然。分析一下平板显示行业，或许会对理解技术跳跃的时机有所启示。与所有的新兴产业一样，平板显示行业的发展充满了不确定性、技术范式胶着，企业面对很多潜在的技术选项。

早在20世纪60年代，人们就认为平板显示会替代CRT(阴极显像管)技术。到了80年代，平板显示领域逐渐形成了液晶和等离子两种竞争性技术。刚开始，平板技术的研发者大多是CRT企业和半导体企业，佳能、精工、夏普、东芝等企业选择了液晶显示技术，IBM、索尼、NEC、飞利浦等企业选择了等离子技术。行业的技术范式充满了不确定性，没有谁知道哪种技术会最终胜出。到90年代，LCD技术逐渐占据上风并成为主导技术，而等离子企业大都转向 LCD。

目前平板行业的领军企业，既非首次实现商业化应用的精工，也不是 IBM，却是中国的 OEM 企业。技术跳跃需要把握机会窗口，进入太晚，则企业缺乏相关资源积累的过程；进入太早，则企业的方向不一定吻合未来的主导技术。企业需要在商业化形成之前做出技术范式的选择，技术跳跃的最佳时机在主导设计形成以后以及商业化应用的前夜。

颠覆性创新的特征，如表 6-10 所示。

表 6-10　颠覆性创新的特征

作　者	颠覆性创新的特征
Christensen(2001)	• 低价格、低性能 • 简单、低成本，利基市场，被在位者忽视 • 利基市场的制度规制性壁垒低 • 主流市场客户逐渐接受其产品的过程中，无须改变原工作方式 • 更简便
Thomond 和 Lettice(2002)	• 满足新市场或利基市场未满足的需求 • 利基市场顾客看重的产品属性被主流市场客户视为低品质 • 新进入企业不断加大投资，提高产品水平，赢得更多的顾客 • 影响并加强主流市场顾客对颠覆性产品的认可 • 得到主流市场顾客认可，从而颠覆在位者
Kostoff(2004)	• 更小巧 • 更轻 • 更便宜 • 更加有灵活性、方便 • 更可靠 • 单位效能更高 • 操作更简单
Govindarajan(2006)	• 低主要性能 • 主流顾客不认可新辅助性能 • 更加便宜、简单，价格更低 • 最初只吸引低端和价格敏感顾客，利润低，在位者没有兴趣 • 随着研发投入，产品的主要性能提高，从而吸引主流市场顾客

(二)颠覆性创新思维

在《创新者的困境》一书中，克里斯坦森采用一个小型钢铁厂对大型综合性钢铁企业的破坏之举为我们提供了一个经典的案例，让我们了解为什么一旦新产品或新业务被塑造成破坏性战略后，就能轻易打败业界龙头企业。

教学案例

Nano 的启示

2008 年，印度塔塔集团所生产的世界上最便宜的 1980 美元的"人民车"Nano 正式上市。自正式发布以来，Nano 微型汽车已经赢得了如潮的赞誉，印度知名教授 Govindarajan 表示，它会像 PC 和 iPod 一样引发一场革命，其重要意义如同印度赢得独立或者印度发射第一颗卫星。塔塔凭借着这款世界上最廉价的小汽车登上了《商业周刊》杂志"2008 年全球最具创新性的公司"排行榜，而且高居第 6 位，排在 IBM 前面。

然而在中国，Nano 的待遇可不怎么样。廉价小汽车本来没什么新奇的，QQ、奥拓、福莱尔、美日等车型在中国的大街小巷已经穿梭好几年了。不要说上汽、东风这样的大厂，就连比亚迪、奇瑞、天津一汽等廉价汽车的生产厂家，也毫不掩饰对 Nano 的不屑一顾。"不就是摩托加个盖嘛！中国消费者更喜欢配置齐全的、有点品位的小汽车。"

(资料来源：本书作者整理编写。)

中国汽车同行的评价，与克里斯坦森教授的预测完全吻合：汽车同行的这种反应其实是对 Nano 最大的祝福。根据克里斯坦森教授的创新理论，在颠覆性创新的前期，竞争对手采取忽视与回避的对策，实际上是给创新业务提供了一个十分宝贵的"动机不对称"保护伞。所谓"动机不对称"，是指当创新者采用新的商业模式、新的成本结构推出极低价产品时，在现存的厂家看来，这将完全是无利可图的、不值得花力气竞争的业务。所以，当颠覆性创新者瞄准那些低端市场时，主流竞争对手的态度通常都是退让或者不加理睬。

在颠覆性创新面前，企业需要时刻保持敏锐的创新嗅觉，要关注行业的趋势，判断哪些竞争性技术方案可能会成为主导设计，并及时做出技术轨道的调整。企业需要改变自己的传统战略创新思维，开发那些潜在的市场需求，创造出竞争对手不理或者退让的态势。这样做，也许新业务开始时效益不怎么样，但是企业已经在新的创新轨道上起航。

(三)创新生态系统

创新生态系统是由多种不同创新主体相互交织形成的开放、多维、共同演进的复杂网络结构。企业的创新环境发生着剧烈的变化，不确定性、复杂性和模糊性进一步增强。环境变化对企业创新管理理论和实践都提出了新的挑战。过去我们仅仅聚焦于企业内部创新行为，或者是一些独立的创新行为、单项技术的创新。但是，今天我们已经步入了"创新生态系统"时代，不仅需要关注企业内部的创新行为，还需要考虑同其他企业的有效协同创新、用户的参与、对创新成果的有效传递和应用，更需要关注整个"创新生态系统"的构建和持续运行。

创新范围正在从"封闭竞争"走向"开放合作"。波特认为，竞争优势来源于"企业通过自身创新创造比竞争对手更大的价值"。单个独立企业的创新已经不能赶上外部环境变化的步伐，创新更多的是由多个企业在一个创新生态系统中相互合作完成的，创新边界已经超出了企业既有的边界。创新的挑战已经从企业内部走向外部，面对技术和市场的快速变化，要求企业走出内部创新的藩篱，主动进行开放式创新，通过合作伙伴之间的协同与互补实现创新。实际上，华为、苹果、谷歌这些企业为用户创造的价值，不是仅由这些企业独自完成的。

创新组织正在从"一体化"走向"平台"。"一体化"一直是规模经济背景下的重要战略抉择和组织方式，也是很多企业乐于采用的创新组织方式。但是，当企业外部环境变化较大时，"一体化"表现出"组织刚性"，不能很好地适应技术和市场变化，现实要求企业在组织创新活动时，必须具有一定的"弹性"。"平台"是网络经济背景下的重要战略抉择和组织形式，是"创新生态系统"的具体应用。它使企业在组织创新活动时具有一定的"弹性"，能够使企业的创新活动同技术和市场变化共同演进，同上下游相关合作方的创新共同演进。

构建创新生态系统的平台企业称为核心企业。创新生态系统中的核心企业通过组织、协调和数据挖掘等方式充分利用顾客信息和社会资源，设计运行规则，维护系统运转，促进创新生态系统成长，寻找并拓展价值空间。作为价值生态圈的"创新领袖"，核心企业必须保持创新过程和方式的开放与协同，共同创造解决方案并改变游戏规则，发现并形成新的商业理念和形态。企业之间的竞争不再仅仅依赖产品创新的差异化，企业需要思考创新生态圈结构的治理，并利用创新冠军的地位以及生态圈中的网络能力进行技术创新。在创新生态圈中，核心企业或者创新冠军的能力可能不同，具体类型包括技术冠军、权利冠军、流程冠军、网络冠军，这几类企业之间具有"互补性"，如表6-11所示。

表 6-11　创新冠军的类型

冠军角色	障碍类型	权利基础	行　为
技术冠军	知识	知识和技术专业性	发明家或者技术专家希望开发新技术
权利冠军	忽视与反对	资源控制层级化	施加政治影响或社会影响支持技术创新
流程冠军	官僚化	信息传递、交流技巧	协调技术冠军和权利冠军，将创新意见进行实施
网络冠军	缺乏合作	网络能力与互动潜力	连接与桥梁的作用

创新企业的领导者变成了生态网络的组织者，把客户、供应商、合作伙伴、消费者和监管者都纳入生态体系，把这些利益相关者的资源联结起来，并鼓励他们不断进行价值创造。由于生态圈中创新主体的多样性，创新领袖需要整合不同的视角，确保主要利益相关方和决策者的参与，思考各种影响因素之间的相互作用，以消除不确定性。因此，创新网络中的利益相关者最好具有一定的互补性，这样才有助于整个创新生态圈的关系治理。核心企业和创新冠军的主要功能在于加强合作网络中的创新效率。

(四)颠覆性创新的路径选择

在位企业应对颠覆性创新，有以下几种路径选择。这些路径的选择，就是采取各种方式来克服在位企业自身的弊端，调整旧有和新业务的矛盾，整合大企业和小企业的优势，时刻具备战略的眼光，来克服自身的短视，通过不断调整来适应技术、市场的变化。

1. 创建独立的组织

创建独立组织的理由有两条：第一，在位企业总是把资源用在满足主流客户需求上，并侵蚀用于进行颠覆性创新的资源；第二，颠覆性创新的资源、流程、价值评判标准与原有组织的存在矛盾。当面对颠覆性创新时，在位企业能继续保持其行业领先地位的唯一办法是成立一个完全独立的组织，并授权它使用全新商业模式创建一个全新的企业。

例如，在小型机颠覆了大型机市场后，IBM 公司依然能够保持行业领先地位的原因，就在于它利用一个不同的业务单位在小型机市场开展竞争。当个人电脑涌现时，IBM 通过在佛罗里达州建立一个有自主权单位的形式解决了颠覆性创新问题。惠普公司能够维持其在个性化打印机市场的领先地位，是因为它创建了专门用来生产和销售喷墨打印机的部门，这一部门与位于博伊西市的、主要负责生产和销售激光打印机的部门完全独立。

2. 组织改组

大型公司可以通过改变组织结构来获取机械化组织和有机组织的优势。许多大公司试图通过分权来克服组织的僵化和惰性，进而使公司的各个部门像小公司那样运作。通用电气、惠普、强生和通用汽车等公司都试图把公司重组成由小公司构成的业务群组来保证它们既能够获取整个公司的资源，又能够保持小公司的简单性和灵活性，从而同时获取大公司和小公司的优势。

3. 反颠覆与并购

在位公司在应对颠覆性创新时值得重视的一种方法就是斯沃琪公司采用的"颠覆颠覆者"。在位公司不需要花精力对内部进行改造或者建立一个独立的组织，而是应该建立与新创企业的联系。在位公司可以通过风险投资、战略联盟、持有股份等方式与其建立联系，等市场快成熟了，大公司可以去收购这个新创企业。新创企业因为缺乏资源、权力、市场和渠道，所以通常愿意被收购。

三、互联网时代的战略创新

创新的主体往往是那些创业企业，它们要创新才能活下去。大企业在保持相同水平的创造性和自由度方面远远落后于创业企业。谈到支付宝，马云说，创新是"逼出来的"，支付宝的模式谈不上创新，甚至很愚蠢，就是"中介担保"。我们不想去创造一种新的商业模式，只不过是为了解决很现实的问题。互联网技术的普及，使得创新的发生平民化、分散化，创新不一定由技术专家发起，也不一定集中在大企业内部。尤其在消费类电子产品行业，互联网技术培育了多样化创新的土壤。

在移动互联时代，每个创新企业都是创新浪潮中的一朵浪花，总是有的倒下，有的兴起，正是这些不断尝试新思维和新方式的企业推动了创新的涌现。行业管制激发了阿里巴巴的创新，倾听用户成就了小米的创新，现有产品和模式的混合成就了微信……总之，中国企业的创新文化已经形成。这些创新企业锐意进取，并不因为缺乏支持而畏缩不前，他们善于在变化的世界中找到成功的诀窍。虽然创新资源有限，甚至一贫如洗，国内的创业者却能够容忍风险，并在短时间内采取大胆的决定，他们相信自己可以实现"弯道超车"，甚至可以发现新的技术路径。在此背景下，他们中的很多人成为勇而无畏的创新者。

(一)移动互联网时代的用户需求

如果能够明确问题是什么，那么问题便不再是问题。专家对于什么是互联网思维各抒己见，企业家面对互联网却焦虑不堪，根源便在于互联网影响的不确定性。每个企业都想拥抱互联网，可是不知从何做起。

移动互联网时代用户的消费习惯和内容已经发生了天翻地覆的改变。互联网时代，各种创新层出不穷，哪个创新能够变成真正盈利的产品和服务呢？马化腾说，搞不懂年轻人，就搞不定产品和服务。尤其移动互联已经深刻影响人们的生活，企业需要充分考虑这个时代用户的习惯与偏好。看不懂年轻人的喜好是每个传统企业最大的担忧。

教学案例

"完全不是那么回事"

一个著名导演和女儿谈起电影《哈利·波特》的拍摄。作为导演的父亲内行地说，这个镜头是如何拍摄的、那个场景是如何布置的……女儿的回答却是"完全不是那么回事"。她告诉父亲那个是微缩景观、那个是电脑动画……父亲问为什么，女儿的回答是"因为我至少已经看过100遍。"

互联网时代的"粉丝经济"可能不再是简单地盲从，而是发自内心地喜爱和对于技术的苛求。与苹果手机的产品权威态势恰恰相反，小米手机发动"米粉"一起做智能手机、智能电视机等产品，也是利用用户的知识和技术实现开放式创新。互联网正在"去权威化"，专家学者们的知识创新速度不一定能够赶得上"百度文库"的更新速度。互联网精神是什么，大家各有高见。正是因为观点的不同，才有了互联网创新的浪潮，每一个新思维都是其中的一朵浪花，这些浪花推动着移动互联时代前进的步伐。从根本上说，互联网精神就是要零距离(倾听用户的声音)、网络化(保持开放与互联网接触)，只有这样，才能够准确发现用户需求，并快速满足、创造出用户价值。

(二)互联网时代的"虚实融合"

线上线下的虚实融合正在成为互联网时代的主导商业模式。互联网思维对于企业能力提出了全面的要求，这种能力体现在，通过线上和线下的融合不断创造用户价值。虚实融合已经体现出平台的特征，企业需要从产品设计到渠道营销，再到配送安装，全流程吸引用户参与、引领创新，满足用户个性化的体验和需求。

传统对于线上和线下之间关系的理解可能会出现一些偏差，例如，认为消费者是线下体验、线上购买，企业则是线上和线下渠道的差异化，这是一种割裂的思维。在互联网时代，用户的需求是"个性化的全流程体验"，这表现在用户参与产品设计、友好的购物界面、全流程信息可视化、快捷的配送和安装服务。在线上，用户不仅需要友好的购物界面，还需要参与产品的设计；在线下，用户不仅需要实体店良好的购物环境，还需要快捷的配送和安装服务。线上线下虚实融合的内涵已经不断得到扩张，只有全流程地给予用户最佳体验，才能满足互联网时代的用户需求(见图 6-21)。

图 6-21 互联网时代线上和线下的虚实融合

1. 线上体验

1）用户参与产品设计

线上的含义变得更加宽泛，不再仅仅是渠道和购买的概念，用户在线上越来越多地参与产品设计。小米手机是用户在线上参与产品创新的典型，因为是用户自己设计的产品，更加能够满足其需求。对于小米手机，无论操作系统，还是手机的功能，都体现了用户参与的理念。例如标记陌生电话，每个手机用户都可以标记推销广告、电信诈骗等手机号码，通过云技术，当被标记的电话打给一位小米手机用户时，就能显示这个号码被标记的类别和次数。小米手机 MIUI 系统最大的特色就是定制主题，"米粉"们创造了各种主题模式，其他小米用户可以自由下载，例如"自由桌面"就把现实中的工作桌面模拟放到屏幕上，而不是普通智能手机的模块化桌面。小米具有"互联网思想"，发动数百万网友一起做手机，"米粉"们热情参与，充分发表自己对于产品的意见，累计在小米论坛上提交了超过1.3 亿篇技术帖。用户参与设计的产品更容易获得用户的认同，用户购买后愿意推荐给朋友。由于采用用户口碑营销，小米手机的广告投入几乎为零。

2）友好的购物界面

在线上，天猫、京东、苏宁易购、亚马逊等电商平台的用户界面已经非常友好和完善。首先，是产品推荐管理。电商平台采用大数据应用，发现用户的购物偏好，并向用户推荐其可能要发生购买的产品。其次，是管理用户预期。用户从网上下单那一刻开始，就想在最短的时间内拥有产品。亚马逊的做法是在用户下单时，就给出预计的到货时间，使用户有个心理预期。最后，是全流程信息可视化。在网站上持续更新产品出库、物流等订单信息，并随时通过邮件和短信的方式告知用户，保证用户全流程信息的可视化。透明的信息能帮助用户及时了解产品的物流状态，这样就消除了很多不必要的用户抱怨。

2. 线下体验

在线下，实体店需要有良好的购物环境，更多的是氛围体验而不是产品展示。因为来到实体店的顾客，可能事前已经在网上充分了解了产品的价格和功能。例如，海尔专卖店引入了麦当劳的店面设计经验，希望实体店的设计有一种文化氛围。通过研究比对商圈店和社区店进店人数和成交率的关系，海尔发现在商圈店顾客对于轻松舒适的休息区域要求更高。在做了店面调整之后，顾客在店面逗留的时间明显加长，从而成交率也相应提高。

"最后一公里"是电商平台所面对的主要难题。现在，用户越来越多地在网上购买大件产品，例如冰箱、电视机等大家电，但物流准时送达还是非常困难，用户不但要求短时间内送达，还要求送装一次完成。通常行业的做法是：物流公司送货时，需要用户在家签收一次，售后服务安装时，又需要顾客请假一天在家守候，这给用户造成了极大的不便。海尔日日顺物流通过与用户沟通和互动，推出了"24 小时按约送达，超时免单，送装同步"的服务，承诺在全国任何一个地方，只要用户购买产品就能按约定时间送达，这个产品如果送晚了，就承诺"免单"，把订购产品免费赠送给用户。"送装一体化"体现了物流不仅仅是配送，而是预约安装、售后服务全部在配送时一次性完成，海尔完善的营销和服务网络是完成这一承诺的主要支撑要素。

(三)互联网战略创新

互联网时代,用户的需求和体验是全流程的。在线上,用户要求参与和购买;在线下,用户需要实体店的体验、快捷的物流和送装一体。只有通过线上和线下的虚实融合,才能够满足多样化的用户需求。在虚实融合的模式下,传统的商业准则已经发生改变。企业需要建立起互联网思维,通过平台战略而非产品战略、强调范围经营而非规模经营、采用拉动而非推动消费的方式、实现经营灵活性而非效率的优化。所有这些内容,最终的目标都在于满足用户体验。

1. 企业战略的变化

在虚实融合的思路下,企业更加容易采用平台战略以建立自己的商业模式。小米手机认为自己不但是高科技产品公司,而且是"第四大电商",仅次于天猫、京东、苏宁易购。在虚实融合的思路下,企业的研发组织流程和资源配置的方式会发生相应的改变。小米手机的研发团队大约有 1000 人,如果不采用与用户交互的方法,而是所有的产品功能完全由自己开发,那么研发队伍的规模可能是现在的三倍。通过小米手机的例子可以看出,用户不一定主导产品的设计,但是至少企业可以通过与用户交互判断消费者的需求,以及检验自己的技术方向是否正确,并通过网络效应放大既有技术的价值。

2. 核心能力的扩张

线上线下的虚实融合对于企业的核心能力提出了更高的要求,线上线下企业的核心能力要逐渐向线下线上互相延伸。很多电子商务平台首先是一个互联网企业,线上的能力可能很强,但是线下的能力是很多互联网企业所不具备的。亚马逊是一个互联网企业,在美国物流业务依赖于 UPS、DHL 等企业。但是,随着新鲜食品配送业务的拓展,第三方物流逐渐不能满足企业的配送需要,亚马逊在美国市场建立了自己的配送团队。苏宁易购则是线下企业的核心能力向线上延伸的典型案例。

经典案例

创新生态系统

几年前兴起了一个很有意思的行业——游戏主播。这个职业的任务就是在网上打游戏给别人看。如果你打得精彩,观众看得高兴,你就会积累很多粉丝。

假设你就是一名游戏主播,你由于苦练了多年的游戏技术因此水平较高,有不少游戏爱好者愿意看你打游戏。你发布的每个游戏视频都有十万粉丝观看,那些铁杆粉丝还会为你打赏。不过打赏的金额并不算太大,你得到的经济回报还不够多。于是你决定自己开一个淘宝店卖东西,在游戏中发布淘宝店的地址来引流。

问题来了:你应该卖什么商品?

可以卖的东西太多了,千万种供你选择。但是实际上绝大多数商品是无法通过游戏视频引流的方式卖出去的。比如你作为一个游戏主播,去卖家具或药物就会显得很奇怪。那卖什么呢?请认真思考这个问题,就像它会大大影响你未来几年的直接收入那样认真思考。

如果不容易想,一般我们会选择做一些类比借鉴。比如,我们可能会想到要卖游戏衍生文化产品。这是类比动漫行业的结果,迪士尼卖卡通玩偶,动漫展卖动漫衍生商品。游戏主播可以卖游戏相关的玩具、配饰、文化衫等。虽然动漫、卡通行业与游戏行业模式并不完全相同，但依然具有高度的相似性，其模式是值得借鉴的。

你有没有想到上面的答案呢？如果没有想到也不用懊悔，不用批判自己，毕竟不是每个人都是游戏或动漫爱好者并熟悉其周边产业的。

更何况，上面那个答案是错的。

实际上，有不少游戏主播尝试过卖游戏衍生产品，大多数效果欠佳，经营惨淡。被实践检验可行的正确答案是——或许与你所想的略有不同——你应该卖鼠标、键盘等物品。

如何选择售卖的物品，你需要了解受众的真实想法和感受。这样一群受众，他们会怎么想呢？他们会产生什么样的感觉与购买欲望呢？这是个换位思维的问题，而换位思维常常要与生态思维相结合。

根据生态思维，你不应该仅仅考虑到你想要卖给东西的那个观众，还要考虑这个观众处于一个怎样的生态当中。这个人的生态系统会影响他的决策。

很显然，看游戏的人自己基本也是玩游戏的。所以你应该考虑这个玩游戏的人的画面：一个人，坐在电脑前，左手放在键盘上，右手拿着鼠标，双手都在随着游戏画面的变换而飞快地、猛烈地敲打着。

人、电脑屏幕、键盘、鼠标，构成了这个场景中的小生态。面对这个小生态你很容易发现，给这群人卖鼠标、键盘才是最好的选择。游戏玩家对键盘和鼠标的要求较高，更换也频繁，并且当他们玩游戏、观看游戏的时候，与鼠标、键盘非常紧密地联系在一起，更容易想到购买鼠标、键盘而非其他不相关的商品。所以，在淘宝店中销售这些商品能让你大赚一笔。

部分人可能会觉得，给玩游戏的人卖鼠标、键盘，这个太容易想到了，不需要生态思维也能想到。那么我们再接着往下看。

尽管卖鼠标、键盘让你赚了一笔，但一段时间后你发现其他游戏主播也在卖鼠标、键盘了。在激烈的竞争中，你的店铺销售业绩实在乏善可陈。你觉得需要新开发一些商品了。请问：这次你该卖什么？

问题变得更难了，你决定的下一种商品会直接影响你未来几个月的收入。正确的选择能让你收入倍增，而错误的选择则会让你亏掉前期的货物积压、网络店面装修等初始投资。

如果你想的是卖电脑、卖手机，或者卖游戏道具，那么你应该庆幸你只是在模拟经营，因为这些都不是最好的选择。另一个良好的选择是——再一次，它和你猜的可能差别较大——你可以卖零食、饮料。

这个答案很难想，因为与鼠标、键盘不同，游戏和零食、饮料看起来毫无关联。难道是在零食的包装袋上印上一些游戏图像，或者在饮料瓶上印上一把游戏中的宝剑？不是的，就是卖普通的袋装散称零食辣条、泡椒凤爪、牛肉粒或香辣金针菇等。

你不用怀疑这个答案的正确性，因为在实践中已经有部分游戏主播实践过，这个商业逻辑被证明成立了。可是为什么游戏主播应该卖零食？根据常规逻辑很难解释，连马后炮式的解释都很难了，要在事前想到则更不容易。

但是按照生态思维则可以很容易预料到。你再去考虑那个看游戏的观众的生态，构建一个画面。这一次，不是他打游戏的画面，而是他看主播玩游戏的画面：一个人，懒散而舒适地坐在椅子上，面前是一张桌子，桌子上有一台笔记本电脑，屏幕上是激烈的游戏画面。

所谓生态，就是个体周边的环境及与环境的关系。现在你来想一想，这个人在这个生态中，应该是一种怎样的状态？显然，他是一种放松、放纵、享乐的状态，他在看游戏进行消遣。那么他的周边环境里放些什么东西比较应景？当然是一些消遣的东西，如零食、饮料。所以游戏主播售卖零食、饮料就成了合理的选择。

这个虚拟经营的游戏还可以继续，并且难度不断升级。目前为止给出的答案都是真实的游戏产业里已经出现过的，那些熟悉游戏产业链的朋友可能会被经验束缚住——因为我已经知道答案了，所以我无法思考。那么，我可以再给出一些参考答案，它们是市场中没有出现过的，不存在现抄答案的可能。

根据生态思维，你可以卖暖脚宝。

让我们继续把游戏观众的生态扩大一点。在上面的画面中，玩家身体处于怎样的状态？他的手也许放在桌子上，也许插在口袋里，也许正撕扯着一包零食。但是他的脚放在哪里？冬天的时候，在没有暖气的南方省份，长时间坐在电脑面前的人普遍会感到脚冷。所以对于南方省份的游戏观众来说，他们会很乐意从游戏主播那里购买一个暖脚宝。

根据类似的生态思考，暖手宝和桌面发热垫也可以考虑。尤其是桌面发热垫，冬天手冷是游戏玩家的大忌，而不论是木头桌面还是玻璃桌面，都会让人的手臂和手掌更冷。因此，一个发热垫必然会深受游戏玩家的喜爱，而游戏主播去推荐这个商品则更顺理成章。

这些都是根据生态思维考虑到的、本书编写之时游戏周边市场上还没有出现过的商业模式，如果有游戏主播看到这本书，或许可以去尝试一下。

随着游戏主播行业的变化，这些商品与商业逻辑总有一天会过时，比如从视频录播模式转变为在线直播模式，游戏主播的盈利方式就会有变化。但是生态思维的方式却是永恒的经典，对任何行业、企业与个人都是如此。

小米科技是另一个生态思维的典型案例。

在人们的印象中，几年之前的小米还是一个生产手机的普通企业。虽然小米的饥饿营销、高性价比和线上宣传模式都值得称道，但仅靠这些还不足以算得上伟大的企业。更何况还有很多人对小米发出质疑：高性价比意味着过度压价，不仅降低了自己的利润率，还引发了行业的价格大战，这种杀价博眼球的发展模式根本没有可持续性。

小米的发展过程中也确实出现过危机，在引发了其他品牌的价格大战后，小米高性价比的模式受到挑战，营收增速剧烈放缓，眼看就要到天花板了，大家都在怀疑，小米还能继续降价吗？还会推出新的营销模式吗？甚至有人担心，小米还能活多久？

这个担忧太合理了，因为小米的竞争对手华为、苹果和三星等都很强。品控、品牌形象、营销渠道、明星代言等，每个公司都有自己的绝活，小米哪里有发展空间？

然而小米的创始人雷军却给出了一个完全意想不到的答案——从手机降价的单点比拼中走出来，去打造一个新的生态，即小米生态链。

所谓小米生态链，是指各种智能家居、小家电产品，如电视机、扫地机器人、空气净化器、滤水器、电饭煲、插线板、智能穿戴设备、摄像头、路由器等。目前小米生态链有近百家分支企业和几十种智能家居产品，并且在不断扩展中。

为什么一家手机企业要去生产各种智能家电？它们看起来和手机主业全都不沾边啊！不是说多元经营是企业的禁区吗？在传统的商业逻辑中，同时经营这么多种类的商品，几乎必然会失败，所以一般企业根本就不会往这个方向去考虑。但小米却站在了一个生态化的视角进行思考：手机能够与所有智能家电进行信息流通，它们共同形成了整个智能家居的生态，而手机则是这个生态的中心点。

在这样的生态视角下，手机已经不是手机了，而是整个智能家居世界的入口。一般的手机与空调是割裂的，但如果手机能够遥控空调呢？这就是智能家居的特性。当你抓住了手机也就抓住了未来的智能家居世界。

在智能家居这个生态中，手机本身的价值是较低的。只有一两千元，但是它所关联的智能家居，如电视机、路由器、扫地机器人、空气净化器、摄像头、电饭煲等，加在一起就成了一个庞大的数字，能够产生更大量级的收入与利润。所以小米在初期低价打开销量的思路也就说得通了，尽管极大降低了利润，但它为未来的商业世界打开了大门。这也是小米手机能把价格压得比竞争对手更低的底气——你的手机只是一台手机，你必须靠它盈利；而我的手机是一个生态入口，我有很多额外的盈利点。

那么这个理论上很漂亮的生态思维是否真实可行呢？现实结果是，小米除手机以外的生态链产品，2016 年销售额为 150 亿元，2017 年涨到 200 亿元。2019 年小米营收首次突破 2000 亿元，同比增长 17.7%。2023 年小米营收已达 2800 亿元。截至 2023 年 9 月，人工智能助理"小爱同学"的月活用户数已达 8.7 亿。2023 年 10 月 26 日，在小米澎湃 OS 暨 Xiaomi14 系列新品发布会上，小米公司发布了全新的"人车家生态"。

生态思维的创新给小米带来了更大的格局，这种战略方面的创新是普通企业无法比拟的。

(资料来源：本书作者整理编写。)

思 考 题

1. 战略实施的主要任务与基本原则有哪些？
2. 什么叫资源配置？企业战略资源分配内容有哪些？
3. 什么叫组织结构？组织结构与战略的关系具体表现在哪几个方面？
4. 什么叫战略领导者？提高战略实施的领导的有效性应从哪几个方面入手？
5. 什么叫颠覆性创新？颠覆性创新有哪些路径选择？
6. 简述创新生态系统。

参 考 文 献

[1] 克劳塞维茨. 战争论[M]. 杨南芳, 等校译. 西安: 陕西人民出版社, 2001.

[2] 格里·约翰逊, 凯万·斯科尔斯. 战略管理[M]. 王军, 等译. 北京: 人民邮电出版社, 2004.

[3] 弗雷德·R. 戴维. 战略管理. 第六版[M]. 北京: 经济科学出版社, 1998.

[4] 罗伯特·S. 卡普兰, 戴维·P. 诺顿. 平衡记分卡——一种革命性的评价和管理系统[M]. 北京: 新华出版社, 1998.

[5] 汤姆森, 斯迪克兰德. 战略管理——概念与案例[M]. 段盛华, 王智慧, 等译. 北京: 北京大学出版社, 2003.

[6] 格里·约翰逊. 战略管理[M]. 金占明, 贾秀梅, 译. 北京: 华夏出版社, 2004.

[7] 迈克尔·A. 希特, R. 杜安·爱尔兰, 罗伯特·E. 霍斯基森. 战略管理: 竞争与全球化(概念). 第四版[M]. 吕巍, 等译. 北京: 机械工业出版社, 2002.

[8] 艾·里斯, 杰克·特劳特. 定位[M]. 北京: 机械工业出版社, 2013.

[9] 戴维·贝赞可, 戴维·德雷诺夫, 马克·尚利. 公司战略经济学[M]. 武亚军, 等译. 北京: 北京大学出版社, 1999.

[10] 陈孝铭. 企业识别设计与制作[M]. 台北: 久洋出版社, 1992.

[11] 周苏. 创新思维与 TRIZ 创新方法[M]. 北京: 清华大学出版社, 2015.

[12] 周苏. 大数据导论[M]. 北京: 清华大学出版社, 2016.

[13] 大卫·波维特, 约瑟夫·玛撒, 柯克·克雷莫. 价值网——打破供应链、挖掘隐利润[M]. 仲伟俊, 等译. 北京: 人民邮电出版社, 2002.

[14] 李梅芳, 等. TRIZ 创新思维与方法理论及应用[M]. 北京: 机械工业出版社, 2016.